2024-25年版

イチから身につく

FP 2級 AFP

合格のトリセツ

速習テキスト

FP２級は
ここからスタート！

LEC「CBTプログラム」による

「CBT体験模試」

試験のイメージを
つかんでいれば、
慌てずにすむね！

全編25回 LEC専任講師が丁寧に解説！

「無料講義動画」

『書籍購入者限定特典』の専用サイト
https://lec.jp/fp/book/member/PD09784.html

はじめに

『FP２級・AFP 合格のトリセツ 速習テキスト 2024-25年版』をご購入いただきありがとうございます。

本書は、FP２級試験合格のための“トリセツ”です。LEC東京リーガルマインドの講師陣である私たちが、あなたを合格に導くために、独学でもしっかり勉強できるよう、FP２級合格に必要な情報と知識を詰め込みました。いわば本の形をしたFP資格スクールです。

FP２級は、すでにFP３級を取得した人、あるいは実務経験２年以上の方が目指す資格です。すなわち、基礎は終えたところからスタートする、実務レベルの知識を試される場となります。その分、知識を「知っている」だけではなく、「使える」レベルに持っていかなければなりません。
そのため本書では、理解しやすいという点に様々な工夫を凝らしています。

それは、①図解でパッと見てわかるようにする
②項目ごとの過去問で理解度を常に把握できる
③補足するべき情報は注釈で伝える　…… という点です。

（本書と完全リンクの『FP２級・AFP 合格のトリセツ 速習問題集 2024-25年版』も並行して使ってみてください！）

2024年３月29日発表（日本FP協会・金財）により、2025年４月１日よりFP２級は「CBT方式」の試験となります。一斉方式のペーパー試験は、2025年１月試験で終了となり、金財の一部を除き５月試験は実施されません。本書は購入者の特典として、2025年４月以降の「CBT方式」に対応できるよう「CBT体験模試」を、2025年２月上旬より搭載予定です。CBT試験は当日に合否が判明します。

見事にFP２級を合格された後、次のFP１級にチャレンジする気持ちが生まれますことを願っています。

2024年・初夏
レック先生
こと、LEC東京リーガルマインドFP講座講師陣

教えて！ レック先生
私たちはFP２級を受けてみようかと思っています！
ヒツジさん
ライオンさん
ゾウさん
そこでレック先生に質問です!
CASE：1
ヒツジさんの場合
ポワ
2級を取ったら
どんないいことが
ありますか？
ピーン！
FPとしてもっと
専門的な知識を
得ることができます！
3級は
FP初心者向けで
基礎的な知識を
得ることが
できました
2級は
もっと具体的な
保険・金融商品や
各制度についての
理解を
求められます

「確定拠出年金」を
例に取ると
3 級では概要を
学ぶだけで
よかったのですが
2 級ではその運用や
給付要件等について
具体的に学ぶ必要が
あります
なるほど～
それに 2 級の知識が身につけば
宅建士や税理士など
他の資格取得への興味も広がって
さらなるステップアップも！
他の資格への
入り口になるんですね！
がんばります！
ぐっ!!
CASE：2
ライオンさんの場合
2 級を取ったら
仕事の幅は広がり
ますか？
ズバリ！
広がります！！
仕事に活かす FP 資格は
2 級からが本番です！
そうなんですか？
知識が深く、詳しくなるので、
個人レベルの知識から
仕事で使えるスキルに
変化していくためです

金融、保険、証券、
不動産などの業界では
2級以上のFP資格を
求められることが
多いし
就職前に2級まで
取得する学生も
増えてるんですよ
ぐっ
そうなんですね！
俄然やる気が
出てきました！
将来のために
がんばります！
CASE3：
ゾウさんの場合
2級を取ったら
将来FPとして
独立できますか？
もちろん可能性は
高まります！
独立を目指すなら
2級を取って
そのあと1級を受けるのが
オススメです！
1級を取るには
「実務経験5年以上」
または「2級合格者で
実務経験1年以上」の
資格が必要だからです
そうなんだ
うん
うん
それにFP2級を取って
日本FP協会が実施している
所定の研修を受ければ
認定資格のAFPも
取得できます！

その後 FP 1 級、
CFP® の取得へと
がんばっていきましょう！
はい！
プロフェッショナルな
感じですね！
20問→40問
マークシート→記述式
2 級の試験では、
3 級のときは
2 択・3 択だった
学科が 4 択問題になり
実技試験も
マークシートから
記述式に変わり
問題の数も 20 問から
40 問に増えます
出題範囲も
個人レベルの
出題は
少なくなって
例えば
「タックスプランニング」
では、法人の税務や
決算書の読み解きなど
全体的により仕事に
シフトしたものに
なっていきます
うん
それは勉強を
がんばらないと
ですね！
大丈夫！
それに
がんばった先には
さらなる明るい未来が
待っているはずです！
この本を最大限活用して
みんなで 2 級合格目指して
がんばっていきましょう！

FP資格を取ると、どんなよいことがあるの？

FP資格のQ&A

FP資格を取ることによるメリットはたくさんありますが、
ここでは、これから資格取得を目指す初心者の方に、
よくある疑問をQ&A形式でまとめました。

FP2級編！

FP2級を取る目的って？

Q FP2級を取ると何が変わる？

人にアドバイスができるようになるのか…！

A FP2級からは実務レベルの出題が増えてきます。つまり、一般的なお金の知識を問われる3級よりも、より仕事向けの知識が要求されてくるというわけです。例えば、3級であれば各給付金のしくみや正しい名称について質問されるだけだったのに対して、2級では給付金の運用や計算までさせる……とハードルも高くなってきます。他人のお金のアドバイスができるようになってくるわけで、より仕事向きの資格になってくるのです。

Q FP２級試験はやっぱり難しいの？

A

もちろん、簡単で楽々……ではありません！　しかし、だからこそ取得する価値のある資格です。試験内容は、３級では２択・３択だった学科試験が４択になり、実技試験はマークシートから記述する形式に変わります。出題も20問から40問へ……。しかし、２級を受検する人は、３級保持者もしくは２年以上の実務経験者ですから、ベースはできているはず。決して合格が難しい試験ではありません。

Q FP２級を持っていると就職に有利？

A

業界にもよりますが、FP２級はより実務的な知識を要求される資格なので、金融機関・保険業界・不動産業界はもちろん、一般企業の総務などでも有利に働くはず。金融機関では顧客に金融商品を勧める立場でもあるので、FP２級以上の取得を求められることも多いとか。

会社編！

会社員としてFPを取得した場合は？

Q 金融機関に就職をしたい場合、FPの資格は有利？

A

FPの資格は銀行や証券会社の業務に直結するため、金融機関の就職に有利になります。また、不動産会社や会計事務所では、「不動産」や「タックスプランニング」の知識は必須ですし、一般企業の経理でも、税務の基礎が身についていると判断されやすいため就職に有利に働くはずです。

Q FPを取ったら社内での信用が増す？

A

総務課や人事課などでお勤めの方には信頼度が仕事と直結することもあり、プラスに働くはず。しっかりと継続的に勉強をして資格を取ったという事実は、多くの会社で評価されることでしょう。特にFPはお金にまつわる資格であり、社会的にも求められている資格なので信用度は抜群です。

Q FPを保有していると、顧客に信用される？

資格持ってます！
ヒツジ

A

FPの資格は名刺に記載することができるため、FP資格を保有していると顧客に安心感を与えることができ、信頼されやすくなります。
一定の専門知識を持った人物であることが保証されるわけですから、第一印象も良いはずです。顧客に信頼されやすいことはFPを持っていることの大きなメリットでしょう。

Q 金融機関に転職する際、FPの資格は必須？

2級まで必要らしい…
えっ⁉⁉

A

個人顧客に、株式や投資信託などの販売をするリテール営業の場合、FPの資格は必須になりつつあります。リテール営業を行っている多くの証券会社や銀行では、支店長や課長などの管理職や担当者に最低FP2級の資格を取ることを求めており、FPの資格がないと営業業務が難しくなっているのが現状です。

独立編！

将来の独立を目指した場合は？

Q FPで独立するとは？

A

フリーランスとして個人事務所を立ち上げる、あるいは数人で専門分野を分担して法人化するなど、独立の形は様々。仕事の内容としては、顧客に「ライフプランニング」や「金融資産運用」のコンサルティングを行うことのほか、セミナーやスクールの講師、マネー系の本や記事の執筆・監修をするなど多岐にわたります。

Q プライベートバンカーとは？

A

プライベートバンカーとは、資産10億円以上という超富裕層の顧客を担当する、資産管理のスペシャリストです。富裕層が求めるレベルは非常に高く、「金融資産運用」の知識だけではなく「相続・事業承継」の知識や「不動産」の知識など、ありとあらゆる金融関連の知識が求められます。

Q IFAとは?

A

IFAとは、銀行や証券会社から独立した独立系投資アドバイザーのことをいいます。
IFAの仕事内容は、独立系FPに似ていて「ライフプランニング」の相談なども行いますが、独立系FPに比べて株式や投資信託などの金融商品を販売することが主になっています。

Q フリーのFP講師、企業研修の講師とは?

A

FPの資格を活かし、FP試験対策を行う学校の講師をしたり、企業研修の講師をすることもできます。お金に関する知識の必要性は今まで以上に高まっており、従業員にお金の知識を身につけさせたいと考える企業は増加傾向にあるため、今後ますますの活躍が期待されます。

生活編！

FPの知識は仕事以外にも役立つ？

Q 経済や保険の知識が身につく？

A

資産運用を成功させるためには、金融商品に関する知識が必要になりますし、保険に加入する時や見直しをする際には、保険の知識が必要になります。投資をしたり、保険に加入する際には、「金融資産運用」と「リスク管理」の知識が役に立つでしょう。

Q 子どもの教育資金、かなりかかるんですよねえ？

A

子どもの教育費は一般的に1,000～2,000万円かかるといわれています。このため学資保険（こども保険）や、奨学金、教育ローンなどに明るく、さらに計画的に資金を準備できる知識があると後が楽ですよ。

Q 税金について詳しくなれる?

A

確定申告も
まかせて！
計算中…

税金は、生きていく上で必ずかかわってきます。税金に対する正しい知識がなければ、確定申告や年末調整の時に困ってしまうでしょう。
また、独立開業する際も税金の知識は必ず必要になりますし、一般企業の総務や経理でも税金の知識は必須になります。FPで勉強する「タックスプランニング」の知識は、日常生活でも必ず役に立つでしょう。

Q 大きなライフイベントで役に立つ?

A

ベストな
選択を
しよう！

家を買う時には、不動産の知識が必要です。不動産には、様々な税金や費用がかかります。不動産の知識がないと満足いく取引ができなくなってしまいます。また、結婚をするには、ある程度のお金を貯める必要がありますし、独身時代よりも幅広い保障が必要になりますので保険の見直しも必要です。FPで勉強する「リスク管理」や「不動産」の知識が役に立ちますよ。

人生編！

FPの知識は末永く役に立つ？

Q 人生設計がしやすくなる？

A

人生を豊かに過ごすためには、ライフプランを作ることが非常に重要です。あらかじめ、一生のうちどのタイミングでどのくらいのお金がかかるか把握することができれば、不安なく人生を楽しむことができます。FPで勉強する「ライフプランニング」がきっと役に立ちます！

Q 相続の時に役に立つ？

A

自分の親や親族が万が一亡くなった時は、相続の知識が必要になります。
相続の際に行わなければいけない手続きは非常に複雑です。
円滑に手続きを進めるためには相続の知識は必ず必要です。FPで学ぶ「相続・事業承継」の知識があれば、いざという時でも慌てずにすみますね。

Q 豊かな老後を過ごす計画が立てられる?

このお金に
働いてもらおう…
ひと
やすみ…

A

いわゆる老後2,000万円問題に代表されるように、豊かなセカンドライフを送るためには計画的にお金を貯めていく必要があります。
しかし、現在の銀行預金の金利だけでは効率的にお金を貯めることができません。資産運用を行い、お金自身にも働いてもらう必要があります。
資産運用を行う際には「金融資産運用」が役に立ちます。

Q 一生モノの知識が身につく?

持っててよかった!
FP資格!

A

そもそもファイナンシャル・プランナーとは、人生と生活にかかわるお金の専門家です。子どもの教育資金から親の相続まで、FPの知識は、仕事に役立つだけでなく、あなたと家族、そして多くの人々にとっても助けになる知識の宝庫なのです!

FP資格のしくみとステップアップ

３級、２級、１級やAFP、CFP®などの
資格全体の構造について知っておきましょう。
FP２級を取得して、さらに上位の資格にチャレンジしてみましょう！

２つの実施団体があります

FP資格の認定は、２つの機関が実施しています。
金財（一般社団法人 金融財政事情研究会）と日本FP協会（NPO法人 日本ファイナンシャル・プランナーズ協会）がそれで、両機関共通のFP３級～１級と、日本FP協会のみが認定しているAFP、CFP®があります。

FP２級は実務向けFPの入り口

FP２級以降は、日本FP協会認定のAFP、CFP®との"相互乗り入れ"が可能です。もちろん上位になるほど試験は難しくなりますが、だからこそ、やりがいもあるというもの。仕事に役立てる、就職・転職に活かす、１級を目指す……と前途はますます開けていきます！

※AFP：Affiliated Financial Planner
（アフィリエイテッド ファイナンシャル プランナー）
CFP®：Certified Financial Planner
（サーティファイド ファイナンシャル プランナー）

FP３級技能士

３級はFPの登竜門的な資格。受検資格は特にないので誰でも受検することができます。生活に直結するお金の知識が身につきます。また、３級に合格すると２級の受検資格を得ることができます。

日本FP協会実施　認定資格

AFP（正式名称＝Affiliated Financial Planner）とは、日本FP協会が認定している資格です。FP2級に合格し日本FP協会が実施する所定の研修を受講することで、AFPを取得することができます。

CFP®（正式名称＝Certified Financial Planner）はFP1級同等の難易度の高い資格です。受検資格には、AFPの保有が必須になっていますので、CFP®試験を受けたい方はまずAFPを取得しましょう。

AFP → **CFP®**

- CFP®資格審査試験 6課目に合格
- CFP®エントリー研修
- 一定の実務経験

FP2級合格後、
AFP認定研修受講・修了

FP1級学科試験免除
実技試験のみ

金財＆日本FP協会実施　国家資格
（ファイナンシャル・プランニング技能検定）

FP2級 技能士 → **FP1級 技能士**

2級は3級に比べ、より専門的になるため、一般企業の就職の際も有利に働きます。3級合格者が取得に進むことが多いですが、実務経験が2年以上あれば3級に合格していなくても受検することができます。

FP1級資格は難易度が非常に高く、合格率は10%前後です。その分、社会的な評価は抜群。FPとしての独立や、セミナー講師など活躍の場が広がります。もちろん会社員の方も社内評価や業務にプラスに働くことでしょう。

FP2級資格試験について

学科試験	共通	
実技試験	日本FP協会	資産設計提案業務
	金財	個人資産相談業務 生保顧客資産相談業務　等

金財で受検する場合、4つの実技試験がありますが、いずれかを選択することになるので受検する実技試験は1つだけです。
このうち「生保顧客資産相談業務」の試験は、生命保険に特化したもので、保険業に携わっている方が受検することが多いです。このため、「金融資産運用」と「不動産」の分野からは出題されないという特徴がありますが、その分、年金や保険、相続という分野の連携した知識を求められます。

試験は、学科と実技の両方に合格しなければなりません。

学科試験 〈午前〉 試験時間 120分	**学科試験は、実施団体である金財・日本FP協会とも共通です**	
	出題形式：マークシート方式（ペーパー試験）　4択式60問 **合格基準**：6割以上（計60点満点で36点以上）	
実技試験 〈午後〉 試験時間 共通/90分	**実施団体である金財と日本FP協会で試験内容が異なります**	
	金財	**出題形式**：事例形式5題 **出題科目**：個人資産相談業務、生保顧客資産相談業務等から1つを選択 **合格基準**：6割以上（50点満点で30点以上）
	日本FP協会	**出題形式**：記述式40問 **出題科目**：資産設計提案業務 **合格基準**：6割以上（100点満点で60点以上）

※金財の実技試験では、上記のほかにもそれぞれに特化した「中小事業主資産相談業務」「損保顧客資産相談業務」があります

<一斉方式のペーパー試験>

	2024年 9月	2025年 1月	2025年 5月 (金財のみ実施予定)
試験日	2024年 9月8日(日)	2025年 1月26日(日)	2025年 5月下旬(予定)
受検申請書 請求期間	2024年 6月3日(月)～ 7月16日(火)	2024年 10月1日(火)～ 11月26日(火)	2025年 2月上旬～3月下旬 (予定)
受検申請 受付期間	2024年 7月2日(火)～ 7月23日(火)	2024年 11月13日(水)～ 12月3日(火)	2025年 3月中旬～4月上旬 (予定)
受検票発送日	2024年 8月22日(木)	2025年 1月8日(水)	2025年 5月上旬(予定)
合格発表日	2024年 10月21日(月) (予定)	2025年 3月7日(金) (予定)	2025年 6月下旬～7月上旬 (予定)

<CBT方式試験>

試験日	2025年4月1日(火) より通年実施 ※年末年始・3月1カ月間・5月下旬の休止期間は除く
試験会場	全国約360のテストセンターから、希望するテストセンターで受検
受検申請 受付期間	Web申請:受検する実技科目により、金財または日本FP協会ホームページより申請 2025年2月3日(月) 午前10時より申請開始。試験日は(4月1日以降の) 申請日より最短3日後～最長3カ月後の末日までで選択可能。 ※テストセンターにより選択不可期間あり
合格発表	試験日翌月中旬にWebサイトで行う(合格者には後日別途発送で通知)

〈法令基準日〉
試験問題は、年に1回の法令基準日に施行(法令の効力発効)されている法令に基づいて出題されます。今年度(2024年6月～2025年5月)の法令基準日及び実施試験日は下記の通り。
●法令基準日:2024年4月1日(2024年6月以降は年1回になります)
●実施試験日:一斉方式のペーパー試験　2024年9月、2025年1月・5月(金財のみ実施予定)
随時受検のCBT試験　2025年4月1日～5月下旬(休止期間を除く)

＜2025年2月3日(月) 受検申請開始＞

FP2級 CBT試験 受検の流れ

1 事前準備

本試験は各試験団体のホームページから受検申請します。
スムーズに手続きできるよう以下の点を準備・確認しておきましょう。

- □ **試験科目（実技試験の受検科目）を決める**
- □ **受検場所と受検日・時間帯を決める**
  →学科と実技は別日でも受検できます
- □ **連絡用メールアドレスを準備**
  →「受検予約完了のお知らせ」メールなどが届きます
- □ **受検手数料の決済方法を確認**
  →クレジットカード払い、コンビニ払い、Pay-easy決済などの場合は、手元にカードや収納機関番号などを準備しましょう

2 受検申請

① 試験団体のホームページにアクセスし、受検申請画面を開く

▶一般社団法人金融財政事情研究会
https://www.kinzai.or.jp/fp

▶NPO法人日本ファイナンシャル・プランナーズ協会
https://www.jafp.or.jp/exam/

② 受検者情報を登録（氏名や生年月日、メールアドレスなど）
③ 受検会場（テストセンター）、受検日時を指定し予約
④ 決済方法を選択

受検手数料の支払いが完了すると、登録した
メールアドレス宛てに予約完了のメールが届きます

3 試験当日

①試験当日は、予約した時間の30分〜15分前には試験会場に到着する

試験当日の持ち物　　**□ 顔写真入り本人確認書**

※メモ用紙・筆記用具はテストセンターで貸し出されます。
計算問題は試験画面上に表示される電卓を使用します。

② **試験会場に入室し、指定されたパソコンで受検**

携帯電話、筆記用具、電卓、参考書などの私物の持込は認められていません。私物はテストセンターに設置されている鍵付きのロッカー等に保管します。

③ **試験終了後、受付にてスコアレポートを受け取る**

試験終了後、受付にて得点状況がわかるスコアレポートが配付されるので、受検当日に試験結果がわかります。

試験当日に得点状況がわかれば、合格発表日を待たずに次の試験の勉強をスタートできますね！

4 合格書の受け取り

合格発表日に、合格者には試験団体より合格証書、学科試験と実技試験の一部合格者には一部合格証が発送されます。

受検の流れはつかめましたか？

次は、CBT試験を体験してみましょう！

CBT 試験を体験する

本書では、CBT 試験対策として「CBT 体験模試」を、2025年2月上旬より
学科試験及び実技試験（３種）につき購入者特典として用意しています。
自宅のパソコンで実際の画面に近いイメージで試験を体験できます。
解答操作や画面に表示される電卓の使い方などを
本試験前に確認しておきましょう！

本書には、購入者特典として「CBT 体験模試」が付いています。
有効活用して“CBT 試験は大丈夫！”となり、合格を確実にしていきましょう。

LECトリセツ共通の「CBT体験模試」について

本書の購入者は、「FP２級 合格のトリセツ 2024-25 年版」共通の購入者特典を利用できます。トリセツ共通の「CBT 体験模試」は、FP２級の過去問題から極めてオーソドックスで頻出な問題をチョイスして作成してあります。これで「CBT 試験対応プログラム」での体験ができます。FP２級合格に必要な「学科試験」「実技試験３種類」（金財：個人資産相談業務）（金財：生保顧客資産相談業務）（日本 FP 協会：資産設計提案業務）がフル装備されています。ぜひ、こちらの「CBT 体験模試」を活用して万全の CBT 対策を行ってください。

ＣＢＴ体験模試 受検の手順

① 購入者特設ページにアクセス

https://lec.jp/fp/book/member/PD09784.html

※体験模試のご利用には、購入者様確認画面が表示されますので、手元に購入書籍をご用意ください。

CBT 体験模試　提供期限：2025 年 5 月 31 日

② 問題を解答する

CBT 体験模試画面 イメージと主な機能

解答状況
未解答の問題や後から見直したい問題を一覧で確認できます

後で見直す
後で見直したい問題にチェックが入れられます

制限時間
残り時間が表示されます

電卓の表示
計算が必要な問題はここから電卓を表示します

電卓
AC：すべて削除
BS：1 文字消去

ちょっと
気になる！

FP２級の受検者と合格者

これから受けるFP２級資格試験、毎年どれくらいの人が受検し、
そのうち何人が合格しているのだろう？
ちょっと気になるその内訳を見てみましょう。

FP資格の受検動向は、実施団体である日本FP協会と金財が試験ごとにそれぞれ発表しています。共通の試験である学科、異なる試験内容の実技での合格率を見ると、毎回かなりのバラツキがあります。

日本FP協会 受検者

科目	受検月	受検申請者数	受検者数(A)	合格者数(B)	合格率(B/A)
[学科]（FP協会受検）	2022年5月	34,877	27,678	13,617	49.20%
	2022年9月	31,989	26,265	11,074	42.16%
	2023年1月	37,352	29,466	16,537	56.12%
	2023年5月	30,511	24,727	12,072	48.82%
	2023年9月	29,220	23,917	12,804	53.54%
	2024年1月	33,648	26,563	10,360	39.00%
	平均	**32,933**	**26,436**	**12,744**	**48.14%**
[実技]資産設計提案業務	2022年5月	30,454	23,237	14,432	62.11%
	2022年9月	27,115	21,516	12,167	56.55%
	2023年1月	31,645	23,994	14,283	59.53%
	2023年5月	27,999	22,167	12,991	58.61%
	2023年9月	26,198	20,892	10,867	52.02%
	2024年1月	31,907	24,632	15,055	61.12%
	平均	**29,220**	**22,740**	**13,299**	**58.32%**

金財 受検者

科目	受検月	受検申請者数	受検者数(A)	合格者数(B)	合格率(B/A)
[学科](金財受検)	2022年5月	47,971	36,863	8,152	22.11%
	2022年9月	44,968	34,872	5,495	15.75%
	2023年1月	47,555	36,713	10,676	29.07%
	2023年5月	35,898	27,239	4,772	17.51%
	2023年9月	36,884	28,094	6,393	22.75%
	2024年1月	37,990	29,226	3,881	13.27%
	平均	**41,878**	**32,168**	**6,562**	**20.08%**
[実技]個人資産相談業務	2022年5月	16,701	12,319	3,874	31.44%
	2022年9月	15,634	11,716	4,867	41.54%
	2023年1月	16,943	12,487	4,257	34.09%
	2023年5月	13,187	9,827	3,908	39.76%
	2023年9月	12,444	9,065	3,750	41.36%
	2024年1月	13,675	10,036	3,725	37.11%
	平均	**14,764**	**10,908**	**4,064**	**37.55%**
[実技]生保顧客資産相談業務	2022年5月	15,910	10,953	3,760	34.32%
	2022年9月	14,410	10,160	3,307	32.54%
	2023年1月	13,955	9,813	3,131	31.90%
	2023年5月	12,989	9,112	3,572	39.20%
	2023年9月	11,933	8,352	3,355	40.17%
	2024年1月	11,774	8,225	3,724	45.27%
	平均	**13,495**	**9,436**	**3,475**	**37.23%**

本書の使い方と特徴

1 はじめのまとめ

本書は全部で6つの分野になっています。「それぞれの科目で何を勉強するか」をはじめにまとめていますから、学ぶ目的を持って勉強ができます。

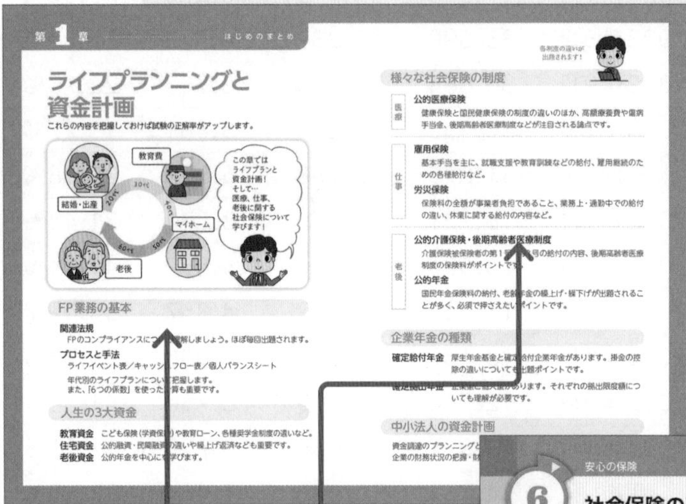
第1章 はじめのまとめ

ライフプランニングと資金計画

これらの内容を把握しておけば試験の正解率がアップします。

FP業務の基本

関連法規
FPのコンプライアンスについて理解しましょう。ほぼ毎回出題されます。

プロセスと手法
ライフイベント表／キャッシュフロー表／個人バランスシート
年代別のライフプランについて把握します。
また、「6つの係数」を使った計算も重要です。

人生の3大資金

教育資金　こども保険（学資保険）や教育ローン、各種奨学金制度の違いなど。
住宅資金　公的融資・民間融資の違いや繰上げ返済なども重要です。
老後資金　公的年金を中心に学びます。

各制度の違いが出題されます！

様々な社会保険の制度

医療
公的医療保険
健康保険と国民健康保険の制度の違いのほか、高額療養費や傷病手当金、後期高齢者医療制度などが注目される論点です。

仕事
雇用保険
基本手当を主に、就職支援や教育訓練などの給付、雇用継続のための各種給付など。
労災保険
保険料の全額が事業者負担であること、業務上・通勤中での給付の違い、休業に関する給付の内容など。

老後
公的介護保険・後期高齢者医療制度
介護保険被保険者の第1号・第2号の給付の内容、後期高齢者医療制度の保険料がポイントです。
公的年金
国民年金保険料の納付、老齢年金の繰上げ・繰下げが出題されることが多く、必須で押さえたいポイントです。

企業年金の種類

確定給付年金　厚生年金基金と確定給付企業年金があります。掛金の控除の違いについても出題ポイントです。
確定拠出年金　企業型と個人型があります。それぞれの拠出限度額についても理解が必要です。

中小法人の資金計画

資金調達のプランニングと…
企業の財務状況の把握・…

学習内容を図解で紹介

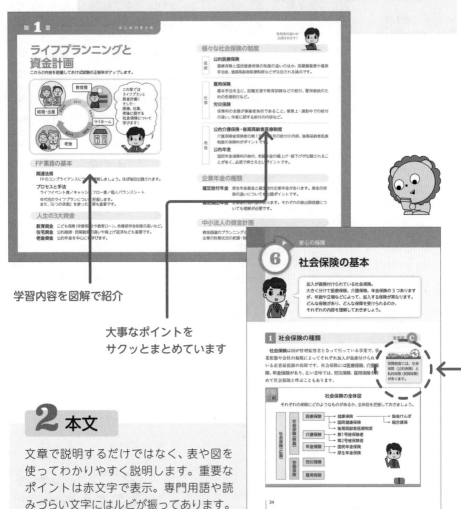

大事なポイントを
サクッとまとめています

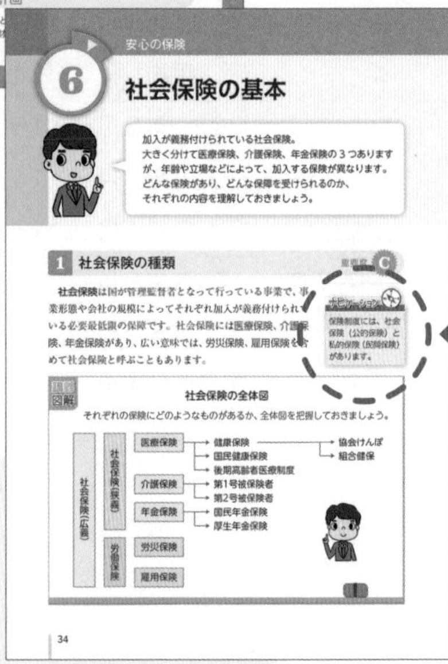
安心の保険

6 社会保険の基本

加入が義務付けられている社会保険。
大きく分けて医療保険、介護保険、年金保険の3つありますが、年齢や立場などによって、加入する保険が異なります。
どんな保険があり、どんな保障を受けられるのか、
それぞれの内容を理解しておきましょう。

1 社会保険の種類　重要度 C

社会保険は国が管理監督者となって行っている事業で、事業形態や会社の規模によってそれぞれ加入が義務付けられている必要最低限の保障です。社会保険には医療保険、介護保険、年金保険があり、広い意味では、労災保険、雇用保険を含めて社会保険と呼ぶこともあります。

ナビゲーション
保険制度には、社会保険（公的保険）と私的保険（民間保険）があります。

図解
社会保険の全体図
それぞれの保険にどのようなものがあるか、全体図を把握しておきましょう。

34

2 本文

文章で説明するだけではなく、表や図を使ってわかりやすく説明します。重要なポイントは赤文字で表示。専門用語や読みづらい文字にはルビが振ってあります。

3 ステップアップ講座

「2級から1級へ、ステップアップ！」を目指す人に向けたページです。2級と1級の解き方の違いや問題の深さがわかります！

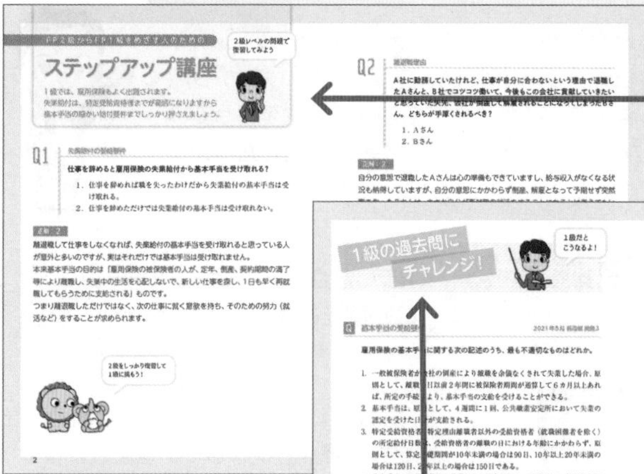

2級の知識をおさらいします！

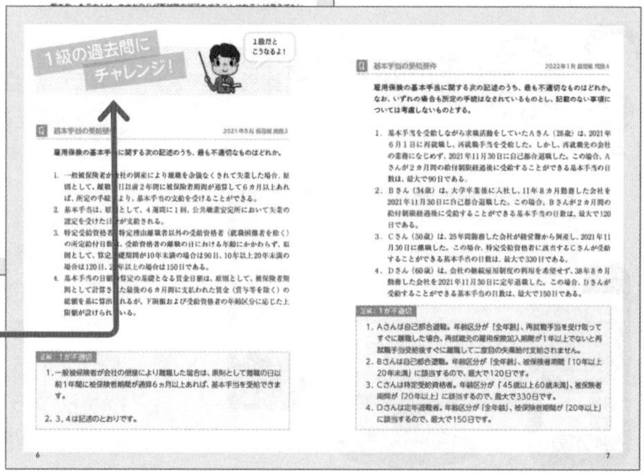

1級になるとどう変わるかを解説！

4 付属のお役立ちコーナー満載

学びを促す情報や、豆知識などを各種注釈でフォローします。学んだことを確認できる「過去問チャレンジ」もあります。

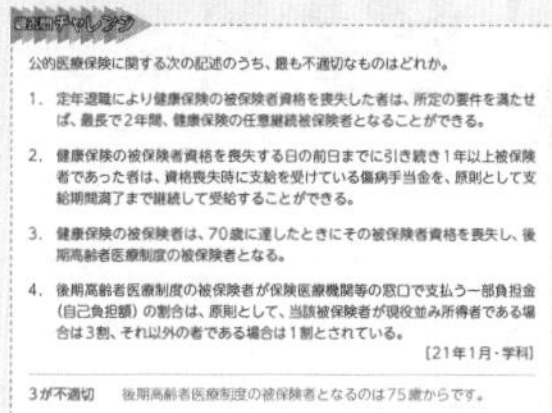

学習の助けになる情報は注釈で掲載

ワンポイント
公務員や私立学校教職員を対象とした社会保険の運営は、共済組合が担います。

ナビゲーション
保険制度には、社会保険（公的保険）と私的保険（民間保険）があります。

用語の意味
年金制度
強制加入の公的年金と、公的年金に上乗せする任意加入の私的年金があります。

レック先生のズバッと解説
教育一般貸付と日本学生支援機構の奨学金は併用して利用できます。

合格のトリセツ × ほんださん／東大式 FP チャンネル

ほんださんオススメ最速学習法

本書とコラボした動画が「ほんださん／東大式FPチャンネル」から続々配信！　ほんださんの「FP合格完全講義」では、本書に準拠しながら勉強が苦手な方でも理解できるように、わかりやすく面白い解説を行っています。ここでは最速かつ確実な、ほんださんのオススメ勉強法をお伝えします。

1 動画を視聴する

「ほんださん／東大式FPチャンネル」の動画を視聴しましょう。

まずは、ほんださんの「FP完全講義」を好きな分野から視聴していきましょう！　動画「FP完全講義」は各分野・各項目別にまとめていますので、サクサク学習のポイントがつかめます。特に頻出の分野、わかりづらい分野を丁寧に解説しているので、理解度がグッと高まります。

2 問題集で力試し

『速習問題集』を解いて、試験での問われ方を確認しましょう。

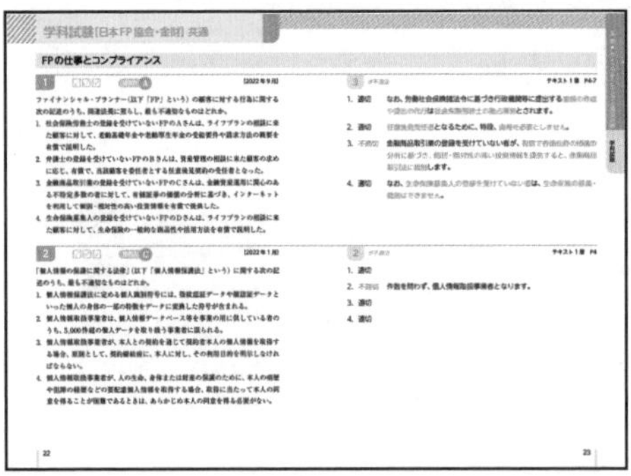

各分野・各項目の動画を見終えたら、問題集を解きましょう。自分が間違えた問題は、該当する動画やテキストを早めに確認！　間違えた問題のポイントは、テキストに書き込んでいけばさらに覚えやすくなりますよ。繰り返し解いて、確実にインプットしましょう！

3 テキストを読む

テキストでは本試験の頻出論点を丁寧に解説しています。

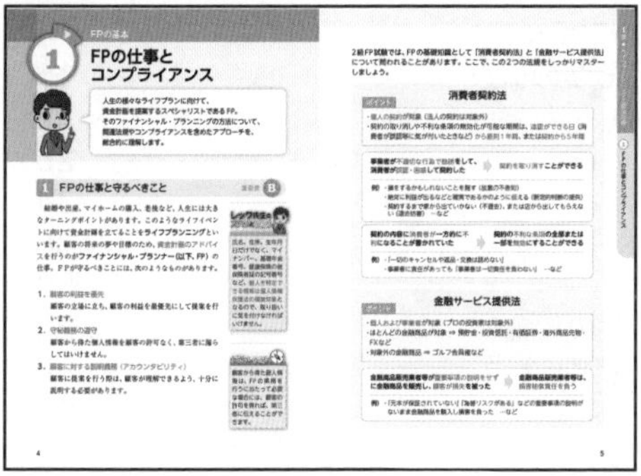

試験が近くなってきたら、スキマ時間を徹底活用しましょう！
普段のスキマ時間に、動画と合わせてテキストを読み込む習慣をつけておくことによって、効率よく本試験に対応できる力が身につきます。

ほんださん / 東大式 FP チャンネル

https://www.youtube.com/@HondaFP

「FP完全講義」は、分野ごとに再生リスト化しているので、サクサク視聴ができます。

※視聴の際の通信料はお客様ご負担となります。

Contents

第 1 章　ライフプランニングと資金計画

第 2 章　リスク管理

第 3 章　金融資産運用

第4章　タックスプランニング

第5章　不動産

第6章　相続・事業承継

章の最後に「復習のまとめ」があります。

「復習のまとめ」は、本試験で繰り返し出題される内容（頻出論点）など、何度も読み返してほしいポイントを挙げていますから、しっかり、重点的に復習しましょう。

第1章

ライフプランニングと資金計画

人生の3大資金といわれる教育資金、住宅資金、老後資金をはじめ、車の購入、家族旅行など、人生には様々な資金計画が必要です。そんなライフプランを実現するために資金計画をプランニングするのがFP。各種社会保険の知識など、重要な項目が詰まった章です。2級ではさらに中小法人の資金計画も学びます。

- ●FP業務の基本
  FPの関連法規とライフプランニング
- ●人生の3大資金
  教育、住宅、老後の3大資金
- ●様々な社会保険の制度
  助けになる制度について知ろう！
- ●企業年金の種類
  確定給付年金と確定拠出年金
- ●中小法人の資金計画
  資金調達について概略を知ろう！

ライフプランニングと資金計画

これらの内容を把握しておけば問題の正解率がアップします。

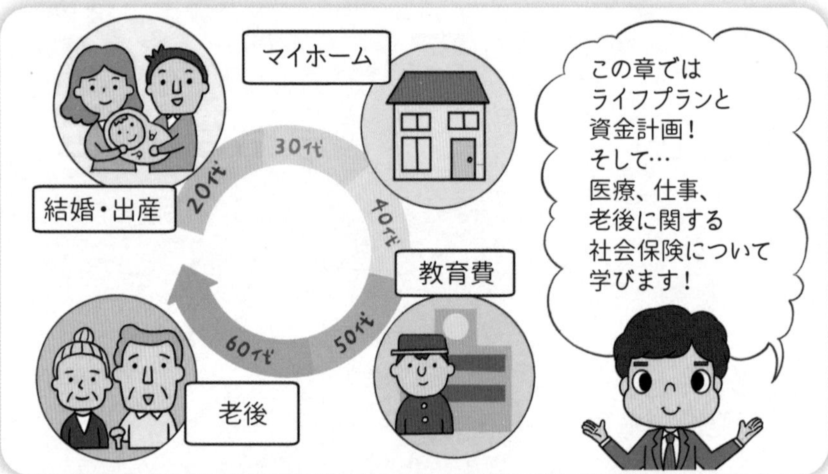

FP業務の基本

関連法規

FPのコンプライアンスについて理解しましょう。ほぼ毎回出題されます。

プロセスと手法

ライフイベント表／キャッシュフロー表／個人バランスシート

年代別のライフプランについて把握します。
また、「6つの係数」を使った計算も重要です。

人生の3大資金

教育資金　こども保険（学資保険）や教育ローン、各種奨学金制度の違いなど。
住宅資金　フラット35や繰上げ返済なども重要です。
老後資金　公的年金を中心に学びます。

様々な社会保険の制度

医療

公的医療保険

健康保険と国民健康保険の制度の違いのほか、高額療養費や傷病手当金、後期高齢者医療制度などが注目される論点です。

仕事

雇用保険

基本手当を主に、育児休業や雇用継続のための各種給付など。

労災保険

保険料の全額が事業者負担であること、業務上・通勤中での給付の違い、休業に関する給付の内容など。

老後

公的介護保険・後期高齢者医療制度

介護保険被保険者の第１号・第２号の給付の内容、後期高齢者医療制度の保険料がポイントです。

公的年金

国民年金保険料の納付、老齢年金の繰上げ・繰下げが出題されることが多く、必須で押さえたいポイントです。

企業年金等の種類

確定拠出年金　制度と税制についても理解が必要です。

個人事業主等の年金　国民年金基金と小規模企業共済があります。加入対象者と給付の内容がポイントです。

中小法人の資金計画

資金調達のプランニングと調達方法
企業の財務状況の把握・財務分析

FPの基本

1 FPの仕事とコンプライアンス

人生の様々なライフプランに向けて、
資金計画を提案するスペシャリストであるFP。
そのファイナンシャル・プランニングの方法について、
関連法規やコンプライアンスを含めたアプローチを、
総合的に理解します。

1 ＦＰの仕事と守るべきこと

重要度 B

結婚や出産、マイホームの購入、老後など、人生には大きなターニングポイントがあります。このようなライフイベントに向けて資金計画を立てることを**ライフプランニング**といいます。顧客の将来の夢や目標のため、**資金計画のアドバイス**を行うのが**ファイナンシャル・プランナー（以下、FP）**の仕事。ＦＰが守るべきことには、次のようなものがあります。

1．**顧客の利益を優先**
顧客の立場に立ち、顧客の利益を最優先にして提案を行います。

2．**守秘義務の遵守**
顧客から得た個人情報を顧客の許可なく、第三者に漏らしてはいけません。

3．**顧客に対する説明義務（アカウンタビリティ）**
顧客に提案を行う際は、顧客が理解できるよう、十分に説明する必要があります。

レック先生のズバッと解説

氏名、住所、生年月日だけでなく、マイナンバー、基礎年金番号、健康保険の被保険者証の記号番号など、**個人を特定できる情報は個人情報保護法の規制対象**となるので、取り扱いに気をつけなければいけません。

ナビゲーション

顧客から得た個人情報は、FPの業務を行うに当たって必要な場合には、顧客の許可を得れば、第三者に伝えることができます。

2級FP試験では、FPの基礎知識として「消費者契約法」と「金融サービス提供法」について問われることがあります。ここで、この2つの法規をしっかりマスターしましょう。

消費者契約法

ポイント

- **個人消費者**が保護対象（事業のための契約、法人の契約は対象外）
- 契約の取り消しや不利な条項の無効化が可能な期間は、**原則**、**追認ができる日**（消費者が誤認等に気が付いたときなど）**から1年間**、または**契約から5年間**

事業者が不適切な行為で勧誘をして、消費者が誤認・困惑して契約した ➡ **契約を取り消すことができる**

例）・損をするかもしれないことを隠す（故意の不告知）
・絶対に利益が出るなどと確実であるかのように伝える（断定的判断の提供）
・契約するまで家から出ていかない（不退去）、または店から出してもらえない（退去妨害）　…など

契約の内容に消費者が一方的に不利になることが書かれていた ➡ **契約の不利な条項の全部または一部を無効にすることができる**

例）・「一切のキャンセルや返品・交換は認めない」
・事業者に責任があっても「事業者は一切責任を負わない」　…など

金融サービス提供法

ポイント

- **個人および事業者**が保護対象（プロの投資家は対象外）
- ほとんどの金融商品が対象 ⇒ 預貯金・投資信託・有価証券・海外商品先物・FXなど
- 対象外の金融商品 ⇒ ゴルフ会員権、金など

金融商品販売業者等が重要事項の説明をせずに金融商品を販売し、顧客が損失を被った ➡ **金融商品販売業者等は、損害賠償責任を負う**

例）・「元本が保証されていない」「為替リスクがある」などの重要事項の説明がないまま金融商品を購入し損害を負った　…など

2 FPの仕事の範囲と関連法規

重要度 A

FPには幅広い領域の知識が必要なことから、税理士や弁護士、保険募集人など、**有資格者**しかできない業務範囲に抵触してしまう恐れがあります。知識があっても、**個別具体的な助言や行動は独占業務に違反**となる可能性があります。FPの業務に関連する法令の禁止事項を理解しておきましょう。

ナビゲーション

税理士や弁護士などの"士業"には、それぞれに独占業務があるので、その業務に抵触しないよう注意しましょう。

税理士法

税理士資格を持っていないFPは、**個別具体的な税務相談や税務書類の作成**を行ってはいけません

仮の数値で税計算したり、一般的な税法の解説は可能

弁護士法

弁護士資格を持っていないFPは、**個別具体的な法律判断や法律事務**だけでなく、一般の法律事務も行ってはいけません

遺言書の作成についての一般的な説明をしたり、公正証書遺言の証人や任意後見契約の受任者となったり、セミナーを開催するのは可能

社会保険労務士法

社会保険労務士資格を持っていないFPは、**社会保険に関する書類の作成、提出の代行**を行ってはいけません

社会保険制度についての一般的な説明や年金の試算をすることは可能

保険業法

保険募集人・保険仲立人、金融サービス仲介業の登録を受けていないFPは、**保険の募集や勧誘**を行ってはいけません

保険の見直しの相談に応じたり、試算をするのは可能

レック先生のズバッと解説

FPは、一般的な解説や仮の事例を用いた説明はできますが、有償・無償を問わず、該当の資格がない限り、税理士の独占業務を行ってはいけません。

レック先生のズバッと解説

著作権を侵害しないようう気をつけましょう。国や地方公共団体が公表している資料や法令などは自由に用いることができます。他者の資料を使う際は「著作権法で許される引用」にとどめることが必要です。

金融商品取引法

金融商品取引業者としての登録をしていないFPは、**投資判断の助言等**を行ってはいけません

金融商品について一般的な説明をするのは可能

ワンポイント

金融商品取引業者、金融サービス仲介業者、保険募集人・保険仲立人となるには、内閣総理大臣の登録を受けることが必要です。

過去問チャレンジ

ファイナンシャル・プランナー(以下「FP」という)の顧客に対する行為に関する次の記述のうち、関連法規に照らし、最も不適切なものはどれか。

1. 社会保険労務士の登録を受けていないFPのAさんは、顧客の求めに応じ、老齢基礎年金や老齢厚生年金の受給要件や請求方法を無償で説明した。
2. 税理士の登録を受けていないFPのBさんは、個人事業主である顧客からの依頼に基づき、当該顧客が提出すべき確定申告書を有償で代理作成した。
3. 金融商品取引業の登録を受けていないFPのCさんは、顧客からiDeCo(確定拠出年金の個人型年金)について相談を受け、iDeCoの運用商品の一般的な特徴について無償で説明した。
4. 司法書士の登録を受けていないFPのDさんは、顧客から将来判断能力が不十分になった場合の財産の管理を依頼され、有償で当該顧客の任意後見受任者となった。

[24年1月・学科]

2が不適切　税理士登録を受けていないFPは、有償・無償にかかわらず確定申告書の作成を行ってはいけません。

3 FPの業務アプローチ方法

重要度 B

ＦＰが**ライフプランニング**を行うには、顧客から家族構成や資産情報、将来の夢や目標などをヒアリングし、分析資料や提案書などを作成します。ＦＰの提案が顧客に受け入れられたとしても定期的に見直し、顧客の夢や目標に近づけるよう支援します。このようなＦＰの仕事は以下の６つのステップで行います。

FP業務の６つのステップ

ステップ1 信頼関係
顧客との信頼関係を構築します。

ステップ2 情報収集
顧客から収入や貯蓄、年金、保険など、多岐にわたる情報を収集。将来の夢や目標についても確認します。

ステップ3 分析
顧客の資金面の現状と問題点を、**ライフイベント表、キャッシュフロー表、個人バランスシート**などから分析します。

ステップ4 プランの提示
プラン（提案書）を作成し、顧客に説明します。

ステップ5 実行援助
プランを選択して実行援助します。

ステップ6 見直し
顧客の状況や経済状況などを踏まえて、プランを定期的に見直します。

レック先生のズバッと解説

試験では、この６つのステップの中で空欄を埋める問題が出題されることがあります。ステップ1～3では「顧客」を、4～6では「プラン」を覚えておきましょう。

ワンポイント

ライフイベント表、キャッシュフロー表、個人バランスシートは、ライフプランニングを行うときの三種の神器です。

ナビゲーション

現状と将来の希望は変化していくもの。あわせて税制や保険などを取り巻く環境も変わるので定期的に軌道修正します。

4 ライフイベント表

重要度 B

ライフイベント表とは、顧客とその家族の**将来設計を表に落とし込み、見える化**したものです。子どもの進学やマイホームの購入、車の買い換えなど、将来、予定しているライフイベントを記入することで、将来像が明確になります。

ライフイベント表の例

経過年数（年）		現在	1	2	3	4	5	6	7	8	9	10
家族の年齢（歳）	所得多郎	35	36	37	38	39	40	41	42	43	44	45
	所得貴子	30	31	32	33	34	35	36	37	38	39	40
	所得高志	5	6	7	8	9	10	11	12	13	14	15
ライフイベント												
所得多郎			車買換え	マイホーム購入					家族旅行			
所得貴子				パート復帰								
所得高志		幼稚園入園		小学校入学						中学校入学		
必要資金			100万円	1,000万円					50万円			

現在価値を入れる！

ワンポイント

ライフイベント表の必要資金に入れる金額は、現在価値（物価の上昇など変動率を考慮しない金額）を入れます。

講義図解

ライフイベント と ライフプラン

ライフイベント

結婚 ▶ する or しない
子ども ▶ 産む or 産まない
家 ▶ 購入 or 賃貸 …etc.

相談

ライフプラン

25歳 ▶ 結婚：資金はいくら必要？
30歳 ▶ 第1子誕生：出産費用は？
37歳 ▶ マイホーム購入：頭金は？ …etc.

5 キャッシュフロー表の作成

重要度 A

キャッシュフロー表とは、将来の**収支状況**と**貯蓄残高**の推移を表にまとめたもので、ライフイベント表や現在の収支状況から作成します。収入欄には年収ではなく、所得税や住民税、社会保険料などを差し引いた、**可処分所得**（かしょぶんしょとく）を記載します。

公式　可処分所得＝
額面の収入金額－(所得税＋住民税＋社会保険料)

ワンポイント
可処分所得は支払義務のある税金などを引いた残額。生命保険料は任意で支払うものなので、マイナスしません。

キャッシュフロー表の例

経過年数（年）		現在	1	2	3	4	5	6	7	8	9	10
家族の年齢（歳） 所得多郎		35	36	37	38	39	40	41	42	43	44	45
家族の年齢（歳） 所得貴子		30	31	32	33	34	35	36	37	38	39	40
家族の年齢（歳） 所得高志		5	6	7	8	9	10	11	12	13	14	15
ライフイベント												
所得多郎			車買換え	マイホーム購入					家族旅行			
所得貴子				パート復帰								
所得高志		幼稚園入園		小学校入学						中学校入学		
必要資金			100万円	1,000万円					50万円			
収入（万円）												
	変動率	Ⓐ										
給与収入	Ⓔ 1%	500	505※1	510※2	515※3	520	526	531	536	541	547	552
その他の収入				100	100	100	100	100	100	100	100	100
収入合計		500	505	610	615	620	626	631	636	641	647	652
支出（万円）		Ⓑ										
基本生活費	1%	200	202	204	206	208	210	212	214	217	219	221
住居費		120	120	120	150	150	150	150	150	150	150	150
教育費	1%	20	20	31	31	31	32	32	32	54	55	55
保険料		36	36	36	36	36	36	36	36	36	36	36
その他の支出	1%	20	20	20	21	21	21	21	21	22	22	22
一時的支出			100	1,000					50			
支出合計		396	498	1,411	444	446	449	451	503	479	482	484
年間収支		104 Ⓒ	7	▲801	171	174	177	180	133	162	165	168
貯蓄残高	1%	1,000 Ⓓ	1,017※4	226※5	399※6	577	760	948	1,090	1,263	1,441	1,623

Ⓐ 年間収入　Ⓑ 年間支出　Ⓒ 年間収支　Ⓓ 貯蓄残高　Ⓔ 変動率

キャッシュフロー表の作成要素

Ⓐ年間収入：給与など、収入金額（可処分所得）のこと。複数ある場合は、分けて記入します。

Ⓑ年間支出：基本生活費などの支出金額のこと。支出欄の項目を合計します。

Ⓒ年間収支：**収入合計から支出合計を差し引いた**額のこと。マイナスの場合は赤字となります。

Ⓓ貯蓄残高：その時点での貯蓄額。マイナスの場合は貯蓄が底をついたということになります。

Ⓔ変動率：変化の割合のことで、給与であれば**昇給率**、基本生活費などの場合は**物価上昇率**を示します。住宅ローンや保険料など、支払額が一定の場合には変動率は考慮しません。

講義図解

変動率が設定されている項目の計算

キャッシュフロー表から計算してみよう

＜給与収入の計算方法＞

公式　n年後の予想額＝現在の金額×（1＋変動率）^{n}

※1　1年後　500万円×（1＋0.01）＝505万円
※2　2年後　500万円×（1＋0.01）^{2}≒510万円
※3　3年後　500万円×（1＋0.01）^{3}≒515万円

＜貯蓄残高の計算方法＞

公式　当年の貯蓄残高＝前年の貯蓄残高×（1＋運用率）＋当年の年間収支

※4　1年後　1,000万円×（1+0.01)+7万円＝1,017万円
※5　2年後　1,017万円×（1+0.01）－801万円≒226万円
※6　3年後　226万円×（1+0.01)+171万円≒399万円

6 個人バランスシートの作成

重要度 A

個人バランスシートとは、ある時点での資産と負債のバランスを見るためのものです。**資産**には**時価**を入れ、**負債**にはその時点でまだ**返済していない残額（残債）**を入れます。資産から負債を差し引くことで純資産がわかり、その家計の健全性を分析することができます。

公式　資産－負債＝純資産

レック先生のズバッと解説

日本FP協会実技試験では純資産を計算させる問題が出ます。**純資産＝資産－負債**という公式を覚えておきましょう。

個人バランスシートの例

20××年 ×月×日現在

❶【資産】		❷【負債】	
金融資産		住宅ローン	2,300万円
預貯金等	100万円	自動車ローン	50万円
株式	36万円	負債合計	2,350万円
投資信託	90万円	❸【純資産】	
保険（解約返戻金相当額）	100万円		536万円
自宅	2,500万円		
自動車	60万円		
資産合計	2,886万円	負債・純資産合計	2,886万円

この２つは必ず同額になります！

ワンポイント

バランスシートは、「貸借対照表」ともいわれ、企業では「損益計算書」とともに主たる決算書類になるものです。

講義図解

資産には「時価」を入れる

3年前に100万円で
買った自動車 → 今売却すると**60万円**

この金額を
資産に入れます

同じように、株式／自宅／保険（解約返戻金相当額）なども「今売る（解約する）といくらか？」という時価を入れて計算します。

個人バランスシートに記入するもの

❶**資 産**：現金、預貯金、株式、投資信託、生命保険、不動産（土地・建物）、車など、資産価値のあるものを項目別に記入します。株式や投資信託はその時点の時価を記入し、**生命保険**は解約した場合の**返戻金（へんれいきん）相当額**を記入します。

❷**負 債**：住宅ローン、自動車ローンなどの残額を記入します。

❸**純資産**：その時点での資産合計と負債合計の差がわかります。純資産の割合が高いほど、その家計が健全であることを表します。

資産と負債の金額は
時価で記入することを覚えておこう

過去問チャレンジ

ファイナンシャル・プランナーがライフプランニングに当たって作成するキャッシュフロー表の一般的な作成方法に関する次の記述のうち、最も適切なものはどれか。

1. キャッシュフロー表の作成において、可処分所得は、年間の収入金額から直接税、社会保険料および住居費の金額を控除した金額を計上する。

2. キャッシュフロー表の作成において、住宅ローンの返済方法を元金均等返済方式とした場合、その返済額は、毎年同額を計上する。

3. キャッシュフロー表の作成において、基本生活費や教育費等の支出項目に計上した金額は、家族構成が変わらない限り、見直す必要はない。

4. キャッシュフロー表の作成において、各年次の貯蓄残高は、「前年末の貯蓄残高×(1+運用利率)+当年の年間収支」の算式で計算した金額を計上する。

[23年1月・学科]

4が適切 1.可処分所得は、年収から直接税（所得税・住民税）や社会保険料等、支払い義務のあるものを差し引いて求めます。住居費は控除しません。

2.元金均等返済方式では毎年の返済額が変わるので、各年別の返済額の計上が必要です。

3.支出額は、家族構成が変わらなくても、ライフプラン、経済の変化によっても変わります。

講義図解

覚えておきたい電卓の裏ワザ

キャッシュフロー表では、数年後の収入や貯蓄残高などを、変動率を使って求める問題がよく出題されます。そんな累乗計算をするときに、電卓の裏ワザを覚えておけば、簡単に計算できます。

【計算法】 ×を2回、=を年数分押す

例：現在、500万円の収入が毎年1％ずつ増える場合

●2年後の収入…$(1+0.01)^2$を計算する
1＋0.01××500＝＝510.05 ← ×を2回、＝を2回押す

●3年後の収入…$(1+0.01)^3$を計算する
1＋0.01××500＝＝＝515.1505 ← ×を2回、＝を3回押す

●4年後の収入…$(1+0.01)^4$を計算する
1＋0.01××500＝＝＝＝520.3020… ← ×を2回、＝を4回押す

＊キヤノン、シャープ等の電卓の場合は、
「×を2回」の部分を「×を1回」に置き換えてもできます。

第3章 金融資産運用の
複雑な複利計算等も
電卓の裏ワザを使えば
簡単になりますよ！

2 資産計算で使う6つの係数

キャッシュフロー表をはじめ、
将来の資金計画を立てるために重要となる６つの係数。
資金の運用方法や受け取り方によって、
計算に利用する係数が異なります。
それぞれの違いについて理解しておきましょう。

1 ６つの係数とその役割

重要度 A

６つの係数は、最初からまとまった金額を運用するのか、少しずつ積み立てていくのか、今あるまとまった資金を年金のように取り崩して受け取りたいのか、の３つに分けられます。それぞれのケースによって計算で使用する係数が異なるので、まずはどんな係数があるのか確認しておきましょう。

講義図解

係数の使い方の例

5年後に車を購入するために、毎月の積立金額を計算するには、将来の資産から現在の資産を計算するので、**減債基金係数**（げんさいききんけいすう）を使います。どんなときにどの係数を使えばいいのかを覚えておきましょう。

講義図解

6つの係数

①終価係数（しゅうかけいすう）…………………… 一括で運用

今ある金額を**複利運用**したときに、将来いくらになるのかを求める係数。

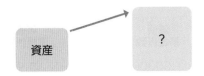

②現価係数（げんかけいすう）………………… 一括で運用

毎年、**複利運用して一定の金額を貯める**ために、今いくらあればいいのかを求める係数。

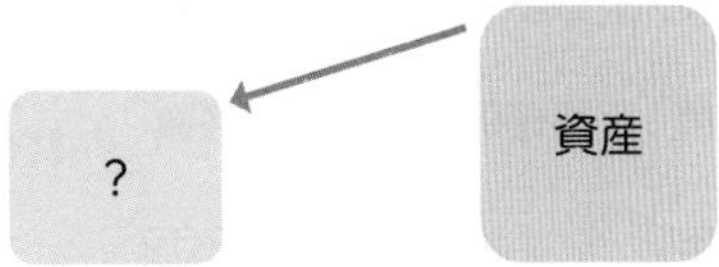

③年金終価係数（ねんきんしゅうかけいすう）…… 積み立てて運用

毎年、複利運用しながら**一定の金額**を**積み立てた**場合、将来いくらになるのかを求める係数。

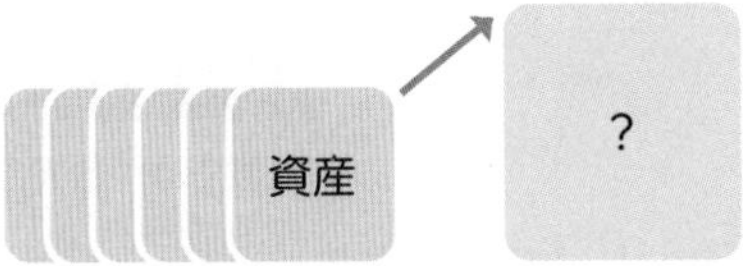

④減債基金係数（げんさいききんけいすう）…… 積み立てて運用

毎年、複利運用して**一定金額を貯める**ために、毎年、いくら**積み立て**ればいいのかを求める係数。

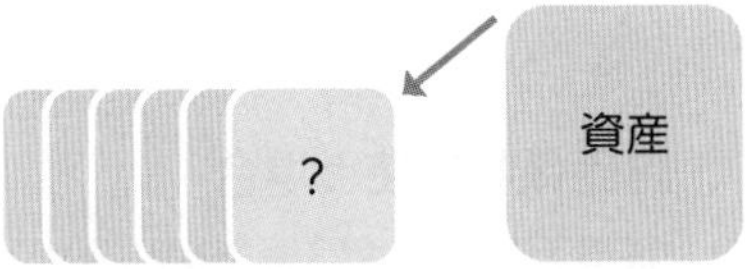

⑤資本回収係数（しほんかいしゅうけいすう）…… 取り崩して運用

今ある金額を複利運用しながら一定の期間で**取り崩す**場合、毎年いくらずつ受け取れるのかを求める係数。

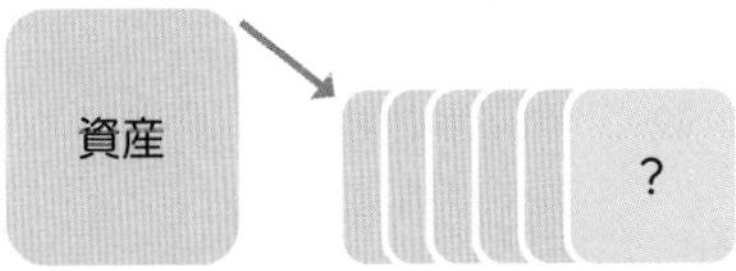

⑥年金現価係数（ねんきんげんかけいすう）…… 取り崩して運用

毎年、複利運用しながら一定の金額を**受け取る**ために、今いくらあればいいのかを求める係数。

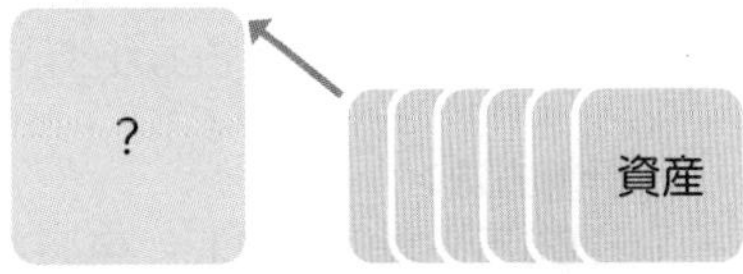

2 6つの係数を使った計算方法

重要度 B

どんなときに、どの係数を使えばいいのかが理解できれば、6つの係数を使った計算は難しいものではありません。

以下の6つの係数表を使って具体的な例で見ていきましょう。

6つの係数表（利率3％の場合）

期間	終価係数	現価係数	年金終価係数	減債基金係数	資本回収係数	年金現価係数
1年	1.030	0.9709	1.000	1.00000	1.03000	0.971
5年	1.159	0.8626	5.309	0.18835	0.21835	4.580
10年	**1.344**	**0.7441**	**11.464**	**0.08723**	**0.11723**	**8.530**
15年	1.558	0.6419	18.599	0.05377	0.08377	11.938
20年	1.806	0.5537	26.870	0.03722	0.06722	14.877

ナビゲーション

試験では係数表の値は与えられるので、それぞれの係数の数値を覚える必要はありません。

①終価係数を使う場合

100万円を年利3％で複利運用した場合、10年後にいくらになる？

<計算方法>

100万円×1.344＝134万4,000円

②現価係数を使う場合

10年後に100万円にしたい場合、年利3％で複利運用するとして、今いくらあればいい？

<計算方法>

100万円×0.7441＝74万4,100円

③年金終価係数を使う場合

毎年10万円を年利3%で複利運用しながら積み立てた場合、10年間でいくらになる？

<計算方法>

10万円×11.464＝114万6,400円

④減債基金係数を使う場合

10年後に100万円にしたい。年利3%で複利運用する場合、毎年いくら積み立てればいい？

<計算方法>

100万円×0.08723＝8万7,230円

⑤資本回収係数を使う場合

100万円を年利3%で複利運用しながら10年間で取り崩す場合、毎年いくらずつ受け取れる？

<計算方法>

100万円×0.11723＝11万7,230円

⑥年金現価係数を使う場合

年利3%で複利運用しながら毎年10万円ずつ10年間受け取るには、今いくらあればいい？

<計算方法>

10万円×8.530＝85万3,000円

過去問チャレンジ

ライフプランの作成の際に活用される各種係数に関する次の記述のうち、最も不適切なものはどれか。

1. 余裕資金300万円を20年間、年率2.0％で複利運用する場合、20年後の元利合計額を計算するには、終価係数を使用する。

2. 退職してから30年間、年率1.5％で複利運用しながら、毎年50万円ずつ受け取りたい場合、退職時点で必要な金額を計算するには、年金現価係数を使用する。

3. 10年後に自宅をリフォームする資金500万円を年率1.5％の複利運用で準備したい場合、現時点で用意すべき手元資金の金額を計算するには、現価係数を使用する。

4. 年率2.0％で複利運用しながら、5年後に自家用車を買い替える資金300万円を準備したい場合、必要な毎年の積立額を計算するには、資本回収係数を使用する。

［21年5月・学科］

4が不適切　将来、複利運用して一定金額にするために、毎年、いくら積み立てればいいのかを求めるときに使用する係数は資本回収係数ではなく、減債基金係数です。

いろんなパターンの
過去問を解いてみよう！

6つの係数を使った問題は、
日本FP協会の実技試験に
必ずといっていいほど出題されます。
たったの6つですから、
それぞれがどういうときに使うものなのか、
応用する方法を身につけるといいですよ！
6つだけだからね…
3級でもやったし。
復習しよっと！

子どもの成長に合わせていくら必要？

3 教育資金

子ども１人につき、幼稚園から大学卒業までに
必要となる教育資金の目安は 1,000 万円～ 2,000 万円ともいわれています。子どもが生まれたらいつ、
どれくらいの資金が必要になるのかを考えて、
早めに準備しておくことが大切です。

1 こども保険（学資保険）

重要度 B

生命保険会社などで販売されており、小学校、中学校、高校入学時にそれぞれお祝金を、大学入学時などに設定した**満期時**に**満期保険金**を受け取れます。

特徴は契約者（親など）が死亡、または所定の高度障害や身体障害になった場合には、**以降の保険料の払込が免除**になることですが、保険料払込免除後も満期金やお祝金は受け取れます。教育資金は、入学金や授業料のほか、入学前の受験費用も意外とかかるので、早めの準備が必要です。

ワンポイント

契約者の死亡後、保険の契約満了時まで、年金（育英年金）で受け取れる保険もあります。

2 国の教育ローン（教育一般貸付）　重要度 A

国の教育ローンである**教育一般貸付**と、銀行などの金融機関が提供する民間ローンがあります。ここでは教育一般貸付の特徴について理解しておきましょう。

教育一般貸付と日本学生支援機構の奨学金は**併用**できます。

教育一般貸付の特徴

融資元	日本政策金融公庫
融資限度額	学生1人につき原則**350万円** （※一部**450万円**まで）
返済期間	最長**18年**（在学中は利息のみの返済も可能）
金利	**固定金利**
世帯の年収制限	あり（子どもの数によって異なる）
対象となる学校	**中学校卒業以上**の人を対象とする修業年限が3カ月以上の教育施設
資金使途	入学金、授業料、受験費用、家賃、通学定期券代、パソコン購入代、国民年金保険料など

※自宅外通学、修業年限5年以上の大学（昼間部）、大学院、海外留学（修業年限3カ月以上の外国教育施設への留学）

3 奨学金制度 重要度 A

1.貸与型

大学や自治体など、様々な**奨学金**があります。中でも日本学生支援機構の奨学金制度が代表的です。

返済義務のある**第一種**奨学金（**無利子**）と、**第二種**奨学金（**有利子**）が現在、最も利用されています。

奨学金を利用するに当たり、原則として**人的保証制度と機関保証制度**のどちらかを、奨学金を受ける学生本人が選択する必要があります。

日本学生支援機構の奨学金（貸与型）の特徴

	第一種奨学金	第二種奨学金
利子	無利子	有利子（上限3%） ※在学中は無利子
返済期間	卒業後最長20年	卒業後最長20年
対象者	学力や親の所得金額など、**選考基準が厳しい**	第一種奨学金より緩やかな基準
対象となる学校	大学院、大学（学部）、短期大学、高等専門学校、専修学校（専門課程）など	

返還が困難になった場合、減額返還（月々の返還額を減らす）や返還期限猶予（返還を一定期間先延ばしする）を願い出ることができます。

2.給付型

住民税非課税世帯等の学生を対象として、返済義務のない給付型の奨学金制度もあります。貸与型との併用もできます。2024年度からは、扶養する子が３人以上の多子世帯や理工農系進学希望の場合は収入要件が緩和されます。

レック先生のズバッと解説

人的保証制度とは、奨学金の返還について連帯保証人（原則として父母）および保証人（原則としておじ、おば、兄弟姉妹等）を引き受けてもらう制度です。機関保証制度とは、保証機関（公益財団法人日本国際教育支援協会）が連帯保証する制度。一定の保証料の支払いが必要になります。

ワンポイント

2024年10月から、年収が300万円を超えるようになって返済を始めることができる「出世払い型」奨学金制度が導入されます。

ワンポイント

奨学金の学力基準は、成績だけでなく学修意欲等も考慮されます。

過去問チャレンジ

奨学金および教育ローンに関する次の記述のうち、最も適切なものはどれか。

1. 日本学生支援機構の給付型奨学金は、海外留学資金として利用することはできない。

2. 日本学生支援機構の貸与型奨学金は、所定の海外留学資金として利用する場合を除き、連帯保証人および保証人による人的保証と日本国際教育支援協会による機関保証の両方の保証が必要となる。

3. 日本学生支援機構の奨学金と日本政策金融公庫の教育一般貸付（国の教育ローン）は、重複して利用することができる。

4. 日本政策金融公庫の教育一般貸付（国の教育ローン）の融資限度額は、外国の教育施設に3カ月以上在籍する資金として利用する場合は学生・生徒1人につき500万円である。

[20年9月・学科]

3が適切

1. 日本学生支援機構の奨学金は海外留学にも利用できます。
2. 日本学生支援機構の貸与型奨学金は、原則、人的保証と機関保証のいずれかを選択します。
4. 教育一般貸付の上限は350万円。海外留学等、一定の要件に該当する場合は450万円が上限になります。

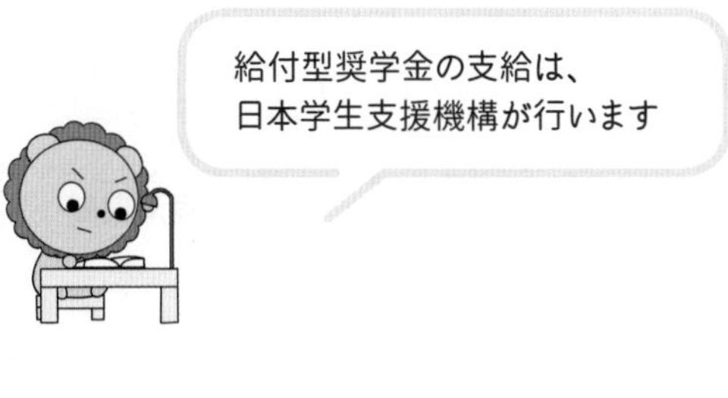
給付型奨学金の支給は、
日本学生支援機構が行います

4 住宅資金

マイホームの購入時には頭金のほかに諸経費（登記費用、税金、引越費用など）も必要で、住宅資金として、物件価格の２～３割程度を準備することが望ましいとされています。こういった住宅購入等に必要な資金を準備する方法として、住宅ローンや財形貯蓄制度があります。

1 住宅ローンの金利

重要度 C

住宅ローンを選ぶ際、一番のポイントとなるのが金利です。

住宅ローンの金利には、**固定金利型**、**変動金利型**、**固定金利期間選択型**の３つがあります。

ワンポイント
固定金利期間選択型では、固定金利期間が長いほど、金利は高くなります。

講義図解

住宅ローン金利の特徴

固定金利型

ローン当初の金利が返済終了まで適用されます。

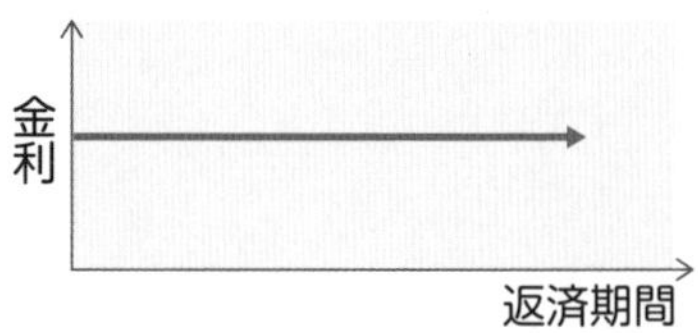

変動金利型

市場金利の変動に伴って**半年**ごとに金利が見直されます。なお、元利均等返済の場合、金利見直しに伴って返済額が変わるのは**５年**ごとです。
短期プライムレートを基準にする金融機関が主流です。

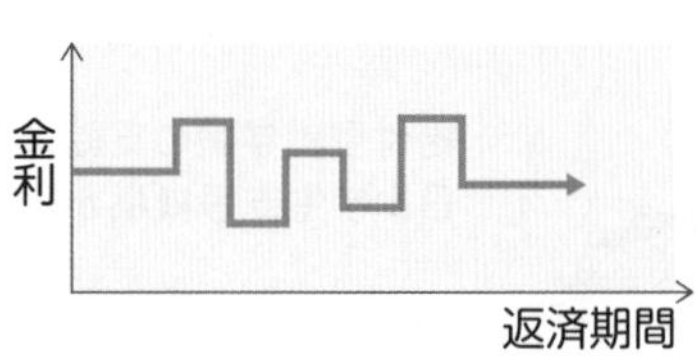

固定金利期間選択型

最初は**固定金利**ですが、**一定期間後**に固定金利か変動金利かを**選択**します。

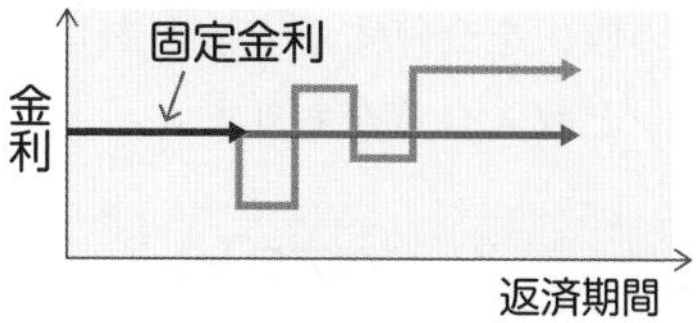

2 住宅ローンの返済方法

重要度 B

住宅ローンの返済方法には、**元利均等返済**と**元金均等返済**があります。元利均等返済は毎回の返済額（**元金と利息の合計額**）**が一定**の返済方法です。一方、元金均等返済は毎回返済する**元金部分が一定**の返済方法です。

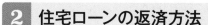

講義図解

住宅ローンの返済方法の特徴

元利均等返済

当初は利息の返済割合が多いですが、返済が進むにつれ、元金の割合が多くなります。

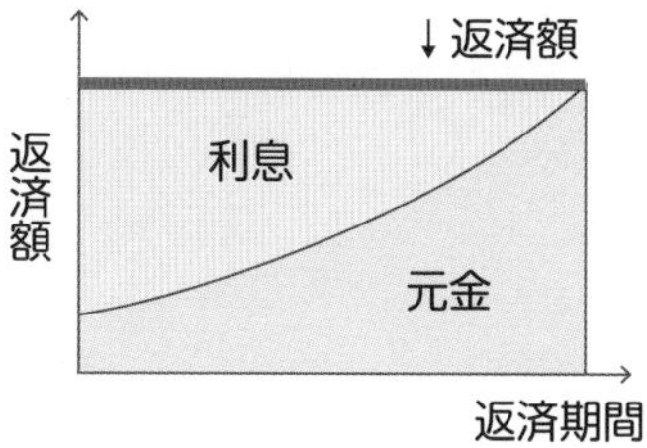

元金均等返済

当初は返済額が多いですが、返済が進むにつれ、返済額が少なくなります。

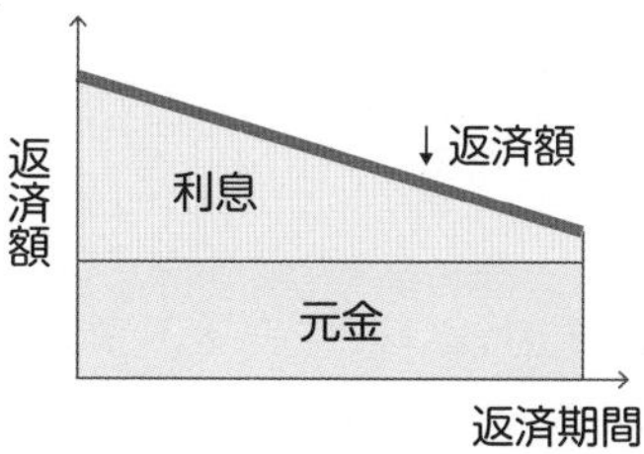

レック先生のズバッと解説

借入金や返済期間、金利などの条件が同じ場合、総返済額は元金部分が早く減る**元金均等返済の方が少なくなります。**

住宅ローンの借入額を増やすために、親族（夫婦や親子等）の収入を合算する方法があります。主な方法としてペアローンと収入合算があります。

	ペアローン	収入合算（連帯保証）
住宅ローン数	２本 (それぞれが主債務者となる)	１本 (申込者が主債務者となる)
収入基準	収入はそれぞれ別個に審査される	申込者と親族（収入合算者）の収入を合算して審査される
その他	・互いに相手の連帯保証人になる ・諸費用は住宅ローン２本分 ・それぞれが住宅ローン控除適用対象、団信加入できる	・収入合算者は連帯保証人になる ・諸費用は住宅ローン１本分 ・主たる債務者のみが団信加入、住宅ローン控除の適用

3 住宅ローンの繰上げ返済 重要度 A

住宅ローンの返済期間中に、毎月の返済以外に元金の一部や全部を返済することを**繰上げ返済**といいます。繰上げ返済をすることで、その分の利息を減らすことができます。繰上げ返済には、**期間短縮型**と**返済額軽減型**の2つがあります。

講義図解

住宅ローンの繰上げ返済の特徴

期間短縮型　返済期間を短縮します。

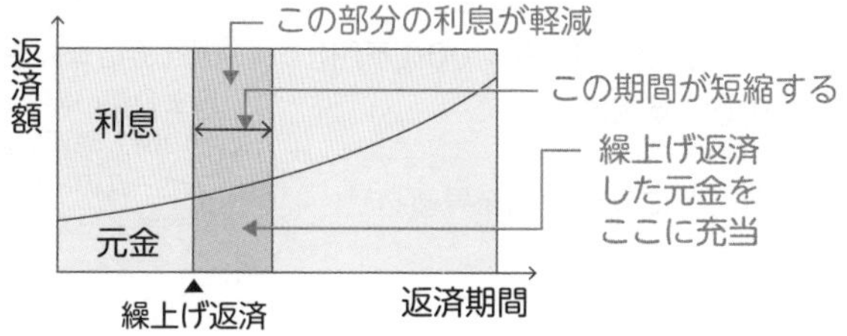

返済額軽減型　毎回の返済額を軽減します。

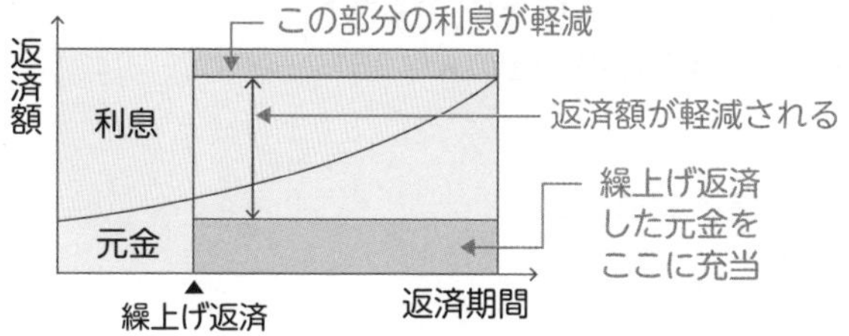

レック先生のズバッと解説

期間短縮型と返済額軽減型では、**期間短縮型の方が利息軽減効果が高くなります。**また、早い時期に繰上げ返済する方が、より利息軽減効果が高くなります。

4 住宅ローンの種類

重要度 A

住宅ローンの種類には、**公的ローン**と**民間ローン**があります。公的ローンの代表的なものが**財形住宅融資**。民間ローンの代表的なものには、住宅金融支援機構が民間の金融機関と提携した**フラット35**があります。

財形住宅融資（公的ローン）

条件	財形貯蓄を**1年以上**継続して積み立て、貯蓄残高が**50万円以上**ある
融資額	財形貯蓄残高の**10倍以内**（最高**4,000万円**）で、住宅取得額の**90％**が限度
金利	**5年固定金利**（5年ごとに適用金利を見直し）

フラット35（民間ローン）

条件	申し込み日に原則として、**70歳未満**であること 年間合計返済額の割合が、**年収400万円未満の人は30％以下、年収400万円以上の人は35％以下**であること
融資額	購入価格や建設資金の**100％**まで （最高**8,000万円**）
対象となる住宅	本人や親族が住むための住宅 一戸建て等は**床面積が70㎡以上**、マンション等は**床面積が30㎡以上** 店舗併用住宅の場合、住宅部分の床面積が非住宅部分の床面積以上
返済期間	最長**35年**（完済時の年齢は**80歳以下**）

レック先生のズバッと解説

フラット35の適用金利は融資実行時点のものになります。資金の使いみちは住宅の購入や建設。リフォームのみには利用できません。

金利	**固定金利**（適用金利は**融資実行時点**） 金利は取扱金融機関がそれぞれ独自に決定 フラット35子育てプラス等、要件を満たせば金利が引き下げられる
その他	保証人や保証料は不要 住宅金融支援機構が金融機関から住宅ローン債権を買い取り、第一順位の抵当権者となる 繰上げ返済の手数料は**無料**で、窓口は**100万円**以上、インターネットは**10万円**以上から繰上げ返済できる **借換え先として選択可**

5 住宅資金の制度

重要度 B

財形貯蓄制度

財形貯蓄とは、その制度を導入している企業の従業員が、給料から**天引き**して行う貯蓄です。財形貯蓄には、**一般財形貯蓄**、**財形住宅貯蓄**、**財形年金貯蓄**があり、いずれを利用している場合でも、財形住宅融資を受けることができます。

財形住宅貯蓄の特徴

- 契約申し込み時の年齢が**55歳未満**。
- 積立期間は５年以上。
- 財形住宅貯蓄と財形年金貯蓄を合わせて元利合計**550万円**までの利子が非課税。
- 住宅購入や増改築で払い出しする際には、床面積や構造などの要件がある。

団体信用生命保険

団体信用生命保険（団信）とは、住宅ローン返済中に契約者が死亡した場合、遺族が残りの住宅ローンの返済をする必要がなくなる保障制度のことです。住宅金融支援機構の場合、毎月の**フラット35の支払い額には団信の費用が含まれています**。疾病を保障する商品もあります。

6 住宅ローンの借換え

重要度 B

金利が高い時期に契約した住宅ローンを一括して返済し、金利の低い住宅ローンに借り換えることで、利息を軽減することができます。ただ、再度契約することになるので、ローン手数料などの諸経費が再び必要になります。その費用を含めた上で、軽減効果があるかどうかを判断します。なお、団信は加入し直す必要があります。また、財形住宅融資などの**公的ローンへの借換えはできません**。

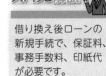

レック先生のズバッと解説

借り換え後ローンの新規手続で、保証料、事務手数料、印紙代が必要です。

過去問チャレンジ

Aさんが、下記<資料>に基づき、住宅ローンの借換えを行った場合、借換え後10年間の返済軽減額の計算式として、最も適切なものはどれか。なお、返済は年1回であるものとし、計算に当たっては下記<係数>を使用すること。また、記載のない条件については考慮しないものとする。

<資料>

[Aさんが現在返済中の住宅ローン]
- 借入残高：1,500万円
- 利率：年2%の固定金利
- 残存期間：10年
- 返済方法：元利均等返済（ボーナス返済なし）

[Aさんが借換えを予定している住宅ローン]
- 借入金額：1,500万円
- 利率：年1%の固定金利
- 返済期間：10年
- 返済方法：元利均等返済（ボーナス返済なし）

<係数>期間10年の各種係数

	資本回収係数	減債基金係数
1%	0.1056	0.0956
2%	0.1113	0.0913

1. (1,500万円×0.1056×10年)－1,500万円
2. (1,500万円×0.1113×10年)－(1,500万円×0.0956×10年)
3. (1,500万円×0.1113×10年)－(1,500万円×0.1056×10年)
4. (1,500万円×0.0913×10年)－(1,500万円×0.0956×10年)

[20年1月・学科]

3が適切　住宅ローンの総返済額は資本回収係数を使って算出します。住宅ローンとして借り受けた元本を、一定期間にわたって返済していくからです。この場合、現在の年2%の住宅ローンから、年1%の住宅ローンに借り換えるので、資本回収係数の2%の数値の計算値から、1%の計算値を差し引きすることで、10年間の返済軽減額が算出できます。

よって、正しい計算式は3になります。

5 老後資金

退職後や老後の生活設計を、
リタイアメントプランニングといいます。
日本は世界でも有数の長寿国。今や 100 歳以上も
珍しくないだけに、老後資金についてもどれくらい
必要になるのか、シミュレーションしておくことが大切です。

1 老後に必要な資金

重要度 C

主な老後資金の原資は、働くことによる収入の他、**退職金**、**年金**（公的年金、企業年金）、**貯蓄**になります。これらの合計金額がシミュレーションした金額よりも少ない場合は、毎月の積立額や保険を見直したり、安全性の高い投資性商品に投資したりするなどして、その不足分を準備する計画を立てていきます。

ワンポイント

老後資金は生活費のほか、入院や介護、自宅のリフォーム費用などに必要な予備費、旅行や趣味のことに使えるゆとり資金も加えて、試算しましょう。

貯蓄については
第3章「金融資産運用」で
解説しています

老後資金については
P58からの
「公的年金の基本」で
詳しく解説します

2 リバースモーゲージ　重要度 B

自宅（持ち家）を担保にして銀行などの金融機関から借入れを受けられる、シニア向けのローン制度です。特徴は**そのまま自宅に住み続けられる**ところ。年金のように毎月借入れを受けたり、必要なときに借りることができ、死亡後、自宅を売却等して、借入金の一括返済を行います。なお、自宅の売却代金で一括返済した後も債務が残った場合に、相続人がその返済義務を負う「リコース型」と、返済義務を負わない「ノンリコース型」があります。

講義図解

リバースモーゲージの仕組み

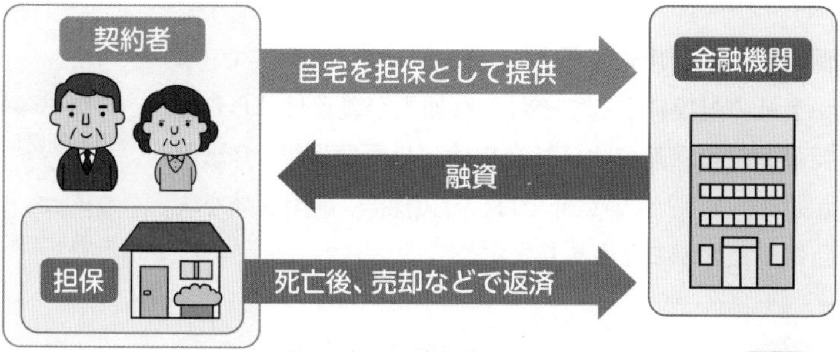

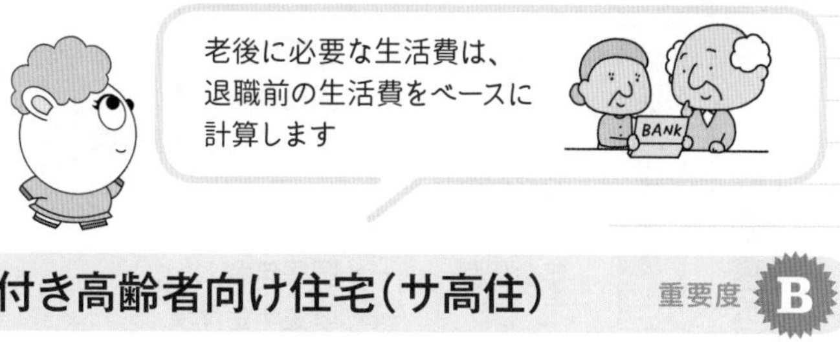

3 サービス付き高齢者向け住宅（サ高住）　重要度 B

高齢者向けの賃貸住宅の1つで、安否確認等の「状況把握サービス」や、日常生活をサポートする「生活相談サービス」を提供する施設です。入居者は60歳以上など一定の要件を満たしていることが必要です。

6 社会保険の基本

加入が義務付けられている社会保険。
大きく分けて医療保険、介護保険、年金保険の３つあります が、年齢や立場などによって、加入する保険が異なります。
どんな保険があり、どんな保障を受けられるのか、
それぞれの内容を理解しておきましょう。

1 社会保険の種類

重要度 C

社会保険は国が管理監督者となって行っている事業で、事業形態や会社の規模によってそれぞれ加入が義務付けられている必要最低限の保障です。社会保険には**医療保険**、**介護保険**、**年金保険**があり、広い意味では、**労災保険**、**雇用保険**を含めて社会保険と呼ぶこともあります。

ナビゲーション

保険制度には、社会保険（公的保険）と私的保険（民間保険）があります。

講義図解

社会保険の全体図

それぞれの保険にどのようなものがあるか、全体図を把握しておきましょう。

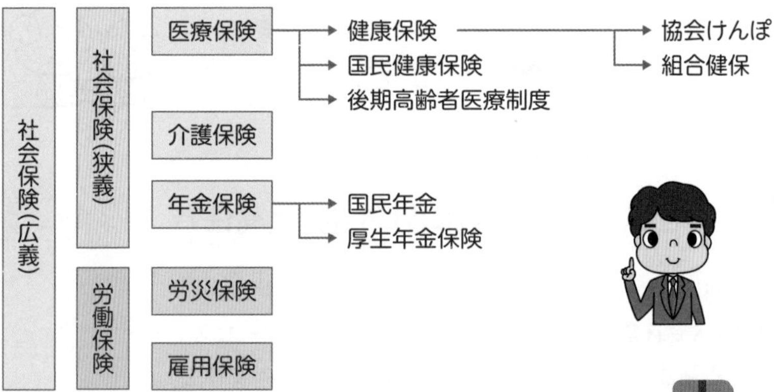

2 公的医療保険

重要度 B

日本は国民全員が公的医療保険に加入する**国民皆保険制度**を採用しています。そのため誰でもどんなときも安心して医療を受けることができます。公的医療保険には主に**健康保険、国民健康保険、後期高齢者医療制度**があります。

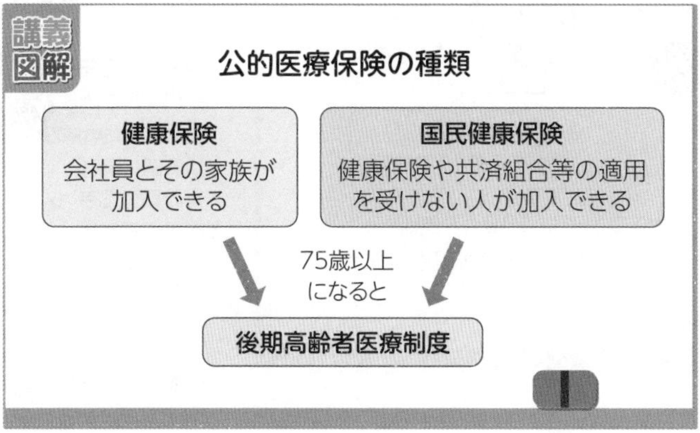

ワンポイント
公務員や私立学校教職員等を対象とした社会保険の運営は、各共済組合が担います。

3 健康保険（健保）

重要度 A

健康保険は75歳未満の人を対象として、**被保険者**と**被扶養者**（被保険者の家族）の病気やケガ、出産、死亡について保険が給付されます。

健康保険事業を行う保険者には、全国健康保険協会の**協会けんぽ**と、健康保険組合の**組合健保**があります。

ワンポイント
業務上や通勤途中のケガなどは、労災保険の給付対象となるため、健康保険の給付対象にはなりません。

健康保険の種類

健康保険の種類	保険者	被保険者
協会けんぽ （全国健康保険協会管掌健康保険）	全国健康保険協会	主に中小企業の会社員
組合健保 （組合管掌健康保険）	健康保険組合	主に大企業等の会社員

講義図解

健康保険の被扶養者（原則）

年収などの条件に当てはまり、同一生計親族等（原則国内に住所がある人）であれば健康保険料の支払いは不要になります。

被保険者
夫
（会社員）

被扶養者
妻
（扶養家族）

年収130万円未満※
夫の年収の1/2未満

※60歳以上または障害者については180万円未満
　収入には失業給付や遺族年金等の非課税所得も含まれます

健康保険の保険料

毎月の保険料は、標準報酬月額（通勤手当も含む）をもとに徴収され、賞与についても標準賞与額に同率の保険料率で徴収されます。保険料の支払いは、原則、**会社と被保険者が半分ずつ労使折半**となります。

協会けんぽの保険料率は**都道府県ごと**に異なります。組合健保の保険料率も組合によって異なり、一定の範囲内であれば、組合側が多く負担することもできます。

なお、産前産後休業、育児休業の期間は、事業主が申出をすることで被保険者負担分及び事業主負担分の健康保険料（および厚生年金保険料）が免除となります。

協会けんぽの保険料率は都道府県ごとに違いますが、介護保険料率は全国一律です。
2級の試験では、その違いを問う問題も多いです！

ワンポイント

被保険者と同居の甥姪や配偶者の父母は、年収などの条件を満たしていれば被扶養者になれますが、別居している場合は被扶養者になれません。

レック先生のズバッと解説

短時間労働者
短時間労働者（パートタイマー等）でも、週の所定労働時間および月の所定労働日数が通常の労働者の４分の３以上あれば、健康保険・厚生年金保険の被保険者になります。また、４分の３未満でも、次の要件をすべて満たす者は被保険者となります。①勤務先が常時従業員数101人以上※の特定適用事業所、②週の所定労働時間20時間以上、③雇用期間２ヵ月超の見込み、④賃金月額8.8万円以上、⑤学生でないこと。
（※2024年10月以降は51人以上）

用語の意味

労使折半
会社と労働者が半分ずつ負担すること。保険料は給料から天引きされます。

健康保険の主な給付内容

健康保険では主に次のような内容に対して給付されます。どのようなケースがあるのか把握しておきましょう。

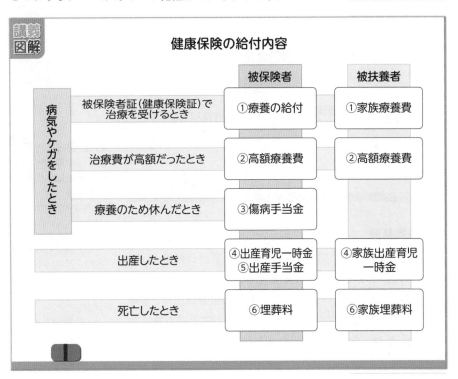

講義図解

健康保険の給付内容

		被保険者	被扶養者
病気やケガをしたとき	被保険者証(健康保険証)で治療を受けるとき	①療養の給付	①家族療養費
病気やケガをしたとき	治療費が高額だったとき	②高額療養費	②高額療養費
病気やケガをしたとき	療養のため休んだとき	③傷病手当金	
出産したとき		④出産育児一時金 ⑤出産手当金	④家族出産育児一時金
死亡したとき		⑥埋葬料	⑥家族埋葬料

用語の意味

標準報酬月額
毎月の社会保険料(健康保険、介護保険、厚生年金保険)を計算するためのしくみで、千円または万円単位の金額になっています。決め方の1つ「定時決定」では、毎年4月～6月の給与の平均をもとに決定します。

産休や育休中は
給与が減る場合があるから、
助かります

①療養の給付、家族療養費

病気やケガをし、病院などで診察や投薬などの医療行為を受けたときに、医療費の一部を自己負担し、残りは健康保険でまかなうことができます。

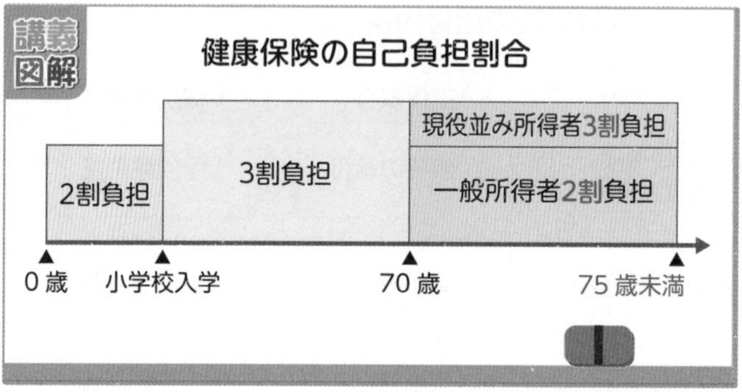

②高額療養費

同一月（1日～月末）に支払う医療費の自己負担額（総医療費の3割）が一定の限度額を超える場合、その**超過分**が高額療養費として支給されます。自己負担限度額は所得、年齢などによって異なります。ただし、月をまたぐと別計算になります。なお、差額ベッド代や入院時の食事代は対象外です。

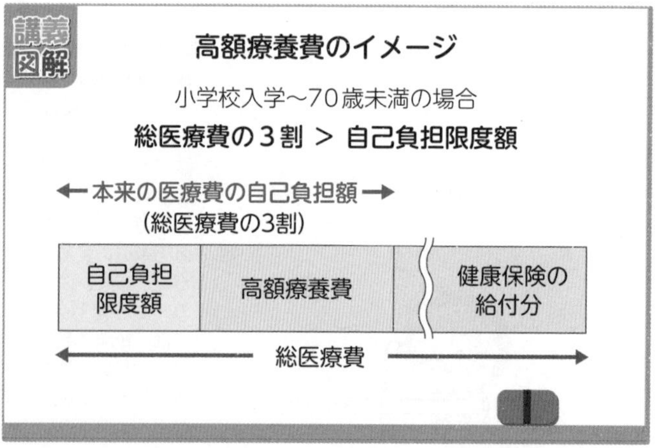

ワンポイント

健康保険適用の事業所で働く人は、75歳未満までは健康保険に加入することになり、75歳以上になると「後期高齢者医療制度」の被保険者になります。

レック先生のズバッと解説

不妊治療
出産は病気やケガではないため、出産に伴う処置は療養の給付の対象になりませんが、所定の不妊治療は2022年4月から給付の対象になりました。

講義図解

自己負担限度額の計算方法

70歳未満の自己負担限度額

所得区分	自己負担限度額
標準報酬月額　83万円以上	252,600円+(総医療費−842,000円) ×1%
標準報酬月額　53万円〜79万円	167,400円+(総医療費−558,000円) ×1%
標準報酬月額　28万円〜50万円	**80,100円**+(総医療費−267,000円) ×**1%**
標準報酬月額　26万円以下	57,600円
住民税非課税世帯(低所得者)	35,400円

<高額療養費の計算>

(例) 次の場合に高額療養費として支給される金額はいくらか

・病院の窓口で30万円支払った
・年齢は38歳 (標準報酬月額44万円)

①総医療費
300,000円÷0.3＝1,000,000円

②自己負担限度額
80,100円+ (1,000,000円−267,000円) ×1%＝87,430円

③高額療養費として支給される金額
300,000円−87,430円＝212,570円

総医療費は
自己負担分ではないので
気をつけましょう

③傷病手当金

被保険者が病気やケガで会社を**3日以上連続**してお休みし、**4日目以降**について給与が支払われない場合は、**標準報酬日額相当額**の**2/3**の金額が、通算で**1年6カ月間**を限度に支給されます。

用語の意味

標準報酬日額相当額
支給開始日以前の継続した12カ月間の各月の標準報酬月額を平均した額÷30日で計算します。

＜傷病手当金の計算＞

1日当たりの支給額＝標準報酬日額相当額× $\frac{2}{3}$

（例）Aさん（傷病手当金支給開始日以前の12カ月間の各標準報酬月額を平均した額が45万円）がケガのために7日間連続してお休みした場合

①支給対象期間内の休業日数：7日－3日＝4日
②450,000円÷30日×2/3＝10,000円/日
③傷病手当金：10,000円×4日＝40,000円

④出産育児一時金、家族出産育児一時金

被保険者や**被扶養者**が出産したときに、子ども1人につき**50万円**が支給されます。

※産科医療補償制度に加入している医療機関での出産の場合。
※産科医療補償制度に未加入の医療機関での出産の場合は48万8,000円が支給される。

ナビゲーション

子ども1人につき50万円が支給されるので、双子の場合はその金額が2倍になります。

⑤出産手当金

被保険者が出産のために会社を休み、その間、給与が支払われない場合、**出産日以前42日間**（6週間）、**出産後56日間**（8週間）の範囲内で、**標準報酬日額相当額**（傷病手当金と同じ）の**2/3**の金額が支給されます。

＜出産手当金の計算＞

1日当たりの支給額＝標準報酬日額相当額 × $\frac{2}{3}$

⑥埋葬料、家族埋葬料

被保険者が死亡したときに、葬儀を行う家族に**5万円**が支給されます。**被扶養者**（被保険者の家族）が死亡したときにも、被保険者に**5万円**が支給されます。

4 任意継続被保険者

重要度 B

健康保険は、退職するなどした場合、その資格を失います。ただし、一定の要件を満たしている被保険者であれば、これまでの健康保険を退職後も**最長2年間**、継続することができます。これを**任意継続被保険者**といいます。

任意継続被保険者の要件

要件
- **2カ月以上**継続して健康保険の被保険者であること。
- 退職日の翌日から**20日以内**に申請すること。

↓

任意継続被保険者
退職後最長2年間、これまでの健康保険に加入できる。
ただし、保険料は**全額自己負担**になる。

日本は国民皆保険制度なので、常に保険に加入している必要があります。会社を退職した場合は、①次の会社の健康保険に加入するほか、②任意継続被保険者になる、③国民健康保険に加入する（14日以内に市区町村に申請）、④家族の健康保険の被扶養者になる方法があります。

5 国民健康保険（国保）

重要度 B

国民健康保険は**自営業者**や**未就業者**など、市町村（特別区を含む）に住所がある**75歳未満**のすべての人を対象とした保険です。ただし、健康保険、共済組合、その他の保険に加入している人や、生活保護の受給者は除きます。

国民健康保険事業を行う保険者には、**都道府県や市町村（特別区を含む）**の自治体等と、**国民健康保険組合**があります。なお、国民健康保険には**被扶養者という概念がない**ので、自営業者に扶養されている配偶者も被保険者として国民健康保険に加入し、保険料がかかります。

レック先生のズバッと解説

健康保険の場合、被保険者（会社員）の配偶者（被扶養者）は保険料の負担なく加入できます。

国民健康保険の保険料

保険料は被保険者（自営業者等）の前年の所得などから計算され、住所のある**市町村（特別区を含む）によって異なります**。

国民健康保険の主な給付内容

自営業者等が加入する国民健康保険には給与という概念がないので、病気やケガなどによる**休業中の補償**となる**傷病手当金や出産手当金は支給されません**。

健康保険と国民健康保険の違い

	健康保険	国民健康保険
療養の給付	○	○
高額療養費	○	○
出産育児一時金	○	○
傷病手当金	○	×
出産手当金	○	×
埋葬料	○	○

過去問チャレンジ

公的医療保険に関する次の記述のうち、最も不適切なものはどれか。

1. 健康保険の被保険者の甥や姪が被扶養者になるためには、被保険者と同一世帯に属していることが必要である。

2. 国民健康保険の被保険者が75歳に達すると、その被保険者資格を喪失し、後期高齢者医療制度の被保険者となる。

3. 全国健康保険協会管掌健康保険（協会けんぽ）の場合、一般保険料率は全国一律であるのに対し、介護保険料率は都道府県ごとに定められており、都道府県によって保険料率が異なる。

4. 健康保険の被保険者資格を喪失する日の前日までに引き続き2カ月以上被保険者であった者は、原則として、被保険者資格を喪失した日から20日以内に申請することにより、最長で2年間、健康保険の任意継続被保険者となることができる。

［22年1月・学科］

3が不適切　協会けんぽの保険料率のうち、一般保険料率は都道府県ごとに異なり、介護保険料率は全国一律です。

75歳以上の人は、
後期高齢者医療制度に
加入しますよ！

6 後期高齢者医療制度

重要度 B

75歳以上になると、すべての人が**後期高齢者医療制度**の被保険者になります。一部、**障害認定**を受けた人の場合は65歳以上から後期高齢者医療制度の対象となります。

医療費の自己負担割合は原則**1割**、一定以上の収入のある人は**2割**、現役並み所得者は**3割**となっています。

後期高齢者医療制度の保険料

後期高齢者医療制度は都道府県単位で運営するので、保険料は都道府県によって異なります。保険料は原則、年金からの天引きとなり、**市町村（特別区を含む）**が徴収を行います。

健康保険は
被保険者と被扶養者に
分かれていたけど、
後期高齢者医療制度では
全員が被保険者になります！
健康保険との違いで考えると
わかりやすいね！

7 公的介護保険

重要度 A

公的介護保険は、介護の必要性があると認定された人のための保険です。**65歳以上**の人を**第1号被保険者**、**40歳以上65歳未満**の人を**第2号被保険者**といい、それぞれ保険料や給付内容が異なります。公的介護保険の保険者は**市町村（特別区含む）**になります。

講義図解

公的介護保険の保険料と給付内容

第1号被保険者は要介護者、要支援者であれば給付されますが、第2号被保険者の場合は、特定疾病に限られるので、交通事故が原因の場合は給付が受けられません。

	第1号被保険者	第2号被保険者
被保険者	 65歳以上	 40歳以上65歳未満の医療保険加入者
保険料	公的年金が年額**18万円以上**の人は年金から天引き	医療保険に上乗せして徴収（協会けんぽの保険料率は**全国一律**）
受給要件	**原因を問わず**、要介護者、要支援者になった人	**特定疾病**※によって、要介護者、要支援者になった人
自己負担割合	介護の程度ごとに定められている利用限度額の範囲内でサービスにかかった費用の**原則1割**（第1号被保険者の合計所得金額が**一定以上の場合は2割または3割**）。利用限度額を超える部分は全額自己負担。	

※特定疾病とは、初老期認知症、脳血管疾患、**末期がん**などです。

1カ月の介護サービスの自己負担額が上限額を超えた場合、超えた分が「高額介護サービス費」として支給されます。

講義図解

要介護認定

介護の程度に応じて、要支援は2段階、要介護は5段階に分かれています。

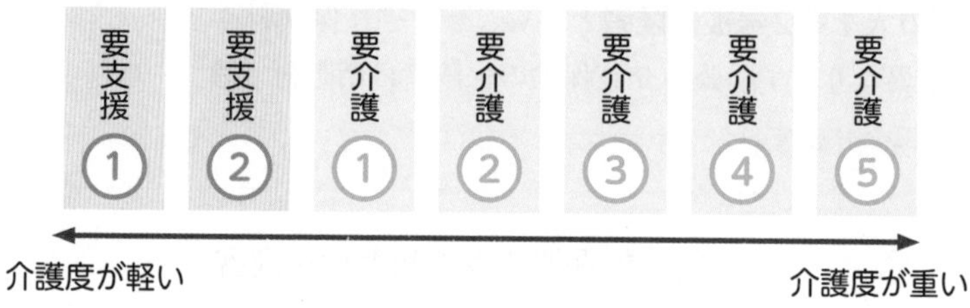

過去問チャレンジ

公的介護保険に関する次の記述のうち、最も不適切なものはどれか。

1. 公的介護保険の保険給付は、保険者から要介護状態または要支援状態にある旨の認定を受けた被保険者に対して行われるが、第1号被保険者については、要介護状態または要支援状態となった原因は問われない。

2. 公的介護保険の第2号被保険者のうち、前年の合計所得金額が220万円以上の者が介護サービスを利用した場合の自己負担割合は、原則として3割である。

3. 要介護認定を受けた被保険者の介護サービス計画（ケアプラン）は、一般に、被保険者の依頼に基づき、介護支援専門員（ケアマネジャー）が作成するが、所定の手続きにより、被保険者本人が作成することもできる。

4. 同一月内の介護サービス利用者負担額が、所得状況等に応じて定められている上限額を超えた場合、所定の手続きにより、その上限額を超えた額が高額介護サービス費として支給される。

［20年1月・学科］

2が不適切　公的介護保険の第2号被保険者の自己負担割合は全員が原則1割です。なお、第1号被保険者の自己負担割合は、被保険者の合計所得金額等に応じて1割、2割または3割となります。

8 労災保険（労働者災害補償保険）

重要度 B

労災保険は仕事中や通勤中の災害などで、労働者が病気やケガ、障害、死亡するなどした場合に、給付される保険です。正社員だけでなく、**パートやアルバイトも含め、すべての労働者**が対象となります。原則、社長や役員、個人事業主は労災保険の対象外ですが、中小事業主等は、労災保険に特別加入することができます（2024年秋にフリーランスの特別加入の対象業種拡大予定）。

ワンポイント

労災保険の保険者は国（政府）で、その窓口は**労働基準監督署**です。

用語の意味

複数事業労働者
複数の会社で働いている人の労災保険からの給付は、複数の会社の給料等の合計から算定されます。

労災保険の保険料

労働者が1人以上いる会社は強制加入で、保険料は**全額事業主負担**です。事業内容ごとに保険料率が定められています。

労災保険の主な給付内容

病気やケガが業務上の事由によるものを**業務災害**、通勤途中で被ったものを**通勤災害**といいます。通勤途中であっても寄り道場所での災害は、原則、通勤災害とは認められません。ただし、寄り道後、通常の経路に戻った後でケガをした場合は、通勤災害になることがあります。

労災保険の主な給付内容

①療養補償給付

労災指定病院等では現物給付となり、無料で療養することができます。

②休業補償給付

労働者が業務災害による療養で働けず、賃金がもらえない時に受けられ、**休業4日目**から1日につき給付基礎日額の**6割相当額**が支給されます。

レック先生のズバッと解説

休業給付は、連続して休まなくても、休業4日目から支給されます。

③傷病補償年金

療養を開始してから**1年6カ月**が過ぎても傷病が治らず、傷病等級1～3級に該当する場合に、**休業補償給付に代わって支給されます。**

④障害補償給付

傷病が治ったものの、身体に障害が残ったときに年金や一時金が支給されます。

⑤介護補償給付

障害補償年金や傷病補償年金を受けている人が一定の障害によって介護が必要になり、実際に介護を受けているときに支給されます。

⑥遺族補償給付

業務災害によって労働者が死亡したときに、その人によって生計を維持されていた家族に、**遺族補償年金**が支給されます。**年金額は遺族の数によって異なります。**遺族補償年金を受け取る家族がいない場合、優先順位の高い遺族に**遺族補償一時金**が支給されます。

⑦葬祭料（葬祭給付）

業務災害（通勤災害）によって死亡した労働者の葬祭を行う者に支給されます。

⑧二次健康診断等給付

一次健康診断で一定の項目に異常の所見があった場合、二次健康診断等を無料で受けることができます。

※通勤災害の場合、①～⑥の名称に「補償」はつきません。

過去問チャレンジ

労働者災害補償保険（以下「労災保険」という）に関する次の記述のうち、最も適切なものはどれか。

1. 労災保険の保険料を計算する際に用いる労災保険率は、常時使用する従業員数に応じて定められている。

2. 労働者が業務上の負傷または疾病による療養のために労働することができず、賃金の支給を受けられない場合、賃金の支給を受けられない日の１日目から休業補償給付が支給される。

3. 労働者が業務上の負傷または疾病により、労災指定病院で療養補償給付として受ける療養の給付については、労働者の一部負担金はない。

4. 労働者が業務上の負傷または疾病が治癒したときに一定の障害が残り、その障害の程度が所定の障害等級に該当するときは、障害補償年金または障害補償一時金のいずれかを選択して受給することができる。

［22年5月・学科］

3が適切　1. 保険率は事業内容に応じて定められています。

2. 休業補償給付は休業４日目から支給されます。

4. 障害補償給付が年金か一時金かは、障害の程度によって決定されます。労働者が選択できるわけではありません。

9 雇用保険

重要度 A

雇用保険は、労働者が失業したときや、教育訓練を受けたときなど、失業等給付を支給する保険です。一定の条件を満たしたすべての労働者が対象（公務員は雇用保険の対象外）です。

雇用保険の保険者は**国（政府）**で、その窓口は**公共職業安定所（ハローワーク）**です。

ワンポイント

雇用保険に加入するのは、週の所定労働時間が20時間以上で、継続して31日以上雇用される見込みの者です。

雇用保険の保険料

保険料は**事業主と労働者の両方が負担**します。被保険者が一部負担、残りは事業主負担（失業等給付、育児休業給付に係る保険料は折半、その他は事業主負担）です。その負担割合や保険料率は業種によって異なります。

レック先生のズバッと解説

マルチジョブホルダー制度
2022年4月から、複数の事業所に雇用される65歳以上の者は、次の要件を満たせば本人の申出により「マルチ高齢被保険者」として雇用保険の被保険者となることができます。①1ヵ所の1週間の所定労働時間が5時間以上20時間未満、②2つの事業所合計で20時間以上となり、2つの事業所それぞれで31日以上雇用見込み。

雇用保険の主な給付内容

雇用保険では主に次のような内容に対して給付されます。どのようなケースがあるのか把握しておきましょう。

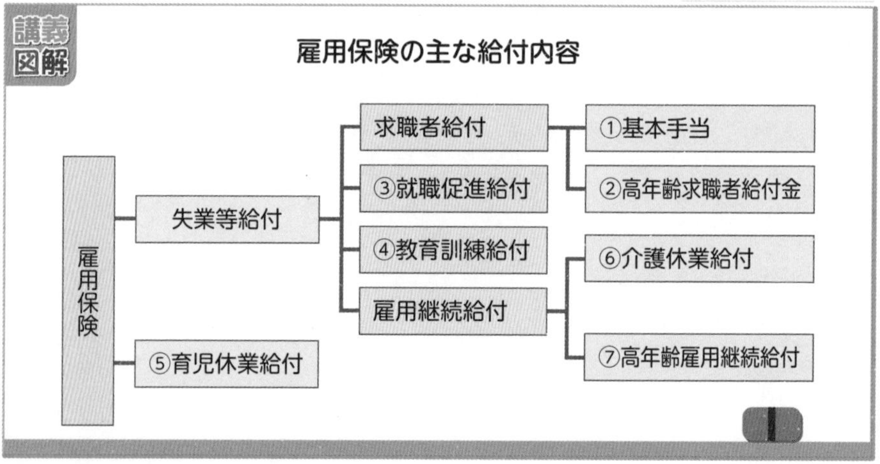

①基本手当

働く意思と能力があって、求職活動を行っているにもかかわらず、職に就けない失業者に対する給付です。

対象者は、原則として離職日以前の**2年間**に被保険者期間が通算**12カ月以上**あることです。倒産や解雇など、会社都合の場合は、離職前の1年間に被保険者期間が6カ月以上あれば基本手当を受給できます。

・基本手当の給付内容（特定受給資格者など）

離職前6カ月間の賃金日額の45%（60歳未満は50%）～80%が支払われます。

・基本手当の給付日数

基本手当の給付日数は、自己都合や会社都合など、失業の理由や年齢によって異なります。

用語の意味

賃金日額
離職前6カ月間に支払われた賃金の総額を180日で割り、1日当たりの賃金額を算出したもの。

講義図解

基本手当の給付日数

自己都合による離退職および定年退職の場合

被保険者であった期間	1年未満	1年以上5年未満	5年以上10年未満	10年以上20年未満	20年以上
65歳未満	ー	90日		120日	**150日**

倒産、会社都合の解雇の場合（特定受給資格者など）

被保険者であった期間	6カ月以上1年未満	1年以上5年未満	5年以上10年未満	10年以上20年未満	20年以上
30歳未満	**90日**	**90日**	120日	180日	ー
30歳以上35歳未満		120日	180日	210日	240日
35歳以上45歳未満		150日		240日	270日
45歳以上60歳未満		180日	240日	270日	**330日**
60歳以上65歳未満		150日	180日	210日	240日

・基本手当の受給

基本手当の受給は、自分が住む地域の公共職業安定所（ハローワーク）が窓口になります。事業主から受け取った離職票を提出し、求職の申し込み後、**7日間は待期期間**となります。自己都合の離職の場合、その後、**原則2カ月間（最長3カ月）**の**給付制限**は基本手当を受給できません。

・基本手当の受給期間

離職日の翌日から**原則1年間**。受給期間中に、病気やけが、妊娠、出産、育児等の理由で30日以上職業に就くことができない場合は、受給期間を3年間延長し、**最長4年**にすることができます。

講義図解

待期期間と給付制限のイメージ

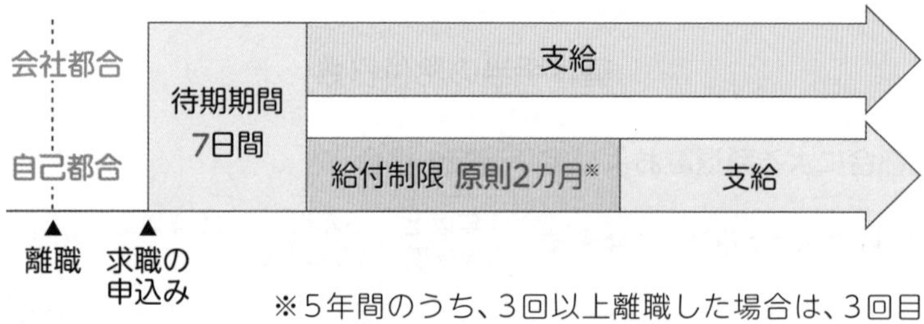

※5年間のうち、3回以上離職した場合は、3回目から給付制限が3カ月になります。

②高年齢求職者給付金

離職日以前1年間に被保険者期間が通算6カ月以上ある65歳以上の者が離職して失業状態にある場合、基本手当日額の30日分（被保険者期間1年未満の場合）または50日分（被保険者期間1年以上の場合）が一時金で支給されます。離職の都度、要件を満たしていれば何度でも支給されます。

③就職促進給付

就職促進給付は、基本手当の受給中に就職が決まった場合、一定の条件を満たしている人に支給される手当のことです。

④教育訓練給付

労働者や失業者が雇用の安定と再就職の促進を図るために厚生労働大臣指定の講座を受講し、修了した場合に、その費用の一部が支給されます。**一般教育訓練給付金・特定一般教育訓練給付金等**があります。

講義図解

教育訓練に関する給付内容

一般教育訓練給付金

給付対象者	・厚生労働大臣指定の教育訓練の修了者 ・雇用保険の被保険者期間が３年以上 （初めて受給する場合は１年以上）の被保険者
給付額	受講費用の**20%**相当額（上限**10万円**）を支給

特定一般教育訓練給付金

給付対象者	・厚生労働大臣指定の業務独占資格などの資格取得を目標とする教育訓練の修了者 ・雇用保険の被保険者期間が３年以上 （初めて受給する場合は１年以上）の被保険者
給付額	受講費用の**40%**相当額（上限**20万円**）を支給

⑤育児休業給付

原則、休業開始日前**2年間**に被保険者期間が通算**12カ月**以上ある被保険者が、育児休業中の減収を補う制度です。原則1歳未満（最長2歳になるまで）の子を育てるために2回まで分けて取得できる育児休業期間中、賃金が支払われない場合、休業前賃金日額の67％（181日目からは50％）が支給されます。賃金が休業開始時賃金月額の80％相当額以上支払われている期間等は、育児休業給付金は支給されません。

主に子の父向けに育児休業給付とは別枠で設けられている「出生時育児休業給付金」は、出生後の所定期間に最大28日間、支給されます。

用語の意味

パパ・ママ育休プラス
両親ともに育児休業を取得する場合、通常1歳になるまでの育児休業期間を1歳2カ月になるまで延長できる制度。

⑥介護休業給付

家族の介護のために介護休業を取得した被保険者が対象です。同一の対象家族の介護について通算93日まで、3回まで分けて取得できる介護休業期間中、賃金が支払われない場合、休業前賃金の67％相当額が支給されます。賃金が給付金の80％相当額以上支払われている期間等は、介護休業給付は支給されません。

レック先生のズバッと解説

介護休業の対象家族は、2週間以上にわたり常時介護を必要とする「配偶者、父母、子、配偶者の父母、祖父母、兄弟姉妹、孫」となっています。

⑦高年齢雇用継続給付

60歳以降も継続して働く場合、60歳到達時の賃金に比べて75％未満になった高齢者に対して給付されます。高年齢雇用継続給付には、**高年齢雇用継続基本給付金**と**高年齢再就職給付金**があります。

高年齢雇用継続給付の給付内容

	高年齢雇用継続基本給付金	高年齢再就職給付金
給付対象者	60歳以降もそのまま継続して雇用される人	雇用保険の基本手当を100日以上残して、再就職した人
条件	・60歳以上65歳未満の被保険者 ・雇用保険の被保険者期間が**5年以上** ・60歳時点に比べて賃金月額が**75％未満**	
給付額	各月の賃金の最大**15％**相当額※	

※2025年度以降、縮小される

2級の試験では
給付条件も
よく出題されるから
数字をよく覚えてね！

過去問チャレンジ

雇用保険に関する次の記述のうち、最も不適切なものはどれか。

1. 雇用保険の保険料のうち、失業等給付・育児休業給付の保険料は、事業主と労働者で折半して負担するのに対し、雇用保険二事業の保険料は、事業主が全額を負担する。

2. 特定受給資格者等を除く一般の受給資格者に支給される基本手当の所定給付日数は、算定基礎期間が20年以上の場合、150日である。

3. 育児休業給付金は、期間を定めずに雇用される一般被保険者が、原則として、その1歳に満たない子を養育するための休業をした場合において、その休業開始日前1年間に賃金支払いの基礎日数が11日以上ある月（みなし被保険者期間）が6カ月以上あるときに支給される。

4. 高年齢雇用継続基本給付金の額は、一支給対象月に支払われた賃金の額が、みなし賃金日額に30を乗じて得た額の61％未満である場合、原則として、当該支給対象月に支払われた賃金の額の15％相当額である。

［22年5月・学科］

3が不適切　育児休業給付金は、育児休業の開始日前２年間に被保険者期間が12カ月以上あるときに支給されます。

7 公的年金の基本

私たちの老後や遺族の生活を支える様々な年金制度。
自分のケースで考えてみると理解が進みます。
なお、断りのない限り、新規裁定の金額を記載しています。

1 公的年金の種類

重要度 B

公的年金には、**日本に住んでいる20歳以上60歳未満**のすべての人の加入が義務付けられた**国民年金（基礎年金）**と、会社員や公務員などが加入する**厚生年金**の２つがあります。会社員や公務員などは国民年金に加入した上で、さらに厚生年金にも加入しています。

用語の意味

年金制度
強制加入の公的年金と、公的年金に上乗せする任意加入の私的年金があります。

講義図解

2階建ての公的年金制度

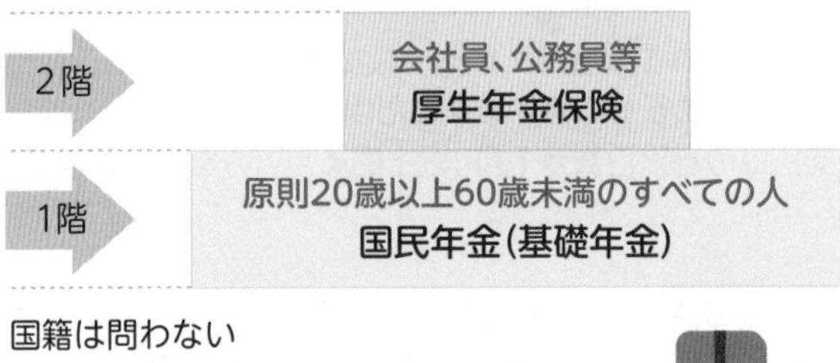

ワンポイント

1階の国民年金の上に厚生年金が積み上がっているので、日本の公的年金は２階建てだといわれます。

なお、2022年4月から成人年齢が20歳から18歳に引き下げられていますが、国民年金の加入は原則20歳からのままです。

2 公的年金のしくみ

重要度 A

国民年金の被保険者は３つに分けられており、自営業者や学生などは**第１号被保険者**、会社員や公務員等は**第２号被保険者**、第２号被保険者に扶養されている配偶者は**第３号被保険者**となります。

ワンポイント
保険料が支払えず、滞納した分を後から納付する場合、過去に遡って、２年分まで納付できます。なお、前納による割引制度もあり、その上限は２年分までです。

国民年金の保険料と納付

第１号被保険者は**20歳から60歳**になるまで国民年金保険料を納付します。保険料は定額で（毎年見直しあり）、納付書や口座振替などによって支払います。第２号被保険者は、厚生年金保険料を給与天引きで徴収されます（厚生年金保険料には国民年金保険料の分も含まれます）。なお、会社員・公務員であれば20歳未満でも60歳以上でも第2号被保険者として加入します。第３号被保険者は保険料負担はありません。

国民年金の保険料

	第１号被保険者	第２号被保険者	第３号被保険者
対象者	自営業者、学生、無職	会社員、公務員	第２号被保険者に扶養されている配偶者
年齢要件	20歳以上60歳未満	なし※	20歳以上60歳未満
保険料	**国民年金保険料** 月額 16,980円 （2024年度）	**厚生年金保険料** （国民年金保険料の分も含む） 標準報酬月額×18.30％ 標準賞与額×18.30％ **労使折半** 標準報酬月額は上限65万円 標準賞与額は１回につき上限150万円	負担なし

※65歳以上の老齢給付の受給権を有する場合を除く

出産前後や育児休業中の保険料

第1号被保険者	原則出産予定日または出産日が属する月の前月から**4カ月間**、多胎妊娠の場合は出産予定日または出産月の3カ月前から6カ月間の国民年金保険料が免除される
第2号被保険者	産前産後の産休中、育児休業中（子が**3歳**になるまで）の厚生年金保険料は、被保険者と事業主ともに免除される

上記のいずれも保険料を納めたものとして年金額に反映されます。

任意加入被保険者

国民年金に任意で加入する人のことを、**任意加入被保険者**と呼びます。例えば60歳以上65歳未満の人が年金受給額を満額に近づけるために加入するケースや、海外に在住する日本国籍を持つ人も加入することができます。

国民年金保険料の免除と猶予制度

経済的に困難で国民年金の保険料を支払うことができない場合、保険料の支払い免除や、納付を猶予してもらえる制度があります。この制度が適用できるのは**第１号被保険者**のみです。第２号被保険者は報酬に応じた保険料で、第３号被保険者は保険料の負担がないためです。

保険料を滞納した場合、後からの納付は原則２年分になりますが、保険料の免除や猶予を受けた場合、**10年以内**であれば追納（後から納付すること）ができます。

ナビゲーション

保険料の免除や猶予を受けた場合でも、その期間分の保険料を追納しておくと、年金を多く受け取ることができます。

保険料の免除制度

法定免除	・障害基礎年金を受給している人 ・生活保護を受けている人 →届け出によって**全額**免除
申請免除	・本人・世帯主および配偶者の前年の所得が一定以下の人 →申請して認められれば全額または一部を免除。免除は**全額**、**3/4**、**半額**、**1/4**の4段階

保険料の猶予制度

学生納付特例制度	・20歳以上の学生で前年の所得が一定以下の人 →申請によって納付を猶予
納付猶予制度	・**50**歳未満で本人および配偶者の前年の所得が一定以下の人 →申請によって納付を猶予

厚生年金の保険料

厚生年金保険料は、70歳未満の厚生年金被保険者が納付します。健康保険の保険料と同様に労使折半で、標準報酬月額・標準賞与額に厚生年金保険料率（18.3%）を乗じて計算します（P59表参照）。

3 公的年金の給付

重要度 B

公的年金の給付には、**老齢給付**、**障害給付**、**遺族給付**の3種類があります。老齢給付は65歳から終身給付が受けられる年金のことです。障害給付は重い障害が残った際に支給され、遺族給付は受給者等が死亡したときに、遺族に支給されます。

講義図解

公的年金のあらまし

給付の種類	老齢 （歳を取ったときに支給）	障害 （障害が残ったときに支給）	死亡 （遺族になったときに支給）
国民年金	老齢基礎年金 付加年金	障害基礎年金	遺族基礎年金 寡婦年金 死亡一時金
厚生年金保険	老齢厚生年金	障害厚生年金 障害手当金	遺族厚生年金

公的年金の請求

公的年金の支払い請求は、受給者が市町村（特別区含む）役場や年金事務所に請求（**裁定請求**（さいてい））します。

公的年金の受給期間は原則**65歳**になった翌月から、受給者の死亡月まで支給されます。原則**偶数月**の**15日**に前月までの**2カ月**分が支払われます。

> **ワンポイント**
> 現役人口の減少や平均余命の伸びなどに合わせて、年金額を自動的に調整するしくみを**マクロ経済スライド**といいます。

講義図解

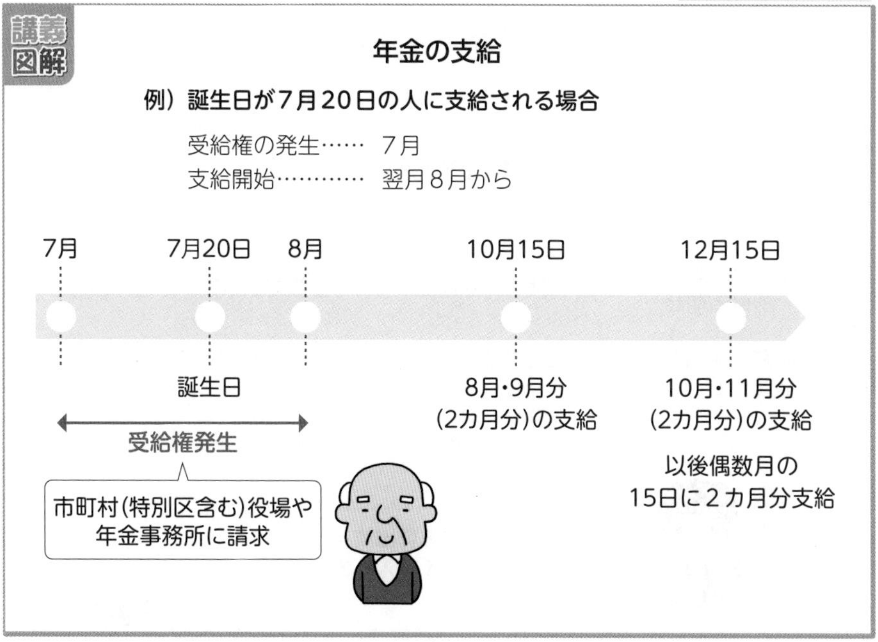

年金生活者支援給付金

「年金生活者支援給付金」は、消費税率引き上げ分を原資とし、公的年金等の収入金額や所得が一定基準額以下の年金受給者が、基礎年金に上乗せして受け取れるものです。支給時期は公的年金と同じです。

4 老齢基礎年金の受給

重要度 A

老齢基礎年金は、受給資格期間が**10年（120カ月）**以上ある被保険者が、65歳から受け取ることができます。受給資格期間とは、**保険料納付済期間、保険料免除期間、合算対象期間の合計**のことです。

受給する年金額は、保険料を納付した受給資格期間によって異なります。**480月**（20歳〜60歳までの40年間×12カ月）すべて保険料を納付した場合、受け取る年金額が満額になります。

講義図解

老齢基礎年金の受給資格期間

下の３つの期間を合計します。

保険料納付済期間	＋	保険料免除期間	＋	合算対象期間	≧ 10年
・産前産後期間の免除含む		・法定免除 ・申請免除 ・学生納付特例期間 ・納付猶予期間		加入が任意である期間に被保険者にならなかった期間 例）海外在住など	

受給資格期間を算出するときは、**合算対象期間を算入**します

老齢基礎年金の年金額

老齢基礎年金の年金額は、毎年度改定されます。

老齢基礎年金の年金額（2024年度）

満額 816,000円

講義図解

老齢基礎年金の年金額の計算

保険料免除期間がない場合 ➡ $816{,}000円 \times \dfrac{保険料納付済期間}{480月}$

保険料免除期間がある場合 ➡ $816{,}000円 \times \dfrac{保険料納付済期間＋保険料免除期間❶＋❷}{480月}$

保険料免除期間については、下記の通り免除の時期によって
年金額に反映される割合が異なります。

❶2009年3月までの免除期間

$$816{,}000円 \times \frac{保険料納付済月数 + 全額免除月数 \times \frac{2}{6} + 3/4免除月数 \times \frac{3}{6} + 半額免除月数 \times \frac{4}{6} + 1/4免除月数 \times \frac{5}{6}}{480月（40年 \times 12カ月）}$$

❷2009年4月以降の免除期間

$$816{,}000円 \times \frac{保険料納付済月数 + 全額免除月数 \times \frac{4}{8} + 3/4免除月数 \times \frac{5}{8} + 半額免除月数 \times \frac{6}{8} + 1/4免除月数 \times \frac{7}{8}}{480月（40年 \times 12カ月）}$$

例）保険料納付済月数：420カ月、全額免除月数：20カ月、
1/4免除期間：40カ月の場合の老齢基礎年金の年金額はいくらか。
※免除期間が、すべて2009年4月以降の場合

$$816{,}000円 \times \frac{420月 + 20月 \times 4/8 + 40月 \times 7/8}{480月} = 790{,}500円$$

※端数がある場合、1円未満は四捨五入

年金額を計算するときは、
合算対象期間や猶予期間は算入しません

過去問チャレンジ

国民年金に関する次の記述のうち、最も適切なものはどれか。

1. 学生納付特例期間は、その期間に係る保険料の追納がない場合、老齢基礎年金の受給資格期間に算入されない。

2. 生活保護法による生活扶助を受けることによる保険料免除期間は、その期間に係る保険料の追納がない場合、老齢基礎年金の受給資格期間には算入されるが、老齢基礎年金の年金額には反映されない。

3. 保険料免除期間に係る保険料のうち、追納することができる保険料は、追納に係る厚生労働大臣の承認を受けた日の属する月前5年以内の期間に係るものに限られる。

4. 産前産後期間の保険料免除制度により保険料の納付が免除された期間は、保険料納付済期間として老齢基礎年金の年金額に反映される。

［23年5月・学科］

4が適切

1. 学生納付特例期間は、保険料の追納がない場合でも老齢基礎年金の受給資格期間には算入されます。
2. 保険料免除期間は法定免除・申請免除ともに、保険料の追納がない場合でも保険料の免除割合に応じて一定割合が老齢基礎年金の年金額に反映されます。
3. 保険料免除や保険料納付特例を受けた期間の保険料については、10年以内の期間に係るものを追納することができます。

老齢基礎年金の繰上げ支給と繰下げ支給

年金は65歳から受給できますが、65歳よりも早く受け取ることを**繰上げ**、65歳よりも遅く受け取ることを**繰下げ**といいます。

繰上げは60歳から64歳まで受給を早めることができます。繰上げは一度請求すると取消しできません。繰下げは66歳から75歳まで受給を遅らせることができます。なお、75歳まで繰り下げられるのは2022年4月以降に70歳になる人です。

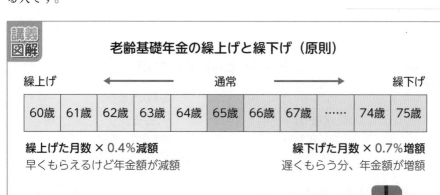

講義図解

老齢基礎年金の繰上げと繰下げ（原則）

繰上げ ←── 通常 ──→ 繰下げ

60歳	61歳	62歳	63歳	64歳	65歳	66歳	67歳	……	74歳	75歳

繰上げた月数 × 0.4%減額
早くもらえるけど年金額が減額

繰下げた月数 × 0.7%増額
遅くもらう分、年金額が増額

繰下げによる**増額率は1カ月あたり0.7%**で、2022年4月1日以降に70歳に到達する人は**最大＋84%（0.7%×12月×10年）**になります。一方、2022年4月1日以降に60歳に到達する人は、**繰上げによる減額率は1カ月あたり0.4%**で、**最大24%（－0.4%×12月×5年）**になります。

年金支給開始後は、減額・増額された年金が一生涯支給されます。

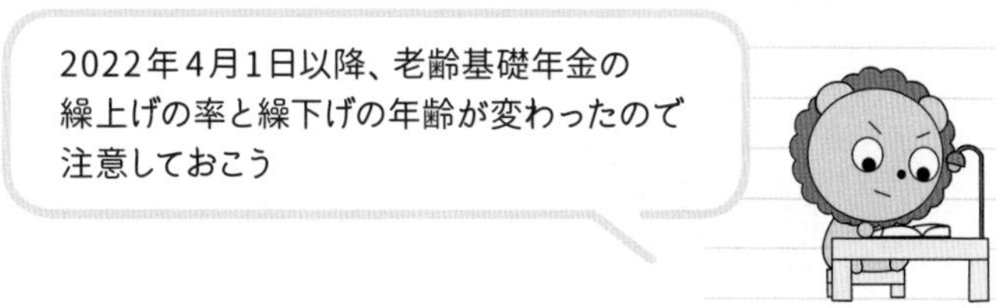

2022年4月1日以降、老齢基礎年金の
繰上げの率と繰下げの年齢が変わったので
注意しておこう

付加年金

付加年金とは、**第1号被保険者等**の年金の上乗せ制度です。月額**400円**を国民年金保険料にプラスして納付することで、65歳から付加年金の**納付月数×200円**が、老齢基礎年金の年額に加算されて支払われます。

なお、老齢基礎年金の繰上げや繰下げをした場合、付加年金も老齢基礎年金と同率で減額あるいは増額されます。

また、付加年金と国民年金基金（P92）の両方に加入することはできません。ただし、個人型確定拠出年金（iDeCo）（P87）との併用はできます。

レック先生のズバッと解説

第１号被保険者の年金は１階部分のみ。そこで上乗せできる制度が付加年金です。そのほか国民年金基金もありますが、同時に加入できず、どちらかを選択します。

講義図解

付加保険料と付加年金の金額

〈払う〉	→	原則65歳～ 〈もらう〉
付加保険料 月額400円	→	付加年金額（年額） 200円×納付月数

例）付加年金に10年間加入した場合

納付額 → 400円×12月×10年＝48,000円

付加年金額（年額） → 200円×12月×10年＝**24,000円**

（基礎年金に上乗せされる額）

付加年金は２年（24,000円×２年＝48,000円）で元がとれる。

付加年金は
2年で元がとれるから
お得な制度だよ！

5 老齢厚生年金の受給　重要度 A

会社員や公務員が加入する厚生年金は、公的年金制度の2階部分になります。老齢厚生年金は老齢基礎年金の上乗せとして支払われます。老齢基礎年金を受給できない人には老齢厚生年金は支給されません。

老齢厚生年金は何らかの公的年金に**10年**（120カ月）以上加入し、厚生年金加入期間が1カ月以上ある被保険者が、**65**歳から受け取ることができます。

特別支給の老齢厚生年金

何らかの公的年金に10年以上加入し、厚生年金の加入期間が1年以上ある人は、生年月日によっては、65歳未満でも**特別支給**の老齢厚生年金が受給できます。

受給できる年齢はそれぞれ段階的に引き上げられ、最終的に65歳になります（会社員の女性は5年遅れ）。

講義図解

会社員の老齢厚生年金の受給資格

60歳	65歳
特別支給の老齢厚生年金	老齢厚生年金

受給資格	
老齢基礎年金の受給資格期間（10年）以上あること **保険料納付済期間＋保険料免除期間＋合算対象期間≧10年**	
厚生年金の加入期間	
1年以上	1カ月以上

特別支給の老齢厚生年金は60歳から64歳まで段階的に引き上げられます（次ページの講義図解参照）。

講義図解

会社員の老齢厚生年金の受給内容と受給開始年齢

報酬比例部分と定額部分の支給開始年齢が段階的に引き上げられ、最終的に65歳からの受給になります。

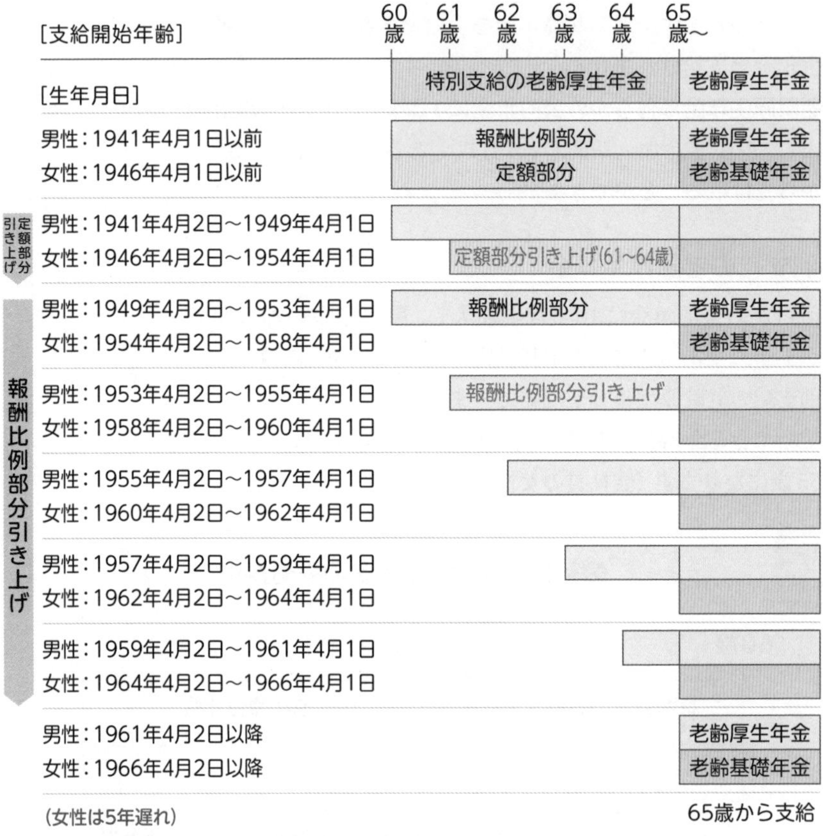

経過的加算

65歳からは老齢厚生年金と老齢基礎年金が支給されます。それまでの報酬比例部分が老齢厚生年金に、定額部分が老齢基礎年金に相当します。ただ、定額部分の方が老齢基礎年金の額よりも多くなるため、その差額が**経過的加算**としてプラスされます。定額部分が支給されない生年月日の人にも経過的加算は支給されます。

＜経過的加算の計算式＞

$$経過的加算 = 定額部分 - 816{,}000円 \times \frac{1961年4月以降の20歳以上60歳未満の厚生年金加入月数}{480月}$$

配偶者加給年金と振替加算

厚生年金の**加入期間が20年以上**の人が原則65歳に到達した時点で一定の配偶者（65歳未満）または子ども（原則、18歳到達年度末）がいる場合、**加給年金**がプラスされます。特別支給で65歳に到達する前に定額部分を受給する場合も加給年金がプラスされます。

加給年金は配偶者が65歳になると支給されなくなりますが、その代わりに配偶者の年齢に応じた**振替加算**が、配偶者（1966年4月1日生まれ以前の場合に限る）の老齢基礎年金に加算されます。

レック先生のズバッと解説

加給年金額は年金に上乗せされる家族手当のようなもの。被保険者が65歳になってもその人によって生計を維持している一定の配偶者や子どもがいる場合に加算されます。

講義図解

配偶者加給年金と振替加算

例）1964年5月1日生まれの夫と妻（1歳年下＆専業主婦）の場合。

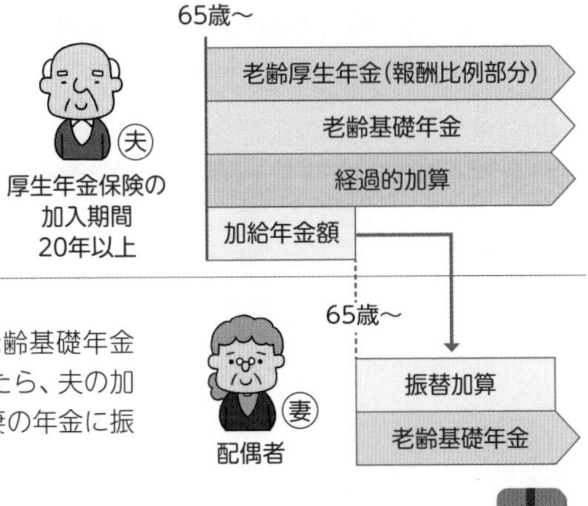

妻が65歳になって、老齢基礎年金を受け取るようになったら、夫の加給年金は打ち切られ、妻の年金に振替加算が加算されます。

講義図解

特別支給の老齢厚生年金の計算式（年額）

報酬比例部分＋定額部分＋加給年金額

報酬比例部分	平均標準報酬月額 $\times \frac{7.125}{1,000} \times$ 2003年3月までの被保険者期間の月数 ＋ 平均標準報酬額 $\times \frac{5.481}{1,000} \times$ 2003年4月以降の被保険者期間の月数 ※2003年4月以降は報酬額に賞与を含みます。
＋	
定額部分	1,701円 × 被保険者期間の月数（上限480月）
＋	
加給年金額	配偶者：234,800円 子ども：第1子と第2子　各234,800円 第3子以降　各78,300円

加給年金：厚生年金保険の加入期間が**20年以上**あり、その人によって生計を維持されている**65歳未満の配偶者**または18歳到達年度末（**18歳になって最初の3月31日**）までの子（もしくは**20歳未満**で障害等級1級または2級の未婚の子）がいる場合に支給。

老齢厚生年金の繰上げ支給と繰下げ支給

老齢厚生年金も老齢基礎年金と同様に、年金の**繰上げ**、**繰下げ**ができます。増額、減額の割合は老齢基礎年金と同じです。なお、加給年金は繰上げ、繰下げの対象とならず、繰り下げても増額されないままの額が支給されます。

講義図解

老齢厚生年金の繰上げと繰下げ（原則）

繰上げ ←―――― 通常 ――――→ 繰下げ

60歳	61歳	62歳	63歳	64歳	65歳	66歳	67歳	……	74歳	75歳

繰上げた月数 × 0.4%減額
老齢基礎年金の繰上げと同時にしなければならない

繰下げた月数 × 0.7%増額
老齢基礎年金の繰下げと同時にしなくてよい（66歳以降であれば請求できる）

在職老齢年金（60歳以降も会社で働く場合）

60歳以降も引き続き厚生年金保険適用事業所で働く場合に受け取る老齢厚生年金のことを、**在職老齢年金**といいます。年金額は受け取る給料と年金額に応じて減額される場合があります。なお、老齢基礎年金、経過的加算は減額されません。

ワンポイント
在職老齢年金の総報酬月額相当額は、標準報酬月額＋（1年間の標準賞与額÷12カ月）になります。

在職老齢年金の支給

	60歳～64歳	65歳～69歳	70歳以降
総報酬月額相当額＋基本月額	50万円を超える		
基本月額（報酬比例部分等）	減額される		
厚生年金保険料	負担あり	負担あり	負担なし

離婚時の年金分割制度

離婚等をした場合は、婚姻期間中の厚生年金記録を夫婦で分割することができます。分割方法には夫婦間の合意を必要とする**合意分割**と、合意がなくても分割できる**3号分割**があり、いずれも**離婚の翌日から2年が請求期限**になります。老齢厚生年金を受給中に分割請求した場合、請求月の翌月から年金額が改定されます。

ワンポイント

合意分割は夫婦間で分割割合を決めますが、上限は1/2です。

合意分割制度

下記の条件に該当する場合に、夫婦の合意により、厚生年金記録を分割できる制度。

＜条件＞

- 2007年4月1日以降に離婚している。
- 夫婦間の合意などで分割割合を決めている（合意がまとまらない場合は、裁判所が分割割合を定めることができる）。
- 離婚翌日から**2年の請求期限**を経過していない。

3号分割制度

下記の条件に該当する場合に、国民年金第3号被保険者からの請求により（夫婦の合意がなくても）、厚生年金記録を**1/2ずつ分割できる**制度。

＜条件＞

- 2008年5月1日以降に離婚している。
- 2008年4月1日以後に、2人の一方に国民年金の第3号被保険者期間がある。
- 離婚翌日から**2年の請求期限**を経過していない。

6 障害給付の受給

重要度 B

病気やケガをしたことで障害者となってしまった場合、一定の要件を満たすことで**障害給付**を受けることができます。障害給付には**障害基礎年金**と**障害厚生年金**があります。障害の程度によって障害基礎年金は1級と2級に分かれ、障害厚生年金は1級、2級、3級があり、別途**障害手当金（一時金）**があります。

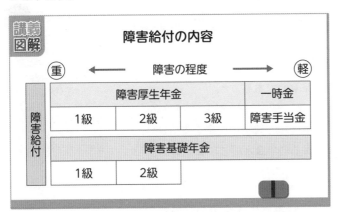

講義図解

障害給付の内容

重 ← 障害の程度 → 軽

障害給付

障害厚生年金			一時金
1級	2級	3級	障害手当金

障害基礎年金	
1級	2級

障害基礎年金の受給要件

①初診日が以下のいずれかの間であること。
- 国民年金加入期間
- 20歳前または日本国内に住んでいる60歳以上65歳未満で年金制度に加入していない期間

②**障害認定日**に障害の等級が1級、2級に該当していること。

③初診日の前日において、初診日の属する月の前々月までに以下の要件を満たすこと。

原則：**保険料納付済期間＋保険料免除期間**が全被保険者期間の**2/3以上**あること。

特例：原則の要件を満たさない場合は、初診日に65歳未満で初診日の前日において、初診日がある月の前々月までの直近1年間に保険料の滞納がないこと。

用語の意味

障害認定日
障害の程度を定める日のことで、初診日から1年6カ月以内で傷病が治った日（症状が固定した日）。治らない場合は1年6カ月を経過した日のこと。

講義図解

障害基礎年金の計算式
（子どもがいる場合）

［1級］老齢基礎年金の満額×1.25倍＋子の加算額※

［2級］老齢基礎年金の満額＋子の加算額※

※第1子、第2子は各234,800円
　第3子以降は各78,300円

レック先生のズバッと解説

障害基礎年金では子の加算、障害厚生年金では配偶者の加算があります。受給資格もそれぞれ異なるので、その違いを理解しておきましょう。

障害厚生年金の受給要件

①初診日に厚生年金の被保険者であること。
②障害認定日に障害の等級が**1級**、**2級**、**3級**に該当する人。
（3級より軽度の一定の障害は、**障害手当金**を支給）
③保険料の納付要件は障害基礎年金と同じになります。

講義図解

障害厚生年金等の計算式

［1級］　報酬比例部分の年金額×1.25倍＋配偶者加給年金※

［2級］　報酬比例部分の年金額＋配偶者加給年金※

［3級］　報酬比例部分の年金額

［障害手当金（一時金）］　報酬比例部分の年金額×2倍

※234,800円

被保険者期間が300月に満たないときは、300月で計算します。また、障害等級3級の人は障害基礎年金がないので、障害基礎年金の**4分の3相当額**という最低保障があります。

7 遺族給付の受給

重要度 B

公的年金の被保険者や、被保険者であった人（年金受給者）が死亡したときに、残された遺族の生活保障を目的に支給されるのが**遺族給付**です。遺族給付には**遺族基礎年金**と**遺族厚生年金**があります。

レック先生のズバッと解説

受給できる範囲からわかるように、遺族基礎年金は子どもを養育するための年金です。

遺族基礎年金を受給できる遺族の範囲

講義図解

受給できる遺族の範囲

死亡した人に生計を維持されていた**子**または**子のある配偶者**
(妻だけでなく、父子家庭となった夫も該当します。)

子

または

子のある配偶者

【「子」の要件】

①**18**歳到達年度の末日（18歳になって最初の3月31日）までの未婚子。
または、②**20**歳未満で障害等級１級または２級に該当する未婚子。
(年金法の「子」の要件は他の年金給付においても同じです。)

受給要件

亡くなった人が、①国民年金の被保険者、②国民年金の被保険者であった60歳以上65歳未満の人、③老齢基礎年金の受給権者、④老齢基礎年金の受給資格を満たしている、のいずれかに該当すること。

ただし、①または②の場合は、**保険料納付済期間＋免除期間**が国民年金加入期間の**３分の２**以上あること。または、直近１年間に滞納がないこと。③または④の場合は、受給資格期間が**25年**以上あること。

遺族基礎年金の計算式

講義図解

老齢基礎年金の満額＋子の加算額※

※配偶者が受け取る場合、
第1子、第2子は各234,800円
第3子以降は各78,300円

寡婦年金と死亡一時金

国民年金の第１号被保険者の独自の給付制度です。遺族基礎年金を受給できない場合、それまでに納付した保険料が掛捨てにならないように、**寡婦年金**と**死亡一時金**があります。両方の要件を満たす場合は、**どちらか一方**しか受けることができません。

寡婦年金の受給資格

第1号被保険者としての納付済期間等（10年以上）を満たした**夫が年金を受け取らずに死亡した場合、妻が受給できる。**

夫との婚姻期間が**10年以上**あった場合。

受給期間は妻が**60歳から65歳に達するまで**の間。

寡婦年金はその名称の通り、「婦」にあたる女性に支給されるものなので、夫には支給されません。

死亡一時金の受給資格

国民年金第1号被保険者としての納付済期間等が合計**3年以上**あった人が年金を受け取らずに死亡し、遺族が遺族基礎年金を受け取れない場合に受給できる。

子のない妻は遺族基礎年金を受け取れませんが、死亡一時金を受給できます。

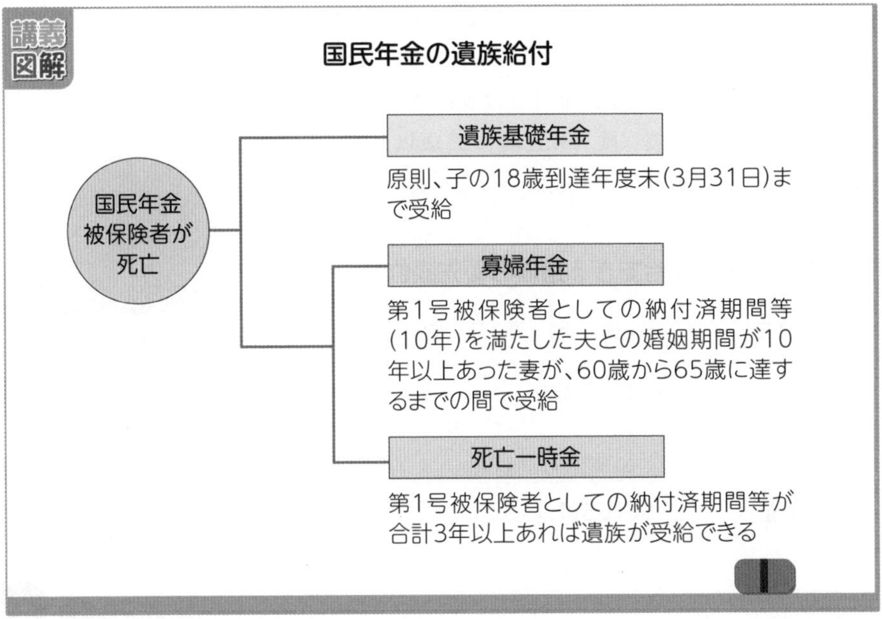
講義図解
国民年金の遺族給付
国民年金被保険者が死亡
遺族基礎年金
原則、子の18歳到達年度末(3月31日)まで受給
寡婦年金
第1号被保険者としての納付済期間等(10年)を満たした夫との婚姻期間が10年以上あった妻が、60歳から65歳に達するまでの間で受給
死亡一時金
第1号被保険者としての納付済期間等が合計3年以上あれば遺族が受給できる

遺族厚生年金を受給できる要件と遺族の範囲

厚生年金被保険者が死亡し、次の要件を満たしている場合、遺族厚生年金を受給できます。

① 被保険者が死亡したとき、または被保険者期間中の傷病がもとで初診の日から5年以内に死亡したとき。

② 老齢厚生年金を受け取っている、または**受給資格期間を満たしている**人が死亡したとき。

③ 1級・2級の障害厚生年金を受け取っている人が死亡したとき。

ただし、①の場合は保険料納付済期間＋免除期間が公的年金加入期間の３分の２以上あること。または、直近１年間に滞納がないこと。②の場合は、受給資格期間が**25年**以上あること。

死亡した人の一定の家族が受給できます。受給には優先順位があり、最も順位の高い人にのみ支給されます（子のない妻にも支給される。兄弟姉妹には支給されない）。なお、夫・父母・祖父母は被保険者死亡時に55歳以上であること。また、年金の受け取りは、60歳からになります。

遺族厚生年金を受給できる遺族の優先順位

第１順位	夫（55歳以上）・妻（年齢要件なし）・子
第２順位	父母（55歳以上）
第３順位	孫
第４順位	祖父母（55歳以上）

講義図解

遺族厚生年金の計算式

老齢厚生年金の報酬比例部分×3/4

※被保険者期間が300月に満たないときは、
300月（短期要件の場合）で計算する

ワンポイント

孫の要件は子と同じで、18歳到達年度末日（18歳になった後の3月31日）または20歳未満の1級・2級障害の人が対象です。

レック先生のズバッと解説

夫の死亡当時、30歳未満で子どもがいない妻の場合、遺族厚生年金の支給期間は最長5年間になります。

中高齢寡婦加算

夫が死亡したとき妻に支給される厚生年金の加算給付に**中高齢寡婦加算**や**経過的寡婦加算**があります。

ナビゲーション

子のある妻は原則子が18歳到達年度末になると遺族基礎年金が打ち切りになります。妻自身の老齢基礎年金が受け取れる65歳まで、中高齢寡婦加算でつなぎます。

中高齢寡婦加算の受給資格

夫が死亡したときに40歳以上65歳未満の子のない妻または子がある場合は40歳以上65歳未満で遺族基礎年金が受け取ることができない妻に対して、遺族厚生年金に一定額が加算されます。

経過的寡婦加算の受給資格

65歳になり、中高齢寡婦加算の支給が打ち切られて年金が減少する分を補うための制度（1956年4月1日以前生まれに限る）。

講義図解

妻の遺族給付イメージ

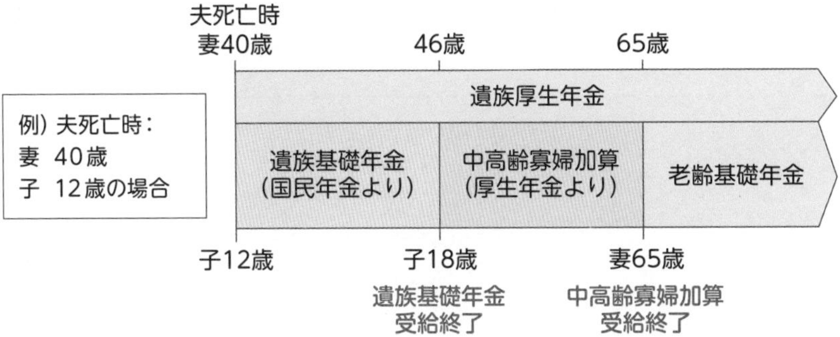

過去問チャレンジ

遺族厚生年金に関する次の記述のうち、最も不適切なものはどれか。

1. 厚生年金保険の被保険者が死亡したことにより支給される遺族厚生年金の額は、死亡した者の厚生年金保険の被保険者期間が300月未満の場合、300月とみなして計算する。

2. 遺族厚生年金の額（中高齢寡婦加算額および経過的寡婦加算額を除く）は、原則として、死亡した者の厚生年金保険の被保険者記録を基に計算された老齢厚生年金の報酬比例部分の3分の2相当額である。

3. 厚生年金保険の被保険者である夫が死亡し、夫の死亡当時に子のいない40歳以上65歳未満の妻が遺族厚生年金の受給権を取得した場合、妻が65歳に達するまでの間、妻に支給される遺族厚生年金には中高齢寡婦加算額が加算される。

4. 配偶者が死亡したことにより遺族厚生年金の受給権を取得した65歳以上の受給権者について、その受給権者が受給することができる老齢厚生年金の額が当該遺族厚生年金の額を上回る場合、当該遺族厚生年金の全部が支給停止される。

［22年5月・学科］

2が不適切　遺族厚生年金の額は、老齢厚生年金の報酬比例部分の４分の３相当額です。

8 併給調整（へいきゅうちょうせい）　重要度 B

年金制度においては、**1人1年金が原則**となっています。そのため、複数の年金が受給できる場合は、**いずれか1つの年金を選択**する必要があります。このことを**併給調整**といいます。ただし、**老齢基礎年金と老齢厚生年金**など、同じ種類の基礎年金と報酬比例による年金については両方を受け取ることができます。このほか、65歳以降は**遺族厚生年金と老齢基礎年金**など、併給が認められている例外もいくつかあります。

併給できる年金の組み合わせ例

	老齢基礎年金	障害基礎年金	遺族基礎年金
老齢厚生年金	○ 併給可能	△ 65歳以降併給可能	× 併給不可
障害厚生年金	× 併給不可	○ 併給可能	× 併給不可
遺族厚生年金	△ 65歳以降併給可能	△ 65歳以降併給可能	○ 併給可能

65歳以降の老齢厚生年金と遺族厚生年金の併給調整

老齢厚生年金と遺族厚生年金は、65歳以上は併給できますが、調整されます。自身の老齢厚生年金と配偶者の遺族厚生年金を受給できる人は、まず、老齢厚生年金を受給します。その上で、以下のような計算方法で、遺族厚生年金を併給調整します。

ワンポイント
遺族厚生年金は、配偶者の報酬比例部分の3/4相当額です。

次のA、Bを比較し、多い方と老齢厚生年金の差額が65歳以降の遺族厚生年金額として支給されます。

A　**遺族厚生年金**
B　**遺族厚生年金×2/3＋老齢厚生年金×1/2**

雇用保険と年金の併給調整（65歳になるまで）

特別支給の老齢厚生年金など65歳になるまでの老齢年金と、雇用保険の失業給付は同時に受給することができません。失業給付（基本手当）の受給期間中は、特別支給の老齢厚生年金は**全額支給停止**になります。

また、厚生年金保険の被保険者で、特別支給の老齢厚生年金と雇用保険の高年齢雇用継続給付を受給する場合は、**在職老齢年金額**の一部が支給停止になります。

労災給付との併給調整

障害厚生年金を受け取っている人が障害補償年金（労災年金）を受け取る場合、障害厚生年金は全額受け取ることができますが、**障害補償年金は所定の調整率により減額**されます。

9 年金と税金

重要度 B

本人や生計同一親族の**公的年金の保険料**を支払うと、その全額が**社会保険料控除の対象**となります。一方、老齢基礎年金や老齢厚生年金を受け取った場合には、**雑所得**となり、収入から**公的年金等控除**を差し引いて所得金額を求めます。

なお、障害給付・遺族給付は非課税です。

受け取る年金が、
どのように扱われるかも覚えておこう

年金の支払いと受け取りが
どう処理されるのかを理解しておきましょう！
支払った
保険料の全額が
控除されるのも
いいね！
障害給付や遺族給付は、
受給者の生活を助けるためのものだから
非課税なんだね！

8 企業・個人事業主の年金

国民全員の加入が義務付けられている公的年金。
長い老後を考えると、備えは多い方が安心です。
そこで公的年金を補うための年金制度が用意されています。
会社員と自営業者それぞれが上乗せできる年金について、
理解を深めておきましょう。

1 企業年金の種類

重要度 C

企業によっては任意の年金制度として**企業年金**を設けています。会社員は国民年金と厚生年金の２つに加入していますが、企業年金はそれらの公的年金を補うことが目的の**私的年金**です。

企業年金には**確定給付型**と**確定拠出型**があります。確定給付型は将来、受け取る給付額が確定している年金、確定拠出型は一定の掛金を運用することで将来の年金額が決まります。

確定給付型と確定拠出型の違い

企業年金	仕組み	年金の種類
確定給付型	受け取る給付額が確定	確定給付企業年金
確定拠出型	拠出額（掛金）が確定	企業型確定拠出年金

2 確定給付年金

重要度 C

確定給付年金は、将来、受け取る給付額が確定している年金で、現在は**確定給付企業年金**があります。

確定給付企業年金（DB）

企業が従業員と給付の内容を約束し、運用結果が悪ければ、企業がその不足分を穴埋めして年金を支給します。**基金型**と**規約型**があり、基金型は別法人として設立された企業年金基金が年金資産を管理運用します。規約型は企業が信託会社や生命保険会社等、外部機関に任せて年金資産の管理運用を行います。なお、加入者が支払った掛金は**生命保険料控除の対象**となります。

ワンポイント

厚生年金基金も確定給付年金の１つで、厚生年金の一部を国に代わって運用し、上乗せする制度です。しかし、現在は新設が認められておらず、既存のものが残っているのみです。

3 確定拠出年金

重要度 A

確定拠出年金は、一定の掛金を拠出し、その運用成果で将来受け取れる年金額が異なります。企業型と**個人型（iDeCo（イデコ））**があり、掛金は、原則企業型は会社が、個人型は加入者本人が拠出し、運用はいずれも加入者本人が行います。

なお、通算加入者等期間が**10年**以上ある人は、**60歳**から老齢給付金を受給できます。ただし、**75歳**までに受給を開始しなければいけません。

用語の意味

DC、DB
一般的に、確定拠出年金はDC、確定給付企業年金はDBといわれています。

ワンポイント

企業型確定拠出年金で、加入者が一定の範囲内で事業主の掛金に上乗せできる仕組みを**マッチング拠出**といいます。その際、加入者掛金の上限額は事業主掛金と同額までです。

確定拠出年金の概要（2024年4月時点）

	企業型	個人型（iDeCo）
加入 対象者	最長70歳未満の厚生年金被保険者 企業型年金規約の承認を受けた実施企業に勤務する従業員	最長65歳未満の国民年金被保険者 ①自営業者等（第１号被保険者） ②厚生年金保険の被保険者 （第２号被保険者） ③専業主婦（夫）等（第３号被保険者） ④任意加入被保険者
掛金	事業主（規約に定めた場合は加入者も拠出可能）	加入者(中小事業主掛金納付制度(「iDeCo+（イデコプラス）」を実施した場合は事業主も上乗せ拠出可能）
拠出 限度額	●確定給付型の年金を実施していない場合： **年660,000円／月55,000円** ●確定給付型の年金を実施している場合： **年330,000円／月27,500円**※3	①④**第１号被保険者**、任意加入被保険者： **年816,000円／月68,000円** 国民年金基金の加入者の場合等はその掛金と合わせた額 **②厚生年金保険の被保険者のうち** ●企業型確定拠出年金のみに加入している場合： **年240,000円／月20,000円**※1 ●確定給付型の年金に加入している場合(企業型確定拠出年金にも加入している場合を含む)： **年144,000円／月12,000円**※1、※2 ●上記の制度のいずれにも加入していない場合： **年276,000円／月23,000円** ●公務員等： **年144,000円／月12,000円**※2 **③第３号被保険者：** **年276,000円／月23,000円**

※1：企業型確定拠出年金の掛金と調整あり。

※2：2024年12月から、年240,000円／月20,000円になる（企業型確定拠出年金や企業年金等の掛金と調整あり）。

※3：2024年12月から、年660,000円／月55,000円になる（企業年金等掛金と調整あり）。

講義図解

確定拠出年金のイメージ

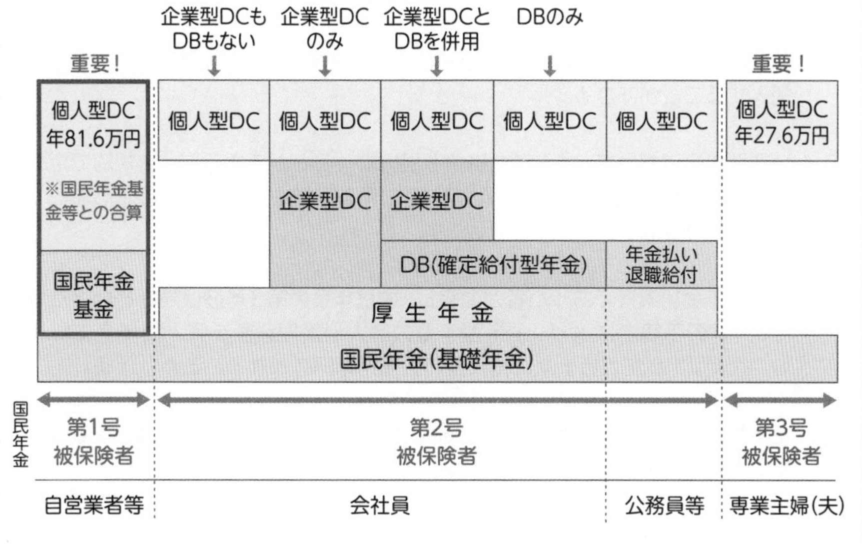

※DCは確定拠出年金のこと。

確定拠出年金の給付

60歳以降に受給できる老齢給付金、一定の障害状態になった場合に受給できる障害給付金、死亡時に遺族が受給できる死亡一時金があります。

確定拠出年金の税制優遇措置

個人型の**確定拠出年金**の掛金は全額、小規模企業共済等掛金控除の対象となります。運用中の収益は非課税です。また、老齢給付金を**一時金として受け取った場合**には**退職所得**となり、退職所得控除の対象となります。老齢給付金を年金として受け取った場合には雑所得となり、公的年金等控除の対象となります。

ワンポイント
転職や退職時に積み立てた年金資産を、個人型年金や転職先の会社の企業年金に移換することをポータビリティといいます。

過去問チャレンジ

確定拠出年金に関する次の記述のうち、最も不適切なものはどれか。

1. 国民年金の任意加入被保険者のうち、所定の要件を満たす者は、個人型年金に加入することができる。

2. 企業型年金において、加入者が掛金を拠出することができることを規約で定める場合、加入者掛金の額は、その加入者に係る事業主掛金の額を超える額とすることができない。

3. 企業型年金加入者であった者が退職し、国民年金の第3号被保険者となった場合、所定の手続きにより、企業型年金の個人別管理資産を個人型年金に移換し、個人型年金加入者または個人型年金運用指図者となることができる。

4. 企業型年金および個人型年金の老齢給付金は、70歳に達する日の属する月までに受給を開始しなければならない。

［23年9月・学科］

4が不適切　70歳ではなく75歳です。

この問題と関連して、
個人型確定拠出年金の掛金が
所得控除のひとつ
小規模企業共済等掛金控除に
なることも押さえておきましょう

中小企業退職金共済制度（中退共）

中小企業退職金共済制度とは、中小企業が加入することができ、国の援助がある社外積立型の退職金制度です。

原則として従業員全員が加入し、掛金は**全額事業主負担**となります。

掛金について

掛金は月額で１人当たり5,000円～30,000円です。
従業員ごとに任意で選択することもできます。

①新たに加入する事業主に対して

➡ 掛金の**1/2（上限1人につき5,000円）**を加入後4カ月目から1年間助成。

②掛金（月額18,000円以下）を増額する事業主に対して
掛金（月額18,000円以下）を増額する場合、

➡ その増額分の1/3を増額月から1年間助成。

掛金の税法上の取扱い

会社の場合 ……………… 全額損金に算入
個人事業主の場合 …… 全額経費に計上

・加入者は原則として企業の従業員全員。
・従業員が退職した場合、退職金は会社を経由せず直接支給される。

給付（退職金）について

給付は一時払い。ただし、60歳以上で退職し、給付金の額が一定の場合は全部または一部を分割払い（年金形式）にすることもできます。

ワンポイント

中小企業の定義
中小企業基本法に定める中小企業が対象です。基本は従業員数300名以下、資本金・出資金3億円以下ですが、業種によって規模の基準が異なり、例えば小売業の場合は従業員50人以下または資本金5,000万円以下となっています。

事業主が
掛金を負担して、
退職金を
準備するための
制度なんです！

4 自営業者の年金制度

重要度 B

自営業者の年金は**国民年金（基礎年金）**のみで、1階部分しかありません。その分、将来の年金額が少ないので、それを補うために**付加年金**または**国民年金基金**、**小規模企業共済**などの年金制度や退職金制度を利用することができます。

自営業者が利用できる年金・退職金制度

付加年金 ※P68参照	**第1号被保険者（※）の国民年金の上乗せ制度** 国民年金保険料に月額**400円**を加算することで、65歳から付加保険料の納付月数×**200円**が、老齢基礎年金に加算されて支払われます。 付加年金の額（年額） ＝付加保険料を支払った月数×**200**円
国民年金基金	**第1号被保険者（※）の国民年金の上乗せ制度** 確定拠出年金の掛金と合算して月額**68,000円**まで拠出できます。 ・掛金は全額が社会保険料控除の対象となる。 ・加入は口数制で、1口目は終身年金とし、2口目以降は終身年金または確定年金から選択。 ・給付は年金で65歳または60歳から支給される。 ・遺族一時金はあるが障害給付はない。

※任意加入被保険者も加入できる
・国内居住の60歳以上65歳未満の者
・日本国籍を有し海外に居住する20歳以上65歳未満の者

ワンポイント
付加年金と国民年金基金の両方に加入することはできません。どちらかを選択することになります。

ワンポイント
終身年金は2種類（保証期間あり・なし）、確定年金は5種類あります。

小規模企業共済	**小規模企業の役員や個人事業主の退職金制度** 掛金は月額1,000円～**70,000円**（年額最大840,000円）で、退職や廃業時に受け取り可能。 掛金の全額が**小規模企業共済等掛金控除**（個人の所得控除）の対象になります。 共済金（死亡事由以外）を一括で受け取ると退職所得、分割で受け取ると雑所得となります。

ワンポイント

加入対象
従業員数 20 人以下の個人事業主および共同経営者または会社の役員等が加入できます。ただし、宿泊業・娯楽業以外の商業・サービス業では従業員数 5 人以下であることが必要です。

会社員には厚生年金があるけど
自営業者にはない。
そのため
老後資金を補うための制度が
用意されています

企業の財政状態を把握する

9 中小法人の資金計画

会社を維持していくために欠かせないのが資金です。
業績が悪化した場合などにどのように資金調達するか、
その方法について説明します。
企業の財務状況を把握するためには、
財務諸表の見方についても把握しておく必要があります。

1 資金調達のプランニング

重要度 C

資金不足は企業が倒産する原因のひとつ。そうならないよう常に財務状況を把握しながら、資金調達と資金運用を行っておく必要があります。ここでは個人事業主や中小法人の経営者を対象に、資金調達方法について見ていきます。

講義図解

仕事はあっても入金は数カ月先……
ということもあります。
途中で会社が回らなくならないよう、
資金計画をきちんと立てておくことが必要になります。
これは個人のキャッシュフロー表と同じですよ！

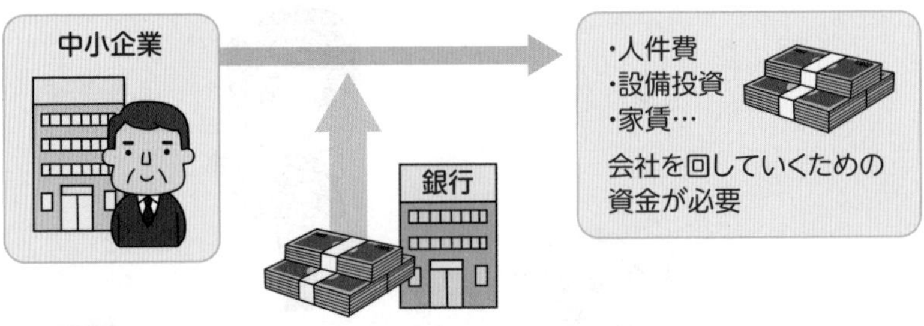

2 資金調達の方法

重要度 B

企業の資金調達方法には、株式などを発行して投資家等から資金を調達する**直接金融**と、金融機関等から借り入れなどをする**間接金融**があります。

講義図解

直接金融と間接金融の違い

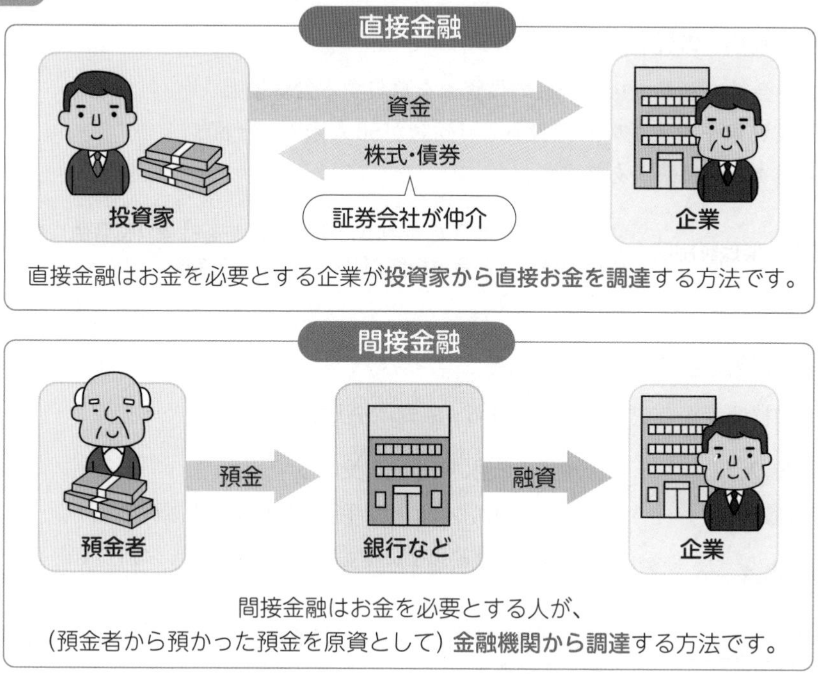

直接金融による資金調達方法

株式の発行

企業が発行する株式を投資家（株主）に購入してもらって資金調達します。企業はこの資金を返済する義務がなく、企業の業績が上がれば投資家は配当が得られます。

株主割当増資	新規発行する株式を、既存の株主に割り当てて資金調達する。持ち株の割合に応じて割り当てる方法が一般的
第三者割当増資	新規発行する株式を、関係を強化したい取引先や資本提携企業など、特定の第三者に割り当てて資金調達する
公募増資	新規発行する株式の割当先を決めず、広く一般の不特定多数の投資家を募集することで資金調達する

債券（社債）の発行

証券会社を通じて広く一般の投資家を募集する**公募債**と、機関投資家や少人数の特定投資家（勧誘が50人未満）と直接取引する**私募債**（しぼさい）があります。

特定社債保証制度	一定の条件を満たす中小企業が発行する社債（私募債）を、信用保証協会と金融機関が共同で保証する制度

間接金融による資金調達方法

金融機関等から資金を借り入れる（融資）方法です。

証書借入	借用証書を用いて融資を受ける
手形借入	借用証書の代わりに約束手形を振り出して融資を受ける
当座借越	当座預金の残高以上に資金を引き出したり、決済ができる（立て替え）
ABL （アセット・ベースト・レンディング）	企業が保有する売掛金などの債権や在庫などを担保に、金融機関から融資を受ける
インパクトローン	外貨建ての融資で資金の使い道に制限がない
信用保証協会保証付融資（マル保融資）	信用保証協会に保証人になってもらう融資。担保と保証人は不要。資本金または常時使用する従業員数には業種に応じた要件がある

なお、日本政策金融公庫の中小企業事業における融資は、投資を目的とする有価証券等の取得資金は融資対象外となっています。

ワンポイント

当座借越を行うには、金融機関とあらかじめ「当座借越契約」を結ぶ必要があります。

3 企業の財務状況の把握

重要度 **B**

企業の財政状況を把握するために必要なのが**財務諸表**です。財務諸表は**貸借対照表**、**損益計算書**、**キャッシュ・フロー計算書**などがあり、これを見ることで企業の財政状態や経営成績、そして資金状況が把握できます。

講義図解

貸借対照表

決算日における財政状態を示した表。左側の資産と右側の（負債＋純資産）が同じ合計金額になります。

貸借対照表

単位：千円

資産		負債	
現金	200	支払手形	600
当座預金	800	買掛金	400
受取手形	300	借入金	800
棚卸商品	100	負債合計	1,800
建物	1,000	純資産	
備品	600	資本金	1,000
		利益剰余金	200
		純資産合計	1,200
合　計	3,000	合　計	3,000

＜資産＞
流動資産：現金、預金、売掛金、商品など、1年以内に現金化する資産。
固定資産：土地や建物など、1年以内に現金化しない資産。

＜負債＞
流動負債：買掛金・支払手形など、1年以内に支払期限がある負債。
固定負債：長期借入金など、1年以内に支払期限のない負債。

＜純資産＞
株主資本：資本金や剰余金など。

講義図解

損益計算書

一定期間（決算期間）の経営成績を表示する計算書。

損益計算書

株式会社　○○○○○
自 20X0 年 4 月 1 日　至 20X1 年 3 月 31 日

単位：千円

科　目	金　額
Ⅰ　売上高	50,000
Ⅱ　売上原価	25,000
[売上総利益]	25,000
Ⅲ　販売費および一般管理費	5,000
[営業利益]	20,000
Ⅳ　営業外収益	1,200
Ⅴ　営業外費用	1,400
[経常利益]	19,800
Ⅵ　特別利益	800
Ⅶ　特別損失	2,400
[税引前当期純利益]	18,200
法人税等	7,300
[当期純利益]	10,900

<利益>

売上総利益 =（売上高－売上原価）

商品・サービス自体の利益。

営業利益 =（売上総利益－販売費および一般管理費）

間接経費も含めた利益。

経常利益 =（営業利益＋営業外収益－営業外費用）

財務・投資を含めた利益。

税引前当期純利益 =（経常利益＋特別利益－特別損失）

イレギュラー事項を含めた会社全体の利益。

当期純利益 =（税引前当期純利益－法人税等）

税金を差し引いた当期の最終純利益。

ワンポイント

費用には原材料費や仕入原価、外注費、販売手数料などの変動費と、人件費、地代家賃、リース料などの固定費があります。売上高から変動費を引いたものが限界利益で、限界利益÷売上高×100で限界利益率（%）を求めることができます。また、固定費÷限界利益率で損益分岐点売上高がわかります。

キャッシュ・フロー計算書

一定期間（1年間）の現金の流れを表示した計算書で、営業活動、投資活動、財務活動の3つに区分して表示します。

4 財務分析

重要度 B

財務諸表の情報から、会社の安全性や収益性などについて分析することができます。主な財務分析の指標には、以下のようなものがあります。

主な財務分析の指標

売上高総利益率	商品・サービスの利益率を把握する指標 $売上高総利益率（\%）= \frac{売上総利益}{売上高} \times 100$
売上高営業利益率	売上高に対する営業利益の割合を表す $売上高営業利益率（\%）= \frac{営業利益}{売上高} \times 100$
売上高経常利益率	営業活動と財務・投資活動を合わせた利益の割合を表す $売上高経常利益率（\%）= \frac{経常利益}{売上高} \times 100$
流動比率	短期的な支払い能力を表す $流動比率（\%）= \frac{流動資産}{流動負債} \times 100$
当座比率	短期的な支払い能力（安全性）を表す $当座比率（\%）= \frac{当座資産}{流動負債} \times 100$
固定比率	長期的な安全性を表す $固定比率（\%）= \frac{固定資産}{自己資本（純資産）} \times 100$
自己資本比率	総資本（資産）に対する自己資本（純資産）の割合を表す $自己資本比率（\%）= \frac{自己資本（純資産）}{総資本（資産）} \times 100$
ROE （自己資本利益率）	自己資本（株主資本）に対する利益の割合を表す $ROE（\%）= \frac{当期純利益}{自己資本（純資産）} \times 100$

総量規制の範囲をチェック

10 クレジットカード

多くの人が保有するクレジットカード。
ネットショッピングに欠かせない便利な決済手段ですが、
正しく利用しないと、返済で困ることになりかねません。
支払い方の種類やその手数料の有無、
キャッシングに関する法規制などは覚えておきましょう。

1 クレジットカードと支払い方法　重要度 B

手元に現金がなくても、利用者の信用に基づいて代金後払いで商品を購入（ショッピング）できるクレジットカード。クレジットカードの所有権はクレジットカード会社にあり、利用者は貸与されているだけです。クレジットカードは自分以外の人に貸したり、使用させたりすることはできません。

カード会員の信用情報は信用情報機関によって管理されており、会員自身の信用情報については手続きにより開示請求することができます。支払い方法には3種類あり、手数料がかかるものがあります。

クレジットカードの支払い方法

一括払い	分割払い	リボ払い（リボルビング払い）
1カ月分の利用金額を一括で支払う。**ボーナス一括払い**も可能	代金を12回や24回など、回数を決めて分割して支払う	毎月の支払額を一定の金額に固定して支払う等
手数料：なし	手数料：あり（3回以上）	手数料：あり

キャッシングとカードローン

クレジットカードには現金が借りられる**キャッシング**（無担保借入）の機能が付いているものもあります。ATMで操作すれば手軽に借りられますが、**貸金業者**からの**借入残高**は、本人の**年収の1/3を超えてはいけない**と、法律の**総量規制**で決められています。

なお、銀行が提供する住宅ローンや自動車ローンなどのサービスは、総量規制の対象外です。

過去問チャレンジ

クレジットカード会社（貸金業者）が発行するクレジットカードの一般的な利用に関する次の記述のうち、最も不適切なものはどれか。

1. クレジットカードで商品を購入（ショッピング）した場合の返済方法の1つである分割払いは、利用代金の支払回数を決め、その回数で利用代金を分割して支払う方法である。

2. クレジットカード会員の信用情報は、クレジットカード会社が加盟する指定信用情報機関により管理されており、会員は自己の信用情報について所定の手続きにより開示請求をすることができる。

3. クレジットカードは、約款上、クレジットカード会社が所有権を有しており、クレジットカード券面上に印字された会員本人以外が使用することはできないとされている。

4. クレジットカードの付帯機能であるキャッシングを利用し、返済方法として翌月一括払いを選択した場合、利息はかからない。

［23年5月・学科］

4が不適切　ショッピングで翌月一括払いを選択した場合、利息はかかりませんが、キャッシングの場合は日割り計算された利息が必ずかかります。

FP２級からFP１級をめざす人のための

ステップアップ講座

１級では、雇用保険もよく出題されます。
失業等給付は、特定受給資格者までが範囲になりますから
基本手当の細かい給付要件までしっかり押さえましょう。

Q1　失業給付の受給要件

仕事を辞めると雇用保険の失業等給付から基本手当を受け取れる？

1．仕事を辞めれば職を失ったわけだから失業等給付の基本手当は受け取れる。
2．仕事を辞めただけでは失業等給付の基本手当は受け取れない。

正解：2

離退職して仕事をしなくなれば、失業等給付の基本手当を受け取れると思っている人が意外と多いのですが、実はそれだけでは基本手当は受け取れません。
本来、基本手当は「雇用保険の被保険者の人が、定年、倒産、契約期間の満了等により離職し、失業中の生活を心配しないで、新しい仕事を探し、１日も早く再就職してもらうために支給される」ものです。
つまり、離退職しただけではなく、次の仕事に就く意欲を持ち、そのための努力(就職活動など) をすることが求められます。

２級をしっかり復習して
１級に挑もう！

Q2

離退職理由

A社に勤務していたけれど、仕事が自分に合わないという理由で退職したAさんと、B社でコツコツ働いて、今後もこの会社に貢献していきたいと思っていた矢先、会社が倒産して解雇されることになってしまったBさん。どちらが手厚くされるべき？

1．Aさん
2．Bさん

正解：2

自分の意思で退職したAさんは心の準備もできていますし、給与収入がなくなる状況も納得していますが、自分の意思にかかわらず倒産、解雇となって予期せず突然職を失ったBさんは、まさか自分が再就職のための活動をすることになるとは考えてもいなかったはずで、何の準備をしていません。同じ失業状態でも深刻度が違います。

Q3

求職の困難度

会社の倒産で突然職を失うことになった30代のAさんと、50代のBさん。どちらも働く意欲があり、すぐ再就職に向けて就職活動を開始したけれど、どちらのほうが再就職に向けて厳しいと思う？

1．Aさん
2．Bさん

正解：2

採用する側からみれば、定年年齢が視野に入ってきている人と、これから働き盛りを迎える人では、おそらく後者を採用したいと思うのではないでしょうか。その意味ではBさんは不利ですよね。ひょっとしたら就職活動も長引くかもしれません。

Q4 自己都合

会社員のＤさんの母親は地方で一人暮らしをしていたが、脳梗塞で倒れて要介護状態になってしまいました。Ｄさんは一人っ子のため、自分しか母の介護をする人がおらず、実家に戻らざるを得なくなったため、やむなく会社を退職しました。
この場合、Ｄさんは倒産や解雇による離退職ではなく自己都合退職ということになりますが、Ｑ２で仕事が自分に合わないからと自己都合退職したＡさんとＤさん、あなたはまったく同じに捉えますか？

1. 辞めさせられたわけではないのだから、Ａさん同様Ｄさんも自己都合でもしかたない。
2. 辞めさせられたわけではないけれど、辞めたくて辞めたわけでもない。やむなく退職したＤさんには同情の余地があるのでは。

正解：2

自己都合というのは、ある意味、理由の幅が広いものです。倒産・解雇でなければ、本人の気持ちがどうあれ形態としては自己都合になります。ただし、それらをすべて自己都合で片付けてしまってはあまりにも乱暴ですよね。

このように同じ失業状態でも、より不利な人、同情すべき事由のある人は、そうでない人より手厚くされてしかるべきでしょう。雇用保険では、離退職理由や被保険者期間によって手厚さに差をつけています。

①特定受給資格者

・「倒産」等により離職した者
・「解雇」等により離職した者

本人に非はないけれど会社の都合で離職させられたというケースです。

②特定理由離職者

・体力の不足、心身の障害、疾病、負傷等によって離職した者
・家庭の事情の急変による離職

・通勤困難な地に事業所が移転したことによる離職
・結婚に伴う住所の変更による離職　等

いわゆる、会社の都合で離職させられたわけではないけれど、正当な理由により離職せざるを得ない（辞めたくないけれど辞める）ようなケースです。

③それ以外の離職者
・定年退職
・正当な理由のない離職　等

[特定受給資格者、特定理由離職者の最大支給日数]

<table>
<tr><th>被保険者期間 / 年齢</th><th>6カ月以上
1年未満</th><th>1年以上
5年未満</th><th>5年以上
10年未満</th><th>10年以上
20年未満</th><th>20年以上</th></tr>
<tr><td>30歳未満</td><td rowspan="5">90日</td><td>90日</td><td>120日</td><td>180日</td><td>－</td></tr>
<tr><td>30歳以上
35歳未満</td><td>120日</td><td rowspan="2">180日</td><td>210日</td><td>240日</td></tr>
<tr><td>35歳以上
45歳未満</td><td>150日</td><td>240日</td><td>270日</td></tr>
<tr><td>45歳以上
60歳未満</td><td>180日</td><td>240日</td><td>270日</td><td>330日</td></tr>
<tr><td>60歳以上
65歳未満</td><td>150日</td><td>180日</td><td>210日</td><td>240日</td></tr>
</table>

[それ以外の離職者の最大支給日数]

被保険者期間 / 年齢	1年未満	1年以上 10年未満	10年以上 20年未満	20年以上
全年齢	－	90日	120日	150日

ここまで理解できたかな？
それでは過去問に
チャレンジしてみましょう！

1級だと こう出る・こう解く！

Q 基本手当の受給 （21年5月・学科）

雇用保険の基本手当に関する次の記述のうち、最も不適切なものはどれか。

1. 一般被保険者が会社の倒産により離職を余儀なくされて失業した場合、原則として、離職の日以前２年間に被保険者期間が通算して６カ月以上あれば、所定の手続により、基本手当の支給を受けることができる。
2. 基本手当は、原則として、４週間に１回、公共職業安定所において失業の認定を受けた日分が支給される。
3. 特定受給資格者・特定理由離職者以外の受給資格者（就職困難者を除く）の所定給付日数は、受給資格者の離職の日における年齢にかかわらず、原則として、算定基礎期間が10年未満の場合は90日、10年以上20年未満の場合は120日、20年以上の場合は150日である。
4. 基本手当の日額の算定の基礎となる賃金日額は、原則として、被保険者期間として計算された最後の６カ月間に支払われた賃金（賞与等を除く）の総額を基に算出されるが、下限額および受給資格者の年齢区分に応じた上限額が設けられている。

正解：1が不適切　1級ではこう解く！

1．一般被保険者が会社の倒産により離職した場合は、原則として離職の日以前1年間に被保険者期間が通算6カ月以上あれば、基本手当を受給できます。

2、3、4は記述のとおりです。

Q 基本手当の受給 （22年1月・学科）

雇用保険の基本手当に関する次の記述のうち、最も不適切なものはどれか。なお、いずれの場合も所定の手続はなされているものとし、記載のない事項については考慮しないものとする。

1．基本手当を受給しながら求職活動をしていたAさん（28歳）は、2021年6月1日に再就職し、再就職手当を受給した。しかし、再就職先の会社の業務になじめず、2021年11月30日に自己都合退職した。この場合、Aさんが2カ月間の給付制限経過後に受給することができる基本手当の日数は、最大で90日である。

2．Bさん（34歳）は、大学卒業後に入社し、11年8カ月勤務した会社を2021年11月30日に自己都合退職した。この場合、Bさんが2カ月間の給付制限経過後に受給することができる基本手当の日数は、最大で120日である。

3．Cさん（50歳）は、25年間勤務した会社が経営難から倒産し、2021年11月30日に離職した。この場合、特定受給資格者に該当するCさんが受給することができる基本手当の日数は、最大で330日である。

4．Dさん（60歳）は、会社の継続雇用制度の利用を希望せず、38年8カ月勤務した会社を2021年11月30日に定年退職した。この場合、Dさんが受給することができる基本手当の日数は、最大で150日である。

正解：1が不適切 1級ではこう解く！

1．Aさんは自己都合退職で被保険者期間が12カ月に満たないため、新たに受給資格は得られません。なお、この場合、他の要件を満たせば、以前の基本手当の所定給付日数から、受給済の基本手当と再就職手当の基本手当換算日数分を引いた日数分をもらえる可能性があります。

2．Bさんは自己都合退職。被保険者期間「10年以上20年未満」に該当するので、最大で120日です。

3．Cさんは特定受給資格者。年齢区分が「45歳以上60歳未満」、被保険者期間が「20年以上」に該当するので、最大で330日です。

4．Dさんは定年退職者。被保険者期間が「20年以上」に該当するので、最大で150日です。

1 ライフプランニングと資金計画 復習のまとめ

しっかり確認しましょう！
出題頻度の高い論点　総ざらい

- ライフプランニングと資金計画は、特に日本FP協会実技試験では最もよく出題される項目です。つまり、この項目をしっかりマスターしておけば、かなりの得点源になるはずです。
- 年金保険は毎回のように出題されます。また、雇用保険、労災保険、公的医療保険は高頻度で出題されるのでしっかりマスターしましょう。
- コンプライアンスは必ず出題されるので整理しておきましょう。
- ２級では新たに出題範囲になった「中小法人の資金計画」から損益計算書と貸借対照表・財務分析などが出題されることが多いです。

第2章

リスク管理

様々なリスクへの備えになる保険。２級リスク管理の正解率アップのカギはそれぞれの保険の特徴を押さえることです。このリスクにはこんな保険、この保険を必要としているのはこんな人と、誰かに紹介するように各保険の特徴を押さえていくことで理解度が深まります。一つずつ理解し、適切・不適切の判断力を高めましょう。

●保険のしくみ
保険の基本からしくみを理解

●保険の種類やその特徴
生命保険・損害保険・第三分野の保険

●保険の税金や経理処理
保険料と税金の関係
法人保険の経理処理

リスク管理

ここをしっかり押さえておけば問題の正解率がアップします。

まずは各種保険の図解で
イメージをつかむこと。
次に特徴をとらえて
理解を深めていきましょう
2級では保険に
かかわる税金や
法人保険の経理処理
も重要です
リスクと保険
死亡・病気・老後
ケガや賠償
事故や盗難等

リスク管理と保険

リスク管理と保険

リスクについて整理して考えてみよう

- 自分や家族の生命、健康を損なうリスク
- 不動産、車、動産などの財物が壊れたり、失うリスク
- 他人への賠償責任のリスク
- リスクに対する経済的損失を補うために「保険」があり、保険には公的保険と私的保険がある

私的保険は大きく３種類

取り扱い	保険分野	保険の対象と商品例
生命保険会社	生命保険	**人の生死に関わることに対して保障する保険** 終身保険／定期保険／養老保険…など
損害保険会社	損害保険	**偶然の事故などで発生した損害を補償する保険** 火災保険／自動車保険…など
生命保険会社 損害保険会社	第三分野の保険	**生命保険にも損害保険にも属さないリスクに備える保険** 医療保険／がん保険／所得補償保険…など

保険と税金

保険料を支払ったときのルールのほかにも、保険金を受取ったときの税金にも違いがあります

生命保険

個人：生命保険料控除

個人が支払った保険料については、一定金額を所得から控除できます。

法人：損金算入、資産計上

法人が支払った保険料は、保険の種類により経理処理が異なります。

損害保険

個人：地震保険料控除

地震保険料については、一定金額を所得から控除できます。

法人：損害保険料は損金算入

法人が支払った損害保険料は、原則、その事業年度分は損金算入します。

保険契約者は法律で保護される

1 保険の基本

日常生活には、災害、事故、病気などのリスクがあります。ファイナンシャル・プランナーはこれらのリスクに備え、万一の際のダメージを回避、軽減する対策を提案します。経済的な損失に備える手段として保険による対策があります。保険契約者等がどのように守られているのかを意識しながら学びましょう。

1 リスク管理とは　重要度 C

リスク管理とは想定されるリスクに対して、リスク発生時の損害の回避、軽減、または損失を最小に抑えることをいいます。経済的な損失に対しては、保険料などの費用を抑えつつ、適切な保険等の選択を考えていきます。

2 リスクと保険　重要度 C

日常生活で想定されるリスクには、下の表のようなものがあります。これらのリスクの経済的損失に備えるのが保険です。

日常生活上で想定されるリスク

自分や家族の生命、健康	不動産、車、動産などの財産	他人への賠償
・死亡 ・病気 ・ケガ ・長生きによる経済的負担	・住宅の震災、水災、火災 ・自動車事故 ・現金、美術品などの盗難	・他人への加害 ・他人の所有物の破損

3 公的保険と私的保険

重要度 C

保険制度には、国や自治体等が運営する**公的保険**（社会保険）と、民間の保険会社が運営する**私的保険**（民間保険）があります。社会保険はライフプランニング（第1章）で勉強した国民年金や厚生年金保険、労災保険等が該当します。

今回学ぶ私的保険は、公的保険を補うための民間の保険で、**生命保険**と**損害保険**、そしてそのどちらにも属さない**第三分野の保険**に分けられます。

講義図解

私的保険の種類

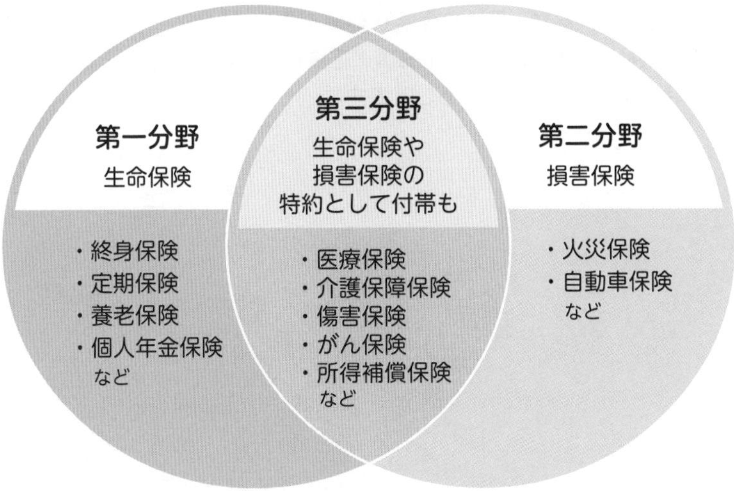

第一分野 ➡ 人の生命、生活を保障する保険
第二分野 ➡ 遭遇する可能性のある事故の損害について、補償する保険
第三分野 ➡ 第一分野、第二分野のどちらにも属さない保険で、病気や傷害などに備える保険

4 保険の原則

重要度 C

生命保険の保険料の原則

契約者が支払う保険料は、**大数の法則**と**収支相等の原則**に基づいて決められています。

大数の法則

少数では法則性が見いだせないことでも、大数で見ると一定の法則が見えることです。

収支相等の原則

「**保険会社の収入総額**（受取り保険料総額＋運用益）」と「**保険会社の支出総額**（保険金総額＋経費）」が**等しく**なるように保険料を算定することです。

保険料は
複雑な計算の上に
成り立っているんだね
アクチュアリーといって、
保険料などの計算を専門にしている
職種があるくらいなんだよ

5 契約者の保護

重要度 A

クーリング・オフ制度

クーリング・オフ制度とは、一定の要件のもと、保険の申込者等からの意思表示によって契約申し込みの撤回・解除ができる制度をいいます。

講義図解

クーリング・オフ

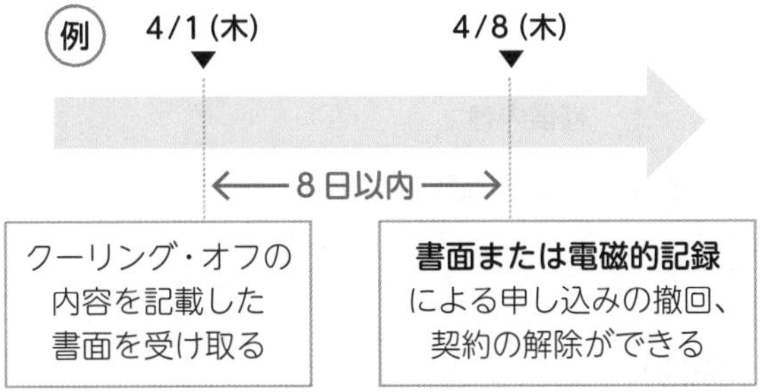
例
4/1 (木)
4/8 (木)
8日以内
クーリング・オフの内容を記載した書面を受け取る
書面または電磁的記録による申し込みの撤回、契約の解除ができる

クーリング・オフの手続は「**契約の申込日**」、または「**クーリング・オフについて記載された書面を受け取った日**」のいずれか**遅い日**から8日以内に、申し込みの撤回等を**書面または電磁的記録**による通知で行います。

クーリング・オフできる	・保険募集人等の訪問による販売 ・現在の保険契約を契約転換した場合
クーリング・オフできない	・保険期間が1年以内の保険 ・契約にあたり医師の診査を受けたとき ・自賠責保険などの加入義務がある保険契約 ・法人が契約者のとき …など

保険契約者保護機構

保険契約者保護機構は、万一、保険会社が破綻した場合に契約者を保護（保険会社へ資金援助などを）するために設立された法人のことです。国内で営業する生命保険会社は外資系も含めて**生命保険契約者保護機構**への加入が、損害保険会社は**損害保険契約者保護機構**への加入が、それぞれ義務となっています。ただし、**少額短期保険業者**や**共済**は加入しません。

銀行等で販売されている生命保険についても保護機構の対象になります。

生命保険契約者保護機構

保険の種類	補償内容
生命保険	原則、**責任準備金等**（破綻時点）の**90％**

損害保険契約者保護機構（原則）

保険の種類	補償内容
自賠責保険 地震保険	補償割合100％
自動車保険 火災保険 短期傷害保険 海外旅行傷害保険 その他の損害保険	**＜保険金の支払い＞** 破綻後**3カ月間は100％** （それ以降は**80％**） **＜解約返戻金・満期返戻金＞** 補償割合80％
年金払型積立傷害保険 その他の医療・介護・傷害保険	**＜保険金の支払い＞** 補償割合90％ **＜解約返戻金・満期返戻金＞** 補償割合90％

用語の意味

責任準備金
保険会社が将来の保険給付のために積み立てているお金のこと。

少額短期保険

少額短期保険は、少額短期保険業者が扱う、保険金額が少額で保険期間が短期の保険をいいます。

保険金額（上限）	保険区分に応じて死亡保険300万円以下、医療保険80万円以下などの上限が定められており、被保険者一人あたり原則、合計1,000万円まで
保険期間（上限）	生命保険・第三分野 … 1年 損害保険 … 2年
その他の特徴	・満期返戻金等のない、保障性商品のみの取り扱い ・保険法、保険業法、クーリングオフの適用あり ・相続税の死亡保険金非課税金額の対象 ・保険契約者保護機構の保護対象外 ・生命保険料控除や地震保険料控除は対象外

ソルベンシー・マージン比率

ソルベンシー・マージン比率は、保険会社にどのくらいの保険金等の**支払い余力**があるかを示す指標です。保険会社の健全性を数値で示しており、この数値が高ければ健全で安全な状態の目安となります。ソルベンシー・マージン比率が**200%**を下回ると、金融庁による早期是正措置の対象となります。

用語の意味

早期是正措置
経営破綻を防ぎ、業務の改善を図るために発動される措置。

6 保険法と保険業法

重要度 C

保険法

保険法とは、保険の契約者を保護することを目的として、保険契約に関する一般的なルールが定められています。

生命保険契約	損害保険契約	傷害疾病保険契約ほか
第一分野	第二分野	第三分野

分野ごとに保険法が定められています。

保険法には以下の規定があります。

＜生命保険＞

●告知義務

告知に際し、被保険者は保険会社から求められた事項だけに応えればよいとされています。

●被保険者の同意

被保険者の同意がなければ保険の効力は生じません。

●保険金受取人の変更

・契約者は保険金受取人の変更をすることができ、被保険者の同意で効力が生じます。
・保険金受取人の変更は、遺言によってもすることができます。

●生命保険会社からの契約解除

・保険募集人等が被保険者等の告知について、虚偽の告知を勧めたり、告知を妨げたりした場合。
・保険契約者または保険金受取人が、死亡保険金を受け取ることを目的に、故意に被保険者を死亡させたり、死亡させようとした場合。
・保険金受取人が、保険給付の請求について詐欺を行った、または行おうとした場合。

ワンポイント

保険法は原則として同法が施行された後に締結された保険契約等に適用されます。しかし、保険金等の支払時期等の一部の規定は、保険法施行前に締結された保険契約等にも適用されます。

＜損害保険＞

●遡及保険

損害保険に加入する前に発生していた保険事故について、保険契約者または被保険者がその事故を知っていた場合、保険金は支払われません。

●損害保険会社からの契約解除

・保険契約者または被保険者が、損害保険金を受け取ることを目的に損害を生じさせたり、生じさせようとした場合。

・被保険者が保険給付の請求について詐欺を行った、または行おうとした場合。

＜その他共通＞

●消滅時効

・保険給付請求、保険料返還請求の権利は、権利行使できるときから3年間行使しないと権利は消滅します。

・保険法の規定よりも保険契約者や被保険者に不利な特約は、原則、無効となります。

ワンポイント

共済が適用除外なのは保険業法、保険契約者保護機構であり、保険法は適用されます。

保険業法

保険業法とは、保険契約者等を保護することを目的として、保険会社、保険募集人等が健全な運営を行うためのルールが定められています。保険募集人等は内閣総理大臣への登録が必要です。

保険募集人等は、
以下の禁止行為に抵触する行為を禁じられています。

保険業法第300条
保険募集等に関する禁止行為…（一部抜粋）

- 虚偽の告知、および重要事項を告げないこと、告知の妨害、および虚偽（不実）告知を勧める行為や、不告知を勧める行為、保険料を割引く、立て替える、その他特別な利益を提供する行為
- 将来の配当金の額など、不確実な事項に断定的な判断を告げる、誤解させる行為

禁止行為…
ま、常識的に
考えれば
解答できるかな…

過去問チャレンジ

少額短期保険に関する次の記述のうち、最も適切なものはどれか。

1. 少額短期保険は、低発生率保険および経過措置を適用している少額短期保険業者が引き受ける保険契約を除き、被保険者１人につき加入できる保険金額の合計額は1,000万円が上限である。

2. 少額短期保険の保険期間は、生命保険、傷害疾病保険および損害保険のいずれも１年が上限である。

3. 少額短期保険では、保険期間の満了時に満期返戻金を受け取ることができる。

4. 少額短期保険業者が取り扱う保険契約は、保障内容に応じて、生命保険契約者保護機構または損害保険契約者保護機構のいずれかの保護の対象となる。

［23年１月・学科］

１が適切

2. 保険期間の上限は、生命保険・第三分野が１年、損害保険が２年です。

3. 少額短期保険は保障性商品の取り扱いに限られているため、満期返戻金を受け取ることはできません。

4. 少額短期保険は、いずれの保険契約者保護も対象外です。

一般の生命・損害保険会社
との違いに気をつけて
違いは、
保険期間や
保険金額の他にもたくさん

保険の様々なしくみを確認しましょう

2 生命保険のしくみと保険の契約

生命保険は、死亡、疾病、負傷のほか、長生きなど、
人に対するリスクの備えとなります。
まずは生命保険のしくみを知り、保険料のしくみや契約手続
などのルールについて確認しておきましょう。

1 生命保険のしくみ　重要度 A

生命保険の基礎用語

生命保険の基礎となる用語は以下のとおりです。

契約者	保険会社と契約を結び、保険料の支払い義務を負う人
被保険者	保険契約の対象となる人
受取人	保険金、給付金などの支払いを受ける人
保険料	保障の対価として、契約者が保険会社に支払うお金
保険金	被保険者が死亡、高度障害などの支払い事由に該当する際、受取人に支払われるお金
給付金	手術、入院、通院などで支払い事由に該当する際、保険会社から受取人に支払われるお金
解約返戻金（へんれいきん）	保険の契約期間中に解約した場合に契約者が受け取るお金
主契約	保険の主たる契約で基本となる部分
特約	主契約に付加することができるオプション

2 生命保険の種類　重要度 C

生命保険は**死亡保険、生存保険、生死混合保険**の３つに分類されます。

ワンポイント
生存保険と生死混合保険は、長生きも経済的リスクの一つと捉え、生存中のお金をカバーできる保険です。

生命保険の種類

死亡保険	被保険者が死亡したり、高度障害になった場合に支払われる保険
生存保険	一定の保険期間が終了するまで被保険者が生存している場合に支払われる保険
生死混合保険	死亡保険と生存保険が組み合わされた保険

3 保険料のしくみ　重要度 B

生命保険の保険料は、以下にあげる３つの**予定基礎率**を用いて算出されます。

講義図解

1. **予定死亡率**
   統計をもとに算出した性別・年齢ごとの死亡者の割合… 低いと新規契約の死亡保険料は下がり、生存保険料は上がる！
   → 死亡する人が少ないと予想されるため
2. **予定利率**
   保険会社が保険料を運用した場合に得られる予想利回り… 高いと新規契約の保険料は下がる！
   → 運用がうまくいくと予想されるため
3. **予定事業費率**
   保険会社が事業を運営するための必要経費… 低いと新規契約の保険料は下がる！
   → 経費が少ないと予想されるため

ネット系保険会社の保険料が安いのは、システム化することで経費を抑えているからなんだね

4 生命保険の保険料の構成

重要度 B

保険金の支払いに充てる**純保険料**と、保険会社の事業維持に必要な費用に充てる**付加保険料**を合わせて生命保険料が決定されます。

講義図解

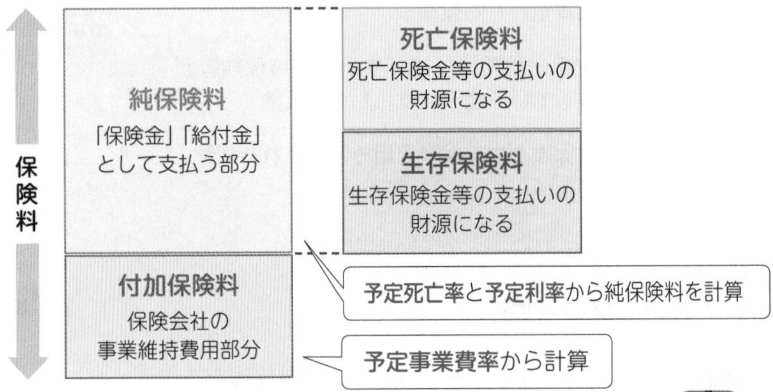

5 配当金のしくみ

重要度 B

剰余金と配当金

保険会社の収入となる保険料と、実際にかかった保険金や経費には差が生じます。これは保険料算出に用いられる予定基礎率が余裕を持たせた数値で設定されているためです。受け取った保険料・運用益の方が実際にかかった費用よりも多くなった場合の差益を**剰余金**といいます。この剰余金を財源として契約者に払い戻されるのが**契約者配当金**です。

ワンポイント
保険金と同時に受け取った配当金は、保険金と合わせて課税対象となります。

剰余金の発生と支払い

保険料・運用益（収入） － 実際の費用（支出） ＝ 剰余金（収入が多かった分） → 契約者配当金（契約者へ戻す）

３つの剰余金

死差益 ➡	予定死亡率で算出した死亡者数よりも、実際の**死亡者数が少なかった**場合の利益 ➡	契約者配当金
利差益 ➡	予定利率で算出した運用益よりも、実際の**運用益が多かった**場合の利益 ➡	契約者配当金
費差益 ➡	予定事業費率で算出した事業費よりも、実際の**事業費が少なかった**場合の利益 ➡	契約者配当金

配当金の支払い

配当金があれば支払われる保険が**有配当保険**で、配当金のない保険が**無配当保険**です。利差益だけを配当金として支払う保険は、**準有配当保険（利差配当付保険）**といいます。

レック先生のズバッと解説

配当金の支払いがある保険（有配当保険）は、配当金の支払いがない保険（無配当保険）よりも、保険料が高くなるのが一般的です。

講義図解

保険料	
高い	**有配当保険** ３つの剰余金から配当金を支払う
	準有配当保険 利差益だけで配当金を支払う
安い	**無配当保険** 配当金のない保険

6 生命保険の契約の手続

重要度 B

告知義務

告知とは、保険契約の際、健康状態や職業等について保険会社に告げることです。

生命保険の契約を結ぶ際、契約者または被保険者は、保険会社からの健康状態等に関する質問に**事実を告げる義務**があります。これを**告知義務**といい、保険会社はその情報をもとに申し込みを承諾するかの判断をします。

故意または重大な過失で告知義務違反があると、保険会社は告知義務違反の事実を知った日から１カ月以内であれば契約を解除することができます。なお、保険契約締結から５年が経過している場合や、保険募集人等が、**告知を妨げたなどの理由**がある場合、保険会社は**契約を解除できません**。

ワンポイント

保険の契約をする際は、保険会社から質問されたことについて告知をすればよく（質問応答義務）、自発的に重要事項を告知する必要はありません。

責任開始日

保障が開始される日を**責任開始日**といいます。生命保険契約の責任開始日は、原則、以下の３つがそろっていることが条件となります。

保険契約の責任開始日　３つの条件

①保険の申込み

②**告知**または医師の診査完了

③初回の保険料の払込み完了

レック先生のズバッと解説

保険申込みが終わっているだけでは、保険の効力は発生せず、保険金は支払われません。３つの条件がそろうことで、保障が始まります。

7 保険料の支払い　重要度 C

保険料の支払い

保険料の主な支払い方法には、**月払い、半年払い、年払い**があり、まとめて支払うほど保険料は割安になります。

そのほかの保険料の支払い方法には下記のものがあります。

一時払い： 保険期間全体の保険料を契約時に支払う方法

全期前納： 保険期間全体の保険料を契約時に保険会社へ預けて、預けた保険料の中から年1回保険料に充当される方法

保険料の払込猶予

生命保険契約には、保険料の支払いがされなかった場合でも、すぐに失効してしまわないように、一定の払込猶予期間が設けられています。

用語の意味

契約応当日
契約日と同じ日を指します。

講義図解

払込猶予期間

月払い …… **払込期月**の翌月1日から末日

年払い・半年払い …… **払込期月**の翌月1日から**翌々月の月単位の契約応当日**

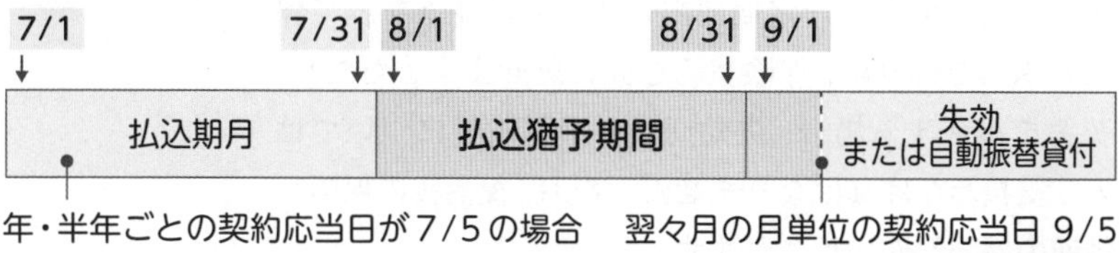

自動振替貸付制度と契約者貸付制度

加入中の生命保険に解約返戻金があれば、一時的に保険料の支払いが困難になった場合でも、**自動振替貸付制度**を利用して、契約を継続することができます。**契約者貸付制度**は手元資金の調達手段として活用できます。

自動振替貸付制度

➡ 払込猶予期間を過ぎても保険料の支払いがなかった場合、解約返戻金を限度に保険会社が自動的に保険料を**立て替える**制度。自動振替貸付を受けた保険料も生命保険料控除の対象となる。

契約者貸付制度

➡ 手元に資金が必要になったときに、保障を継続しながら、解約返戻金の一定範囲内で保険会社から**貸付を受ける**制度。貸付になるので利息が発生する。
なお、保険契約者（＝保険料負担者）が法人の場合は、契約者貸付制度を利用した場合には経理処理が必要となる。

契約の失効と復活

払込猶予期間の期限内に保険料の支払いがなく、自動振替貸付が適用されない場合は、契約の効力はなくなり、**失効**となります。

失効した生命保険契約については、**復活**させることが可能です。失効してから一定期間内に所定の手続きを経て保険会社の承諾を得れば、保険契約を元に戻せます。ただし、当該契約を復活する場合、失効期間中の保険料についてはまとめて支払わなければなりません。なお、復活後の保険料は**失効前の保険料**が適用されます。

ナビゲーション

保険契約の復活は、被保険者の健康状態等によって可否が決まります。

8 必要保障額の計算

重要度 A

世帯の生計を立てている人の死亡後、残された遺族が一定期間生活するのに必要な金額のことを**必要保障額**といいます。必要保障額は死亡後の一定期間中に見込まれる支出総額から、見込みの収入総額を差し引いて算出します。

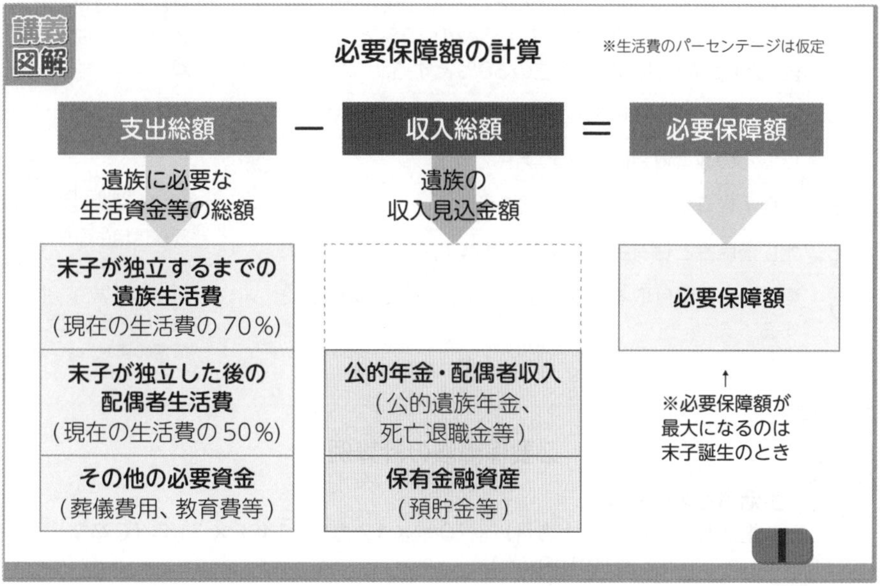

必要保障額の計算例

以下の条件で、夫Fさんが死亡した場合の必要保障額を計算してみましょう。

条 件

1. 子Cさん（1歳）が独立する年齢は22歳（大学卒業時）
2. 現在の生活費は月額25万円、Fさん死亡後からCさん独立までの21年間は現在の生活費の70%とし、その後、妻Pさんの生活費は現在の50%とする
3. Cさん独立時の妻Pさんの平均余命は38年とする
4. Cさんの教育資金は1,200万円とする
5. 緊急予備資金は500万円とする
6. 死亡退職金と保有金融資産の合計は1,900万円とする
7. 妻Pさんが受け取る公的年金等は生涯で6,100万円とする

レック先生のズバッと解説

必要保障額はきんざい生保実技で出題される傾向が見られます。出題時には、問題の条件を確認し、計算すれば正解できます。過去問題で学習しておきましょう。

ワンポイント

団体信用生命保険に加入の住宅ローン残債がある場合、生活資金等の総額（支出）に含めません。

講義図解

必要保障額の計算例

生活資金等の総額

生活費：25万円（1カ月）×70%×12カ月（1年）×21年（C卒業）
=4,410万円（A）
25万円×50%×12カ月×38年（余命）＝5,700万円（B）
A＋B＝10,110万円

教育資金：1,200万円

緊急予備資金：500万円

支出総額：10,110万円＋1,200万円＋500万円＝11,810万円

収入見込金額

死亡退職金と保有金融資産：1,900万円

妻Pさんの公的年金等：6,100万円

総収入：1,900万円＋6,100万円＝8,000万円

必要保障額

生活資金等の総額11,810万円－収入見込金額8,000万円＝3,810万円

過去問チャレンジ

生命保険の保険料等の一般的な仕組みに関する次の記述のうち、最も不適切なものはどれか。

1. 収支相等の原則は、保険会社が受け取る保険料等の総額が、保険会社が支払う保険金等の総額と等しくなるように保険料を算定する原則をいう。

2. 保険料のうち、将来の保険金等の支払財源となる純保険料は、予定死亡率に基づいて計算され、保険会社が保険契約を維持・管理していくために必要な経費等の財源となる付加保険料は、予定利率および予定事業費率に基づいて計算される。

3. 終身保険について、保険料の算定に用いられる予定利率が引き上げられた場合、新規契約の保険料は安くなる。

4. 保険会社が実際に要した事業費が、保険料を算定する際に見込んでいた事業費よりも少なかった場合、費差益が生じる。

［23年5月・学科］

2が不適切　純保険料は、予定死亡率と予定利率から計算し、付加保険料は、予定事業費率に基づいて計算されます。

3つの基礎率と保険料の関係は、
収支相等の原則と
一緒に考えるとよいのです

生命保険は3つのタイプに分類される

3 生命保険の種類と契約

生命保険には掛捨ての「定期保険」、保障が生涯継続する「終身保険」、満期時に生存していた場合に満期保険金を受け取れる「養老保険」など様々な保険があります。
3つの基本的な生命保険やその他の生命保険、その契約の見直しについて学びます。
なお、ここでは死亡・高度障害保険金を「死亡保険金等」と表記します。

1 定期保険

重要度 A

生命保険の**定期保険**、**終身保険**、**養老保険**という基本3タイプのうち、定期保険から学んでいきます。

定期保険

被保険者の死亡・高度障害状態を一定期間保障するのが定期保険です。無事に満期を迎えても**満期保険金はなく**、保険料は基本的に**掛捨て**です。終身保険や養老保険と比べて**保険料は安く**なっています。定期保険には**平準定期保険**、**逓増定期保険**、**逓減定期保険**、**収入保障保険**などがあります。

定期保険のポイント

① 保険料は掛捨て
② 満期保険金はない

← ①、②の理由から加入条件が同じなら、終身保険や養老保険よりも保険料が安い！

用語の意味

逓増
徐々に増えることをいいます。
逓減
徐々に減ることをいいます。
保険関連でよく出てくる言葉です。

ワンポイント

平準定期保険よりも保険期間が長いのが長期平準定期保険です。経営者の加入が多い保険で、最長100歳満期という商品もあります。

講義図解

定期保険のイメージ

平準定期保険

契約から満期まで
保険金額が変わらない

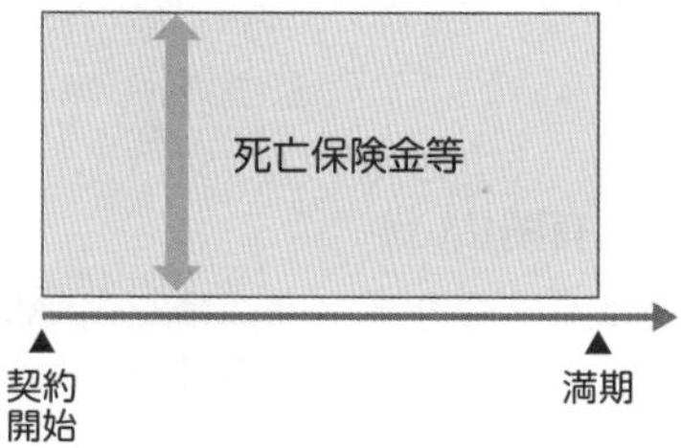

逓増定期保険

契約から満期まで段階的に
保険金額が増加する

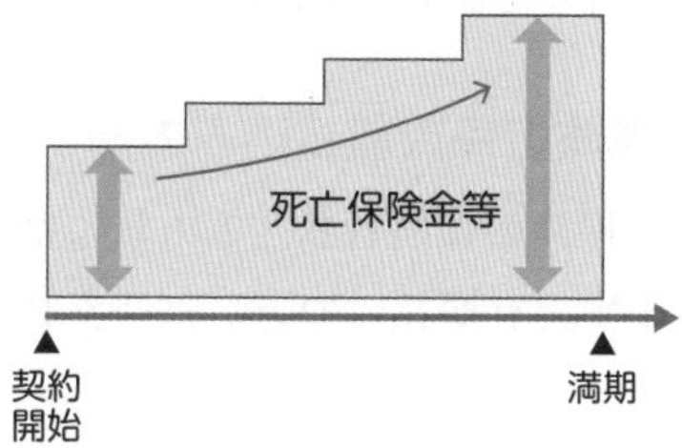

逓減定期保険

契約から満期まで段階的に
保険金額が減少する

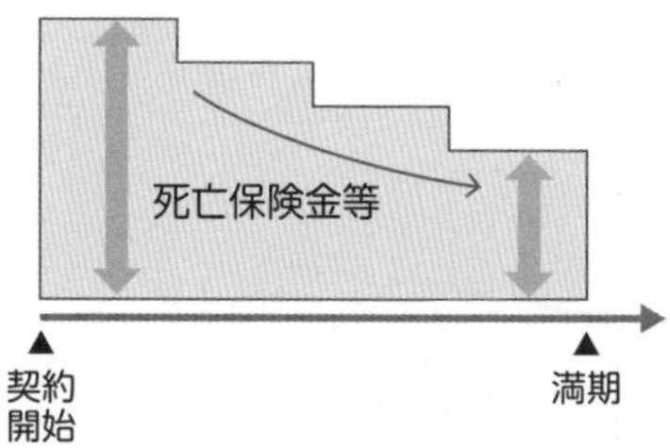

収入保障保険

死亡保険金等を年金形式で
受け取ることができる

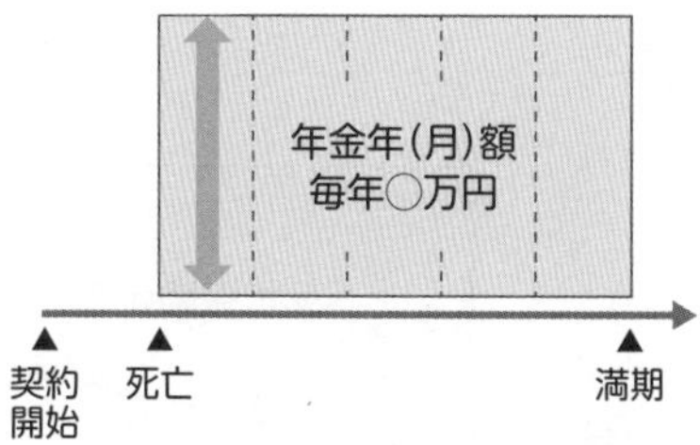

逓増・逓減定期保険は、
死亡保険金は変化するけれど
保険料は変わらない点に注意！

ワンポイント

収入保障保険は一時金で受け取ることもできますが、年金形式よりも受取総額は少なくなります。

2 終身保険

重要度 A

終身保険

被保険者の死亡・高度障害状態を一生涯保障するのが終身保険です。貯蓄性はありますが、早期に解約してしまうと払込保険料の総額よりも解約返戻金が少なくなります。

> **ワンポイント**
> 男性と女性を比べると女性の方が平均寿命が長く、死亡のリスクが低いため、死亡保険金のための保険料は安くなります。

終身保険の保険料払込み方法

終身保険の保険料払込み方法には**終身払い**と**有期払い**があります。有期払いの方が毎回支払う保険料は高くなります。

> **ワンポイント**
> 死亡等するまで保障が続くので、保険料は定期保険よりも高くなります。

終身払い：保険料の払込みが契約期間中は**一生涯続く**。
有期払い：**一定期間**で保険料の**払込みが終了**する。保険料の払込みが終了しても保障は一生涯続く。

講義図解

終身保険

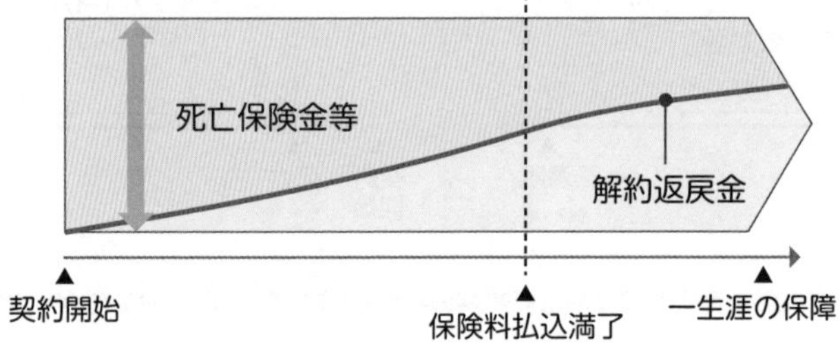

・保障が一生涯続く
・保険料払込終了後に、死亡保障に代えて解約返戻金を年金に移行して受け取る特約を付けることもできる
・死亡保険金は相続税対策としても活用される

低解約返戻金型終身保険

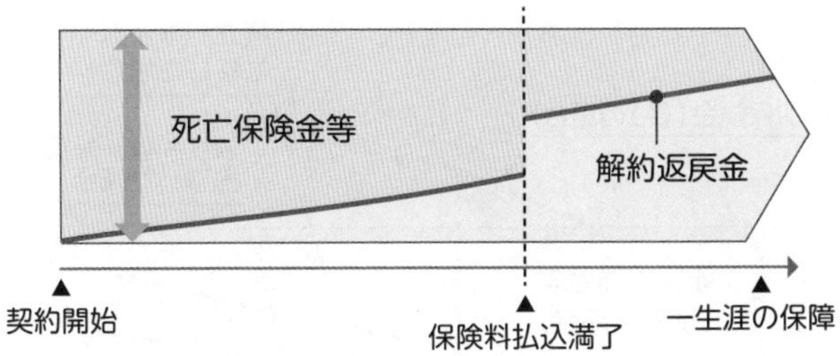

・保険料払込期間中の解約返戻金が抑えられているため、
通常の終身保険よりも保険料が安い
・保険料払込期間終了後の解約返戻金は、通常の終身保険と同程度となる

定期保険特約付終身保険

〈全期型〉
特約の保険期間を、終身保険の保険料払込満了と同時期にするタイプ

〈更新型〉
特約の保険期間を区切り、期間終了ごとに更新していくタイプ

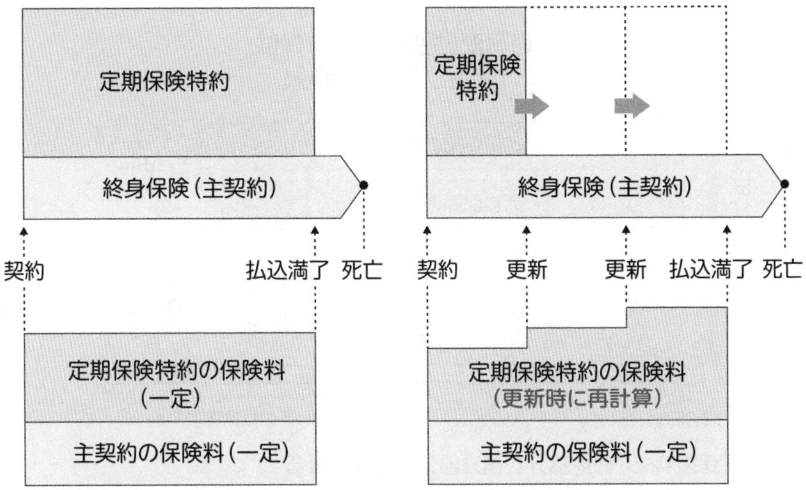

・主契約となる終身保険に定期保険を特約として付ける
・一定期間の保障が厚くなる
・更新型は自動更新になるので告知不要

積立利率変動型終身保険

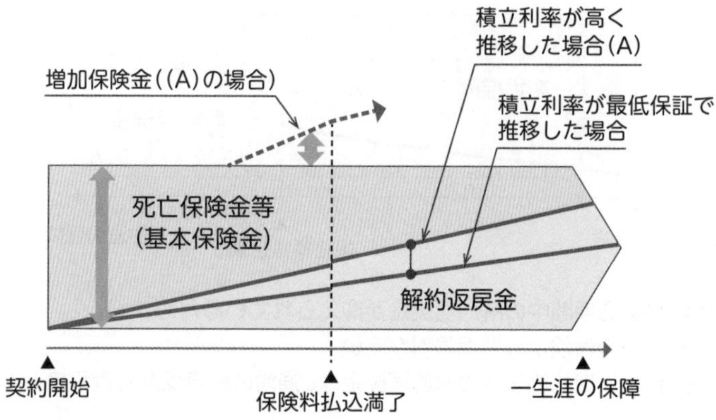

・市場金利の変動を、一定期間ごとに積立利率へ反映させる
・死亡保険金等は契約時に定めた基本保険金額が最低保証される
・解約返戻金は最低保証がある
・契約後に積立利率が高くなった場合、契約時に定めた基本保険金額や解約返戻金を上回ることがある

利率変動型積立終身保険
(アカウント型保険)

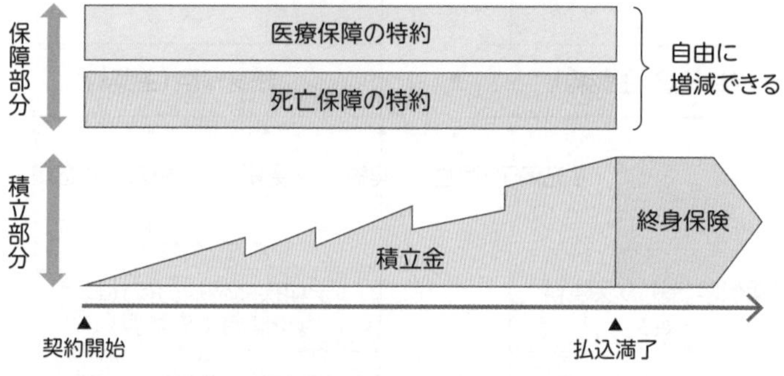

・保険料を、保障部分と積立部分に分けられる
・保障部分と積立部分の保険金額は増減できる
・積立部分は引出しや追加投入も可能
・払込満了時の積立金をもとに終身保険へ移行できる

用語の意味

アカウント
ここでいうアカウントとは口座のことです。銀行口座のような積立部分が付いているので、アカウント型保険といいます。

3 養老保険　重要度 A

養老保険

養老保険は被保険者の死亡・高度障害状態を一定期間保障します。その期間内に死亡した場合には**死亡保険金**が支払われ、生存して満期を迎えれば**満期保険金（死亡保険金と同額）**を受け取ることができます。

ワンポイント
高度障害保険金が支払われた場合は、満期保険金は受け取れません。

講義図解

養老保険

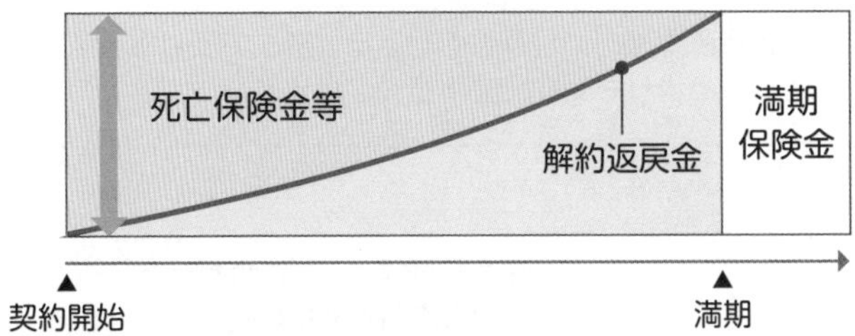

・保険期間中に死亡したら死亡保険金が支払われる（契約は終了）
・保険期間中に高度障害になったら高度障害保険金を受け取れる（契約は終了）
・死亡保険金や高度障害保険金を受け取ることなく満期を迎えたら
満期保険金を受け取れる

過去問チャレンジ

生命保険の一般的な商品性に関する次の記述のうち、最も適切なものはどれか。なお、記載のない特約については考慮しないものとする。

1. 逓減定期保険は、保険期間の経過に伴い所定の割合で保険料が逓減するが、保険金額は一定である。

2. こども保険（学資保険）では、契約者が死亡した場合、あらかじめ指定された受取人に死亡給付金が支払われる。

3. 収入保障保険の死亡保険金を年金形式で受け取る場合の受取総額は、一時金で受け取る場合の受取額よりも少なくなる。

4. 養老保険では、保険金の支払事由に該当せずに保険期間満了となった場合、死亡・高度障害保険金と同額の満期保険金を受け取ることができる

［23年1月・学科］

4が適切

1. 逓減定期保険は、保険金額が保険期間の経過に伴い逓減する保険で、保険料は一定です。

2. こども保険（学資保険）の契約者が死亡した場合、保険料払込みが免除になり、満期保険金等が契約どおり支払われます。

3. 収入保障保険の死亡保険金は、年金形式で受け取る方が、一時金で受け取るよりも受取総額が多くなります。

生命保険はニーズに合わせた様々な商品があります。種類が豊富なので出題頻度も高くなる傾向がありますね
用語の丸覚えではなく保険の特徴を理解していくことで正解率が高まりますよ！

4 その他の生命保険　重要度 A

生命保険には、様々な種類があります。

変額保険

変額保険は、保険会社が受け取った保険料を株式や債券等で運用し、その運用成果によって保険金や解約返戻金が増減する保険です。

保険料は、定額保険資産を管理するための**一般勘定**とは別の、**特別勘定**に分けて管理・運用されます。

変額保険には**終身型**と**有期型**の２種類があり、どちらも満期保険金、もしくは**解約返戻金は運用成果により決まるため、最低保証額はありません**。ただし、**死亡保険金等には基本保険金額が定められ、最低保証額が確保されています**。

用語の意味

特別勘定
保険会社が変額保険の保険料を運用、管理するための勘定です。この特別勘定には投資信託が使われるのが一般的です。運用の成果により保険金や解約返戻金、満期保険金が変動します。

講義図解

変額保険（終身型）
▼
一生涯保障が続く（満期がない）

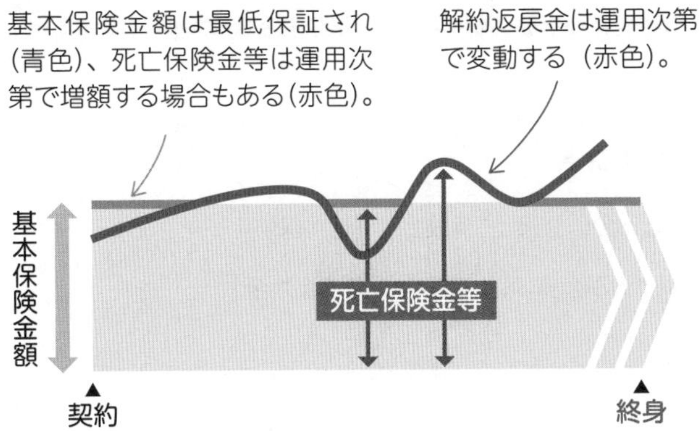
基本保険金額は最低保証され（青色）、死亡保険金等は運用次第で増額する場合もある（赤色）。
解約返戻金は運用次第で変動する（赤色）。
基本保険金額
死亡保険金等
契約
終身

変額保険（有期型）

▼

保険期間が一定期間（満期がある）

基本保険金額は最低保証され（青色）、死亡保険金等は運用次第で増額する場合もある（赤色）。

解約返戻金、満期保険金は運用次第で変動する（赤色）。

運用成果により満期保険金が基本保険金額よりも多く受け取れることもある。

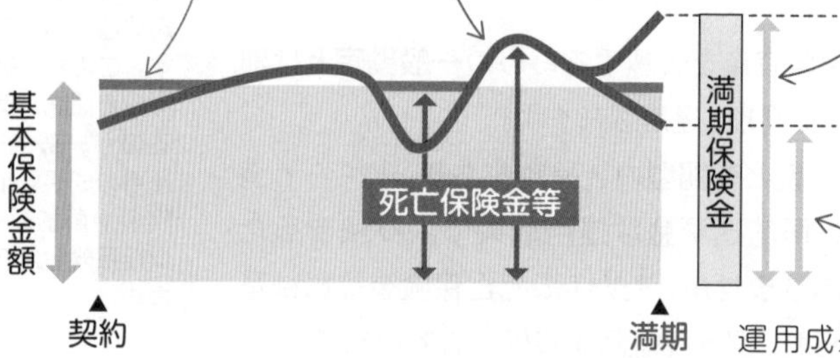

運用成果によっては、満期保険金が少なくなることもある。

- 運用成果に応じて死亡保険金等と解約返戻金の額が変動する
- 死亡保険金等は最低保証あり
- **満期保険金と解約返戻金は最低保証なし**

変額保険　ポイント

最低保証があるのは ➡ 死亡保険金等（基本保険金）

最低保証がないのは ➡ 解約返戻金と満期保険金

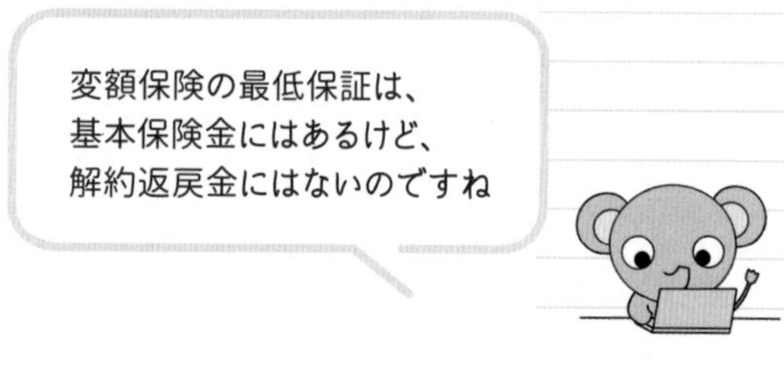

変額保険の最低保証は、
基本保険金にはあるけど、
解約返戻金にはないのですね

こども保険（学資保険）

こども保険（学資保険）は、大学進学時期などに満期金を受け取ることができる保険です。出生前から加入できたり、進学のタイミングでお祝金を受け取ることができるタイプもあります。

万一、契約者である親等が死亡、あるいは高度障害状態になった場合、**それ以降の保険料の支払いは免除となりますが、お祝金や満期保険金は当初の契約どおり支払われます。**

契約者（親等）が死亡しても
予定どおりの教育資金を
準備できますね！

レック先生のズバッと解説

こども保険関連の出題では、契約者と被保険者を入れ替えた問題が多い傾向が見られます。保険料支払いが免除になるのは「契約者である親等が死亡・高度障害状態のとき」です。混同しないよう、注意しましょう。

ワンポイント

こども保険の契約者が死亡しても死亡保険金はありません。

団体定期保険（Bグループ保険）

団体定期保険（Bグループ保険）は、企業などの団体が契約者となる1年更新の定期保険です。団体の従業員等が任意で加入して保険料を負担します。保険管理等のコストが抑えられるため、保険料は割安となります。

総合福祉団体定期保険

法人の役員・従業員の死亡または高度障害の保障を目的とした保険です。法人を保険契約者にし、役員・従業員から被保険者になることの同意を得たうえで加入し、もしもの場合の弔慰金・死亡退職金などを確保するためのものです。1年更新の定期保険で、**保険料は法人が負担し**、**全額損金（経費）**として経理処理できます。また、死亡保険金等の受取人は被保険者の遺族、あるいは法人にすることができますが、法人にする場合は被保険者の**同意が必要**です。

【ヒューマン・ヴァリュー特約】

役員、あるいは従業員の死亡等による法人の利益の喪失や、新たな従業員等を雇用するための費用などをカバーします。そのため、この特約の保険金の受取人は法人になります。

ワンポイント

従業員の財産形成を目的として、保険商品で積み立てる「財形貯蓄積立保険（一般財形）」があります。従業員向けの制度で役員は利用できません。

団体信用生命保険

団体信用生命保険とは、住宅ローンの債務者が死亡等した場合に、その時点の住宅ローンの残高と同額の保険金が金融機関等へ支払われる保険です。残された遺族はその後の住宅ローンの支払いが不要になります。

団体就業不能保障保険

団体就業不能保障保険とは、従業員が病気やケガで就業不能となったときに保険金が支払われる、1年更新の定期保険です。企業が従業員に対して休業補償給付金を支給する場合に、その原資として活用できます。

生命保険の種類ごとに
特徴を押さえておこう！

5 個人年金保険 重要度 A

個人年金保険

個人年金保険は、一定の年齢に達したら年金を受け取ることができる保険です。年金を受け取る年齢や受け取り方法は契約時に決めます。通常の**個人年金保険**のほか**変額個人年金保険**や**外貨建て個人年金保険**などがあります。

個人年金保険は、保険料払込満了から年金の受取開始まで据置期間を設定することができます。据置期間が長い方が受け取れる年金額は多くなります。

年金受取開始前に被保険者が死亡した場合は、既払込保険料相当額等の死亡給付金が支払われます。

講義図解

個人年金保険

年金の受取方法により６つの種類があります。

終身年金

被保険者が**生存している間**、年金を受け取れる。
女性の方が保険料が高い。

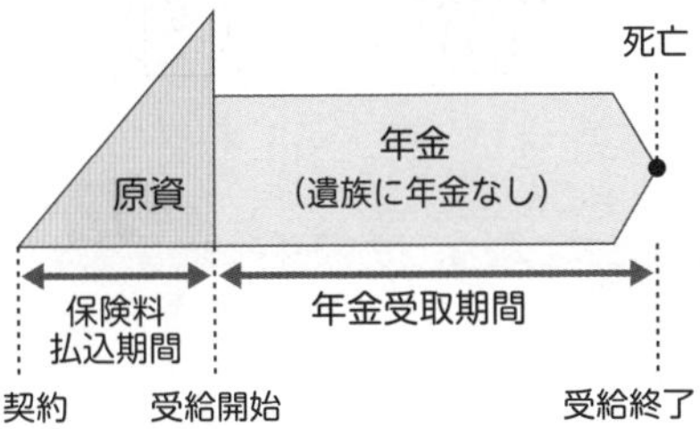

保証期間付終身年金

被保険者が生存している間、**終身**で年金を受け取れる。また、保証期間内に被保険者が死亡した場合、保証期間中は**遺族が年金を受け取れる。**

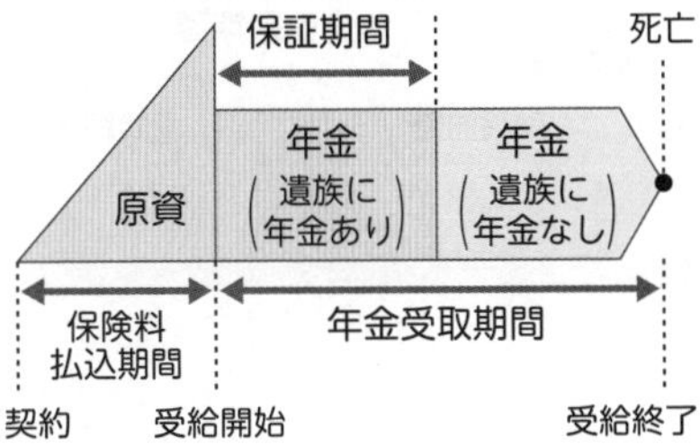

有期年金

被保険者が**生存している間の一定期間**、年金を受け取れる。

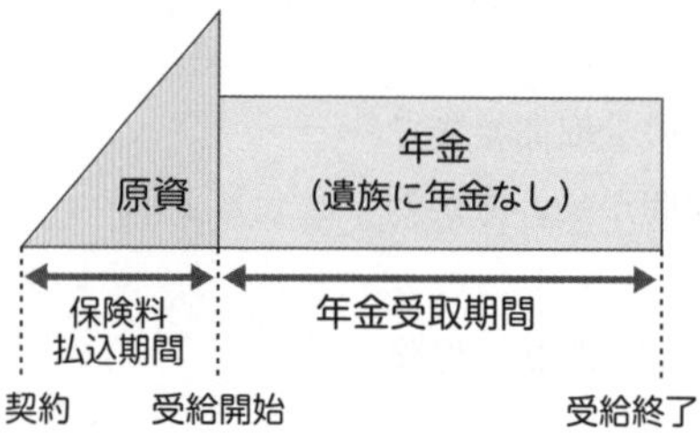

保証期間付有期年金

被保険者が生存している間、**有期期間**は年金を受け取れる。また、保証期間内に被保険者が死亡した場合、保証期間中は**遺族が年金を受け取れる。**

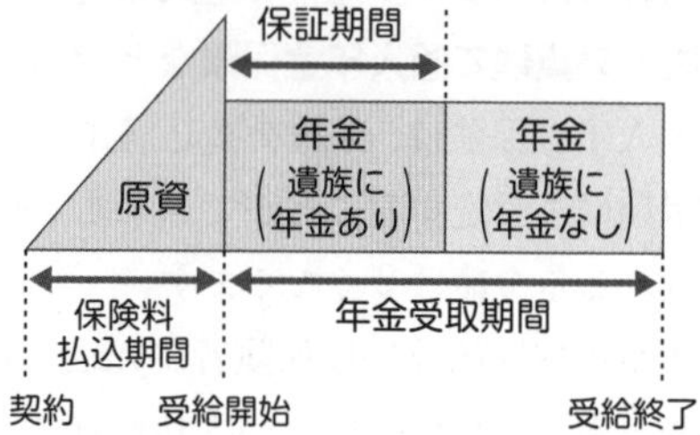

確定年金

被保険者の**生死に関係なく**、一定期間年金を受け取れる。

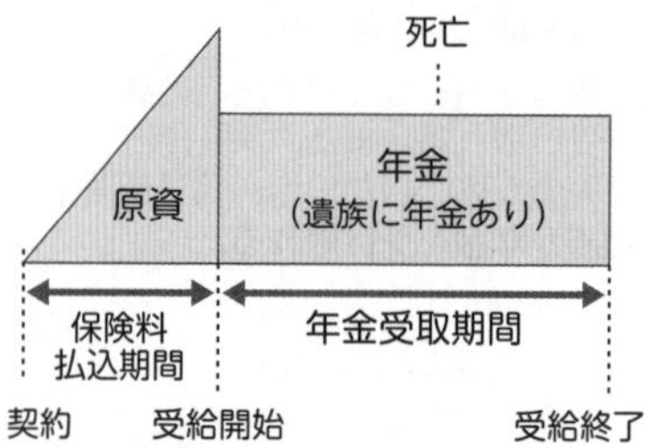

夫婦年金

- **夫婦いずれかが生存している間**、年金を受け取れる
- 一方の死亡後、残された配偶者が老後資金を確保できる
- 終身年金などから変更することが多い

変額個人年金保険

変額個人年金保険は、保険会社が保険料を株式・債券等で運用し、運用成果によって受け取る年金額、解約返戻金額が変動するものです。

被保険者が年金受取開始前に死亡した場合に支払われる**死亡給付金については、払込保険料相当額が通常、最低保証されます**。なお、**解約返戻金には最低保証がありません**。

外貨建て個人年金保険

外貨建て個人年金保険は、積立金を米ドル、豪ドル、ユーロなどの外貨で運用する個人年金保険です。外貨建てでの年金額は、外貨で確定していますが、円貨で受け取るには為替レートの影響を受けるため、契約時に円で換算した年金額を下回る、または上回る**為替リスク**が生じる場合があります。なお、円換算支払特約を付加することで年金や解約返戻金を円貨で受け取ることもできます。

レック先生のズバッと解説

変額個人年金の最低保証の内容は、変額保険の終身型・有期型と同一となります。変額保険の内容を覚えれば、難なく得点できるところなのでしっかり押さえておきましょう。

ワンポイント

MVA
(市場価格調整)
保険契約を解約する際に、市場の金利変化が解約返戻金額に反映される仕組みをいいます。

過去問チャレンジ

個人年金保険の一般的な商品性に関する次の記述のうち、最も適切なものはどれか。

1. 確定年金では、年金受取開始日前に被保険者（＝年金受取人）が死亡した場合、死亡給付金受取人が契約時に定められた年金受取総額と同額の死亡給付金を受け取ることができる。

2. 定額個人年金保険では、他の契約条件が同一の場合、保険料の払込満了から年金受取開始までの据置期間が長い方が、受け取る年金額は多くなる。

3. 確定年金では、年金受取期間中に被保険者（＝年金受取人）が死亡した場合、相続人等が既払込保険料相当額の死亡給付金を受け取ることができる。

4. 終身年金では、他の契約条件が同一の場合、保険料は被保険者が男性の方が女性よりも高くなる。

［20年9月・学科］

2が適切

1．確定年金は、年金受取開始前に被保険者が死亡した場合、遺族は死亡給付金ではなく既払込保険料相当額の死亡給付金を受け取ります。

3．確定年金は、生死に関係なく一定期間年金を受け取れます。受取り開始後の死亡給付金はありません。

4．女性の方が平均寿命が長いので、男性よりも終身年金の保険料は高くなります。

平均寿命の長い女性の方が
長生きリスクが高まるので
年金の保険料が高くなるのです

6 民間保険会社以外の保険

重要度 C

かんぽ生命

株式会社かんぽ生命保険が取り扱う生命保険です。無診査（要告知）で加入でき、加入限度額は原則**1,000万円**までとなっています。

かんぽ生命の特徴

加入限度額　原則1,000万円

➡ 例外　15歳以下　700万円まで
20歳以上55歳以下で加入後4年以上経過した場合等の条件の下で累計2,000万円まで

倍額保障

➡ 加入後1年6カ月を経過後、不慮の事故によるケガで180日以内に死亡したなどの場合、基本保障の**2倍**の額が支払われる制度

共済

各種組合が組合員やその家族等に対して様々な保険商品を取り扱っています。一般に、民間の生命保険よりも掛金や保障が少額なのが特徴です。主な共済は次のとおりです。

共済名	取扱い組合
JA共済	JA（農業協同組合）
こくみん共済coop	全労済
都道府県民共済	全国生協連
CO・OP共済	コープ共済連

7 主な特約

重要度 A

生命保険は、特約を付け加えて保障内容を補完することができます。

一般的な特約の特徴

傷害・死亡	ケガや死亡時等に支払われる特約
災害割増特約	不慮の事故や所定の感染症で180日以内に死亡または高度障害になった場合に、主契約に上乗せして保険金が支払われます。
傷害特約	不慮の事故や、所定の感染症で180日以内に死亡または所定の身体障害状態になった場合等に、主契約に上乗せして保険金または給付金が支払われます。

入院	入院したときに支払われる特約
災害入院特約	不慮の事故によるケガで180日以内に入院した場合に給付金が支払われます。
疾病入院特約	病気で入院した場合に給付金が支払われます。
生活習慣病（成人病）入院特約	所定の成人病（**がん**、心疾患、脳血管疾患、高血圧性疾患、糖尿病など）で入院した場合に給付金が支払われます。

特約は
主契約にのせる
トッピング
みたいなものね

通院	通院したときに支払われる特約
通院特約	入院前後の一定の期間内に、入院の原因となった病気やケガの治療のために通院した場合に給付金が支払われます。

その他	上記以外の事由に関わる特約
特定疾病保障保険特約 （三大疾病保障保険特約）	**三大疾病**（がん・急性心筋梗塞・脳卒中）にかかり、所定の状態になった場合に、**特定疾病保険金**が支払われます。 ・保険金を受け取った時点で特約は消滅し、その後に死亡しても、保険金が再度支払われることはありません。 ・**保険金を受け取らないまま死亡**した場合は、死亡原因を問わずに**保険金が支払われます。**
リビング・ニーズ特約	**余命6カ月以内**と判断された場合、死亡保険金の一部、または全額が生前給付金として支払われます。 ・特約による請求額は、死亡保険金の範囲内で一被保険者あたり、3,000万円が限度です。 ・保険金の支払は、死亡保険金の範囲内で請求保険金額に対する6カ月分の保険料相当額および利息相当額を差し引いた金額が支払われます。
先進医療特約	**療養時**に厚生労働大臣が承認している先進医療に該当する治療を受けた場合、給付金が支払われます。
就業不能サポート特約	病気やけがにより就業不能となった場合の収入を補う特約です。精神・神経疾患による就業不能を保障する商品もあります。

レック先生のズバッと解説

特定疾病保障保険は、実技試験の保険証券分析問題でも出題されるケースがあるため、しっかり覚えておきましょう。

ナビゲーション

リビング・ニーズ特約は、保険料が無料の特約です。また、余命宣告期間より長生きしても保険金を返す必要はありません。

レック先生のズバッと解説

先進医療特約は、保険契約後に承認された先進医療も対象となります。

8 保険契約の見直し

重要度 B

生命保険に加入後、自身や家族を取り巻く状況が変わった場合は、保険の見直しの検討も必要になります。

増額や減額

現在加入している生命保険金額を増額または減額することができます。

増額の方法

➡ すでに契約している生命保険に、特約を中途付加したり、新規に契約を追加します。保険料はそのときの年齢や保険料率で計算されます。

減額の方法

➡ すでに契約している保険金額を減らすことができます。減額した部分は解約したとされ、原則として解約返戻金があれば受け取れます。

契約転換制度

契約転換制度とは、現在加入中の保険を活用しながら新しい保険を契約する方法です。

契約転換時の年齢や保険料率により保険料を計算します。また、契約転換は**新契約**になるため、**告知や医師の診査が必要**となります。

レック先生のズバッと解説

契約転換制度は、車の下取りをイメージするとわかりやすいでしょう。
払済保険や延長保険とは異なり、契約転換制度は**契約そのものを変更**します。

講義図解

契約転換制度

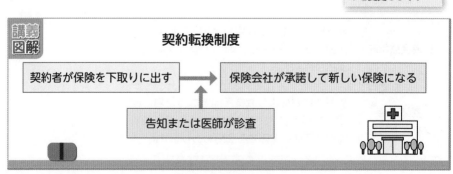

契約者が保険を下取りに出す → 保険会社が承諾して新しい保険になる

↑ 告知または医師が診査

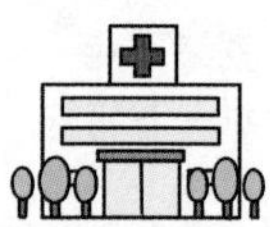

払済保険と延長保険

払済保険や延長保険を活用すると、保険料の支払いを中止し、契約を継続させることができます。

払済保険

保険料の払込みを中止して、その時点での**解約返戻金相当額**をもとに、原則、**保険期間を変えず**元の主契約と同じ種類の保険等に変更する方法です。変更後は、**保険金額が下がり**、元の保険契約等に付帯している**特約は消滅**します（一般的にリビング・ニーズ特約等は継続）。

払済保険のポイント

- 保険料の払込みを中止する
- 解約返戻金相当額をもとに、一時払いで元の保険（または養老保険や終身保険）に変更する
- 保険金額は少なくなる
- 保険期間は原則、変わらない
- 特約は原則、消滅する

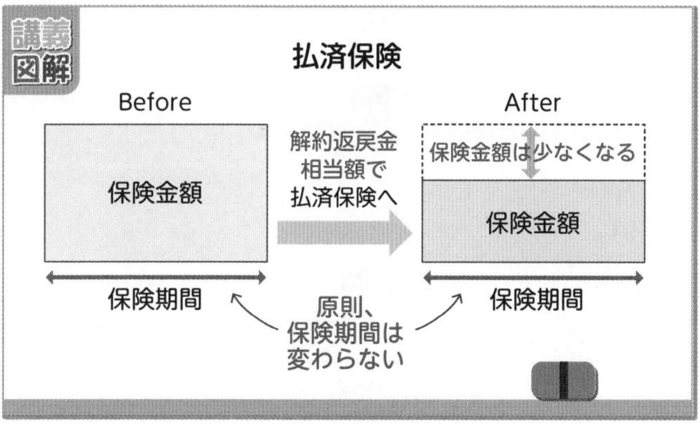

ナビゲーション

払済保険は、もともとの保険契約と同じ種類の保険等に切り替えるため、付帯していた特約はすべて消滅となります。ただし、一般的な保険では、リビング・ニーズ特約など一部の特約に限り、継続されます。

ナビゲーション

払済保険や延長保険へ変更するために告知や医師の診査は不要です。

延長保険

加入中の保険の**解約返戻金相当額**をもとに一時払いの定期保険に変更し、元の契約の**保険金額を変えず**に継続させる方法です。

延長保険のポイント

- 保険料の払込みを中止する
- 解約返戻金をもとに一時払いの定期保険に変更する
- 保険金額は変わらない
- 保険期間は同じか短くなる
- 特約は消滅する

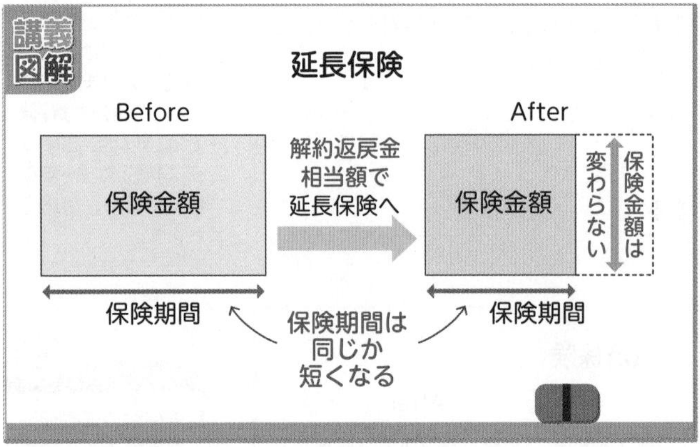

払済保険と延長保険の違い

	保険金額	保険期間
払済保険	減額	原則、変更なし
延長保険	変更なし	同じか短縮

レック先生のズバッと解説

払済保険と延長保険は、説明を逆にして出題される傾向があります。落ち着いて解答しましょう。

過去問チャレンジ

生命保険の保険料の払込みが困難になった場合に、保険契約を有効に継続するための方法に関する次の記述のうち、最も不適切なものはどれか。

1. 保険金額を減額することにより、保険料の負担を軽減する方法がある。

2. 保険料を払い込まずに保険料払込猶予期間が経過した場合、保険会社が解約返戻金の範囲内で保険料を自動的に立て替えて、契約を有効に継続する自動振替貸付制度がある。

3. 保険料の払込みを中止して、その時点での解約返戻金相当額を基に、元の契約の保険金額を変えずに一時払定期保険に変更する延長保険がある。

4. 保険料の払込みを中止して、その時点での解約返戻金相当額を基に、元の契約よりも保険金額が少なくなる保険（元の主契約と同じ保険または養老保険）に変更する払済保険があり、特約はすべて継続される。

［19年9月・学科］

4が不適切　払済保険に変更した場合、特約は、リビング・ニーズ特約等を除き消滅します。

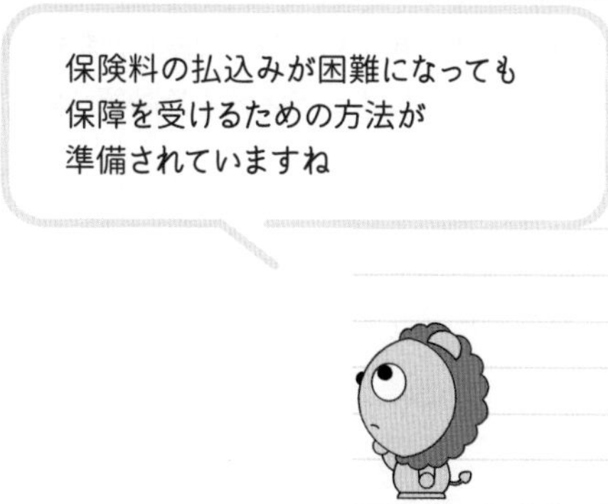

保険料の払込みが困難になっても
保障を受けるための方法が
準備されていますね

4 個人契約の生命保険と税金の関係

保険料の支払いや保険金の受け取りは税金と深く関わります。支払った保険料は所得控除として所得税や住民税の節税効果があります。受取保険金は契約のしかたによって税金の種類が変わるのがポイントで、相続税や所得税、贈与税といった税金の対象になります。

1 払込保険料と所得控除

重要度 A

生命保険料を支払うと、所得税や住民税を計算するときの所得控除を受けられる制度があります。

生命保険料控除

1年間に支払った生命保険料の金額に応じて、一定額を所得から差し引くことで所得税・住民税の負担を軽くできる制度です。

生命保険料の控除額は
2011年12月31日以前に締結した契約（旧制度）と、
2012年1月1日以降に締結した契約（新制度）、
のいずれかによって区分や控除額が異なります。

レック先生のズバッと解説

生命保険料控除は出題が多い傾向にあります。一般の生命保険料控除、個人年金保険料控除、介護医療保険料控除とともに控除限度額を覚えておきましょう。

ワンポイント

生命保険料控除は、保険料を支払った年の控除対象となります。つまり、本年中に前年の保険料支払いをした場合には本年の控除対象保険料となります。

生命保険料控除額（限度額）

			一般の生命保険料控除※	個人年金保険料控除	介護医療保険料控除※
旧	2011年12月31日以前に契約	所得税	50,000円	50,000円	なし
		住民税	35,000円	35,000円	なし
新	2012年1月1日以降に契約	所得税	40,000円	40,000円	40,000円
		住民税	28,000円	28,000円	28,000円

※保険金の受取人が納税者本人またはその配偶者、一定の親族でなければ、生命保険料控除は適用できません。

ワンポイント
所得税は合計12万円、住民税は合計7万円が限度です。

保険種類と対象になる生命保険料控除

保険（特約）種類	旧制度（2011年以前に契約）	新制度（2012年以後に契約）
定期保険、終身保険、養老保険、特定疾病保障保険	一般	一般
医療保険、がん保険、介護保障保険、所得補償保険、先進医療特約	一般	介護医療
傷害特約、災害割増特約	一般	（対象外）
要件を満たした個人年金保険	個人年金	個人年金
変額個人年金保険	一般	一般

※新制度適用後に更新、医療特約等を中途付加した場合は、その月から契約全体が新制度に切り替わります。

団体信用生命保険、勤労者財産形成貯蓄積立保険（一般財形）、少額短期保険の保険料は、生命保険料控除の対象外です。また、新制度では、**身体の傷害のみに基因**して保険料が支払われる傷害特約や災害割増特約などの保険料も**対象から外れます。**

総合医療特約や先進医療特約、がん保険、就業不能サポート特約は、一定の要件を満たせば介護医療保険料控除の対象となります。

ワンポイント
自動振替貸付制度を利用して保険料を払込んだ場合であっても、その保険料は生命保険料控除の対象となります。

主契約と特約について

終身保険などの主契約に新制度適用後に特約を付加した場合、特約の種類により控除の区分が変わります。

例）終身保険に各種特約を付加（新制度を適用）

- 定期保険特約 ➡ 一般の生命保険料控除
- 疾病入院特約・通院特約 ➡ 介護医療保険料控除
- 傷害特約・災害割増特約 ➡ 対象外

個人年金保険料控除

加入中の個人年金保険が一定の要件を満たしている場合、**個人年金保険料控除**を受けることができます。

一定の要件とは以下**すべて**を満たす必要があります。

個人年金保険料控除が受けられる保険契約の要件（すべて満たすこと）

①年金受取人が契約者または配偶者のいずれか

②年金受取人と被保険者が同一人である

③保険料の払込期間が**10年以上で定期払い**

④確定年金や有期年金の場合、年金受取開始年齢が60歳以降で、年金受取期間が**10年以上**

⑤税制適格特約が付加されている

ワンポイント

要件をすべて満たさない場合でも、一般の生命保険料控除の対象となることもあります。

レック先生のズバッと解説

要件の③について、保険料を一時払いで支払っている場合には要件を満たさないことになります。

過去問チャレンジ

2012年1月1日以後に締結した生命保険契約の保険料に係る生命保険料控除に関する次の記述のうち、最も適切なものはどれか。

1．終身保険の月払保険料について、保険料の支払いがなかったため自動振替貸付により保険料の払込みに充当された金額は、生命保険料控除の対象となる。

2．一般の生命保険料控除、個人年金保険料控除および介護医療保険料控除の控除限度額は、所得税では各3万円である。

3．勤労者財産形成貯蓄積立保険（一般財形）の保険料は、一般の生命保険料控除の対象となる。

4．特定（三大）疾病保障定期保険の保険料は、介護医療保険料控除の対象となる。

［22年9月・学科］

1が適切　2．各保険料控除の所得税における控除限度額は4万円です。

3．勤労者財産形成貯蓄積立保険（一般財形）の保険料は、保険料控除の対象外です。

4．特定（三大）疾病保障定期保険の保険料は、一般の生命保険料控除の対象です。

2 保険金にかかる税金（契約者＝保険料負担者とします） 重要度 A

死亡保険金の課税関係

個人が死亡保険金を受け取った場合、相続税、所得税、贈与税の３種類の税金のうち、いずれかの対象となります。

死亡保険金と税金

契約者	被保険者	受取人	税金
Aさん	Aさん	Bさん	相続税

亡くなった人：Aさん
保険料を支払っていた人(契約者)：Aさん
保険金受取人：Bさん（例：配偶者）

契約者と被保険者が同じ場合は、**相続税**の対象になります。

契約者	被保険者	受取人	税金
Bさん	Aさん	Bさん	所得税（一時所得）および住民税

亡くなった人：Aさん
保険料を支払っていた人(契約者)：Bさん
保険金受取人：Bさん

契約者と保険金受取人が同じ場合は、**所得税（一時所得）**の対象になります。

契約者	被保険者	受取人	税金
Bさん	Aさん	Cさん	贈与税

亡くなった人：Aさん
保険料を支払っていた人(契約者)：Bさん
保険金受取人：Cさん

契約者、被保険者、保険金受取人がそれぞれ異なる場合は、**贈与税**の対象になります。

満期保険金の課税関係

満期保険金の課税関係は以下のようになります。

満期保険金と税金

契約者	被保険者	受取人	税金
 Bさん	―	 Bさん	所得税（一時所得）および住民税
保険料を支払っていた人：Bさん 満期保険金受取人：Bさん			

契約者と満期保険金受取人が同じ場合は、所得税（一時所得）の対象になります。

契約者	被保険者	受取人	税金
 Aさん	―	 Bさん	贈与税
保険料を支払っていた人：Aさん 満期保険金受取人：Bさん			

契約者と満期保険金受取人が異なる場合は、贈与税の対象になります。

契約者、被保険者、受取人の関係による課税の問題は、特に出題が多い傾向です。得点に直結するため、しっかり把握しておきましょう
ほー

金融類似商品の課税関係

一時払養老保険や一時払損害保険などで保険期間が5年以下の満期保険金や、保険期間が5年超でも5年以内に解約して受け取った解約返戻金に係る保険差益は、金融類似商品とみなされ、保険差益に対して一律20.315％（所得税・復興特別所得税、および住民税）の税率による源泉分離課税の対象になります。

ナビゲーション

一時払終身保険や一時払終身年金の解約返戻金は、解約時期を問わず「一時所得」として総合課税の対象です。

個人年金保険の課税関係

年金受給前に被保険者が死亡した場合には、死亡給付金が支払われます。**死亡給付金は死亡保険金と同様の取扱い**となり、相続税、所得税、贈与税いずれかの税金の対象となります。年金受給開始時の課税関係は次のとおりです。

ワンポイント

個人年金の保証期間中に年金受取人が死亡し、残りの保証期間の年金を遺族が受給した場合は、相続税の課税対象となります。

個人年金保険金と税金

契約者	被保険者	受取人	税金
 Aさん	―	 Aさん	所得税
保険料を支払っていた人：Aさん 年金受取人：Aさん			
 Aさん	―	 Bさん	贈与税
保険料を支払っていた人：Aさん 年金受取人：Bさん			

契約者と年金受取人が同じ場合は、**所得税**の対象になります。
年金形式で受け取る場合は**雑所得**、一括で受け取る場合は原則、**一時所得**です。

契約者と年金受取人が異なる場合は、受給開始時に年金受給権を取得したものとして**贈与税**の対象になります。

年金受給権の評価

年金受給権を取得し、贈与税の対象となる場合、次のいずれか最も大きい金額が評価額となります。

A	解約返戻金の額
B	一時金の金額 （年金に代えて一時金の給付を受ける場合）
C	予定利率等をもとに計算した金額

3 非課税となる保険金や給付金　重要度 A

保険に加入していたことにより受け取った保険金や給付金のうち非課税となるものがあります。

保険金や給付金で非課税となるもの

病気やケガに基因して支払われる高度障害保険金や三大疾病保険金などの保険金は非課税です。主な非課税になる保険金は次のとおりです。

- 高度障害保険金
- 三大疾病（特定疾病）保険金
- リビング・ニーズ特約保険金
- 就業不能給付金　など

病気やケガの治療のためなど、損害を補てんするような目的で給付される給付金は非課税です。主な非課税になる給付金は次のとおりです。

- 入院給付金
- 手術給付金
- がん診断給付金
- 先進医療給付金
- 介護給付金　など

ワンポイント

被保険者本人が受け取る場合以外に配偶者、直系血族、生計を一にする親族が受取人となる場合も非課税となります。

ワンポイント

介護給付金は、一時金・年金形式を問わず非課税です。また、親族などが代理で給付金を請求した場合も非課税です。

治療のため、介護のためなど
経済的な生活支援や
実損の補てんのための
給付金や保険金は
「非課税」となるんだ

過去問チャレンジ

生命保険の税金に関する次の記述のうち、最も不適切なものはどれか。なお、いずれも契約者（＝保険料負担者）および保険金受取人は個人であるものとする。

1．契約者と被保険者が同一人である養老保険において、被保険者の相続人ではない者が受け取った死亡保険金は、相続税の課税対象となる。

2．契約者と被保険者が同一人である終身保険において、被保険者がリビング・ニーズ特約に基づいて受け取る特約保険金は、非課税となる。

3．契約者と年金受取人が同一人である個人年金保険において、年金受取人が毎年受け取る年金は、所得税における公的年金等控除の対象となる。

4．契約から10年を経過した一時払養老保険を解約して契約者が受け取る解約返戻金は、所得税において総合課税の対象となる。

［23年9月・学科］

3が不適切　本問いの年金受取人が受け取った年金は、所得税における雑所得の公的年金等控除の対象にはならず、支払保険料を一定の計算により求めた金額を必要経費として差し引くことができます。

契約のしかたで経理処理が変わります

5 法人契約の生命保険の経理処理

法人は保険料支払時や保険金受取時に経理処理が必要です。役員や従業員のもしものために備える生命保険。保険の種類や保険金受取人を誰にするかなどの違いで、経理処理は大きく異なります。仕訳についても学びましょう。

1 生命保険料の経理処理

重要度 A

法人が支払った生命保険料は生命保険の種類（特徴）によって、経理処理が異なります。

支払った生命保険料の経理処理（原則的処理）

生命保険の特徴	経理処理
貯蓄性のない保険（掛捨て）で受取人が法人	損金算入（支払保険料）
貯蓄性のある保険で受取人が法人	資産計上（保険料積立金・前払保険料）

経理処理の具体例

生命保険の種類	経理処理
定期保険等で受取人が法人（貯蓄性なし）	**損金算入**（費用処理） →**支払保険料**とする
養老保険・**終身**保険・**年金**保険等で受取人が法人（貯蓄性あり）	**資産計上** →**保険料積立金等**とする

用語の意味

損金算入
損金とは税法上認められる経費のことで、算入とは、税法上経費として計上することをいいます。

ワンポイント

契約者貸付を利用して資金調達した場合は、借入金として負債に計上します。

講義図解

定期保険の保険料を支払ったときの仕訳
（死亡保険金の受取人が法人の場合）

例）定期保険の年間保険料として100万円を支払った

借方	貸方
支払保険料（損金算入）100万円	現金・預金 100万円

終身保険の保険料を支払ったときの仕訳
死亡保険金の受取人が法人の場合

例）終身保険の年間保険料として100万円を支払った

借方	貸方
保険料積立金（資産計上）100万円	現金・預金 100万円

用語の意味

仕訳
日々の取引の内容をルールに基づいて「借方」と「貸方」の左右に分類して、帳簿に記入することです。

2 養老保険の経理処理

重要度 A

契約者が法人で、被保険者を役員や従業員とする養老保険のうち、一定の要件を満たすものについては、支払った保険料の**2分の1**を福利厚生費として**損金算入**することができます。このことから、**ハーフタックスプラン（福利厚生プラン）**と呼ばれます。

ワンポイント
ハーフタックスプラン（福利厚生プラン）の加入中に被保険者である従業員が退職した場合は解約となり、解約返戻金は契約者である法人が受け取ります。

ハーフタックスプラン（福利厚生プラン）の経理処理

<table>
<tr><th></th><th></th><th colspan="2">保険金受取人</th><th></th></tr>
<tr><th>契約者</th><th>被保険者</th><th>死亡保険金</th><th>満期保険金</th><th>経理処理</th></tr>
<tr><td rowspan="2">法人</td><td rowspan="2">役員・従業員の全員</td><td>被保険者の遺族</td><td>法人</td><td>1/2を損金算入（福利厚生費）
1/2を資産計上（保険料積立金）</td></tr>
<tr><td colspan="2">法人</td><td>資産計上（保険料積立金）</td></tr>
</table>

※被保険者を特定の役員・従業員にした場合には、福利厚生費の部分が給与となる。

講義図解

養老保険（ハーフタックスプラン）の保険料を支払ったときの仕訳

例）養老保険（ハーフタックスプラン）の年間保険料として200万円を支払った

<table>
<tr><th>借　方</th><th></th><th>貸　方</th><th></th></tr>
<tr><td>福利厚生費（損金算入）</td><td>100万円</td><td rowspan="2">現金・預金</td><td rowspan="2">200万円</td></tr>
<tr><td>保険料積立金（資産計上）</td><td>100万円</td></tr>
</table>

3 個人年金保険の経理処理 重要度C

契約者が法人で、被保険者を役員や従業員とする個人年金保険の保険料を支払ったときは、次のような経理処理を行います。

契約者	被保険者	死亡給付金受取人	年金受取人	経理処理
法人	役員・従業員の全員	法人	法人	資産計上
		役員・従業員の遺族	役員・従業員	給与
			法人	1/10 **福利厚生費** 9/10 **資産**計上

※被保険者を特定の役員・従業員にした場合には、福利厚生費の部分が給与となる。

4 定期保険および第三分野保険に係る保険料の取扱い 重要度A

法人契約の定期保険（長期平準定期保険、逓増定期保険も同様）**および第三分野保険**（医療保険、がん保険、民間の介護保険、所得補償保険など）で、2019年7月8日以後に契約した保険料の経理処理は、**最高解約返戻率に応じて**（「50%超70%以下」「70%超85%以下」「85%超」の3区分）、**支払保険料のうち一定の割合を資産計上**します。最高解約返戻率が50%以下の場合は、資産計上はなく、全額損金算入となります。また、保険期間が3年未満の保険契約も同様に、全額を損金算入します。

資産計上期間の経過後は、支払保険料を保険期間の経過に応じて損金に算入するとともに、資産計上された金額を、一定の期間で均等に取り崩して損金に算入していくという経理処理をします。

用語の意味

最高解約返戻率
保険期間のうち、解約返戻率が最も高い割合のこと。解約返戻率とは、ある時期の解約返戻金相当額を、それまでに支払った保険料の合計額で除した割合。

最高解約返戻率ごとの資産計上期間、資産計上・損金算入割合、取崩期間

最高解約返戻率	資産計上期間	同期間に支払った保険料の「資産計上額」の割合	同期間に支払った保険料の「損金算入額」の割合	資産計上した保険料の取崩期間
50％以下	なし	なし	全額	なし
50％超70％以下	保険期間の4割相当の期間経過まで	40％（前払保険料）	60％	保険期間の7.5割相当の期間経過後から保険期間終了まで
70％超85％以下	保険期間の4割相当の期間経過まで	60％（前払保険料）	40％	保険期間の7.5割相当の期間経過後から保険期間終了まで
85％超（原則）	保険期間開始から最高解約返戻率になるまでの期間等	①当初から10年目までは最高解約返戻率×90％ ②11年目以降は最高解約返戻率×70％	100％－左記の資産計上割合	解約返戻金が最も高い金額となる期間から保険期間終了まで

資産計上および資産計上期間の注意点

●最高解約返戻率が「50％超70％以下」の場合

被保険者一人あたりの年換算保険料相当額が30万円以下の契約については、資産計上は不要（期間の経過に応じて損金に算入）となります。

2019年7月7日以前に契約した長期平準定期保険と逓増定期保険の経理処理（死亡保険金受取人＝法人）

長期平準定期保険とは、保険期間満了時における被保険者の年齢が70歳超で、かつ、保険加入時の年齢に保険期間の2倍相当数を加えた数が105を超える定期保険をいいます。2019年7月7日以前に契約した長期平準定期保険の支払保険料は、従来どおりの以下の経理処理を行います。

保険期間のうち 前半6割の期間	支払保険料の２分の１：前払保険料（資産計上） 残りの２分の１　　　：定期保険料（損金算入）
保険期間のうち 後半4割の期間	支払保険料の全額　　　　：定期保険料（損金算入） 資産計上されている保険料：均等に取り崩して損金算入

逓増定期保険の支払保険料における経理処理は、契約満了時の被保険者の年齢が45歳超の場合、原則として上記と同様となりますが、契約終了時年齢や保険期間によっては資産計上割合が１／２よりも多くなる場合があります。

5 解約返戻金の経理処理

重要度 A

法人が受け取った解約返戻金は、資産計上していた保険料積立金等を取り崩し、保険料積立金等よりも解約返戻金が**多い場合には差額を雑収入**とし、**少ない場合は差額を雑損失**にして経理処理します。

借方の勘定科目は「現金・預金」です。

ナビゲーション
「益金算入となる雑収入」は雑収入、「損金算入となる雑損失」は雑損失と表記しています。

講義図解

法人が解約返戻金を受け取ったときの仕訳

保険金の受取人が法人で、払込済の保険料の総額が500万円の終身保険を解約し、解約返戻金を540万円受け取ったときの仕訳

借　方		貸　方	
現金・預金	540万円	保険料積立金	500万円※1
		雑収入	40万円※2

※1　保険料積立金として資産計上されている（借方に計上されている）払込済の保険料積立金を取り崩す

（参考）P165講義図解「終身保険の保険料を支払ったときの仕訳」

※2　受け取った解約返戻金540万円と、取り崩した保険料積立金500万円の差額40万円は雑収入として益金に算入する

（参考）払込済の保険料＞解約返戻金の場合は、差額を雑損失に計上する

6 払済保険の経理処理　重要度 B

契約者が法人で役員が被保険者の生命保険を、健康状態等の告知や医師の診査は不要で、払済終身保険に変更することができます。その際の経理処理は、払済保険への変更時の解約返戻金相当額から保険料積立金等を差し引き、解約返戻金の方が多い場合は差額を**雑収入**に、少ない場合は差額を**雑損失**として計上します。

借方の勘定科目は「保険料積立金」です。

7 役員勇退時の名義変更（終身保険）　重要度 B

法人契約（契約者および保険金受取人が法人の契約）の終身保険を、役員勇退時に役員退職金の一部または全部として、契約者名義を当該役員に変更し、死亡保険金受取人を役員の相続人に変更して、その終身保険を役員個人の保険として継続させることができます。

その際、原則、解約返戻金相当額が当該役員の退職所得の収入金額として扱われます。

8 功績倍率による役員退職慰労金の求め方　重要度 B

法人契約の生命保険の解約返戻金等を活用して役員退職慰労金を準備することがあります。ただし、適正な額を超えた部分は損金算入が認められないため、一般に、役員退職慰労金規定において適正な額を求める計算式を定めています。

最終報酬月額 × 役員在任年数 × 功績倍率 ＝ 役員退職慰労金

9 保険金の経理処理

重要度 A

保険金等の受取人が法人の場合

法人が死亡保険金や解約返戻金（以下、死亡保険金等）を受け取った場合で、それまで資産計上している保険料がない場合、全額を**「雑収入」として益金算入**します。資産計上していた保険料がある場合は死亡保険金等からその保険料を差し引き、死亡保険金等の方が多ければ差額を雑収入（益金算入）に、少なければ差額を雑損失（損金算入）として経理処理します。

ワンポイント
法人が受け取った保険金や給付金は、見舞金の原資や事業資金など自由に活用できます。

保険金の受取人が被保険者または被保険者の遺族の場合

保険金の受取人が役員や従業員といった被保険者またはその遺族の場合、保険金は法人にはいっさい入金がありませんので、死亡保険金等の支払いがあった場合に資産計上額があれば差し引いて雑損失に計上します。

過去問チャレンジ

契約者（＝保険料負担者）を法人、被保険者を役員とする生命保険契約の経理処理に関する次の記述のうち、最も不適切なものはどれか。なお、特約については考慮しないものとする。また、いずれの保険契約も本年10月に締結し、保険料は年払いであるものとする。

1．法人が受け取った医療保険の手術給付金は、その全額を雑収入として益金の額に算入する。

2．死亡保険金受取人および満期保険金受取人が法人である養老保険の支払保険料は、その全額を資産に計上する。

3．死亡保険金受取人が法人で、最高解約返戻率が60％である定期保険（保険期間20年、保険料60万円）の支払保険料は、保険期間の前半4割相当期間においては、その40％相当額を資産に計上し、残額を損金の額に算入することができる。

4．死亡保険金受取人が法人である終身保険を解約して受け取った解約返戻金は、その全額を雑収入として益金の額に算入する。

［21年5月・学科］

4が不適切　「その全額」ではなく、解約返戻金から、保険料支払時に計上していた保険料積立金等を差し引いた金額が雑収入または雑損失の額となります。

法人の保険に関する
経理処理は、学科試験でも
出題頻度が多いです

法人の保険は
支払いや受け取りが
会社としての支出や収入になるから
経理処理が必要になります！
保険の種類によって
処理の仕方も変わってるから
今一度復習しとこうっと！
ここは仕訳の知識も
押さえておかないとね！

6 損害保険の種類と契約～税金

損害保険は、実生活において偶然のアクシデントが発生したとき、その損害を補てんするための保険金が支払われます。生命保険の保険金は「定額払い」であるのに対し、損害保険の保険金は原則、「実損払い」となる点が大きな特徴です。

1 損害保険の基本　重要度 A

損害保険の基本用語

はじめに損害保険の基本となる用語を押さえておきましょう。

保険契約者	保険会社と契約を結び、保険料支払い義務を負う人
被保険者	交通事故や火災など、保険の対象となる事故が発生した際、補償を受ける人、その保険の対象となる人
保険の目的	建物や自動車など保険の対象
保険価額	保険事故が発生した場合に、被保険者が被る損害を金銭的に評価した最高金額
保険金額	保険事故が発生した場合に支払われる保険金の最高限度額で、保険の契約段階で決定する
保険金	保険の対象となる事故が発生した場合に、保険会社から支払われるお金
告知義務	保険会社が求める項目について、契約者および被保険者が事実を報告する義務

レック先生のズバッと解説

保険契約者は契約上の権利と義務があり、保険料を支払う人になります。

ワンポイント

保険価額と保険金額は言葉は似ていますが、意味が違うので注意が必要です。

通知義務	契約内容に一定の変更が生じた場合、契約者および被保険者が保険会社に通知する義務
再調達価額	保険対象と同等のものを再購入等する場合の金額
時価	再調達価額から経年・使用分を差し引いて算出した金額

損害保険のしくみ

損害保険は偶然の事故や災害に備えて、多くの人が保険料を出し合うことで、損害発生時の経済的負担を軽減させるしくみです。損害保険の保険金は、実損額を補てんする**実損てん補**が一般的であり、**時価**または**再調達価額**のいずれかをベースとして、実際に生じた損害に応じて保険金が支払われます。

2 損害保険料のしくみ　重要度 C

損害保険独自の基本原則

損害保険は、生命保険と同じく、**大数の法則**と**収支相等の原則**をもとに成り立っています。損害保険ではさらに2つ、以下の基本原則が加わります。

給付・反対給付均等の原則（レクシスの原則）

リスクや事故発生率が高ければ、その分、保険料も引き上げられるという原則

利得禁止の原則

損害を超える保険金の受け取りによって利益を得ることを禁止する原則

ワンポイント
損害保険で実際の損失額を限度に保険金が支払われるのは、**利得禁止の原則**が働いているためです。

損害保険料の構成

損害保険の保険料は、**純保険料**と**付加保険料**で構成されています。

> **ナビゲーション**
> 損害保険料の基本的な構成は生命保険料と似ています。

講義図解

保険料

純保険料 事故、火災等が発生したときに「保険金」「給付金」として支払う部分	←	予定損害率をもとに計算
付加保険料 保険会社が事業を維持するための費用	←	予定事業費率をもとに計算

3 保険金額と保険価額　重要度 C

保険金額と保険価額

損害保険の保険金額と保険価額については、以下の3パターンに分けられます。

超過保険：保険金額が保険価額より大きい場合。超過保険では、**損害額が全額支払われます**（実損てん補）。

全部保険：保険金額が保険価額と同じ場合。全部保険では、**損害額が全額支払われます**（実損てん補）。

一部保険：保険金額が保険価額よりも小さい場合。一部保険では、**保険価額に対する保険金額の割合によって保険金が削減されます**（比例てん補）。

> **レック先生のズバッと解説**
> 超過保険でも、利得禁止の原則により、損害額を超えた支払いはされないのが損害保険の特徴です。

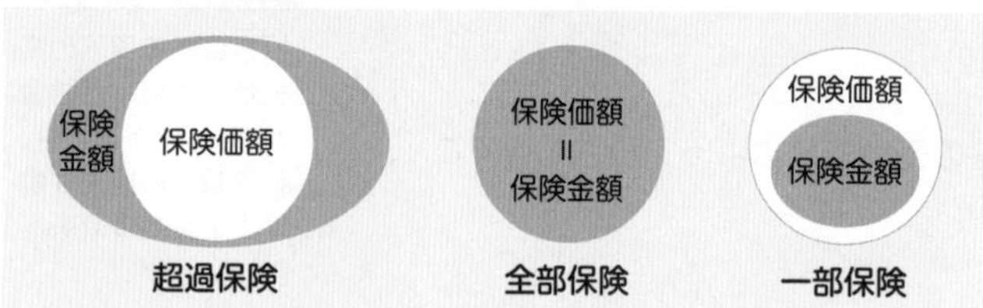

4 火災保険 重要度 A

火災保険とは

火災による建物や家財の損害を補償するのが**火災保険**です。落雷や台風など、火災以外の自然災害による損害も補償の対象となります。

2022年10月以降、新規および更新後の火災保険契約の最長保険期間が10年から**5年へ短縮**されました。

火災保険の種類

火災保険にはいくつかの種類があり、掛捨て型が一般的ですが、満期返戻金のある積立型もあります。掛捨て型の一般住宅用には「**住宅火災保険**」や「**住宅総合保険**」があり、主な補償範囲は次のとおりです。

損害の内容 ＼ 保険の種類	住宅火災保険	住宅総合保険
火災・破裂・爆発	○	○
落雷・風災・ひょう災・雪災	○	○
水害（水災）	×	○
建物外部からの落下、飛来、衝突	×	○
盗難	×	○
地震、噴火、津波	×	×
経年劣化	×	×

所在地、構造

住宅用火災保険の保険料は、対象となる住宅用建物の所在地（都道府県）や、構造（M構造（例：コンクリート造のマンション、最も安い区分）、T構造（例：コンクリート造の一戸建て）、H構造（例；木造の一戸建て、最も高い区分））による区分をして算定します。

レック先生のズバッと解説

火災保険は出題される傾向が高い項目です。なお、火災保険では「住宅総合保険」であっても、地震・噴火・津波の損害は補償されません。それらは地震保険に加入することで補償されます。

ワンポイント

火災保険では、自宅の敷地内にある自動車は補償の対象とはなりません。自動車保険でカバーする必要があります。

ワンポイント

試験問題で「火災保険の一般的な商品性」というのは、住宅火災保険と住宅総合保険に共通している補償部分を指します。

保険金の算定方法

住宅の火災保険金の支払い算定方法は、保険金額（契約時に決める金額）が保険価額の80％以上なら**実損てん補**、80％未満なら**比例てん補**になります。

保険金額が保険価額の80％以上

→ 実損てん補
実際の損害額が支払われる（保険金額を限度とする）

保険金額が保険価額の80％未満

→ 比例てん補
下記の計算式で保険金が算出され、支払われる

$$\text{支払い保険金} = \text{損害額} \times \frac{\text{保険金額}}{\text{保険価額} \times 80\%}$$

（例）一部保険による保険金の支払い額

① 「保険価額1,000万円の家」に契約時に600万円の保険金額を付けた

（保険金額は保険価額の60％）

↓

② 火災発生！
500万円の損害を受けた

↓

③ 契約時の保険金額が80％未満なので比例てん補

$$\text{損害額}500\text{万円} \times \frac{\text{保険金額}600\text{万円}}{\text{保険価額}1{,}000\text{万円} \times 80\%}$$

＝支払い保険金375万円

↓

④ 支払い保険金　375万円

火災保険は
身近なだけに
ぜひ知って
おきたい！

火災保険金額のうち一部が支払われた場合でも契約は継続され、次の事故が発生しても当初と変わらない補償を受けられますが、火災保険金額の80％など一定額を超える支払いがあった場合には契約は終了します。

失火責任法

失火責任法によると、**軽過失**によって火災を起こし、隣家等に損害を与えた場合、**損害賠償責任を負わなくてよい**と定められています。ただし、火元の原因になった側の重過失や故意、爆発によって起こった火災の場合には、損害賠償責任が生じます。

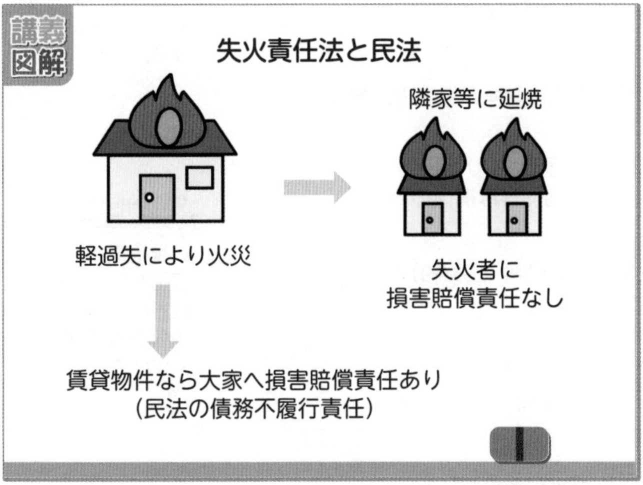

ナビゲーション

失火責任法は隣家等に対して、損害賠償責任（不法行為責任）を負わなくてよいという法律です。
ただし、賃貸住宅などの借家人がアパート、マンション、貸家などを焼失させた場合は、賃貸借契約上の原状回復義務違反となるので、家主に対して損害賠償責任を負います。そのため、別途特約を付けるのが一般的です。

5 地震保険

重要度 B

地震保険

地震保険は、火災保険では補償されない**地震、噴火、それらを原因とする津波**による損害をてん補するための保険です。

地震保険のポイント

- **地震保険は火災保険に付帯して契約する（火災保険の保険期間の中途でも、原則は付帯することができる）**

  地震保険には**単独では加入できない**

- **居住用建物とその中の生活用動産が補償の対象**

  1個または1組の価額が30万円を超える貴金属や美術品等は補償の対象外

- **地震保険の保険金額は火災保険（主契約）の30〜50％の範囲で設定可能**

  保険金額には上限がある
  建物5,000万円、家財1,000万円

- **損害の程度に応じて保険金が支払われる**

  支払われる保険金は損害の程度によって違う（次ページの表を参照）

ワンポイント

火災保険では1個または1組の価額が30万円等の一定額を超える美術品等を補償対象に加えることができますが、地震保険では対象外です。

ワンポイント

地震が発生した日の翌日から10日以上経過した後の損害は、地震保険の補償の対象外です。

地震保険の損害区分と保険金額

損害の程度	保険金額
全損	地震保険金額の 100%(時価額が限度)
大半損	地震保険金額の 60%(時価額の 60%が限度)
小半損	地震保険金額の 30%(時価額の 30%が限度)
一部損	地震保険金額の 5%(時価額の 5%が限度)

地震保険の保険料

地震保険の保険料は、保険会社による違いはありませんが、対象となる建物の**所在地や構造によって変わります**。

さらに、対象の建物の免震・耐震性能等によって以下のような**割引制度**があります。

ワンポイント
地震保険の保険料割引制度の割引率は10%から 50%まであります。「耐震等級割引」の等級 3、「免震建築物割引」が、それぞれ 50%の割引となります。

地震保険料の割引制度

① 免震建築物割引
② 耐震診断割引
③ 耐震等級割引
④ 建築年割引

割引は重複して受けられません。

地震・噴火・津波
による損害は
火災保険では
補償されません!

6 自動車保険

重要度 A

自動車保険とは

自動車に関する事故に備える保険です。自動車保険は、**強制加入**の**自賠責保険**と、**任意加入**の**自動車保険**（民間保険会社の保険）の2種類があります。

自賠責保険（自動車損害賠償責任保険）

自賠責保険は、強制加入の保険です。すべての自動車と原動機付自転車は、自賠責保険に加入することが義務づけられています。自賠責保険は、被害者救済を目的とした保険のため、対人事故（ケガをさせた、死なせた場合）の被害者のみ補償されます。

自賠責保険のポイント

●補償対象

対人事故のみ補償
自分以外（死傷した歩行者、相手側の運転者、同乗者、自車の運行供用者以外の家族など）

※被害者のみ補償されます。車の損害、加害者（自分）のケガ、死亡は補償されません

●保険金の限度額（1名につき）

死亡	最高	3,000万円
傷害	最高	120万円
後遺障害	最高	4,000万円

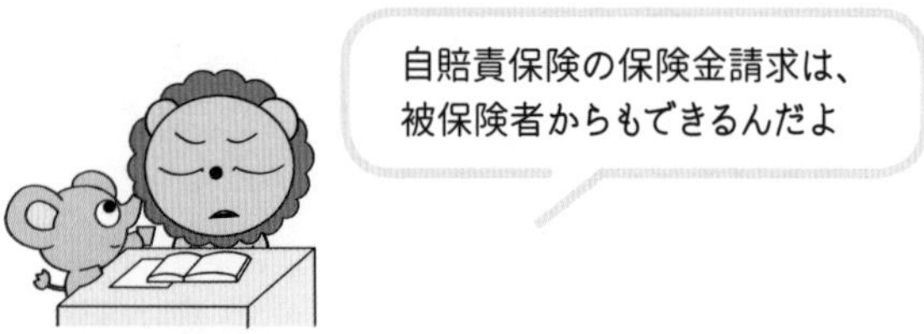

自賠責保険の保険金請求は、
被保険者からもできるんだよ

ワンポイント

自動車保険には「強制」と「任意」の2つがあることを押さえておきます。
テレビCMなどで見る自動車保険はすべて「任意」です。

レック先生のズバッと解説

強制保険である自賠責保険は、対人賠償のみ補償されることを押さえておきましょう。
相手の財物や自分側のケガなどについての補償は任意保険に加入する必要があります。

任意加入の自動車保険

民間の保険会社と契約をする任意加入の自動車保険の補償には、次のようなものがあります。

任意自動車保険の補償内容

保険の種類	補償内容
対人賠償保険	他人を死傷させた場合、**自賠責保険の保険金額を超える部分**の損害賠償を補償
対物賠償保険	他人の財物（ガードレール、自動車など）を破損させたなどの直接的な損害の他、休業損害等の間接的な損害の賠償も補償される
搭乗者傷害保険	事故によって運転者、同乗者が死傷した場合の補償
人身傷害補償保険	自動車事故で死傷した場合、自分の**過失割合にかかわらず補償される**
無保険車傷害保険	当て逃げや、事故で死傷した際に加害者側が無保険の場合の補償
車両保険（一般条件）	事故や盗難、当て逃げなどにより損害を受けた場合の自分の車への補償 特約を付帯しない限り、地震・噴火・津波による損害は補償の対象外

ワンポイント

任意自動車保険の対人賠償保険、対物賠償保険は基本的に他人のみ補償となります。本人、配偶者、子ども、父母などは補償されません（兄弟姉妹は補償対象）。

ナビゲーション

人身傷害補償保険では、示談交渉を待たずに保険金が支払われます。契約保険金額を上限とし、実際の損害額に対し、実損分の保険金が支払われます。

ワンポイント

無免許運転や飲酒運転は違法であるため、加害者の治療代金や車両の損害などは補償されません。しかし、被害者へは対人賠償保険や対物賠償保険により補償されます。

「35歳以上補償」など年齢を限定する「運転者年齢条件特約」は、記名被保険者・配偶者・同居の親族等の一定範囲への年齢条件であり、範囲外の方へは年齢に関わらず補償されます。
ただし、運転者限定特約が付帯されている場合は、その限定者のみが補償対象です

過去問チャレンジ

任意加入の自動車保険の一般的な商品性に関する次の記述のうち、最も不適切なものはどれか。なお、特約については考慮しないものとする。

1. 被保険自動車を運転しているときに事故を起こして他人にケガを負わせ、法律上の損害賠償責任を負った場合、被保険者が運転免許証の更新を失念していても対人賠償保険の補償の対象となる。

2. 被保険自動車を車庫入れしているときに同居している父が所有する自動車に接触して損害を与えた場合、対物賠償保険の補償の対象となる。

3. 被保険自動車を運転しているときに脇見をしたため前車に追突し、被保険者がケガを負った場合、被保険者の過失割合が100％であっても人身傷害（補償）保険の補償の対象となる。

4. 台風による洪水で被保険自動車に損害が生じた場合、一般条件の車両保険の補償の対象となる。

［21年5月・学科］

2が不適切　対物賠償保険は、他人の財物を破損させたときに補償されます。父は他人ではないので補償の対象外です。

7 傷害保険　重要度 A

傷害保険とは

傷害保険とは、身体に傷害を負った場合に通院や入院、手術などにかかる費用を補てんする保険です。補償となるのは、日常生活や就業中の「**急激かつ偶然な外来の事故**」による傷害になります。

傷害保険の保険料

傷害保険の保険料は、被保険者の職種により異なります。職種級別Ａ（販売員、教員など）と職種級別Ｂ（建設作業者、バス運転者など）に区分され、職種級別Bに該当する職業は、同一補償内容でも職種級別Aに比べ保険料が高くなります。**年齢や性別で異なることはありません。**

主な傷害保険

保険の種類	補償内容
普通傷害保険	国内外を問わず、急激かつ偶然な外来の事故による傷害を補償する
家族傷害保険	補償内容は普通傷害保険と同様で、事故発生時の**本人とその家族**を補償する 家族の人数に関わらず保険料は同じ
国内旅行傷害保険	国内旅行中の傷害を補償する **細菌性（ウイルス性）食中毒は補償されるが、地震などは補償されない**
海外旅行傷害保険	海外旅行中の傷害を補償する **細菌性（ウイルス性）食中毒は補償**され、外国での**地震、噴火、津波による傷害も補償**される
交通事故傷害保険	国内外を問わず、運行中の交通乗用具に搭乗中の交通事故、交通乗用具の火災などによる傷害を補償する **家族全員が補償されるタイプもある**

傷害保険の補償内容（まとめ）※特約がない場合

	ケガ（原則）	細菌性食中毒・ウイルス性食中毒	地震・噴火・津波によるケガ
普通傷害保険	○	×	×
家族傷害保険	○	×	×
国内旅行傷害保険	○	○	×
海外旅行傷害保険	○	○	○

ワンポイント

普通傷害保険は、特約がなければ**ウイルス性の食中毒、細菌性の食中毒は補償の対象外**となります。また、自殺、地震、噴火、津波を原因とする傷害も原則、対象外です。

ナビゲーション

家族傷害保険、交通事故傷害保険の家族とは、人数を問わず、事故発生時の以下を指します。

1. 本人
2. 配偶者
3. 生計を一にする同居親族、および別居の未婚の子

ワンポイント

国内旅行傷害保険、海外旅行傷害保険は飛行機等による目的地への移動だけでなく、自宅から空港などへの移動中も補償対象です。出かけてから帰宅まで補償されると覚えましょう。

ワンポイント

交通乗用具には、電車、自動車、航空機等のほか、エレベータやエスカレータ等も含まれます。

過去問チャレンジ

傷害保険の一般的な商品性に関する次の記述のうち、最も不適切なものはどれか。なお、特約については考慮しないものとする。

1. 家族傷害保険では、保険期間中に記名被保険者に子が生まれた場合、その子を被保険者に加えるためには追加保険料を支払う必要がある。

2. 普通傷害保険では、被保険者が就業中の事故によりケガをした場合、補償の対象となる。

3. 国内旅行傷害保険では、被保険者が旅行中の飲食により細菌性食中毒を発症した場合、補償の対象となる。

4. 海外旅行傷害保険では、被保険者が旅行先の火山の噴火により発生した津波でケガをした場合、補償の対象となる。

[22年9月・学科]

1が不適切　家族傷害保険は家族の人数を問わないため、子どもが増えたことの通知や追加保険料は不要です。

8 賠償責任保険

重要度 A

賠償責任保険とは

賠償責任保険は、偶然の事故によって他人にケガをさせたり、物が破損したりして、損害賠償責任を負った場合に補償される保険です。賠償責任保険は、主に以下のように分類されます。

主な賠償責任保険

個人賠償責任保険（個人賠償責任補償特約）

個人が、日常生活で他人にケガをさせた、他人の物を壊したなどで、**損害賠償責任**を負った場合に補償される。

例えば…

- ショッピング中に誤って商品を壊してしまった
- 子どもが野球をしていて民家の窓ガラスを割った
- 飼い犬が散歩中に歩行者に噛みついてケガを負わせた
- 通学中の自転車の運転中に、歩行者にケガを負わせた

POINT

- 1契約で家族（本人、配偶者、生計を一にする同居親族、生計を一にする別居の未婚の子）が対象
- **業務中の事故は対象外**
- 自動車運転による事故は対象外

生産物賠償責任保険（PL保険）

製造・販売した商品によって生じた事故で、損害賠償責任を負った場合に補償される。

例えば…

- 製造した加湿器から出火して火事になった
- 防水工事を請け負った結果、水漏れにより損害を負わせた
- 飲食を提供したところ客が食中毒を起こした

POINT

- **企業を対象とした保険**
- 被害者の治療費、慰謝料など企業側の損害賠償責任による負担を補償

ワンポイント

個人賠償責任保険は、自動車やバイクの運転に関する賠償責任は補償の対象外となります。
例「自動車で事故を起こし歩行者をケガさせた」等は対象外です。

ナビゲーション

PL保険は、料理店の**食中毒**、家電製品の欠陥による火災などで、他人に損害を与えた場合の損害賠償責任に備える保険です。

施設所有（管理）者賠償責任保険

施設の所有・使用・管理、その施設における仕事の遂行に伴って生じた偶然な事故や、その施設外で業務中に生じた事故により、他人の身体、財産に損害を与えた場合の損害賠償責任に備える保険

例えば…

・自転車で商品を配達中に通行人にぶつかり、ケガをさせた
・店の商品が倒れて、客がケガをした
・施設の看板が落下し、歩行者がケガをした

受託者賠償責任保険

他人から預かった物について紛失・盗難・汚損などがあった場合の損害賠償責任に備える保険

例えば…

・美容室でバッグを預かったが紛失した
・ゴルフ場で預かったゴルフバッグを汚した
・ホテルのクロークでコートを預かったが、取り違えにより紛失した

その他の賠償責任保険・損害保険

●労働災害総合保険

従業員が労働災害を被ったときに、労災保険の上乗せ補償や企業の被用者に対する損害賠償責任に備える保険

例えば…

・工場で被用者がケガをした
・建設現場で足場崩壊により被用者が死亡した

●請負業者賠償責任保険

工事や清掃などの請負業者が請負業務の作業中に損害を与えてしまった場合の損害賠償責任に備える保険

例えば…

・工事中にクレーン車が倒れ近隣の自動車を壊した
・ビルの清掃中に客にケガをさせた

ワンポイント

施設所有（管理）者賠償責任保険は、自転車デリバリーサービス業務中の事故の損害賠償責任に備えることもできます。

●企業費用・利益保険

不慮の事故や災害などにより、自社が受けた被害や**逸失利益を補償**する保険

例えば…

・台風の影響により工場が被害に遭い操業が停止した
・建物の給排水設備の故障により飲食店が営業停止した

●機械保険

設計の欠陥、亀裂等の機械的事故、偶発的な事故などにより、**機械設備や装置に生じた損害**に備える保険
火災による損害は対象外

過去問チャレンジ

損害保険を活用した家庭のリスク管理に関する次の記述のうち、最も不適切なものはどれか。なお、契約者（＝保険料負担者）は会社員の個人であるものとする。

1. 自動車の運転中に誤って単独事故を起こして車両が破損するリスクに備えて、自動車保険の一般条件の車両保険を契約した。

2. 海岸近くに自宅を新築したので、地震による津波で自宅が損壊するリスクに備えて、火災保険に地震保険を付帯して契約した。

3. 同居の子が原動機付自転車で通学中に、他人に接触してケガをさせて法律上の損害賠償責任を負うリスクに備えて、火災保険加入時に個人賠償責任補償特約を付帯した。

4. 所定の病気やケガにより会社の業務にまったく従事することができなくなるリスクに備えて、所得補償保険を契約した。

[22年9月・学科]

3が不適切　個人賠償責任補償特約は、自動車や原動機付自転車を含むバイクでの事故による賠償責任は補償対象外であるため、当該リスクへの備えには適していません。

9 個人の損害保険と税金

重要度 A

損害保険と税金の関係

損害保険も生命保険同様、保険料の支払い時に所得から控除できる保険と、保険金を受け取ったときに**非課税**となる保険があります。

> **ワンポイント**
> 店舗併用住宅は、支払保険料のうち住宅の面積割合の分だけ、地震保険料控除の対象になります。
> ただし、家屋の90%以上が居住用であれば全額が地震保険料控除の対象となります。

地震保険料控除

1年間に支払った、契約者本人または本人と生活を一にする配偶者等が所有する自宅建物および家財に付保した地震保険の保険料は、**地震保険料控除**を受けることができます。

地震保険の保険期間が数年にわたる契約で地震保険料を一括で支払ったときには、支払保険料をその年数で割った各年分の保険料相当額が地震保険料控除の対象となります。

なお、主契約の火災保険料部分は控除対象外です。

地震保険料控除額

所得税	年間払込保険料の**全額**（最高50,000円）
住民税	年間払込保険料の**半額**（最高25,000円）

> **ワンポイント**
> 自動車保険で相手方の対人賠償保険、対物賠償保険などから支払われた保険金は、非課税が原則となります。

損害保険金の税金

損害保険の保険金は、損失の補てんを目的とした実損払いのため、**非課税**が原則です。

ただし、**傷害保険の死亡保険金**、**満期返戻金**、**年金**として受け取る保険金は、原則、**生命保険の税金と同じ扱い**となります。

なお、契約者と被保険者が同一人の人身傷害補償保険の死亡保険金を遺族が受け取った場合、自分（被相続人）の過失相当部分は課税対象、相手の過失相当部分は非課税です。

10 法人の損害保険と税金　重要度 A

支払保険料の経理処理

法人が複数年度分の**損害保険料**を支払ったとき、その事業年度分は「支払保険料」などの**損金に算入**しますが、次年度以降の分は「前払保険料」などの資産として計上します。また、**満期返戻金**など積立部分がある場合は「保険料積立金」などの**資産として計上**されます。

受け取った保険金の経理処理

法人が契約者で保険料を支払っていた損害保険の保険金は、誰が受け取ったかにより経理処理が異なります。

保険金が従業員の遺族や自動車事故の相手方などへ直接支払われた場合

保険会社から相手方等へ、直接、保険金が支払われた場合、法人は保険金の受取りには関わらないので**経理処理はしません**。ただし、資産計上分があれば、取り崩して損金算入します。

保険金が保険会社から法人へ支払われた場合

法人が保険金を受け取った場合、保険金の額は「雑収入」などとして**益金に算入**され、課税対象となります。ただし、保険料支払い時に「前払保険料」や「保険料積立金」など資産として計上している額があり、資産計上した額よりも保険金の方が多ければ**差額が益金**になります。

また、火災保険や自動車保険の保険金で、一定期間内に代替資産を取得した場合、**圧縮記帳**の適用が認められます。

圧縮記帳

法人の事業の用に供する建物や自動車、機械設備等の資産が損害を受け、受け取った保険金をそれら資産の改良や、同一種類に区分される代替資産の購入に活用した場合に適用を受けられます。圧縮記帳は、法人税の課税を繰り延べる効果があります。

7 第三分野の保険

「生命保険」は第一分野の保険、「損害保険」は第二分野の保険、その中間の扱いになるのが第三分野の保険です。第一、第二のいずれかに分類するのが難しい、または両方にある特約などが含まれています。一種類の保険や特約ではなく、総称として第三分野の保険といわれています。

1 第三分野の保険

重要度 A

第三分野の保険とは

入院や傷害、介護、特定疾病に対して保険金が支払われるのが**第三分野の保険**です。メインの保険に特約として付加するタイプのほか、主契約で加入するタイプもあります。

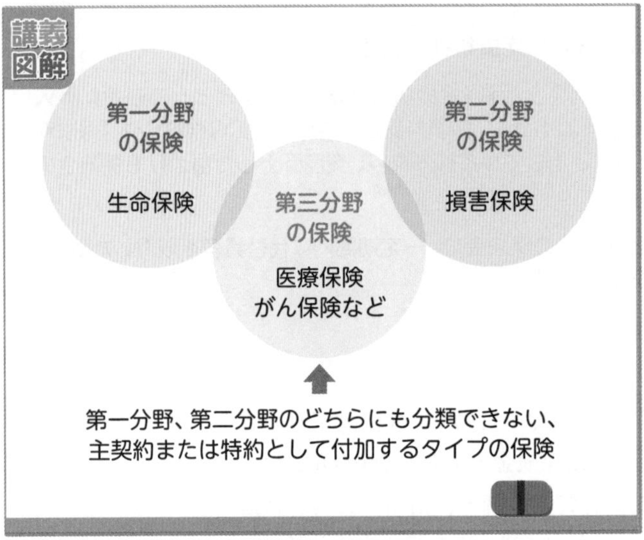

レック先生のズバッと解説

第三分野の保険の特徴は、死亡で保険金が出るタイプではなく、医療保険や介護保障など、生きていくための保険と考えるとわかりやすいでしょう。

医療保険

医療保険は、病気やケガによる入院や手術などの費用の必要性に備える保険です。主契約となる医療保険には、あらかじめ手術給付金等がセットされていることが多く、その他必要に応じて特約を付加します。

ワンポイント
更新型の医療保険は、保険期間中に入院給付金を受け取っていても、所定の年齢までは契約を更新できます。

入院特約

死亡保険に付加するなど様々な保険に付加できます。入院5日目から保障するもののほか、日帰り入院から保障するものや、入院一時金を受け取れるものもあります。

ワンポイント
通常の人間ドックの受診は入院給付金の対象ではありませんが、**人間ドックにより異常が見つかり**医師の指示によりそのまま入院をした場合は入院給付金の対象となります。

医療保険・入院特約の支払い限度日数

1回の入院につき60日、120日など支払い日数の限度を設けています。

再入院の180日ルール

退院日の翌日から**180日以内**に同一の疾病等により再入院した場合、入院給付金支払い限度日数は**それまでの入院日数と合算**されて、1入院あたりの支払い限度日数（60日や120日など）を数えます。なお、180日以内の再入院でも、異なる原因による入院は、合算しません。

がん保険・がん入院特約

がんのみを保険の対象にしています。被保険者が、がんと診断された際の**がん診断給付金**のほか、**がん入院給付金**、**がん手術給付金**などの保障もあります。

がん保険に加入してから、すぐにがんの診断をされると一般的には契約は無効となり、**保険金は支払われません**。一般的に、責任開始前に**90日間または3カ月間の免責期間**があります。

ワンポイント

がんで入院した場合、がん保険から支払われる**入院給付金**に、**日数の制限はありません**。通常の医療保険は限度日数があるのとは、大きく異なるところです。

介護保障保険（介護保険）

民間の保険会社が扱う介護保険で、被保険者が公的介護保険の要介護認定や保険会社が定める所定の状態になった場合に給付金が支払われる保険です。

介護保障保険の給付タイプ

連動型
給付は、公的介護保険の要介護度に連動する

非連動型
給付は、保険会社が独自に定めた基準に沿う

所得補償保険

所得補償保険は、入院の有無を問わず病気やケガにより仕事ができないときの、減少する収入を補うための保険です。なお、出産や育児、失業により働くことができない期間の所得は補償されません。

過去問チャレンジ

医療保険等の一般的な商品性に関する次の記述のうち、最も不適切なものはどれか。

1. がん保険の入院給付金は、1回の入院における支払日数および通算の支払日数に制限はない。

2. 先進医療特約で先進医療給付金の支払対象とされている先進医療は、契約時点において厚生労働大臣によって定められているものである。

3. 1泊2日の入院検査（人間ドック検診）で異常が認められ、治療を目的とした入院を医師から指示された場合、その追加の入院については医療保険の入院給付金の支払対象となる。

4. 特定（三大）疾病保障定期保険では、被保険者が特定疾病に罹患し、特定疾病保険金を受け取った場合、その後被保険者が死亡しても死亡保険金は支払われない。

［23年1月・学科］

2が不適切　先進医療特約の支払い対象となる先進医療は、治療を受けた時点において厚生労働大臣により定められているものです。

2 保険証券（生命保険）

重要度 A

保険の契約をすると保険証券が発行されます。保険料や保障内容など大事なことが記載されています。

保険証券の見方

無配当定期保険特約付終身保険　　保険証券記号番号　△×－××××

❶

保険契約者	中井　洋子　様	保険契約者印
被保険者	中井　洋子　様 １９６８年7月２７日生　女性	（中井）
受取人	死亡保険金 中井　亜子　様（子）	受取割合 １０割

❷
◇契約日
２００３年6月1日

◇主契約の保険期間
終身

◇主契約の保険料払込期間
２５年間

◇特約の保険期間
１０年（８０歳まで自動更新）

◇ご契約内容

❸	終身保険金額（主契約保険金額）		２００万円
❹	定期保険特約保険金額		2,８００万円
❺	特定疾病保障特約保険金額		５００万円
❻	傷害特約保険金額		５００万円
❼	災害入院特約	入院５日目から	日額5,０００円
❽	疾病入院特約	入院５日目から	日額5,０００円
❾	※約款所定の手術を受けた場合、手術の種類に応じて入院給付金日額の１０倍・２０倍・４０倍の手術給付金を支払います。		
❿	生活習慣病入院特約	入院５日目から	日額5,０００円

◇お払い込みいただく合計保険料

毎回　△△,△△△円
［保険料払込方法］ 月払い ⓫

※入院給付金の１入院当たりの限度日数は１２０日、通算限度日数は1,０９５日です。

2020年9月　日本FP協会2級実技試験より

③～⑩は、どのような状態のときに
保険金が支払われるのかを
次ページで確認しよう！

【ポイント】

❶ 被保険者である中井洋子さんの保険です。

❷ 主契約である終身保険の、保険料の払込み期間は25年間です。また、特約期間は10年で、80歳まで自動更新します。

❸ 主契約です。死亡したら200万円が支払われます。

❹ 特約期間内に死亡したら2,800万円が支払われます。

❺ 特定疾病（がん・脳卒中・急性心筋梗塞）と診断され所定の状態のときに500万円を受け取ることができます。もし、特定疾病保険金を受け取らずに死亡したら、死亡原因にかかわらず500万円が支払われます。

❻ 不慮の事故で死亡したら500万円支払われます。

❼ 不慮の事故によるケガで入院したら、入院5日目から日額5,000円が支払われます。

❽ 病気により入院したら、入院5日目から日額5,000円が支払われます。

❾ 所定の手術を受けたら、入院給付金日額5,000円× 10倍・20倍・40倍が支払われます。

❿ 生活習慣病（がんや糖尿病など）が原因で入院したら、入院5日目から日額5,000円が❽とは別に支払われます。

⓫ 保険料は月払いです。

Q1 洋子さんが糖尿病で12日間入院した（手術なし）場合、保険会社からいくら支払われる？

➡ 入院5日目から対象となるので8日分（12日－4日）の入院給付金が支払われます。

❽ 疾病入院特約　5,000円×8日＝40,000円

❿ 生活習慣病入院特約　5,000円×8日＝40,000円

合計8万円

Q2 洋子さんががんと診断され約款所定の手術（給付倍率10倍）を受け30日間入院した場合、保険会社からいくら支払われる？

➡ 入院5日目から対象となるので26日分（30日－4日）の入院給付金が支払われます。

❺ 特定疾病保障特約　500万円（がんと診断されたので）

❽ 疾病入院特約　5,000円×26日＝130,000円

❾ 手術給付金　5,000円×10倍＝50,000円

❿ 生活習慣病入院特約　5,000円×26日＝130,000円

合計531万円

Q3 洋子さんが現時点で交通事故により即死した場合（入院・手術なし）、保険会社からいくら支払われる？※今までこの保険から一度も保険金等を受けていない

➡ ❸ 終身保険　200万円

❹ 定期保険特約　2,800万円

❺ 特定疾病保障特約　500万円（今まで特定疾病保険金を受けていないので死亡保険金が支払われる）

❻ 傷害特約　500万円（不慮の事故なので該当）

合計4,000万円

通常、生命保険に加入すると目にする保険証券は、FP試験の中でも、日本FP協会実技試験での出題頻度が高いです！

保険証書の読み取り問題は
まず「ご契約内容」の項目を
読み解くようにしましょう
各出題の問題文と関連するのがどの項目か、
を考えると解読しやすくなります！
糖尿病は
疾病入院特約以外に
生活習慣病入院特約も
関連してくる…
とかね！
出題にある
病気や状態、
入院期間と
照らし合わせて
いくワケだね！

FP２級からFP１級をめざす人のための

ステップアップ講座

２級レベルの問題で
復習してみよう

１級では、２級までのテキストで学んだ知識の
単なる応用ではない、深い理解が必要です。
より丁寧に深掘りしていきましょう。

Q1

団体信用生命保険

住宅ローン返済中に死亡し、団体信用生命保険金が出ると課税はどうなる？

A．保険金は遺族が受け取るため、相続税の対象になる

B．保険金は債権者が受け取るため、課税対象ではない

正解：B

住宅ローンを借りる際には、団体信用生命保険（団信）に加入することが一般的です。これにより、ローン利用者（被保険者）に万が一のことがあっても、金融機関等（契約者・保険金受取人）は死亡保険金でローンの弁済を受けることができます。このことは、過去問の必要保障額を求める問題で「遺族に必要な生活資金等」の算出に「住宅ローン残高（団信加入）」を含めないことにも関連します。

団信と一般の生命保険の違いに、団信は①生命保険料控除が使えないこと、②保険金は遺族ではなく金融機関等（債権者）に支払われること、があります。

①の理由は、生命保険料控除の適用要件である「保険金受取人が本人、またはその配偶者、その他の親族」から外れているためです。
②は課税に関係します。ローン残金は保険金で弁済されるため遺族は受け取れません。そのため、保険金は相続税などの課税対象にはなりませんし、弁済されているため債務控除の対象にもなりません。

Q2 法人の保険と経理処理

法人の倉庫が火事になり、火災保険金で建て替えるとき経理処理はどうなる？

A．圧縮記帳して課税繰り延べができる

B．受取り保険金の全額が益金となる

正解：A

先に圧縮記帳のことを除いて説明します。例えば法人が所有する倉庫（500万円）が滅失し、保険金（2,000万円）で倉庫を建て替えるとします。この場合、滅失した資産の簿価と保険金収入の差額1,500万円が当期の益金になり、法人税の対象となります。そのため保険金の全額を建替えに使うことができません。

ここから圧縮記帳の説明です。

保険金から「帳簿価額」と「支出経費」を差し引いた金額が保険差益（帳簿上のもうけ）として、通常、法人税の対象となります。ただし、一定要件を満たして代替資産を購入した場合、保険差益について、代替資産購入前（保険金－支出経費）の残高のうち、使った割合について、課税が繰り延べられます。これを圧縮限度額といいます。

このときの注意点が2つあります。

1．支出経費に見舞金等は含まないこと

2．企業費用・利益総合保険は、損害を補填する保険金ではないため含まないこと

これらのことを踏まえて、1級では計算問題で問われます。

それでは1級の問題を
解いてみましょう。

1級では こう出る・こう解く！

Q　団体信用生命保険　（20年9月・学科）

金融機関の住宅ローンを利用する際に加入する団体信用生命保険の一般的な商品性等に関する次の記述のうち、最も適切なものはどれか。

1）団体信用生命保険は、契約者および被保険者を債務者である住宅ローン利用者、保険金受取人を債権者である金融機関とする生命保険である。
2）団体信用生命保険の保険料は、被保険者の契約時の年齢、性別および債務残高に応じて算出される。
3）三大疾病保障特約付団体信用生命保険の保険料については、三大疾病保障特約部分の保険料も含めて、住宅ローン利用者の生命保険料控除の対象とならない。
4）被保険者の死亡時、団体信用生命保険から支払われる保険金は相続税の課税対象となり、相続開始時における債務残高は債務控除の対象となる。

正解：3　1級ではこう解く！

1．不適切　団体信用生命保険は、被保険者を債務者とし、契約者と保険金受取人を債権者とする生命保険です。
2．不適切　団体信用生命保険の保険料は、死亡・高度障害のみの保障の場合は債務残高に応じて算出されます。
3．適切
4．不適切　団体信用生命保険の保険金受取人は債権者であるため、相続税の課税対象にはなりません。また、債務は弁済されるため債務控除の対象にもなりません。

Q 法人の保険と経理処理　（20年9月・学科）

X株式会社（以下、「X社」という）の工場建物が火災により全焼し、後日、X社は、契約している損害保険会社から保険金を受け取り、その事業年度中に受け取った保険金によって工場建物を新築した。下記の<資料>を基に、保険金で取得した固定資産の圧縮記帳をする場合の圧縮限度額として、次のうち最も適切なものはどれか。
なお、各損害保険の契約者（＝保険料負担者）・被保険者・保険金受取人は、いずれもX社とする。また、記載のない事項については考慮しないものとする。

<資料>

・滅失した工場建物の帳簿価額	：4,000万円
・工場建物の滅失によりX社が支出した経費	
焼跡の整理費（片づけ費用）	：　200万円
けが人への見舞金	：　375万円
・損害保険会社から受け取った保険金	
火災保険（保険の対象：工場建物）の保険金	：6,200万円
企業費用・利益総合保険の保険金	：1,500万円
・新築した代替建物（工場建物）の取得価額	：4,500万円

1）　500万円
2）1,300万円
3）1,500万円
4）2,100万円

正解：3　1級ではこう解く！

保険金（6,200万円）から「帳簿価額（4,000万円）」と「支出経費（200万円）」を差し引いた金額（2,000万円）が保険差益として、通常、法人税の対象となります。
ただし、一定要件を満たして代替資産を購入した場合、保険差益について、代替資産購入前（保険金6,200万円－支出経費200万円＝6,000万円）のうち、使った割合（4,500万円）で課税が繰り延べられます。これを圧縮限度額といいます。
したがって、2,000万円×4,500万円／6,000万円＝1,500万円となります。

2 リスク管理
復習のまとめ

しっかり確認しましょう！
出題頻度の高い論点　総ざらい

・収入保障保険の受取りによる違いや変額保険の特徴、個人年金保険は年金受取前と後の死亡について理解を深めましょう。第三分野では、がん保険の特徴や先進医療特約、所得補償保険について確認しておきましょう。

・法人の保険契約に関する経理処理は２級合格に必須です。基本的な保険料支払時の経理処理は押さえましょう。

・任意の自動車保険では対人・対物補償はもちろん、人身傷害補償特約の特徴や車両保険についても出題があります。

・事業活動におけるリスクや家庭のリスクに合わせた損害保険商品の判断ができるようにしておきましょう。

第3章

金融資産運用

ライフプランの達成には資金が不可欠です。たんにお金を貯めるだけではなく、人生のイベントに合わせて資金を準備できるように、計画的に資産を運用することが必要になります。債券や株式、投資信託といった金融商品の仕組みやリスクを理解し、効率的な資産運用についての理解を深めます。

- ●金融と経済の基本
  経済指標の見方、物価、金利、為替などの関係
- ●金融機関のセーフティネットと関連法規
  金融機関の破綻時等に保護される資産の範囲
- ●金融商品の種類としくみ
  預貯金や債券、株式、投資信託などの基本
- ●金融商品と税金
  金融商品にかかる税金、非課税制度
- ●ポートフォリオ理論
  期待収益率、相関係数、シャープレシオなど
- ●デリバティブ取引
  オプション取引、プレミアムの変動要因など

金融資産運用

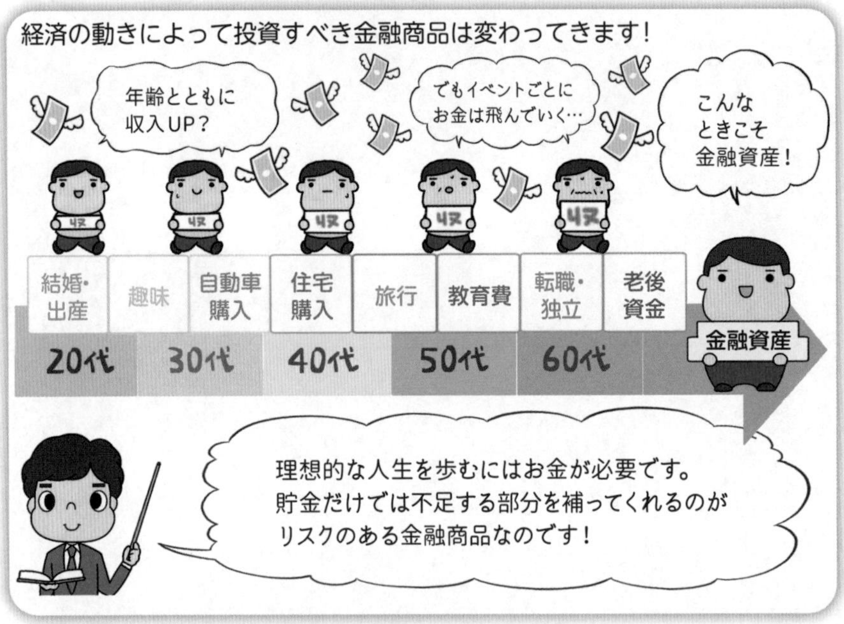

経済の動きによって投資すべき金融商品は変わってきます！
年齢とともに収入UP？
でもイベントごとにお金は飛んでいく…
こんなときこそ金融資産！
収
結婚・出産
趣味
自動車購入
住宅購入
旅行
教育費
転職・独立
老後資金
20代
30代
40代
50代
60代
金融資産
理想的な人生を歩むにはお金が必要です。貯金だけでは不足する部分を補ってくれるのがリスクのある金融商品なのです！

経済・金融市場の基礎

主要な経済指標の内容と見方
GDP（国内総生産）や景気動向指数、日銀短観など

景気と金融市場の関係について
景気と金利・株価・為替などの関係性を理解する

金融市場のしくみ
日銀の金融政策が金融市場に与える影響を整理する

金融資産・顧客の保護と法律

預金保険制度……………金融機関の破綻時に預金を保護

日本投資者保護基金……証券会社に預けている金融資産の補償

金融サービス提供法……金融商品の販売において顧客を保護
消費者契約法……………事業者と契約する消費者を保護
金融商品取引法…………金融商品の取引に関して投資家を保護

金融商品の基本

貯蓄型金融商品（預貯金）	➡	商品性
債券	➡	利回り計算、価格変動リスクや信用リスクと価格・利回りの関係、デュレーション
株式	➡	信用取引、市場の指標、投資指標、取得単価など
投資信託	➡	運用スタイル・手法、手数料、ETFの特徴、個別元本と分配金など
外貨建て金融商品等	➡	外貨預金、外国債券、外国投資信託、為替の変動要因とリスク、金について

金融商品と税金

金融商品ごとの利益にかかる税金を理解する
預貯金、債券、株式、投資信託、外貨建て金融商品等の税金
資金を預ける口座の違いを理解する
特定口座、新NISAの制度概要

ポートフォリオ理論

指標の求め方を理解する
期待収益率、シャープレシオの計算、パフォーマンス比較
投資リスクの低減効果を理解する
相関係数、アセットアロケーション

デリバティブ取引

デリバティブ取引の種類やしくみを理解する
先物取引、オプション取引、スワップ取引、プレミアムの変動要因

1 経済・金融市場の基礎

経済と金融市場には密接な関係があります。経済指標が発表されると、株式市場や為替市場が敏感に反応します。株価や金利の変動は、運用成績に直結するので、経済と金融市場の関連性を把握することは、効率的な資産運用を行うためには不可欠です。

1 経済指標と景気指標の基本 重要度 A

GDP（国内総生産）

国の経済力の大きさを表す代表的な経済指標です。一定期間内に「国内の経済活動によって生み出された、財・サービスといった付加価値の合計」となります。「付加価値」とは、経済活動によって生み出された新しい価値のことです。

用語の意味

GDPの英語表記は、「Gross Domestic Product」の略です。それぞれの意味は、Gross＝「全体の」、Domestic＝「国内の」、Product＝「生産物」です。

GDPと経済成長率

経済成長率は、年間で、国の経済規模がどれくらい成長したかを表したもので、具体的には、GDPの年間の成長率（％）で表されます。物価変動を含めた取引金額をベースとした「**名目GDP成長率**」（**名目経済成長率**）と、名目GDP成長率から物価変動を取り除いた「**実質GDP成長率**」（**実質経済成長率**）があります。

ワンポイント

GDPは、内閣府によって、四半期ごとに発表されます。

GDPの「三面等価の原則」

GDPは、「生産」「支出」「分配」という異なる側面からそれぞれ計算をすることができますが、最終的には同じ数値になるという経済学上の原則です。等式で表すと、生産＝支出＝分配となります。

景気動向指数

景気動向指数は、景気に対して敏感に反応する生産や雇用に関連する指標をまとめ、経済の先行きを予測した指標のことです。景気動向指数には、コンポジット・インデックス（CI）とディフュージョン・インデックス（DI）の2種類があります。

「CI」と「DI」

CI（コンポジット・インデックス）は景気動向の大きさやテンポを、DI（ディフュージョン・インデックス）は景気の波及の度合いを測定します。

「先行指数」「一致指数」「遅行指数」

CIとDIには、それぞれ**先行指数・一致指数・遅行指数**という3つの指数があります。

先行指数… 景気に先行して動く指数。
例）**新規求人数（除学卒）**、東証株価指数、**新設住宅着工床面積**など。

一致指数… 景気と一致して動く指数。
例）**生産指数（鉱工業）**、**有効求人倍率（除学卒）**、営業利益（全産業）など。

遅行指数… 景気に遅れて動く指数。
例）**完全失業率**、消費者物価指数、**法人税収入**など。

ワンポイント

景気動向指数は、**毎月、内閣府が発表します**。

レック先生のズバッと解説

以前は、DIが重視されていましたが、現在は、景気変動の大きさやテンポを把握することが重要だとの判断から、**CIを中心に発表されるようになりました**。

ワンポイント

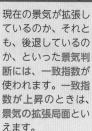

現在の景気が拡張しているのか、それとも、後退しているのか、といった**景気判断には、一致指数が使われます。一致指数が上昇のときは、景気の拡張局面**といえます。

日銀短観

日銀短観の正式名称は「全国企業短期経済観測調査」です。**日本銀行**が、**年４回**、全国の大手企業や中小企業の経営者に対して行う調査のことです。調査の内容は多岐にわたりますが、最も注目されている項目が、「業況判断DI」です。

> **ナビゲーション**
> 財務省と日銀が共同で公表する「国際収支統計」も２級の試験では出題されます。外国との間で行ったモノやサービス、有価証券等の取引や決済資金の流れなどを集計したものです。

日銀短観の「業況判断DI」とは

業況とは、企業の事業の状況のことです。調査対象の企業が、自社の業況について、「良い」「さほど良くない」「悪い」という選択肢の中から回答します。業況判断DIは、「良い」と回答した企業の割合から「悪い」と回答した企業の割合を差し引いて算出します。

> **レック先生のズバッと解説**
> 業況判断DIは、現在の業況のほかに、３カ月先の業況についての予想も調査します。回答の選択肢は、同じく「良い」「さほど良くない」「悪い」という３択です。

業況判断DIのしくみ

業況判断DI ＝ 業況が「良い」と答えた企業の割合 － 業況が「悪い」と答えた企業の割合

マネーストック

マネーストックとは、**国や金融機関以外**の経済主体が保有している**通貨の総量**のことです。具体的には、個人や企業、地方公共団体などが保有する、市中に流通している通貨量の総量となります。

> **ワンポイント**
> マネーストックは、毎月、日本銀行が発表します。

物価指数

　モノやサービスの価格の動向を表す物価指数には、いくつかの種類があります。その中でも重要なのが、「消費者物価指数」と「企業物価指数」です。

	消費者物価指数	企業物価指数
発表元	総務省	日本銀行
発表の頻度	毎月	毎月
内容	消費者が購入する、様々な商品やサービスの小売価格の変動を表した指数。	企業間で売買される商品（サービスは除く）の価格変動を表した指数。

2 景気循環と金利　重要度 B

景気の循環とは

　景気は、経済活動が拡大する「好況」と縮小する「不況」を繰り返します。これを景気循環と呼びます。

ナビゲーション
好況のときは、消費が活発になり、企業の生産が増えます。しかし、売れなくなると在庫が過剰になるため、企業は生産を抑制し、不況になります。

景気の４つの局面

　景気循環は通常４つの局面で把握されます。この４つの局面が繰り返されて景気のサイクルができています。

好況 → 後退 → 不況 → 回復

現在地を知ると
次に何が起こるかわかるね！
景気のサイクルを意識して、
どのような準備をするかが
大事だね！

景気と金利の関係は

景気動向と金利には、密接な関係があります。それを理解することで、ライフプランを立てる際、どんな金融商品でお金を運用すればよいのか、適切なアドバイスができるようになります。

景気が良くなってくると、個人消費が活発になり、企業は生産を増やします。そのため、資金の需要が高まり、金利が上昇することになります。

景気と金利の基本的な関係

・**景気拡大期**
企業の活動が活発化→ 資金需要が増加→ **金利上昇**

・**景気後退期**
企業の活動が低調→ 資金需要が減少→ **金利低下**

マネーストックと金利の関係

・**マネーストックが増える**→ 通貨量が増加→ **金利低下**
・**マネーストックが減る**→ 通貨量が減少→ **金利上昇**

物価と金利の関係

・**物価が上がる**→ 金融引き締め→ **金利上昇**
・**物価が下がる**→ 金融緩和→ **金利低下**

為替と金利の関係

・**円安になると**→ 輸入価格が上昇→ 物価上昇→ **金利上昇**
・**円高になると**→ 輸入価格が低下→ 物価低下→ **金利低下**

例えば、1ドル＝120円が1ドル＝150円と円安になると、海外の同じ商品を買うときにより多くの円が必要になるため、輸入価格は高くなり、国内の物価も上昇することになります。

景気と株価の関係

景気動向と株価の動きにも関係性が見られます。好況のときは、企業の収益が増えるので、その影響が株価の上昇につながります。一方、不況のときは、企業の収益は伸び悩むことになり、株価は下落する可能性が出てきます。

・好況 → 企業の収益が増加見込み → **株価上昇**
・不況 → 企業の収益が減少見込み → **株価下落**

物価が景気に及ぼす影響

物価の変動が景気に大きく影響することがあります。それは「インフレ」(インフレーション)と「デフレ」(デフレーション)です。

・**インフレ** → 物価が継続して上昇している状態
・**デフレ** → 物価が継続して下落している状態

インフレとデフレの影響

・**インフレ**によって、物価が上がり続けると、それに伴って**お金の価値が下がり**続けます。
・**デフレ**によって、物価が下がり続けると、**お金の価値が上がり**続けます。

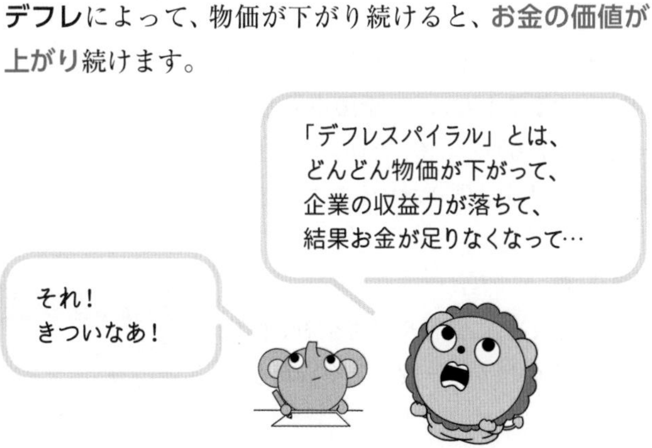

「デフレスパイラル」とは、
どんどん物価が下がって、
企業の収益力が落ちて、
結果お金が足りなくなって…
それ!
きついなあ!

ワンポイント

基本的に、物価が上昇している国の通貨は、安くなる傾向があります。モノの価値が上がると、相対的におカネの価値は下がるからです。インフレが起きると、通貨安が進みやすくなります。

ワンポイント

価格が1,000円の商品が、デフレによって700円になった場合、その商品を買うのに必要なお金が少なくて済むので、お金の価値は上がったことになります。

過去問チャレンジ

国内総生産（GDP）と経済成長率に関する次の記述のうち、最も不適切なものはどれか。

1. 支出面からみた国内総生産（GDP）を構成する需要項目のうち、実質値において最も高い割合を占めているのは、民間最終消費支出である。

2. 国内総生産（GDP）には名目値と実質値があり、経済環境が、物価が持続的に低下する状態（デフレーション）にある場合、一般に、名目値が実質値を下回る。

3. 経済成長率は、国内総生産（GDP）がどれだけ変化したかを数値で表したものであり、内閣府が１年間および四半期ごとの経済成長率を公表している。

4. 経済成長率には名目値と実質値があり、名目経済成長率は実質経済成長率から物価の上昇・下落分を取り除いた値となる。

［21年9月・学科］

4が不適切　名目値と実質値の説明が逆であり、不適切です。正しくは「実質経済成長率は名目経済成長率から物価の上昇・下落分を取り除いた値」となります。

3 金融市場と金融政策　重要度 C

金融市場とは

「金融」とは、お金を「融通」することです。融通の意味は、必要なモノやお金をやりくりすることなので、金融市場とは、お金をやりくりする（＝取引をする）ところ、といえるでしょう。具体的な取引は、お金を貸したり、借りたりすることです。

金融市場で取引する参加者

金融市場で取引ができるのは、主に銀行や証券会社、保険会社といった金融機関です。そのほか、一般企業や日銀なども含まれます。

ワンポイント
金融市場は、個人が直接参加して取引することはできません。

金融市場のしくみ

金融市場では、主に金融機関同士や、金融機関と企業との間で、お金の取引をします。取引の期間によって2つに大別され、**取引期間が1年未満を短期金融市場、1年以上を長期金融市場**と呼んでいます。

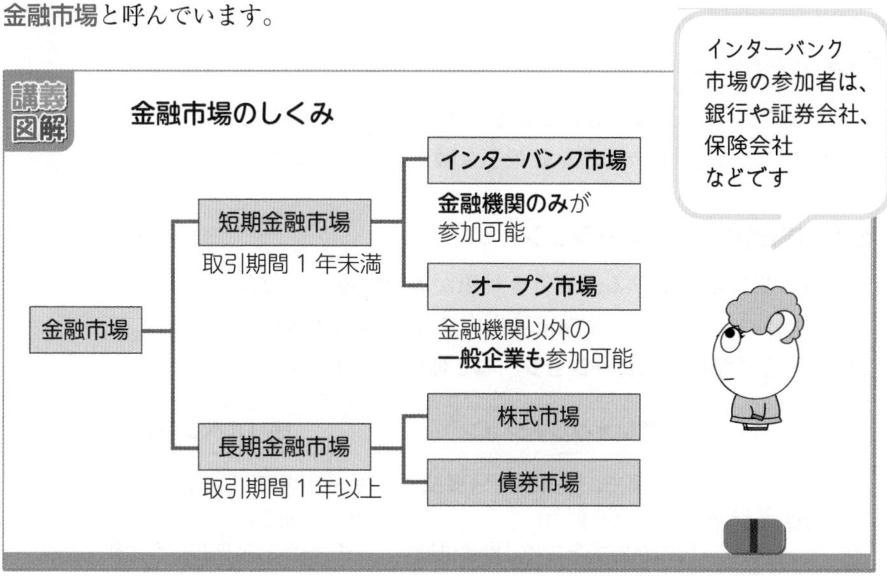

インターバンク市場とオープン市場

- **インターバンク市場**

  その名の通り「銀行間」の市場なので、銀行や証券会社、保険会社といった**金融機関のみ**が参加できます。手形を取引する「**手形市場**」や、短期の資金の貸し借りをする「**コール市場**」があります。

- **オープン市場**

  金融機関以外の一般企業も参加することができる、短期金融市場のことです。

ナビゲーション

コール市場の代表的な金融商品は「無担保コール翌日物」で、「今日借りて、明日返す」という期間1日の取引です。

債券市場

債券市場では様々な債券が取引されています。その中でも、新規に発行された期間10年の国債の流通利回りは、長期金利の指標として利用されています。

日銀の金融政策

日本銀行（日銀）は、**物価を安定させることを目的**として、以下のような、様々な金融政策を金融市場で行います。

公開市場操作（オペレーション）

金融市場で取引される通貨量を日銀が調節することを公開市場操作といいます。公開市場操作には、「**買いオペレーション**」と「**売りオペレーション**」の２種類があります。

	買いオペレーション	売りオペレーション
内容	金融市場で、日銀が金融機関から国債などを買う →日銀がお金を払う（資金供給）	金融市場で、日銀が金融機関へ国債などを売る →日銀がお金をもらう（資金吸収）
通貨供給量	増える	減る
金利	低下 ↘	上昇 ↗
政策の目的	金融緩和	金融引き締め

講義図解

日銀の公開市場操作（オペレーション）

買いオペレーション

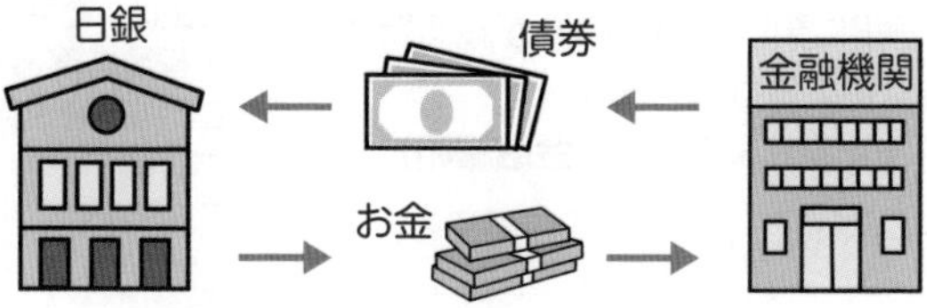

日銀が金融機関が保有する国債などの債券を**購入**して、**市場に資金を供給する**

売りオペレーション

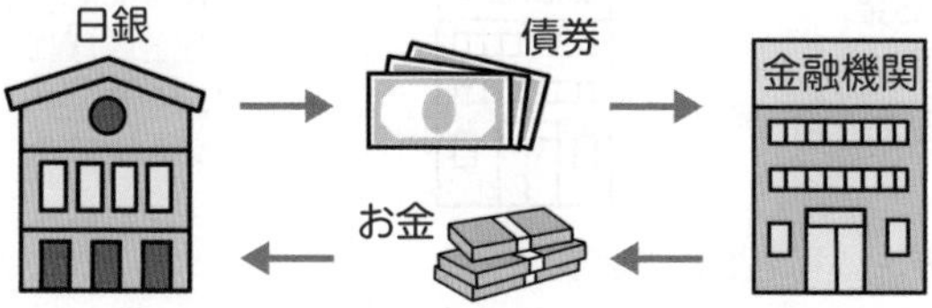

日銀が、保有する国債などの債券を金融機関に**売却**して、**市場から資金を吸収する**

オペレーションとは「操作」という意味です

預金準備率操作

金融機関は、預金など保有資産の一定の割合を日銀に預けることが義務づけられています。この割合を「**預金準備率**」と呼びます。金融市場に出回るお金を調整するために、この預金準備率を引き上げたり、引き下げたりすることが**預金準備率操作**です。

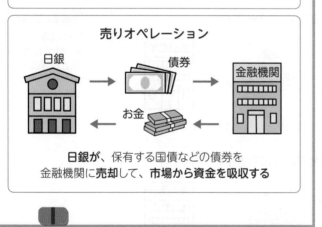

預金準備率操作の影響

預金準備率の 引き上げ	金融機関は、日本銀行により多くの預金を預けるため、市場に出回る資金の量は減ります →金利を上昇させる効果がある（**金融引き締め**）
預金準備率の 引き下げ	金融機関は、日銀に預ける預金の量が減るため、市場に出回る資金の量は増えます →金利を低下させる効果がある（**金融緩和**）

レック先生のズバッと解説

日銀は、金融市場の通貨量を調節して、金利の誘導を行います。

講義図解

日銀の預金準備率操作

預金準備率の引き上げ

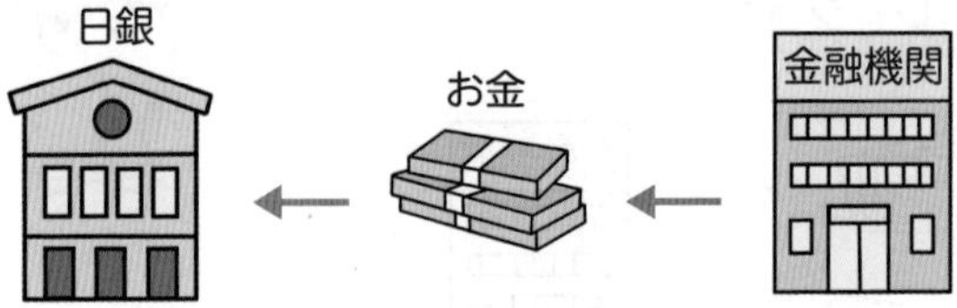

金融を引き締めて、金利を上昇させる

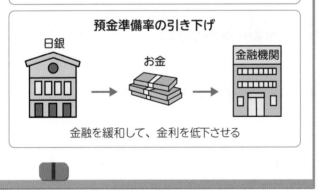

預金準備率の引き下げ

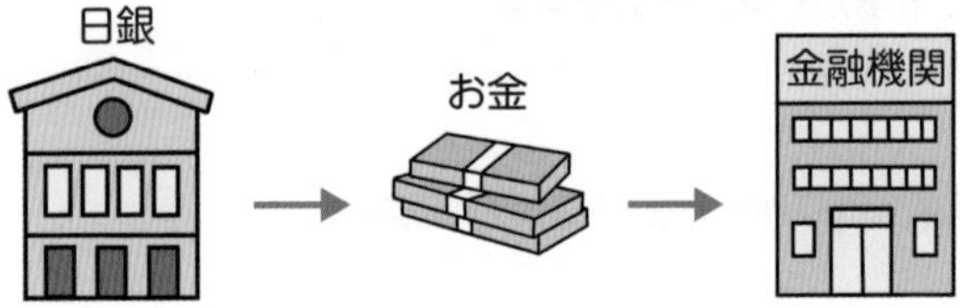

金融を緩和して、金利を低下させる

ナビゲーション

預金準備率は、「支払準備率」や「法定準備率」と呼ばれることもあります。

日銀の金融政策と物価変動

日銀の金融政策の目的は、物価を安定させることですが、そのための直接的な手段として、公開市場操作と預金準備率操作などを行い、金利を上下させることで、物価の調整を行います。

金融緩和と金融引き締めの効果

・**金融緩和**
金利低下→ 景気回復を促進→ 物価の下落を抑制

・**金融引き締め**
金利上昇→ 景気の過熱を抑制→ 物価上昇を抑制

金融調節の効果と狙い

	金融緩和	金融引き締め
金融政策	買いオペレーション 預金準備率引き下げ 政策金利の引き下げ	売りオペレーション 預金準備率引き上げ 政策金利の引き上げ
金利動向	金利低下 ↘	金利上昇 ↗
金融政策の狙い	物価の下落（デフレ）を抑制	物価の上昇（インフレ）を抑制

ワンポイント
金融引き締めは、金利を上昇させる効果があるので、株価の下落要因になります。

ナビゲーション
インフレやデフレの進行によって、物価の変動が経済に悪影響を及ぼす可能性が高まると、日銀は金融政策を発動させます。

4 財政政策

重要度 C

財政政策とは

政府が、「歳入」や「歳出」によって、経済に影響を及ぼす政策のことを**財政政策**といいます。**日銀**が行う**金融政策**と並んで、経済政策の柱といえます。

「歳入」と「歳出」

- **歳入**… 税金や国債などの発行で得る収入のこと。
- **歳出**… 公共事業費や社会保障費などの支出のこと。

財政政策の3つの機能

財政政策には主に3つの機能があります。公共サービスや公共施設へ投資する「資源配分」、税金を再分配する「所得再分配」、減税や公共事業による「経済の安定化」です。

公共事業は雇用拡大および
所得増加の効果が期待できます

財政政策で
減税が行われることも
ありますよ

個人の所得税とか、
企業の法人税とか！
こうして
景気を刺激するんだね！

日本円と米ドル間の
為替相場変動要因は
しっかり理解しておこう

個人の資産を守る様々な制度

2 金融資産・顧客の保護と法律

経済政策や金融政策において規制緩和が進む一方、個人が自己責任で投資をする機会が増えています。金融商品が複雑化する中、個人が思わぬ損害を被る可能性も小さくありません。そのため、個人を制度や法律で保護するセーフティネットが作られています。2級ではその制度や法律の細かい規定も学んでいきます。

1 金融機関等の破綻と顧客保護

重要度 A

日本では、銀行、証券会社、保険会社などの金融機関が破綻する万一の事態に備えて顧客の資産を守るセーフティネットがあります。

用語の意味

「セーフティネット」を直訳すると「安全網」という意味になります。

預金保険制度

預金保険制度とは、もし銀行などの金融機関が破綻したときに、預金者を保護する制度です。この制度の対象となるのは、日本国内に本店がある銀行、信用金庫、信用組合、労働金庫、ゆうちょ銀行などです。

ワンポイント

国内に本店がある金融機関でも海外支店は対象になりません。また、外国銀行の日本支店も対象外です。

預金保険制度で保護される金融商品

保護の対象	保護の対象外
預金	**外貨預金**
定期積金	譲渡性預金
元本補てん契約のある金銭信託	元本補てん契約のない金銭信託

※仕組預金の利息は、通常の円建て定期預金（仕組預金の同一の期間および金額）の店頭表示金利までの部分が保護の対象となります。

預金保険制度で保護される金額の限度

・決済用預金

決済用預金は**全額**が保護の対象です。決済用預金とは、利息が付かない「**無利息**」、いつでも引き出しが可能な「**要求払い**」、引き落としが可能な「**決済サービス**」という3つの条件を満たしている預金です。

ワンポイント
決済用預金とは、当座預金やゆうちょ銀行の振替貯金のことです。

・決済用預金以外の預金

1つの金融機関ごとに、預金者1人当たり**元本1,000万円**と、その預金の**利息**が保護されます。

決済用以外の預金とは、一般的な普通預金や定期預金、定期積金等のことです。

ワンポイント
定期積金は、積み立て式の金融商品で、信用金庫、信用組合、農業協同組合（ＪＡ）などで、取り扱っています。

・名寄せ

破綻した金融機関に1人の預金者が複数の口座を持っている場合、口座の残高を合計して、保護される預金の総額を計算します。これを「名寄せ」といいます。

夫婦や親子は、それぞれ別々の預金者として保護の対象となります。

なお、金融機関が合併した場合には、その後1年間に限り、「**元本1,000万円まで×合併等に関わった金融機関数**」の金額とその利息が保護されます。

ワンポイント
個人で事業を営んでいる個人事業主の場合、個人と事業用の預金は、同じ預金者の預金として合算されます。

日本投資者保護基金

日本投資者保護基金とは、証券会社が破綻や財政困難になった場合に投資家を保護するセーフティネットです。

資産の「分別管理」

証券会社は、投資家から預かっている現金や証券などの金融資産を、自社の資産とは分けて管理することが義務付けられています。これを「**分別管理**」といいます。

法令違反の証券会社から投資家を保護する

通常、証券会社が破綻をしても、分別管理がされていれば、投資家は金融資産をそのまま返還してもらえます。しかし、分別管理義務を怠っていた場合、現金、株式や債券といった資産が戻らない可能性が出てきます。その際、投資家の損失を補償するのが**日本投資者保護基金**です。

> **レック先生のズバッと解説**
> 国内で営業する証券会社は、日本投資者保護基金への加入が義務付けられています。

補償額

証券会社の破綻などで損害を受けた一般顧客１人に対して、最大**1,000万円**まで補償します。

2 金融商品の関連法規 重要度 A

商品の売買において、取引を公正なものとし、投資家を保護する法律があります。金融商品に関連する主な法律と内容を見ていきましょう。

金融サービス提供法

金融商品の販売や勧誘においてトラブルにならないように**投資家（個人・法人）を保護**するための法律が金融サービス提供法です。正式名称は「**金融サービスの提供に関する法律**」です。

> **ナビゲーション**
> 法律を所管する官庁は金融庁と消費者庁です。

法律の内容

金融商品の**販売業者等**に対して金融商品の販売時に、顧客に対する**重要事項等の説明**を義務付けています。加えて、断定的判断の提供も禁止しています。

損害賠償責任

販売業者等が重要事項の説明義務違反や断定的判断の提供により、顧客が損害を受けた場合は、販売業者等は**損害賠償責任**を負います。

> **ワンポイント**
> 重要事項とは、例えば、販売する金融商品に「元本割れ」のリスクがあるとか、解約期間などの「制限条項」があるといったことです。

消費者契約法

消費者契約法は、**消費者を保護**する法律です。消費者とは**個人**のことですので、企業などの法人は保護の対象ではありません。

> **ナビゲーション**
> 消費者契約法の個人には、個人事業主としての契約は含まれません。

法律の内容

販売する事業者の不適切な行為によって、重要事項について、消費者が誤認、困惑して契約した場合は、その契約を**取り消す**ことができます。
また、事業者の損害賠償責任の一部を免除する条項のうち、損害賠償責任の免除が軽過失の場合のみを対象としていることを明らかにしていない条項は無効となります。

> **ワンポイント**
> 金融サービス提供法と消費者契約法の両方に抵触する場合は、両方を適用することができます。

フィデューシャリー・デューティ

金融事業者は、顧客本位の業務運営を実現するための方針を策定・公表し、取り組み状況の公表や定期的な見直しが求められます。

原則の内容

「プリンシプルベース・アプローチ」を採用し、原則を実施しない場合、その理由や代替策を十分説明すること、定期的に見直すことが求められます。

> **ワンポイント**
> 「プリンシプルベース・アプローチ」とは、「原則は示すけれど、それをどのように実践するかは現場（この場合、各金融機関）に任せる」という意味です。

金融商品取引法

金融商品の取り扱いや販売に関して取引業者が守るべきルール（行為規則）を定めて、**投資家を保護**するための法律です。

金融商品取引法の顧客区分

金融商品取引法では、投資の知識や経験によって、顧客（投資家）を分けて保護しています。その区分は、**特定投資家**（プロ）と**一般投資家**（アマチュア）の2つです。それぞれで、**規制の内容が異なります。**

適合性の原則

顧客である投資家の知識や経験、財産の状況、そして、契約を結ぶ目的に照らして、**不適切と認められる勧誘をしてはならない**、とされています。この原則が、**適合性の原則**です。

対象となる金融商品

株式や債券、投資信託のほかに、外貨預金や変額保険や年金といった**投資の要素が強い金融商品**についても、「金融商品取引法」と同等の販売規制が適用されます。

ワンポイント

個人投資家は、基本的には一般投資家に区分されます。

金融商品取引法では、
投資家保護のために
適合性の原則以外にも
「広告規制」や
「断定的判断の提供による勧誘」
「投資家への損失補てん」
の禁止などが定められています

金融ADR制度

金融機関と利用者の間で発生したトラブルを、裁判によらずに解決を図る制度です。

金融ADR制度の概要

金融ADR機関制度では、トラブルを仲裁するのは、**指定紛争解決機関**です。

指定紛争解決機関

指定紛争解決機関として指定されているのは、全国銀行協会、生命保険協会、日本損害保険協会、保険オンブズマン、証券・金融商品あっせん相談センターなどです。

仲裁の内容

和解のあっせんや解決基準の提示などを行います。紛争解決委員は、指定紛争解決機関に所属する弁護士などの中立・公正な専門家です。

ワンポイント

金融ADR制度の利用は、一部を除いて**無料**です。

「ADR」とは、Alternative(代替的)、Dispute(紛争)、Resolution(解決)の頭文字を取った言葉で、「裁判外紛争解決手続」とも訳されます

犯罪収益移転防止法

犯罪収益移転防止法は、犯罪で得た収益をマネー・ロンダリング（資金洗浄）やテロ行為等へ資金供与することを防止する目的で制定された法律です。この法律により、銀行などの金融機関には、顧客との取引の際に、顧客が本人であることの確認（取引時確認）のほか、その記録等を作成し、７年間保存することが義務付けられています。

確認項目

＜個人および個人事業主＞
氏名・住所・生年月日・取引目的・職業等

＜法人＞
名称・本店または主たる事務所の所在地・設立年月日・取引目的・事業の内容・実質的支配者等

他に法規制がらみだと「犯罪収益移転防止法」があり、正式名称は、「犯罪による収益の移転防止に関する法律」といいます
クレジットカード事業における本人確認も、犯罪収益移転防止法の規定があります
この法律の対象となるのは、金融機関のほかに、宝石や貴金属の取扱事業者や、電話受付代行業者、さらに弁護士なども該当します

過去問チャレンジ

わが国における個人による金融商品取引に係るセーフティネットに関する次の記述のうち、最も適切なものはどれか。

1. 国内銀行に預け入れられている円建ての仕組預金は、他に預金を預け入れていない場合、預金者1人当たり元本1,000万円までと、その利息のうち通常の円建ての定期預金（仕組預金と同一の期間および金額）の店頭表示金利までの部分が預金保険制度による保護の対象となる。

2. ゆうちょ銀行に預け入れられている通常貯金は、他に貯金を預け入れていない場合、貯金者1人当たり元本1,300万円までとその利息が預金保険制度による保護の対象となる。

3. 金融機関同士が合併した場合、合併存続金融機関において、預金保険制度による保護の対象となる預金の額は、合併後1年間に限り、全額保護される預金を除き、預金者1人当たり1,300万円とその利息等となる。

4. 国内に本店のある銀行で購入した投資信託は、日本投資者保護基金による補償の対象となる。

［22年9月・学科］

1が適切

2. 通常貯金の預け入れ限度額は1,300万円ですが、預金保険制度による保護の対象となるのは、元本1,000万円までとその利息です。

3. 金融機関同士が合併した場合に預金保険制度による保護の対象となるのは、合併後1年間に限り、「1,000万円×合併した金融機関数」の金額とその利息です。

4. 日本投資者保護基金は、国内で営業する証券会社は加入しますが、銀行は加入しないため、補償の対象となりません。

3 金融商品の種類

FP が資産運用について提案をする場合、預貯金や債券、株式、投資信託など、個々の金融商品の中身を知っておくことはもちろん、それぞれの違いを理解しておく必要があります。その際、「安全性」「流動性」「収益性」の 3 つの基準で比較すると、商品性の違いが明確になります。

1 金融商品の分類方法

重要度 C

金融商品の性格を分類する上で、基準となるものは主に3つあります。それは、安全性・流動性・収益性です。

	内容	チェックポイント
安全性	損失が発生する可能性	・金融商品の価格の変動 ・金融商品から得られる利益の変動 ・債券や株式などの発行体の財政健全性 ・取扱い金融機関の経営の健全性
流動性	どの程度自由に現金化できるか	・中途解約が可能か ・満期や据置期間 ・換金の手続きはしやすいか
収益性	予想される利益	・どの程度の「インカムゲイン」が期待できるか ・どの程度の「キャピタルゲイン」が期待できるか

安全性には、取り扱う金融機関の経営の健全性も含まれます

金融商品の安全性

金融商品の安全性のポイントは大きく2つあります。それは、金融商品の購入代金（＝元本）や、金融商品から得られる利子等に関する安全性です。

元本支払いの確実性

金融商品の購入代金である元本が、換金時に減らないことを保証している金融商品は「元本保証がある」といいます。一方、金融商品の価格が変動し、換金時に購入代金を下回ること等を「元本割れ」といいます。

利子等支払いの確実性

金融商品から得られる利子、配当、分配が変動しないものを「固定型」、変動するものを「変動型」といいます。固定型には定期預金などが該当し、変動型には普通預金や株式や投資信託等があります。

ワンポイント
元本保証がある金融商品の代表は銀行の普通預金です。

ワンポイント
元本割れの可能性のある金融商品には、株式や債券、投資信託などがあります。

金融商品の流動性

金融商品の流動性とは、現金化のしやすさです。主なポイントは、運用に必要な期間はどれくらいかという点と、売却あるいは解約を申し込んでから現金化までの期間です。

運用に必要な期間

運用期間（満期）が決まっていたり、払い戻しができない期間（据置期間）がある場合、運用期間中は現金化ができないので、流動性は低いことになります。また、期間中の解約（中途解約）が可能なものであっても、解約手数料がかかる場合があります。

ナビゲーション
定期預金を中途解約すると、中途解約金利が適用されます。

換金の手続き

金融機関の店頭やATM、スマホで解約が可能なものから、事前に申し込みが必要なものまで、様々なケースがあります。また、換金の手続きをしてから、実際に現金が振り込まれるまでの期間も、金融商品によって異なります。

金融商品の収益性

金融商品の収益性とは、運用で得られる利益がどのくらい大きいのか、ということです。金融商品の利益は、運用期間中に発生する「インカムゲイン」と、売却等で得られる「キャピタルゲイン」の２つがあります。

インカムゲイン

インカムゲインとは、金融資産の保有時に発生する収益のことで、預貯金なら利息、株式なら配当が該当します。

キャピタルゲイン

金融商品の売却時に得られる収益のことです。株式や債券、投資信託などで、購入価格よりも売却等の価格が高ければ、値上がり益（キャピタルゲイン）を得ることができます。

金融商品の
売却時に、
値下がりした損失は
「キャピタルロス」
といいます

収益性と安全性の関係

金融商品において、基本的には、**収益性と安全性は両立しません**。高い収益が期待できるものは、損失が発生する可能性も高くなります。一方、収益性が低いものは、損失が発生する可能性も低くなるので、安全性は高まります。

2 金融商品の分類

重要度 C

主な金融商品

安全性・流動性・収益性における、「◎」は非常に高い、「○」は高い、「△」は中程度、「×」は低いを表します。

	内容	安全性	流動性	収益性
普通預金	満期などの期間がなく、いつでも預入れ、引出しが自由にできる。元本保証あり。ゆうちょ銀行の場合は、「通常貯金」と呼ばれる。	◎	◎	×
定期預金	満期がある。中途解約は可能だが、中途解約をすると金利は下がる。元本保証あり。ゆうちょ銀行の場合は「定期貯金」「定額貯金」と呼ばれる。	◎	○	×
外貨預金	為替レートの変動によって、元本割れの可能性がある一方、円安になった時に外貨から円に戻せばキャピタルゲインを得られる可能性がある。	△	○	△
債券	満期まで保有すれば、元本は戻ってくるが、途中売却をした場合は、元本割れの可能性がある。一般的に、預貯金よりも金利は高い。	○	△	△
投資信託	投資対象によって、安全性と収益性が変動する。元本保証はない。分配金（インカムゲイン）が得られる。	△	△	○
株式	価格の変動は激しく、元本保証はない。企業業績により配当金（インカムゲイン）が得られる。売却をしてから現金になるまで少し時間がかかる。	×	△	◎

安全性と流動性が高い

4 貯蓄型金融商品

銀行の普通預金やゆうちょ銀行の通常貯金に代表される
貯蓄型金融商品は、安全性と流動性が高く、
資産運用の基礎となるものです。
普通預金と定期預金との違いが、試験では頻出します。

1 貯蓄型金融商品　重要度 B

貯蓄型金融商品

貯蓄型金融商品とは、預けたお金（＝元本）が保証されていて、いつでも引き出せる預貯金のことです。最も身近な金融商品といえるでしょう。

> **用語の意味**
> 銀行に預けたものが「**預金**」で、ゆうちょ銀行や農協（JA）に預けたものが「**貯金**」です。これを合わせて「預貯金」といいます。金融商品として、預金と貯金は同じものと考えてかまいません。

利率と利回り

利率とは

利率は元本に対する**利息の割合**のことです。「%」（パーセント）で表します。

利回りとは

利回りは元本に対する**1年間の収益**のことです。「**年平均利回り**」ということもあります。

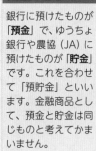

・利回りの求め方

投資している期間の収益または損失を合計し、それを1年当たりに換算します。その1年当たりの収益を、元本で割り、「%」で表します。

$$利回り（年平均利回り）= \frac{収益合計÷預入年数}{元本（投資金額）} ×100$$

<利回りの計算例>
元本100万円を1年間預けて合計2万円の収益を得た場合

$$利回り（年平均利回り）= \frac{2万円÷1年}{100万円} ×100=2\%$$

ワンポイント
元本が保証されない金融商品では、収益の合計はマイナスになることもあります。

単利と複利

預貯金には利息が付きます。利息の計算方法には**単利**と**複利**があります。

ワンポイント
利息と利子は、ほぼ同じ意味で使われます。

単利とは

単利は、預けた**元本だけ**に利息が付く計算方法です。

・単利での元利合計額の求め方

元利合計額=元本×（1+年利率×預入年数）

<単利の計算例>
100万円を年利率2%で4年間預けた場合
元利合計額　100万円×（1+0.02×4）=108万円

ワンポイント
元利合計額とは、元金と利息を合計した金額のことです。

複利とは

複利では、一定期間ごとに支払われる利息も**元本に加えて**、それを新しい元本として、次の利息を計算します。1年に1回利息が付くものを「**1年複利**」といい、半年に1回利息が付くものを「**半年複利**」といいます。

ナビゲーション
複利では、利息にも利息が付くことになります。

講義図解

複利での元利合計額の求め方

<1年複利>（利息が1年に1度付く）

元利合計額＝元本×(1＋年利率)^{年数}

●1年複利の計算例

100万円を年利率2%で4年間預けた場合

元利合計額＝100万円×(1＋0.02)^{4}≒108万2,432円※

<半年複利>（利息が半年に1度付く）

元利合計＝元本×(1＋年利率/2)$^{年数×2}$

●半年複利の計算例

100万円を年利率2%で4年間預けた場合

元利合計額＝100万円×(1＋0.02/2)$^{4×2}$≒108万2,857円※

※円未満四捨五入

固定金利と変動金利

固定金利とは

固定金利は、預けたときから満期まで、金利の水準がずっと変わりません。

変動金利とは

変動金利は、市場の金利の変動に応じて、金利が変わります。

固定金利と変動金利を使い分ける基準

お金を預ける場合、今後、**金利が下がる**予想なら、**固定金利**を選択した方が有利になります。一方、**金利が上昇する**可能性が高ければ、**変動金利**の方が有利になります。

利息にかかる税金

預貯金の利息（利子所得）には税金がかかります。

税率は**20.315％**で、内訳は、**所得税15％、復興特別所得税0.315％、住民税5％**となります。

> **ナビゲーション**
> 復興特別所得税は、2013年から所得税額に対して、2.1％課税されている税金です。計算問題では、復興特別所得税を勘案しない場合もあるので、問題文に注意してください。

利息への課税方法

通常、預貯金の利息には、**源泉分離課税**が適用されます。源泉分離課税とは、他の所得と分離して、一定の税率で税金が源泉徴収等されて、納税が完了する課税方式です。そのため、通常、利子所得等は、確定申告の対象となる所得からは除かれます。

2 銀行の金融商品　重要度 A

消費者にとって身近といえる、銀行やゆうちょ銀行などの金融商品について見ていきましょう。

銀行の主な金融商品

流動性預金

いつでも入出金ができる流動性預金には、普通預金、貯蓄預金があります。貯蓄預金とは、一定額以上の残高を保っていれば、一般的に普通預金よりも高い金利が付く預金です。

定期性預金

満期がある定期性預金には、「スーパー定期」、「大口定期預金」、「期日指定定期預金」などがあります。

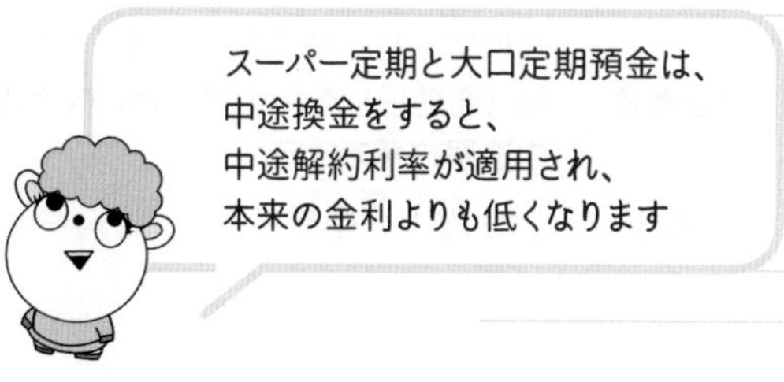

スーパー定期と大口定期預金は、
中途換金をすると、
中途解約利率が適用され、
本来の金利よりも低くなります

	スーパー定期
預入金額	1円以上1円単位
期間	1カ月以上10年以内が多い
金利の種類	**固定金利** 期間**3年未満**は**単利型のみ** 期間3年以上は単利型と半年複利型から選べる
利払い	期間2年以上の単利型は中間利払いがある 半年複利型は満期時に一括払い
中途換金	解約はいつでも可能だが、中途換金すると **中途解約利率**が適用される
その他	「マル優」が使える

ワンポイント

スーパー定期で預入期間3年以上の場合、単利型と半年複利型から選べますが、半年複利型を選択できるのは個人だけです。

ナビゲーション

「マル優」とは、少額貯蓄非課税制度のことです。この制度は、障害者などの元本350万円までの預貯金などに対して、利子を非課税とするものです。

	大口定期預金
預入金額	**1,000万円以上**1円単位
期間	1カ月以上10年以内が多い
金利の種類	固定金利で**単利型のみ**
利払い	期間2年以上の単利型は中間利払いがある
中途換金	いつでも解約は可能だが、中途換金すると **中途解約利率**が適用される
その他	**「マル優」は使えない**

	期日指定定期預金
預入金額	1円以上1円単位
期間	1年以上3年以内が多い
金利の種類	固定金利で**1年複利**
利払い	満期時に一括払い
中途換金	預けてから1年経過すれば、1カ月以上前に期日（満期日）を指定すると、**ペナルティなしで中途解約ができる**
その他	「マル優」が使える

ナビゲーション

期日指定定期預金とは、預けてから1年経過すれば、満期日を自由に指定できる定期預金のことです。

ゆうちょ銀行の主な金融商品

流動性貯金

ゆうちょ銀行のいつでも入出金可能な流動性貯金には、通常貯金、通常貯蓄貯金などがあります。通常貯蓄貯金とは、一定額以上の残高を保っていれば、一般的に通常貯金よりも高い金利が付く貯金です。

流動性貯金の種類	通常貯金	通常貯蓄貯金
預入金額	1円以上1円単位	1円以上1円単位
期間	満期などの制限はなし	満期などの制限はなし
金利の種類	**変動金利**	**変動金利**
利払い	半年に1回	半年に1回
特徴	決済口座として **利用可能** 「マル優」は使えない	決済口座としては **利用できない** 「マル優」は使えない

定期性貯金

ゆうちょ銀行の満期がある定期性貯金には、「定額貯金」、「定期貯金」などがあります。

	定額貯金
預入金額	1,000円以上1,000円単位
期間	6カ月以上で、満期は自由に設定可能 最長10年
金利の種類	**固定金利**で、**半年複利** 預け入れた期間に応じた金利が適用される
利払い	満期時に一括払い
中途換金	預けてから6カ月経過すれば、ペナルティなしで中途解約ができる
その他	「マル優」が使える

ワンポイント

ゆうちょ銀行の預入限度額は2,600万円。内訳は、通常貯金1,300万円と、定期性貯金1,300万円です。

ナビゲーション

通常貯蓄貯金は、貯金残高が10万円以上あれば、金利は通常貯金より高くなります。

	定期貯金
預入金額	1,000円以上1,000円単位
期間	1カ月、3カ月、6カ月、1年、2年、3年、4年、5年
金利の種類	**固定金利** 期間3年未満は**単利型のみ** 期間3年以上は**半年複利型のみ**
利払い	期間2年以上の単利型は中間利払いがある
中途換金	いつでも解約は可能だが、中途解約すると中途解約利率が適用される
その他	「マル優」が使える

休眠口座（休眠預金）

休眠預金等活用法に基づき、2009年1月1日以降の取引から10年以上、その後の取引のない預金等（休眠預金等）は、民間公益活動に活用されます。ただし、休眠預金になっても、所定の手続きによって引き出すことは可能です。

過去問チャレンジ

銀行等の金融機関で取り扱う預金の一般的な商品性に関する次の記述のうち、最も不適切なものはどれか。

1. 期日指定定期預金は、据置期間経過後から最長預入期日までの間で、預金者が指定した日を満期日とすることができる。

2. スーパー定期預金は、預入期間が3年以上の場合、単利型と半年複利型があるが、半年複利型を利用することができるのは法人に限られる。

3. 貯蓄預金は、クレジットカード利用代金などの自動振替口座や、給与や年金などの自動受取口座として利用することができない。

4. デリバティブを組み込んだ仕組預金には、金融機関の判断によって満期日が繰り上がる商品がある。

[21年1月・学科]

2が不適切　スーパー定期預金は、3年未満は単利型、預入期間3年以上は単利型と半年複利型から選択できます。半年複利型を利用できるのは個人だけです。

仕組預金

仕組預金とは定期預金にデリバティブのしくみを組み込んだ商品です。一般的に定期預金といえば「金利」と「満期」が決まっており、満期まで預け入れておけば普通預金より高めの金利が付く元本保証のある商品ですが、仕組預金は、通常の定期預金よりも高めの金利を提供する一方で、金融機関の判断で満期日が繰り上がるなど、期待したはずの収益が保証されないだけでなく、中途換金をすると元本割れすることがあるなど、ハイリスクな商品です。

財形制度

財形制度は、会社員や公務員など勤労者が利用できる財産形成のための制度です。

	一般財形貯蓄	財形住宅貯蓄	財形年金貯蓄
申込時年齢	制限なし	満55歳未満	
積立期間	原則3年以上	原則5年以上	
契約	制限なし	各1人1契約まで	
非課税制度	なし	貯蓄型：財形住宅貯蓄と財形年金貯蓄を合わせて、元利合計550万円までの利子等が非課税 保険型：財形住宅貯蓄と財形年金貯蓄を合わせて払込保険料累計額550万円まで、かつ財形年金貯蓄の払込保険料累計額385万円までの利子等が非課税	
払い出し	貯蓄開始から1年経過後はいつでも払い出し可	原則、目的外払い出しは課税 貯蓄型：5年遡及課税 保険型：財形住宅は全期間遡及の源泉分離課税 財形年金は全期間遡及の一時所得総合課税	

財形には3種類が
あるんですね

発行体によって安全性が変動する

5 債券

債券を発行する主体は、国内外の政府から民間企業まで幅広く、償還期限も短期から長期にわたるものまで様々です。一部の債券を除いて、償還期限まで定期的に利息が受け取れ、満期時には額面金額が戻ってくるので、計画的な投資をすることができます。

1 債券　重要度 A

債券とは

債券は、国や地方公共団体、企業、または外国の政府や企業などが、資金を調達することを目的として発行するものです。債券は借用証書と考えることができます。

発行体による債券の種類

債券の種類	発行体
国債	国
地方債	地方公共団体
社債（事業債）	企業
金融債	特定の金融機関

個人投資家が
債券を購入する場合、
証券会社と直接取引をする
「相対取引」になります

債券の基礎用語

債券用語には専門的なものが多いので、まずそれを理解することが大切です。

償還期限	債券の発行時に定められる満期の時期。返済時期のこと
額面金額	債券の最低申込単位のことで、1万円、5万円、10万円など債券によって異なる
発行価格	債券が新規に発行される際の価格のこと。発行価格は額面金額100円当たりで表示される
表面利率	額面金額に対して１年間に支払われる利息の割合

ワンポイント

利子は英語で「クーポン」といわれることから、表面利率は「クーポンレート」ともいわれます。

債券の発行価格

債券の発行価格は、額面100円当たりの価格で表示されます。額面100円当たり発行価格100円、つまり、額面金額と同じ価格で発行されることを**パー発行**といいます。額面金額よりも低い100円未満で発行されるときは**アンダーパー発行**、額面金額よりも高い100円を超える価格で発行されるときは、**オーバーパー発行**といいます。

ナビゲーション

額面100円当たり99円で発行されたときは、アンダーパー発行となり、101円で発行されたときはオーバーパー発行となります。

一般的に、「長期金利」とは、
新規発行された「10年国債」の
債券市場での
流通利回りのことを指します

債券の種類

債券は、分類方法によって様々な種類に分けることができます。

発行時による分類

新発債	新たに発行される債券
既発債	すでに発行され、市場で取引されている債券

利払い方式による分類

利付債	年1回や半年に1回など、定期的に利息が支払われる債券。償還時には額面金額で償還される
割引債	利息の支払いはないが、額面金額より低い価格で発行され、償還時に額面金額で返還される債券。発行価格と額面金額の差が実質的な利息となる

通貨の違いによる分類

円建て債券	投資金額の払込、利払い、償還が円で行われる債券
外貨建て債券	投資金額の払込、利払い、償還が外貨で行われる債券

- **外貨建て債券の種類**
  ドルで発行されるものを「ドル建て債券」、ユーロで発行されるものを「ユーロ建て債券」と呼びます。

個人向け国債とは

個人向け国債とは、一般の個人だけが購入できる国債のことです。償還期限や金利のタイプにより、「変動10年」、「固定５年」、「固定３年」の３種類があります。

	変動10年	固定５年	固定３年
償還期限	10年	5年	3年
金利の種類	変動金利	固定金利	
適用利率	基準金利×0.66	基準金利－0.05％	基準金利－0.03％
下限金利	0.05％		
利払い	半年ごとに年２回		
発行頻度	毎月発行		
購入単位	額面１万円（１万円以上１万円単位）		
中途換金	中途換金は、購入後、１年経過後から換金可能（１万円単位） ただし、**直前２回分の利子相当額（税引前の利子）×0.79685**が差し引かれる		

・「基準金利」は市場金利にもとづいて決定されます。
・「下限金利」とは、表面利率の最低水準のことです。

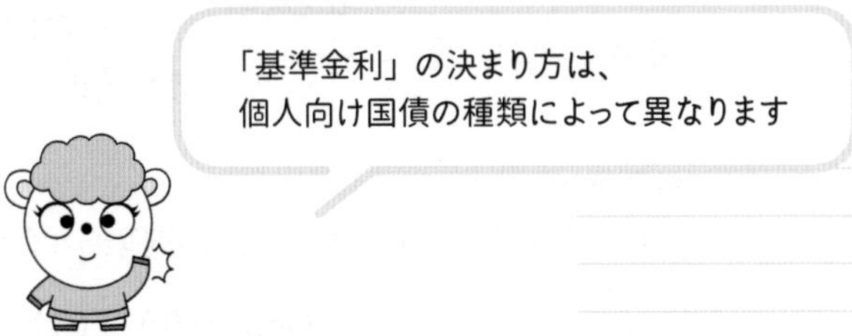

「基準金利」の決まり方は、
個人向け国債の種類によって異なります

債券の利回り

債券の利回りとは、投資金額（購入価格）に対する、債券で得られる１年当たりの収益の割合のことで、「％」で表示されます。債券の利回りには、「**直接利回り**」、「**応募者利回り**」、「**最終利回り**」、「**所有期間利回り**」があります。

ワンポイント
債券で得られる収益には、利息と償還（売却）差損益があります。

債券の利回りの計算式（単利）

基本的な計算式は一緒ですが、投資家の債券の購入のタイミングや、債券を途中売却するか満期まで持つかによって名称と数値が変わります。

講義図解

①直接利回り

投資金額（購入価格）に対する、**毎年**の利子の割合のことです。

$$\text{直接利回り（\%）} = \frac{\text{表面利率}}{\text{購入価格}} \times 100$$

＜計算例＞

発行価格98円、表面利率１％の債券を購入した場合

$$\frac{\text{1円（表面利率）}}{\text{98円（購入価格）}} \times 100 \fallingdotseq 1.02\%$$

（小数点以下第３位を四捨五入。以下同じ）

②応募者利回り

債券の**発行時**に購入して、**満期**まで保有したときの利回りです。

$$\text{応募者利回り（\%）} = \frac{\text{表面利率} + \dfrac{\text{額面} - \text{発行価格}}{\text{償還期限（年）}}}{\text{発行価格}} \times 100$$

＜計算例＞

発行価格98円、表面利率１％、償還期限３年の債券の「応募者利回り」

$$\frac{\text{1円（表面利率）} + \dfrac{\text{100円（額面）} - \text{98円（発行価格）}}{\text{3年（償還期限）}}}{\text{98円（発行価格）}} \times 100 \fallingdotseq 1.70\%$$

講義図解

③最終利回り

すでに発行されている債券を**買って**、**満期**まで保有したときの利回り。

$$\text{最終利回り(\%)} = \frac{\text{表面利率} + \dfrac{\text{額面100円} - \text{購入価格}}{\text{残存期間(年)}}}{\text{購入価格}} \times 100$$

＜計算例＞

購入価格98円、表面利率1％、残存年数2年の債券の「最終利回り」

$$\frac{\text{1円(表面利率)} + \dfrac{\text{100円(額面)} - \text{98円(購入価格)}}{\text{2年(残存期間)}}}{\text{98円(購入価格)}} \times 100 \fallingdotseq 2.04\%$$

---

④所有期間利回り

すでに発行されている債券を**買って**、満期が来る前で**途中売却**をしたときの利回り。

$$\text{所有期間利回り(\%)} = \frac{\text{表面利率} + \dfrac{\text{売却価格} - \text{購入価格}}{\text{所有期間(年)}}}{\text{購入価格}} \times 100$$

＜計算例＞

購入価格98円、表面利率1％の債券を、3年間保有して、99円で売却したときの「所有期間利回り」

$$\frac{\text{1円(表面利率)} + \dfrac{\text{99円(売却価格)} - \text{98円(購入価格)}}{\text{3年(所有期間)}}}{\text{98円(購入価格)}} \times 100 \fallingdotseq 1.36\%$$

債券の表面利率と利回りが
異なる点には要注意です！

イールドカーブ

債券の利回り（金利）を縦軸、残存期間を横軸とし、2つの関係を表した曲線をイールドカーブといいます。償還までの期間が長い方が利回りが高い右上がりのときを順イールド、償還までの期間が短い方が利回りが高い右下がりのときを逆イールドといいます。多くの局面は順イールドとなりますが、急激な金融引締時は逆イールドになることもあります。また、カーブの傾きが大きくなることをスティープ化（金融緩和時、景気拡大予想時）、小さくなることをフラット化（金融引締時、景気後退予想時）といいます。

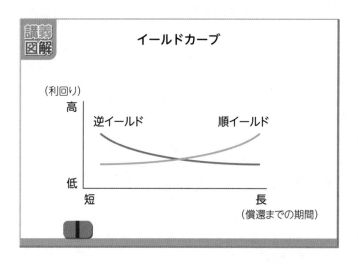

講義図解

イールドカーブ

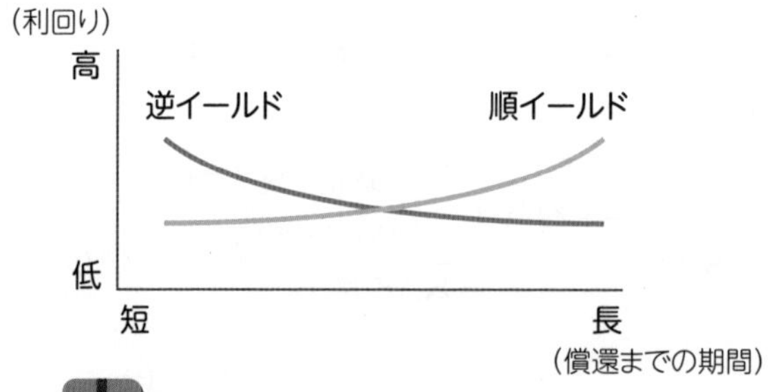

2 債券のリスク

重要度 A

貯金などの金融商品は、元本が保証されていますが、債券は元本が保証されていません。満期まで保有すれば額面金額は戻りますが、値下がりしているときに途中売却をすると、売却損が発生します。このように債券には、様々なリスクがあります。

債券のリスクの種類

債券のリスクには、「**価格変動リスク**」、「**信用リスク**」、「**流動性リスク**」、「**為替変動リスク**」などがあります。このうち**価格変動リスク**と**信用リスク**が主に出題されます。

「価格変動リスク」（金利変動リスク）とは

「価格変動リスク」は債券の代表的なリスクです。市場金利に左右されることから「金利変動リスク」とも呼ばれます。市場の金利が上昇すると、債券の**価格は下落**し、**利回りは上昇**します。一方、市場の金利が低下すると、債券の**価格は上昇**し、**利回りは低下**します。

「価格変動リスク」における金利と価格の関係

市場金利	債券価格	債券の利回り（最終利回り）
上昇 ↗	下落 ↘	上昇 ↗
低下 ↘	上昇 ↗	低下 ↘

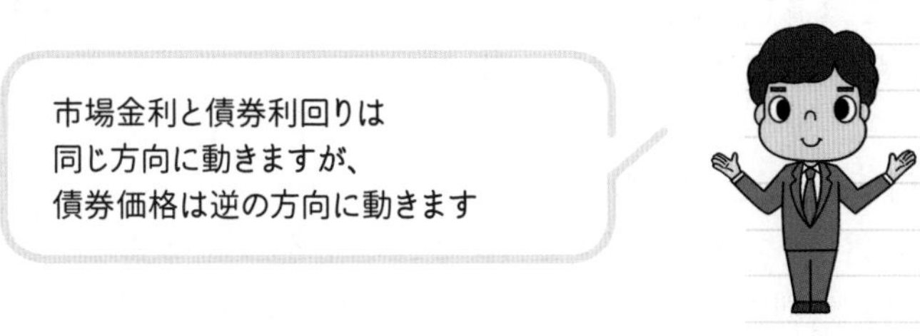

市場金利と債券利回りは
同じ方向に動きますが、
債券価格は逆の方向に動きます

市場金利が上昇すると、表面利率の高い債券が発行されます。保有している債券を売却して、表面利率の高い債券を購入する人が増えるので、価格は下落し、債券の利回りは上昇します。一方、市場金利が低下すると、新規に発行される債券の表面利率は低下するので、すでに保有している債券の価値は高まり、価格が上昇することになります。

ワンポイント
市場金利と債券の利回りは、通常、同じ方向に連動して動きます。

デュレーション

デュレーションとは、「債券投資の平均回収期間」や「金利の変動に対する債券価格の変動幅」を示す指標です。

残存期間…他の条件が同じなら、**残存期間の長い債券**の方が、償還までに金利変動の影響を受ける期間が長いため、価格の**変動幅が大きくなり、デュレーションは長くなります**。なお、割引債のデュレーションは、残存期間と等しくなります。

表面利率…他の条件が同じなら、**表面利率が低い債券**の方が、市場金利の変動の影響が大きくなるため、価格の**変動幅が大きくなり、デュレーションは長くなります**。

用語の意味
「信用リスク」は「デフォル（債務不履行）トリスク」と呼ばれることもあります。

「信用リスク」とは

債券を発行した国や企業が、利息を支払わなかったり、満期時に元本を返済できないことがあります。このようなリスクを、「**信用リスク**」といいます。利子を支払わないことや、元本を返済しないことは、債務不履行にあたることから、「**債務不履行リスク**」ともいいます。

ナビゲーション
債券を発行した国や会社の財政状態が悪化すると、利息や元本の支払いが遅れたり、支払いが不可能となるケースが発生します。

・「信用リスク」と「格付け」

債券の信用リスクを判断する目安として、「格付け」があります。個別の債券について、「A」「B」「C」といった記号を使って、利息や元本の支払い能力の高さを表します。

・**「格付け」と債券の利回りの関係**

格付けの高い債券は、**信用リスクが低い**（＝支払い能力が高い）ため、債券の**価格は高く**なり、債券の**利回りは低く**なります。逆に、**格付けの低い**債券は**信用リスクが高く**（＝支払い能力が低い）、**価格は低く**なり、**利回りは高く**なります。

ナビゲーション

格付けの高い＝支払い能力の高い債券は、利回りが低くても購入されます。一方、格付けの低い＝支払い能力の低い債券は、利回りが高くないと購入されにくくなります。

・**「格付け」の具体例**

格付けを行う機関は、複数ありますが、米国のＳ＆Ｐとムーディーズが世界的に有名です。ここでは、Ｓ＆Ｐの格付け例を見ていきましょう。

S&Pの格付け例

格付け	区分	債券の名称	信用リスク	債券価格	利回り
AAA	投資適格	投資適格債	低い＝安全 ↕ 高い＝危険	高い ↕ 低い	低い ↕ 高い
AA					
A					
BBB					
BB	投機的	投資不適格債（**投機的債券**、ハイ・イールド債とも呼ばれる）			
B					
CCC					
CC					
C					
D					

「流動性リスク」とは

取引量が少ない債券の場合、満期前に途中売却をしようとしても、なかなか取引が成立しない、希望する価格で売れない、といったことが起こります。こうしたリスクが「流動性リスク」です。

「為替変動リスク」とは

外貨建て債券には「為替変動リスク」があります。外貨で利息や償還金が支払われる場合、為替レートによって円での受取金額が変動します。これが為替変動リスクです。購入時よりも円安になれば為替差益が発生し、円高になれば為替差損が発生します。

過去問チャレンジ

固定利付債券の利回り（単利・年率）と価格との関係に関する次の記述の空欄（ア）、（イ）にあてはまる語句の組み合わせとして、最も適切なものはどれか。なお、手数料、経過利子、税金等については考慮しないものとし、計算結果は表示単位の小数点以下第３位を四捨五入するものとする。

> 表面利率が1.00％で、償還までの残存期間が5年の固定利付債券を、額面100円当たり102円で購入した投資家が、2年後に、額面100円当たり101円で売却した。この場合の所有期間利回りは（ ア ）であり、償還期限まで5年間保有した場合の最終利回りよりも（ イ ）。

1.（ア）0.49％　（イ）高い
2.（ア）0.49％　（イ）低い
3.（ア）0.59％　（イ）高い
4.（ア）0.59％　（イ）低い

［22年9月・学科］

2が適切

（ア）

$$\frac{1+\dfrac{(101-102)}{2}}{102}\times100$$

$$=\frac{1+(-0.5)}{102}\times100=\frac{0.5}{102}\times100\fallingdotseq0.49\%$$

（イ）

$$\frac{1+\dfrac{(100-102)}{5}}{102}\times100$$

$$=\frac{1+(-0.4)}{102}\times100=\frac{0.6}{102}\times100\fallingdotseq0.59\%$$

所有期間利回り（ア）は５年間保有した場合の最終利回りよりも低く（イ）なります。よって、２が適切です。

収益性は高いが投資リスクも高い

6 株式

短期売買で利益を追求するといった、ハイリスク・ハイリターンのイメージが強い株式投資ですが、長期間安定して配当金を出している企業に投資をすることで、リスクを抑えた投資をすることも可能です。そのためには、個別銘柄の指標の理解が欠かせません。

1 株式　重要度 B

株式とは

株式とは、一般的には株式会社が資金を調達するために発行する有価証券のことです。株式を発行して得た資金は、銀行からの借入金や社債発行で得た資金とは違い、企業には返済の義務はありません。その代わり、株式を購入して資金を出してくれた**株主**に対して、様々な還元をします。

FPが「株式」を説明するときは「投資先商品」の意味で使うことが多いのですが、本来、「株式」を有する「株主」は出資者＝会社の所有者で、「株主総会」は会社の最高意思決定機関です。経営者に対して意見をしたり、出資比率を増やして経営に参加していくといった一面も併せ持っています。

主な株主の権利

権利	内容
経営参加権	株主総会で議決権を行使できる権利
剰余金配当請求権	会社の剰余金（利益）から、配当を受け取ることができる権利
残余財産分配請求権	会社が解散する際、負債を返済した後、財産が残る場合、株主はその持ち株数に応じて残った財産の分配を受けることができる権利

株式の売買単位

通常の株取引で売買される売買単位のことを、「**単元株**」といいます。日本株の単元株の株数は、100株です。実際の取引は、単元株の整数倍で行われ、売買は100株、200株、300株……となります。

・**「株式累積投資」と「株式ミニ投資」**

証券会社が個人向けに提供している「**株式累積投資**」と「**株式ミニ投資**」は、単元株未満で株式の売買ができるサービスです。

株式累積投資	毎月、一定額ずつ積み立て方式で購入する
株式ミニ投資	通常、1単元の10分の1の単位で売買する

ワンポイント
株式累積投資は「るいとう」と呼ばれています。

株主の権利には、
一定割合以上の株式を
持っていないと
行使できないもの
もあります

ドルコスト平均法

「ドルコスト平均法」とは、一定の金額で、同じ金融商品を買い続ける投資方法です。株式のように、価格の変動幅が大きい金融商品に対する投資リスクを抑制する効果があります。

ナビゲーション
同一銘柄を複数回購入したときの平均購入価格（1株当たりの取得価額）を求める問題が、出題されます。

講義図解

「ドルコスト平均法」のケーススタディ

1回あたり3,000円で同じ銘柄を5回購入した場合

	1回目	2回目	3回目	4回目	5回目
購入価格	500円	600円	300円	500円	600円
購入株数	6株	5株	10株	6株	5株

総投資額　1万5,000円（3,000円×5回）
合計購入株数　32株
平均購入価格　468.75円（1万5,000円÷32株）

株価が高いときは購入株数が減り、株価が安いときは購入株数が増えるので、長期間続けると平均購入価格を下げる効果があるとされます。

証券取引所

株式は、通常、証券取引所を通じて売買されます。東京証券取引所（東証）は主に３つの市場区分があります。

プライム：グローバルな投資家との建設的な対話を中心に据えた企業向け

スタンダード：公開された市場における投資対象として十分な流動性とガバナンス水準を備えた企業向け

グロース：高い成長可能性を有する企業向け

※東京証券取引所では、現在、９時から11時30分まで（前場）と12時30分から15時、2024年11月５日以降は、15時30分まで（後場）の２つの時間帯で立会内取引が行われます。

株価のしくみ

取引される株の価格（株価）には、以下のように４つの種類があります。

始値（はじめね）	▶	最初に取引された価格
終値（おわりね）	▶	最後に取引された価格
高値（たかね）	▶	最も高く取引された価格
安値（やすね）	▶	最も安く取引された価格

ワンポイント
上位の市場への変更は、審査を受ける必要があります。

ナビゲーション
３市場のほか、プロ向けの TOKYO PRO Market もあります。

ワンポイント
上場基準はプライムが最も厳しく、次いでスタンダード、最も緩いのはグロースです。

ワンポイント
東京証券取引所以外に、名古屋・札幌・福岡にも証券取引所があります。

ワンポイント
４つの株価を「四本値（よんほんね）」といいます。

「ローソク足」とは

ローソク足とは、株価の動きを時間の経過に沿って図で表したものです。形がローソクに似ていることから、ローソク足と呼ばれており、四本値を表しています。

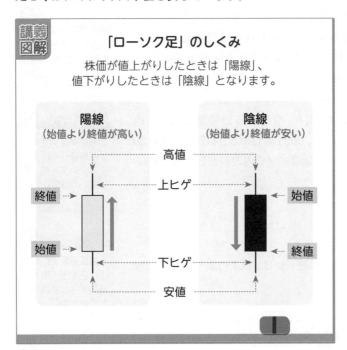

講義図解

「ローソク足」のしくみ

株価が値上がりしたときは「陽線」、
値下がりしたときは「陰線」となります。

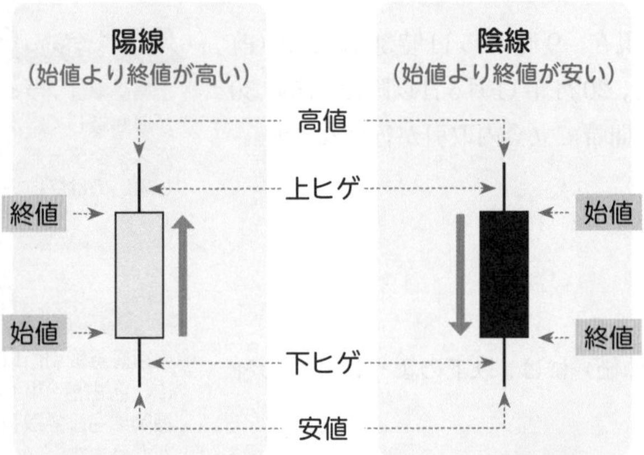

ワンポイント

ローソク足を並べてグラフにしたものを「株価チャート」といいます。

2 株式の取引 重要度 A

株式の取引について

注文方法

証券取引所に上場している株式は、証券会社を経由して、取引所で売買が行われます。株式の注文方法には、**指値注文**と**成行注文**の２種類があります。

【指値注文】
▶売買価格を指定して（指値）注文する方法
→指定した価格でのみ「買いたい」or「売りたい」
例）「A社の株を500円で100株買う（売る）」

【成行注文】
▶売買価格を指定しないで注文する方法
例）「A社の株を価格を問わず100株買う（売る）」

取引所の注文のルール

証券取引所で売買をする場合、取引に関しては以下のルールがあります。

成行注文優先の原則	**指値**注文より、**成行**注文の方が優先される。
価格優先の原則	1つの銘柄に、複数の指値注文がある場合、買い注文は最も**高い**価格が優先され、売り注文は最も**低い**価格が優先される。
時間優先の原則	1つの銘柄に、同じ条件で複数の注文がある場合、注文時間の**早い**注文が優先される。

株式の受渡し

株式の売買が成立した日を「約定日」といい、売買の決済をする日を「受渡日」といいます。受渡日は**約定日から起算して3営業日後（つまり約定日から2営業日後）**で、買い注文の場合は購入代金を支払い、株式を受け取り、売り注文の場合は株式を引き渡して売却代金を受け取ります。

ナビゲーション
指値注文でも、指定した価格より有利な価格で売買が成立する場合があります。例えば、100円で買い注文を出したとき、株価が90円であれば、90円で売買が成立します。

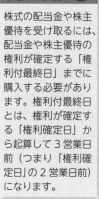

ナビゲーション
株式の配当金や株主優待を受け取るには、配当金や株主優待の権利が確定する「権利付最終日」までに購入する必要があります。権利付最終日とは、権利が確定する「権利確定日」から起算して3営業日前（つまり「権利確定日」の2営業日前）になります。

信用取引

「信用取引」とは、現金や株式を証券会社に担保として預けて、証券会社から資金や株式を借りて株式の売買を行うことです。担保とする現金や株式は「委託保証金」といいます。

「委託保証金」と「委託保証金率」

信用取引において、取引金額に対して必要な委託保証金の割合を「委託保証金率」といいます。例えば、委託保証金率が30％の場合、100万円の「買い（売り）」を行うには、30％に相当する30万円（最低30万円）の委託保証金を、証券会社に預けることが必要になります。

> **ワンポイント**
> 委託保証金が、最低委託保証金維持率に相当する金額を下回ってしまった場合、「追証」（おいしょう）と呼ばれる追加の保証金が必要になります。

「制度信用取引」と「一般信用取引」

信用取引の種類には、「制度信用取引」と「一般信用取引」の2つがあります。

制度信用取引…対象銘柄や決済期限など、証券取引所のルールに基づいて行われます。ただし、決済期限は**最長6カ月**と定められています。

一般信用取引…証券取引所に上場している銘柄を対象としますが、取引のルールは証券会社と投資家で合意したものとなります。したがって、決済期限を**無期限とすることも可能**です。

> **ワンポイント**
> 一般信用取引の建株（未決済の株）を制度信用取引の建株に変更することも、その逆もできません。

「信用取引」の決済方法

信用取引は、証券会社から資金や株式を借りて売買をするので、返済期限までに決済（＝返済）をする必要があります。決済方法には、反対売買による差金決済と、株式を使ったものがあります。

差金決済

信用取引で買った株式を売却、または、売った株式を買い戻します。損失が発生した場合に金額分を返済します。利益が出ていれば支払いの必要はありません。

株式を使った決済

「**買い**」の決済方法
購入した株式を売却せず、証券会社から借りた資金を返済して、株式を保有する
→「**現引き**」といいます。

「**売り**」の決済方法
売却した株と同じ銘柄の同じ株数を証券会社に渡して、売却した代金を受け取る
→「**現渡し**」といいます。

株式の指標

株式の指標には、市場の状況を表すものや、個別銘柄の株価の水準を表すものなど様々な指標があります。

株式市場全体の動向を表す指標

株式市場全体の動向を表す代表的な指標は、「**日経平均株価**」(日経225)と「**東証株価指数**」(TOPIX)、「**東証プライム市場指数**」です。

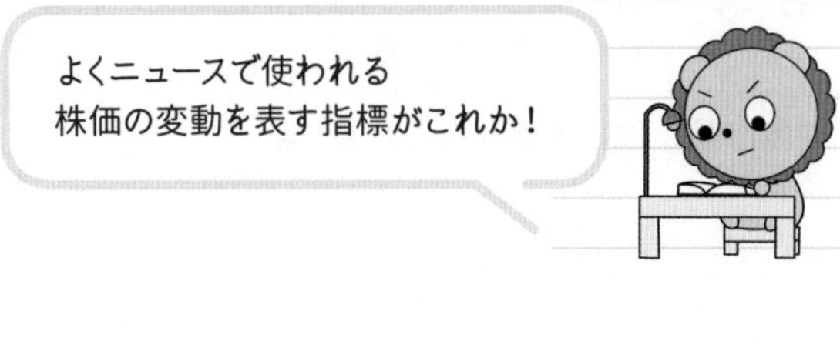

よくニュースで使われる
株価の変動を表す指標がこれか!

	日経平均株価（日経225）	東証株価指数（TOPIX）	東証プライム市場指数
対象銘柄	代表的な225銘柄	旧東証一部の内国普通株式の全銘柄で、原則、流通株式時価総額100億円以上の銘柄等（経過措置あり）	プライム市場に上場する内国普通株式全銘柄
内容	指数の連続性を保つために、個別銘柄の株価を修正した**修正平均株価**	株価×株式数で求められる「時価総額」を基準とした浮動株**時価総額加重平均型**	
特徴	**株価の水準が高い銘柄**である「**値がさ株**」の影響を受けやすい	「**時価総額**」の大きい「**大型株**」の影響を受けやすい	
対象市場	東証プライム市場	東証プライム市場 スタンダード市場 グロース市場	東証プライム市場

「JPX日経インデックス400」（JPX日経400）

年金などを運用している機関投資家が注目している株式市場の指標です。

対象銘柄	東証に上場する、一定の基準を満たした400銘柄
内　容	主な基準としては、過去３期以内に債務超過がないこと、過去３期連続の営業赤字がないこと、売買代金と時価総額、３年平均ROE（自己資本利益率）など
特　徴	資本の効率的活用や株主を意識した経営など、投資家にとって魅力が高いと考えられる400社から構成されている
対象市場	東京証券取引所の全市場

米国株式市場の指標

NYダウ（ダウ工業株30種平均）

ニューヨーク証券取引所、ナスダックに上場している銘柄から優良銘柄30種を株価平均型で算出した株価指数です。

S＆P 500

ニューヨーク証券取引所、ナスダックに上場している中から代表的な500銘柄を時価総額加重平均で算出した株価指数です。

ナスダック総合指数

米国の新興企業を中心としたナスダック市場の全銘柄を時価総額加重平均で算出した株価指数です。

過去問チャレンジ

東京証券取引所の市場区分等に関する次の記述のうち、最も不適切なものはどれか。

1. 東京証券取引所は、プライム市場、スタンダード市場、グロース市場およびTOKYO PRO Marketの４つの株式市場を開設している。

2. 日経平均株価は、プライム市場に上場している銘柄のうち、時価総額上位225銘柄を対象として算出される株価指標である。

3. プライム市場における上場維持基準は、株主数や流通株式数等において、スタンダード市場およびグロース市場よりも高い数値が設定されている。

4. グロース市場に上場している銘柄であっても、プライム市場における新規上場基準等の要件を満たせば、所定の手続きにより、プライム市場に市場区分の変更をすることができる。

[23年5月・学科]

2が不適切　日経平均株価は、プライム市場に上場している銘柄のうち、代表的な225銘柄を対象として算出される指数です。

売買高

売買高は、証券取引所で売買が成立した株式数のことで株式市場の活況度を表す重要な指標です。「**出来高**」ということもあります。

ワンポイント
取引が成立した代金の総額は、「売買代金」といいます。

個別銘柄の指標

個別銘柄の株価の水準を表す指標には、様々なものがあります。その中でもよく使われる「株価収益率（PER）」、「株価純資産倍率（PBR）」、「自己資本利益率（ROE）」、「自己資本比率」、「配当利回り」、「配当性向」について解説をします。

個別銘柄の
比較をする際には
とても重要な
指標です！

講義図解

①「株価収益率（PER）」

PERは、株価が**「1株当たり純利益」の何倍**になっているかを表します。
「1株当たり純利益」は「**EPS**」と呼ばれます。

PERの求め方

$$\text{PER(倍)} = \frac{\text{株価}}{\text{1株当たり純利益（EPS）}}$$

<計算例>

株価が500円、1株当たり純利益が50円の場合

$$\text{PER(倍)} = \frac{\text{500円}}{\text{50円}} = \text{10倍}$$

株価は1株当たり純利益の10倍になっている

・一般的に、PERが高い銘柄は**割高**、低い銘柄は**割安**といわれます。

講義図解

②「株価純資産倍率（PBR）」

PBRは、株価が**「1株当たり純資産」の何倍**になっているかを表します。
「1株当たり純資産」は「**BPS**」と呼ばれます。

PBRの求め方

$$\text{PBR(倍)} = \frac{\text{株価}}{\text{1株当たり純資産（BPS）}}$$

<計算例>

株価が1,000円、1株当たり純資産が400円の場合

$$\text{PBR(倍)} = \frac{\text{1,000円}}{\text{400円}} = \text{2.5倍}$$

株価は1株当たり純資産の2.5倍になっている

・一般的に、PBRが高い銘柄は**割高**、低い銘柄は**割安**といわれます。
・もしPBRが1倍未満の場合は、株価が会社の解散価値を下回っていることを意味します。

講義図解

③「自己資本利益率（ROE）」

ROEは、自己資本（純資産）に対して、企業がどれくらいの利益を上げているのか、をみる指標です。

ROEの求め方

$$\text{ROE}(\%) = \frac{\text{税引後当期純利益}}{\text{自己資本（純資産）}} \times 100$$

<計算例>

税引後当期純利益が50億円、自己資本（純資産）が1,000億円の場合

$$\text{ROE}(\%) = \frac{50\text{億円}}{1{,}000\text{億円}} \times 100 = 5\%$$

・ROEが高いほど**効率的に利益を上げている**、と判断できます。

講義図解

④「自己資本比率」

自己資本比率は、会社のすべての資本（総資産）に対する、自己資本の割合を表します。自己資本とは、株主が出資した資金（≒ 純資産）のことで、返済不要のお金です。

自己資本比率の求め方

$$\text{自己資本比率}(\%) = \frac{\text{自己資本（≒ 純資産）}}{\text{総資産}} \times 100$$

<計算例>

自己資本（純資産）が200億円、総資産が500億円の場合

$$\text{自己資本比率}(\%) = \frac{200\text{億円}}{500\text{億円}} \times 100 = 40\%$$

・一般に自己資本比率が高いほど、財務の安全性が高いと判断されます。

講義図解

⑤「配当利回り」

株価（投資金額）に対する**配当金**の割合を表します。

配当利回りの求め方

$$配当利回り(\%) = \frac{1株当たりの配当金}{株価} \times 100$$

<計算例>

株価が500円、1株当たり配当金が10円の場合

$$配当利回り(\%) = \frac{10円}{500円} \times 100 = 2\%$$

・株式の配当金は1株単位で発表されます。
・配当利回りの高いと、一般的に魅力的な銘柄といわれます。

講義図解

⑥「配当性向」

企業の税引後当期純利益に対する年間配当金（総額）の割合をみる指標です。

配当性向の求め方

$$配当性向(\%) = \frac{年間配当金（総額）}{税引後当期純利益} \times 100$$

<計算例>

税引後当期純利益が50億円、年間配当金（総額）が5億円の場合

$$配当性向(\%) = \frac{5億円}{50億円} \times 100 = 10\%$$

・企業が利益をどれくらい株主に還元しているのかがわかる指標です。

過去問チャレンジ

上場会社であるA株式会社（以下「A社」という）に係る株式投資の指標に関する次の記述のうち、最も不適切なものはどれか。

＜A社のデータ＞

株価:2,500円
発行済株式数：600万株
配当金総額（年）：4億5,000万円
当期純利益（年）：12億円
自己資本（＝純資産）：300億円
※上記以外の数値は考慮しないものとする。

1. A社株式のPERは、12.5倍である。
2. A社株式のPBRは、2.0倍である。
3. A社株式の配当利回りは、3.0％である
4. A社のROEは、4.0％である。

［22年9月・学科］

2が不適切　1．PER＝2,500円÷（12億円÷600万株）＝12.5倍

2．PBR＝2,500円÷（300億円÷600万株）＝0.5倍

3．配当利回り＝（4億5,000万円÷600万株）÷2,500円×100
＝3.0％

4．ROE＝12億円÷300億円×100＝4.0％

3 株式投資に欠かせない「決算短信」

重要度 C

「決算短信」とは、企業の決算内容をコンパクトにまとめたレポートのことです。決算短信には、株価収益率（PER）の算出で使う「純利益」や、株価純資産倍率（PBR）における「純資産」など、企業の業績や財務内容がわかる重要な数字が並んでいます。発表と同時に株価が大きく動くことも珍しくなく、株式投資をする人にとっては不可欠な資料となっています。

「決算短信」のポイントは来期の予想

決算期の売上高や営業利益、経常利益、純利益、純資産といった数字は重要ですが、投資家がより注目するのは、そうした経常利益や純利益の来期の予想です。この予想数値によって、株価が動くことがよくあります。ただし、数字はあとで修正されることがあるため注意が必要です。

ナビゲーション

東京証券取引所は上場企業に対して、遅くとも決算期末後45日、できれば30日以内に、決算短信を発表することを要望しています。

決算短信の見方

❶ **売上高** ➡ 売上原価や販売費、一般管理費などを引く前の売上

❷ **営業利益** ➡「売上高－売上原価－販売費および一般管理費」で求める、その会社の本業で上げた利益

❸ **経常利益** ➡「営業利益＋営業外収益－営業外費用」で求める利益。営業外収益および営業外費用とは、本業以外の損益のこと

❹ **当期純利益** ➡ 経常利益に、臨時あるいは想定外の損益である特別利益や特別損失を加味した利益から、税金を引いたもの。最終的に会社に残った利益

❺ **1株当たり当期純利益** ➡ 純利益を発行済株式数で割った数値

❻ **自己資本当期純利益率** ➡ 当期純利益を自己資本（純資産）で割った数値。「ROE」のこと

❼ **総資産経常利益率** ➡ 経常利益を総資産で割った数値。会社の事業の効率性を表すとされる

❽ **売上高営業利益率** ➡ 営業利益を売上高で割った数値。会社の事業の収益性を表すとされる

❾ 配当性向 ➡ 会社が当期純利益のうち、どれだけを配当金の支払いに向けたかを示す指標で、「1株当たり配当金」を「1株当たり当期純利益」で割った数値

❿ 連結業績予想 ➡ 会社側が予想している来期の業績。投資家が最も注目している数値

2021年11月期　決算短信〔日本基準〕(連結)

2022年1月9日

上場会社名　SX株式会社　上場取引所　東
コード番号　URL https://www.xxx.com/
代表者　(役職名) 代表取締役　社長執行役員　(氏名) ●●●●
問合せ先責任者　(役職名) 経営推進本部長　(氏名) ●●●●　TEL XX-XXXX-XXXX

(省略)

(百万円未満切捨て)

1. 2021年11月期の連結業績 (2020年12月1日〜2021年11月30日)

(1) 連結経営成績 (%表示は対前期増減率)

	売上高❶		営業利益❷		経常利益❸		親会社株主に帰属する当期純利益❹	
	百万円	%	百万円	%	百万円	%	百万円	%
2021年11月期	545,723	△4.8	32,048	△3.1	33,275	△3.1	18,698	2.1
2020年11月期	573,525	2.1	33,067	5.8	34,349	5.7	18,320	1.2

(注) 包括利益　2021年度11月期　17,646百万円 (△0.8%)　2020年度11月期　17,786百万円 (△47.5%)

	1株当たり当期純利益❺	潜在株式調整後1株当たり当期純利益	自己資本当期純利益率❻	総資産経常利益率❼	売上高営業利益率❽
	円 銭	円 銭	%	%	%
2021年11月期	130.72	—	8.1	7.7	5.9
2020年11月期	124.85	—	8.1	8.2	5.8

(参考) 持分法投資損益　2021年度11月期　168百万円　2020年度11月期　130百万円

(2) 連結財政状態

(省略)

(3) 連結キャッシュ・フローの状況

(省略)

2. 配当の状況

	年間配当金					配当金総額(合計)	配当性向(連結)❾	純資産配当率(連結)
	第1四半期末	第2四半期末	第3四半期末	期末	合計			
	円 銭	円 銭	円 銭	円 銭	円 銭	百万円	%	%
2020年11月期	—	19.00	—	19.00	38.00	5.510	*	2.4
2021年11月期	—	20.00	—	25.00	45.00	5.578	*	2.8
2022年11月期 (予想)	—	20.00	—	20.00	40.00		*	

(注) 2021年11月期の期末配当金額は予定であり、2022年1月22日開催の取締役会で決定します。
2021年11月期の期末配当金につきましては、創業100周年記念配当5円を含んでいます。

3. 2022年11月期の連結業績予想 (2021年12月1日〜2022年11月30日) (%表示は対前期増減率)

❿

	売上高		営業利益		経常利益		親会社株主に帰属する当期純利益		1株当たり当期純利益
	百万円	%	百万円	%	百万円	%	百万円	%	円 銭
通期	555,000	1.7	32,100	0.2	32,500	△2.3	14,500	△22.5	101.37

※問題作成の都合上、一部を「*」としている。　2021年1月　日本FP協会実技試験より

7 投資信託

資産運用のプロが、投資家に代わって多種多様な金融商品に投資をしてくれるのが投資信託です。少額から購入できたり、簡単に分散投資ができるなど、様々なメリットがあります。専門用語が多く、試験では用語の意味を問う問題がよく出題されます。

1 投資信託

重要度 B

個人の資産運用の主力となるのが投資信託で、様々な投資家のニーズに対応できる金融商品になっています。

投資信託の基礎知識

投資信託とは

投資信託とは、様々な投資家から集めた資金を運用の専門会社が投資家に代わってまとめて運用する、という金融商品です。運用会社は、株式や債券、不動産などに分散投資をして、投資で得た利益を投資家に還元します。

信託の基本的な意味は、「信用して任せること」です！

講義図解

投資信託のお金の流れ

投資信託の特徴

投資先の金融商品は、ほとんどが元本保証はありません。したがって、投資信託にも元本保証はありません。

投資信託の基本的な特徴

- 専門家（運用会社）に運用を任せる
- 元本保証はなし
- 少額の資金から購入できる
- 分散投資ができる

投資信託の基礎用語

投資信託の運営には、販売する金融機関や運用会社など、様々な金融機関が関わっています。そのため、専門的な用語は多くなりますが、まず基本を理解するために、以下の用語を押さえておきましょう。

基準価額	投資信託の1万口あたりの値段 **1日に1回**だけ発表されます
純資産総額	投資信託が投資している資産の価格（＝時価）に、それぞれの金融商品の利息や分配金などの収益を加えた資産の総額から、投資信託の運営に関わる**手数料などを差し引いた**時価総額のこと
分配金	運用によって得られた収益等を、決算ごとに投資家に分配するお金のこと。分配金の額は運用成績によって変動します。なお、投資信託によって、分配金を出すものと出さないものがあります

ワンポイント
投資信託のことを「ファンド」ともいいます。

ナビゲーション
投資信託には、**会社型**と**契約型**があり、日本ではほとんどが契約型です。契約型とは、運用会社と信託銀行が信託契約を結んでいるタイプのことです。

目論見書	投資信託の特徴や運用実績、リスク、手数料などが明記されている説明書のこと。投資信託を販売する際、販売する金融機関は**投資家に交付**することが法律で義務付けられています。
運用報告書	投資信託の運用成績が記載されているレポートのこと。運用会社は原則、投資信託の決算期末ごとに作成し、販売した金融機関は**投資家に交付**することが法律で義務付けられています。

投資家は、このような資料などで
投資判断をするんだね！

投資信託の運営のしくみ

投資信託には、証券会社や銀行、運用会社など、多数の金融機関が運営に関わっています。

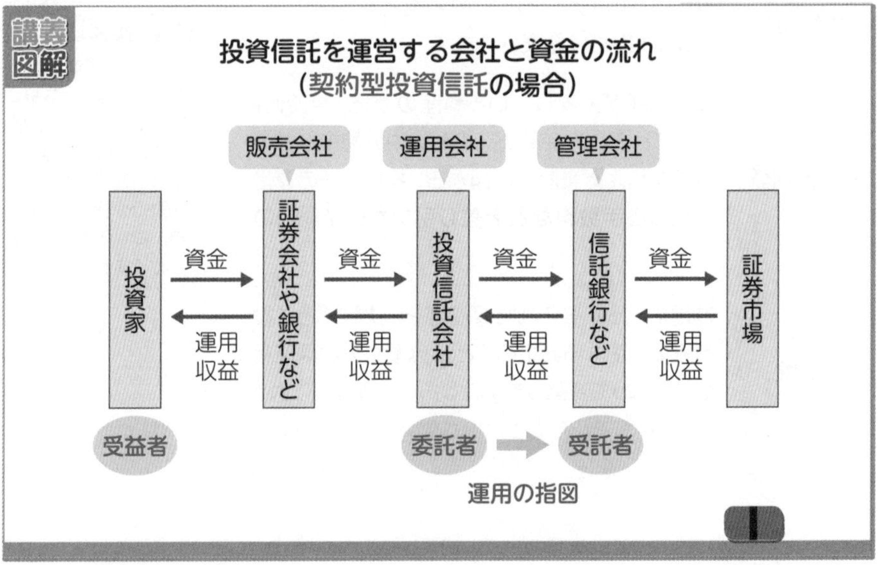

投資信託を運営する会社の役割

販売会社	投資信託の募集、販売を行います。具体的には、**証券会社**や銀行、保険会社、ゆうちょ銀行などです
運用会社	投資する金融商品と資金の配分を決めて、受託者（管理会社）に対して運用の指図を行います **投資信託会社**が担当します
管理会社	運用会社の指図をもとに、受託した資金を株式などに投資します。**信託銀行**が行います

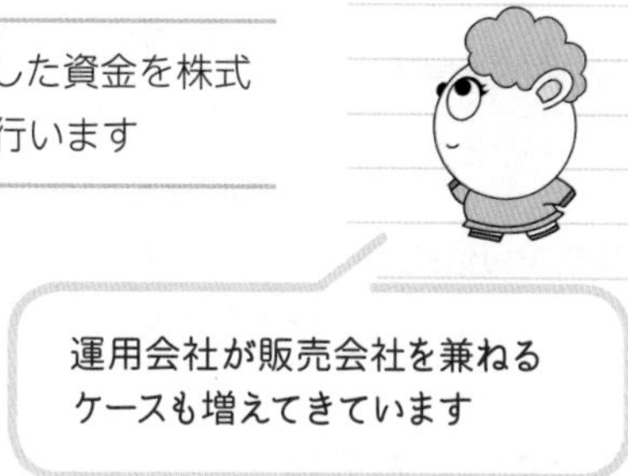

運用会社が販売会社を兼ねる
ケースも増えてきています

投資信託の手数料

投資信託は様々な手数料がかかります。主なものは、次のとおりです。

手数料がかかる段階	手数料	内容
購入時	**購入時手数料**	投資信託の購入時に、販売会社に支払う手数料。同一の投資信託でも、販売会社によって手数料は異なります
保有時	**運用管理費用（信託報酬）**	販売会社、運用会社、管理会社それぞれの業務に対してかかる手数料。**信託財産から日々差し引かれます**
換金時	**信託財産留保額**	中途換金時に、解約代金から差し引かれる手数料。差し引かれた手数料は信託財産に組み入れられます

ワンポイント

購入時手数料が無料の「ノーロード」タイプの投資信託もあります。

レック先生のズバッと解説

投資信託を購入するのに必要な金額は、「基準価額×購入口数＋購入時手数料＋購入時手数料に対する消費税」となります。

2 投資信託の種類

重要度 B

投資信託は、分類方法によって様々なタイプに分けることができます。

投資対象による分類

投資対象に株式が組み入れできるかどうかで分類します。

公社債投資信託	公社債を中心に運用。**株式**の組み入れはできない
株式投資信託	**株式の組み入れが可能**。ただし、組み入れが「可能」なだけで、株式が入っていないものもあります

購入時期による分類

投資家の購入時期によって分類します。

追加型	いつでも購入できる投資信託のこと 「**オープン型**」ともいいます
単位型	最初の募集期間にしか購入できません 「**ユニット型**」ともいいます

追加型と単位型では、追加型の方が圧倒的に多くなっています

運用手法による分類

運用手法によって分類されます。

講義図解

運用の手法による分類と銘柄選定

パッシブ運用	「ベンチマーク」に**連動した**運用を目標とします。「ベンチマーク」とは「日経225」や「TOPIX」のことで、値動きが同じになるように運用をします。
アクティブ運用	「ベンチマーク」を**上回る**運用を目標とします。

アクティブ運用では、
銘柄選定の方法が2通りあります。

銘柄選定の方法

トップダウンアプローチ	ボトムアップアプローチ
経済環境を**マクロ的**に分析して銘柄を選定する	個別銘柄の調査と分析をして銘柄を選定する

個別銘柄の選定の組み入れ基準には
2つの考え方があります。

投資対象となる銘柄のタイプの違い

グロース型	バリュー型
将来的に**成長**が見込める銘柄に投資	企業利益や資産などから**割安**な銘柄に投資 例えば、PBRやPERが低い銘柄

マーケット・ニュートラル運用	割安な銘柄の買いと割高な銘柄の売りを同程度の金額で行い、市場の変動に影響されない運用を目指します。

「ブル型ファンド」と「ベア型ファンド」

これまで説明してきた投資信託の分類方法よりも、さらに細かい種類として、「ブル型ファンド」と「ベア型ファンド」というものがあります。「ブル型」は「レバレッジ型」、「ベア型」は「インバース型」とも呼ばれます。

ブル型ファンド（レバレッジ型）	「相場が上昇」したときに利益が出るように運用されている
ベア型ファンド（インバース型）	「相場が下落」したときに利益が出るように運用されている

ナビゲーション

「ブル」とは牛のことで、角が上を向いていることからイメージされています。また、「ベア」は熊のことで、手を上から下に振り下ろすことから下落をイメージしています。

ブル型ファンド、ベア型ファンドには、先物やオプションを利用し、上昇（下落）幅の2倍、3倍等の投資成果を目指すタイプもあります。

ブル型ファンドとベア型ファンドは、
株価指数に連動するタイプがほとんどです

「MMF」と「MRF」とは

「**MMF**」（マネー・マネージメント・ファンド）と「**MRF**」（マネー・リザーブ・ファンド）も投資信託です。いずれも、追加型公社債投資信託に分類され、比較的安全性の高い短期の公社債で運用されます。ただし、投資信託ですので、**元本保証はありません。**

なお、MRFは例外的に金融商品取引法で、運用会社などによる損失補てんが認められています。

株式市場に上場している投資信託

株式市場に上場している投資信託は、「上場投資信託」と呼ばれます。主なものに、「**ETF**」(上場投資信託) と「**REIT**」(不動産投資信託) があります。

	公募株式投資信託	ETF (上場投資信託)	REIT (不動産投資信託)
設立形態	契約型	契約型	会社型
上場／非上場	非上場	上場	
販売窓口	商品によって取扱金融機関 (証券会社・銀行等) が異なる	証券会社	
売買方法	・ブラインド方式 (売買時点で基準価額がわからない) ・指値／成行注文不可 ・信用取引不可	上場株式と同様 ・リアルタイム取引 ・指値／成行注文可 ・信用取引可	
費用	・購入時手数料 ・信託報酬 ・信託財産留保額	・売買委託手数料 (証券会社により異なる) ・信託報酬	
その他	・基準価額は1日にひとつ ・普通分配金と特別分配金がある	・株式、債券、商品、不動産等の指数に連動するインデックス型のほか、アクティブ型もある ・特別分配金はない	

ETFには、指標の日々の変動率に一定の正 (負) の倍数を乗じて算出される指数に連動した運用成果を目指して運用されるレバレッジ型 (インバース型) や、所定の指標に連動した投資成果を目的とする債券 (リンク債) に投資することにより、ETFの1口当たり純資産額の変動率を対象指標の変動率に一致させる運用手法のリンク債型などもあります。

投資信託の「トータルリターン通知制度」

トータルリターンとは

購入日から現在までの全期間を通じて、追加購入や分配金なども含めたトータルの損益を、「**トータルリターン**」といいます。

トータルリターン通知制度

販売会社は投資家に対して、**年１回以上**、総合的な損益状況である「トータルリターン」を通知することが義務付けられています。これが「**トータルリターン通知制度**」です。

ナビゲーション

分配金などが多い投資信託の場合、累積損益がわかりにくくなることがあり、それを解消する目的で、「トータルリターン通知制度」は導入されました。

講義図解

「トータルリターン」とは

購入日から現在までの累積の損益

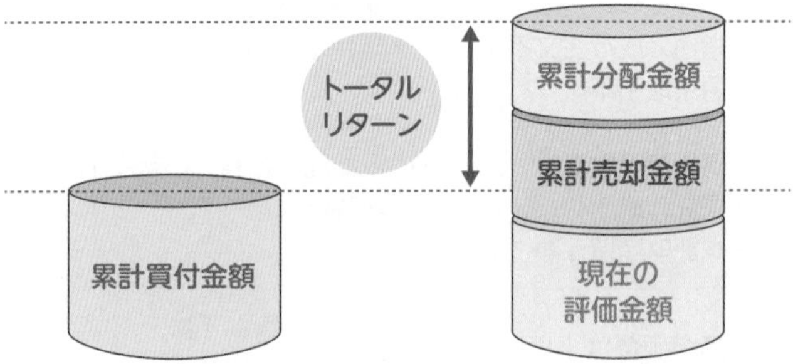

トータルリターン ＝ 現在の評価金額 ＋ 累計売却金額 ＋ 累計分配金額 − 累計買付金額

・「トータルリターン通知制度」の対象投資信託
平成26年（2014年）12月以降に購入した株式投資信託や外国投資信託

投資信託の「収益分配金」とは

投資信託の収益分配金には、「**普通分配金**」と「**特別分配金**」の２種類があります。

普通分配金

普通分配金は、運用によって得られた利益から投資家に支払われる分配金のことです。

特別分配金

特別分配金は、利益ではなく、元本の一部を取り崩して投資家に支払われる分配金です。そのため、「**元本払戻金**」とも呼ばれます。特別分配金が支払われると、その分、個別元本は減少します。

過去問チャレンジ

株式投資信託の一般的な運用手法等に関する次の記述のうち、最も不適切なものはどれか。

1．株価が現在の資産価値や利益水準などから割安と評価される銘柄に投資する手法は、バリュー投資と呼ばれる。

2．個別企業の業績の調査や財務分析によって投資対象となる銘柄を選定し、その積上げによってポートフォリオを構築する手法は、ボトムアップ・アプローチと呼ばれる。

3．割安な銘柄の売建てと割高な銘柄の買建てをそれぞれ同程度の金額で行い、市場の価格変動に左右されない絶対的な収益の確保を目指す手法は、マーケット・ニュートラル運用と呼ばれる。

4．ベンチマークの動きに連動して同等の運用収益率を得ることを目指すパッシブ運用は、アクティブ運用に比べて運用コストが低い傾向がある。

［23年5月・学科］

3が不適切　マーケット・ニュートラル運用は、割安な銘柄の買建てと割高な銘柄の売建てをそれぞれ同程度の金額で行い、市場の価格変動に左右されない運用を目指す手法です。

投資信託の分野では、
運用の手法についての知識を
問う出題が増えています

過去問チャレンジ

上場投資信託（ETF）の一般的な特徴に関する次の記述のうち、最も適切なものはどれか。

1. ETFは、非上場の投資信託と異なり、運用管理費用（信託報酬）は発生しない。

2. ETFは、支払われる分配金が自動で再投資されるため、投資の複利効果を得ることができる。

3. ETFには、新NISAのつみたて投資枠の対象となっているものがある。

4. ETFには、株価指数に連動するものはあるが、REIT指数や商品指数に連動するものはない。

[22年5月・学科]

3が適切　1．ETFも信託報酬がかかります。

2．非上場の投資信託では、分配金を自動で再投資できるものがありますが、ETFは分配金を自動で再投資はできません。

4．株価指数以外にREIT指数や商品指数に連動するものもあります。なお、アクティブ型もあります。

分散投資の効果をアップさせる

8 外貨建て金融商品・金

相対的に日本より海外の方が金利が高いため、利息収入が見込める外貨建て金融商品では、金利の高さが大きな魅力となっています。ただし、投資の際には「為替変動リスク」を回避することはできません。為替変動リスクの理解が重要になります。

1 外貨建て金融商品　重要度 A

外貨建て金融商品を上手に活用すれば、将来、日本円の価値が低下した場合、資産全体の価値の低下を防ぐことができます。外貨建て金融商品への投資は、分散投資の基本でもあります。

外貨建て金融商品とは

外貨建て金融商品とは、取引時の価格が米ドルやユーロなどの**外貨で表示されている金融商品**のことです。

外貨建て金融商品に必要な外国為替取引

外貨建て金融商品を購入する場合、円から外貨に換えることになります。また、日本円で持ちたいときは、外貨から円に換えることになります。この取引を、外国為替取引といいます。

レック先生のズバッと解説

外貨建て金融商品には、「為替変動リスク」以外にも、投資対象国の政治経済情勢の変化による「カントリーリスク」や、財政難により債務不履行が起こる「信用リスク」などがあります。

為替レート

外国為替取引は、為替レートで行われます。円を外貨に換える為替レートは「**TTS**」、外貨を円に換える為替レートは「**TTB**」と呼ばれます。

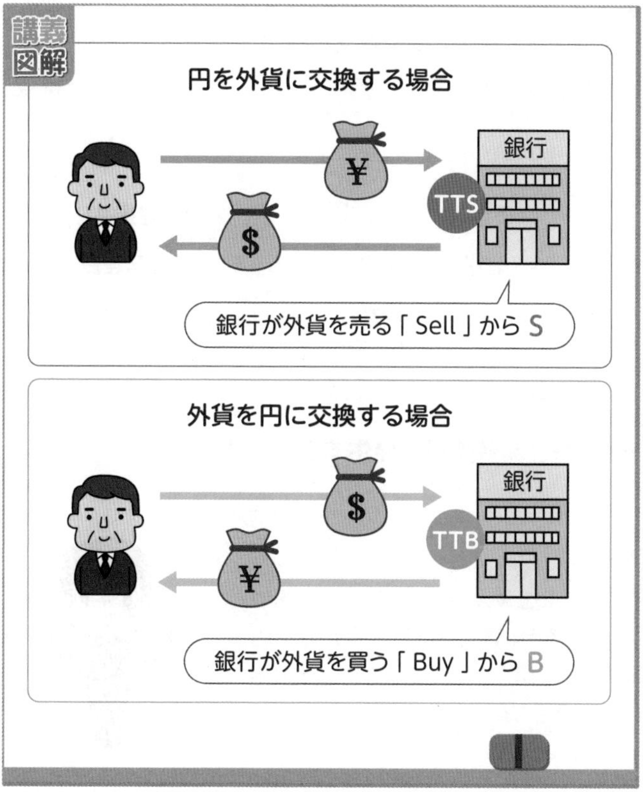

・為替レートの仲値「TTM」

為替レートを算出する基準となるのが、仲値（なかね）と呼ばれる「**TTM**」です。まず、「TTM」が算出されて、為替の手数料を加味して、「TTS」と「TTB」が決まります。

用語の意味

TTS
「Telegraphic Transfer Selling rate」の略称で、日本語訳は「対顧客電信売相場」となります。

用語の意味

TTB
「Telegraphic Transfer Buying rate」の略称で、日本語訳は「対顧客電信買相場」です。

用語の意味

TTM
「Telegraphic Transfer Middle rate」の略称で、日本語訳は「対顧客電信仲値相場」です。

為替リスクとは

円と外貨を両替する際、為替レートの変動による**為替変動リスク**が発生します。外貨建て金融商品を購入したときの為替レートより、売却したときの為替レートが**円安**になっていると**利益（為替差益）**が発生します。逆に、**円高**になっていると**損失（為替差損）**が発生します。貿易収支の赤字は円安、黒字は円高の進行要因となります。

為替リスクの例

預入時	換金時	為替の差損益
1ドル＝100円	1ドル＝110円　→円安	10円の為替差益
	1ドル＝90円　→円高	10円の為替差損

講義図解

為替差益と為替差損が発生するしくみ

為替差益の場合

1ドル＝100円で1ドルを購入し、1ドル＝105円で売却したとします。すると、購入時は日本円で100円を支払い、売却時には105円を受け取ります。その結果、5円の為替差益が発生します。

為替差損の場合

1ドル＝110円で1ドルを購入し、1ドル＝100円で売却したとします。すると、購入時は日本円で110円を支払い、売却時には100円を受け取ります。その結果、10円の為替差損が発生します。

「為替予約」と「為替ヘッジ」

- **「為替予約」**

  将来のある時点において、あらかじめ外国通貨を「購入する」あるいは「売却する」価格と数量を、現時点で契約する（＝予約する）取引のことです。

- **「為替ヘッジ」**

  為替の先物取引やオプション取引を使って、為替変動リスクを軽減させる取引手法です。

ナビゲーション
為替レートが預入時より満期時のほうが**円安**になれば、円を基準とする利回りが**上昇**（**円高**になれば**下落**）します。

主な外貨建て金融商品

様々な外貨建て金融商品がありますが、ここでは、比較的身近な存在といえる「外貨預金」、「外国債券」、「外国投資信託」「金」を取り上げます。

外貨預金

銀行が取り扱っている代表的な外貨建て商品が**外貨預金**です。

商品内容	外貨で行う預金。定期預金は、原則、中途換金はできない
ポイント	預金保険の保護の**対象外**
課税内容	・利息は**利子所得**に該当し、源泉分離課税の対象（税率20.315％） ・為替差益は原則「雑所得」として総合課税の対象。**なお、為替差損による損失は損益通算できない。** あらかじめ為替予約がある場合は、利息と合わせて20.315％の源泉分離課税

ナビゲーション
外貨定期預金では、3カ月や半年の満期がよく見られます。例えば、利率が2.0％となっていても、年率表示であるため、実際には、3カ月定期であれば、年利の4分の1である0.5％分の利息です。6カ月満期なら半分の1.0％になります。

外国債券

外国債券とは、債券の**発行体・発行場所・通貨のいずれか**が外国である債券のことです。通貨によって分類されます。

名称	発行体	発行場所	通貨
外貨建て外債（ショーグン債）	外国	日本	外貨
円建て外債（サムライ債）	外国	日本	円

ナビゲーション

円建て外債（サムライ債）は、日本で発行される円建ての債券ですが、発行体が外国なので、外国債券の扱いとなります。

元本の払込み、利払い、償還において、異なる2つの通貨が使われる債券を二重通貨建債といいます。

	払込み	利払い	償還
デュアルカレンシー債	円貨	円貨	外貨
リバースデュアルカレンシー債	円貨	外貨	円貨

ワンポイント

外国証券の取引には、「外国証券取引口座」が必要です。一般に、外国株式と外国債券の保有には口座管理手数料がかかりますが、外貨建てMMFにはかかりません。

外国株式

外国株式は外国籍の企業が発行している株式のことです。証券会社で外国株式の取引を行う場合、「外国証券取引口座」を開設しておく必要があります。

外国株式の取引方法は３種類

海外委託取引	口座のある証券会社に外国株式の注文を出し、注文を受けた証券会社が投資家に代わって海外の株式市場で取引をすること
国内店頭取引	国内の証券会社が、保有している外国株式を投資家に対して直接取引すること。取引時の株価は、外国市場の株価が基準になる
国内委託取引	東京証券取引所に上場されている外国株式を取引すること。取引ができる銘柄は減少傾向にある

外国投資信託

外国投資信託とは、外国の法律にもとづいて設定された投資信託のことです。国内で販売されている外国投資信託の代表的なものは、「**外貨建てMMF**（マネー・マーケット・ファンド）」です。

外貨建てMMFの特徴

- 投資対象は外貨建ての公社債や短期金融商品
- 売買手数料は無料
- 株式の組み入れはなし
- いつでも中途換金が可能（ペナルティなし）
- 利子にあたる収益分配金は利子所得なので、**20.315%**の源泉徴収等（申告分離課税）
- 為替差益を含む譲渡差益（売却益）は譲渡所得として20.315%の申告分離課税

ナビゲーション
運用対象がすべて日本の金融商品でも、海外で、海外の法律にもとづいて設定されるものは外国投資信託に分類されます。

ワンポイント
米ドル建てMMFが最も一般的ですが、豪ドル建てやカナダドル建てなどもあります。

外国為替証拠金取引（FX）

外国為替証拠金取引（FX）とは、２つの国の通貨を取引して、為替差益や、金利に相当する「スワップポイント」で利益を追求する金融商品です。最大の特徴は、証拠金を担保にすることで、証拠金の何倍もの金額で実質的に売買ができる点です。

ワンポイント
国内ＦＸ会社の個人口座の場合、法律によって、証拠金の倍率の上限は**25**倍と定められています。

金

「有事の金」といわれるように、**金融不安**、**政情不安**が高まるときに価格が**上昇**する傾向にあります。

金投資の方法には、**金地金**、**金貨**等を購入する、毎回一定額を積み立てるドルコスト平均法を用いた**純金積立**などがあります。積み立てた金を現物で受け取ることもできます。

取引価格	原則：1トロイオンス当たりの米ドル建て価格 国内価格：1グラム当たりの円建て価格
税金	保有期間5年以内：短期譲渡所得として総合課税 保有期間5年超　：長期譲渡所得として総合課税 ※業者との取引では、購入時は消費税を支払い、売却時は消費税相当額を受け取ることができる
国内金価格の変動要因	米ドル建て金価格が一定の場合、 円安：国内金価格の**上昇**要因 円高：国内金価格の下落要因

過去問チャレンジ

個人が保有する外貨建て債券に関する次の記述の空欄（ア）～（ウ）にあてはまる語句の組み合わせとして、最も適切なものはどれか。

> 米ドル建て債券（為替ヘッジなし）を保有しているとき、米ドルに対する円の為替レートが円安に変動することは、当該債券の円換算の投資利回りの（　ア　）要因となる。一方、為替レートが円高に変動したときは、当該債券の円換算の投資利回りの（　イ　）要因となる。このように、外国通貨と自国通貨間の相対的な価値の変動により、外貨建て債券の自国通貨換算額が変動して利益や損失が生じる不確実性のことを（　ウ　）変動リスクという。

1.（ア）上昇　（イ）低下　（ウ）金利
2.（ア）上昇　（イ）低下　（ウ）為替
3.（ア）低下　（イ）上昇　（ウ）金利
4.（ア）低下　（イ）上昇　（ウ）為替

［23年1月・学科］

2が適切　外貨建て金融資産を保有しているとき、為替レートが円安（円高）に変動すると、為替差益（差損）が発生するので円換算の投資利回りの上昇（低下）要因となります。
外国通貨と自国通貨間の相対的な価値の変動によって、自国通貨換算額が変動し、損益が生じる不確実性を為替変動リスクといいます。

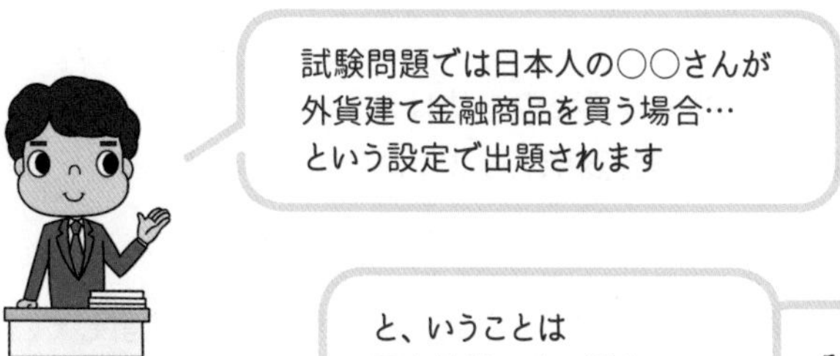

試験問題では日本人の○○さんが
外貨建て金融商品を買う場合…
という設定で出題されます

と、いうことは
円を外貨にする場合の
為替レート「TTS」が出て、
その後に買った外貨を
日本円に戻すための
為替レート「TTB」を使う
という流れの問題が出る、
ということですね

利益の種類でも課税方法は違います

9 金融商品と税金

複雑な金融商品の税金を理解するコツは、まず、金融商品から得られる利益の課税方法を押さえて、それぞれの利益がどの所得に該当するのかを把握することです。
2級では、「新 NISA」といった優遇制度に関する設問もよく出題が予想されます。

1 金融商品ごとの課税　重要度 B

資産運用には、様々なコストがかかります。その中でも、金融商品の手数料や利益に対する税金は、大きなウェイトを占めています。手数料と同様、税金をなるべく抑えることができれば、より効率的な資産形成が可能です。そのためには、金融商品にかかわる税金について、しっかりと理解しておくことが必要になります。

金融商品の課税方法

金融商品から得られる利益に対する課税の方法は、主に**「総合課税」**・**「申告分離課税」**・**「源泉分離課税」**の３つに分類されます。

総合課税	投資をして得た１年間の所得金額を他の所得と合計して、所得税を計算する
申告分離課税	投資をして得た１年間の所得金額について他の所得と分離して、所得税を計算する
源泉分離課税	投資をして収益を受け取るときに一定の税額が源泉徴収等され、それですべての納税が終了する

金融商品の利益への税率

金融商品の売買で得られる利益のことを譲渡益といいます。株や投資信託を売却した際、売却価格が購入価格よりも上回っていれば、その値上がり分に対して課税されます。また、株の配当金や投資信託の分配金にも課税されます。

譲渡益 （売買で生じる利益）	20.315% （所得税15%＋復興特別所得税0.315%＋住民税5%）
配当金や分配金 （申告分離課税の場合）	20.315% （所得税15%＋復興特別所得税0.315%＋住民税5%）

預貯金の税金について

国内預貯金の利息は、「利子所得」として源泉分離課税の対象となります。税率は20.315%になります。

ワンポイント

株式や投資信託の譲渡所得は、特定口座の「源泉徴収あり」にすると、通常確定申告は不要です。

株式・投資信託の税金について

譲渡所得（売買で生じる利益）

上場株式・投資信託について、売却した際、譲渡益が発生すると20.315%の税率がかかります。また、原則、**申告分離課税**となり、他の金融商品の譲渡損益と合算されます。

ワンポイント

給与所得者が医療費控除の適用を受けるために確定申告をする場合でも、特定口座の源泉徴収選択口座の所得等の申告は不要です。

譲渡所得の求め方

譲渡所得は以下のように求めます。株式を複数回に分けて購入した場合、取得単価は総平均法に準ずる方法で計算します。

譲渡所得 ＝ 収入 －（取得費 ＋ 譲渡費用 ＋ 借入金利子）

取得単価 ＝ 取得時ごとの購入金額の合計 ÷ 売却時の保有株数

講義図解

譲渡所得を計算するときの取得単価の求め方

例）20XX年内にA社株を２回購入した場合

①４月X日：800円で500株購入　800円×500株＝400,000円
②７月Y日：450円で200株購入　450円×200株＝90,000円

１株当たりの取得単価＝（400,000円＋90,000円）÷（500株＋200株）
＝490,000円÷700株＝700円

ナビゲーション
売買委託手数料は、取得価額（単価）を求める計算では含めませんが、譲渡所得の取得費には含めます。

ナビゲーション
購入時手数料等は、個別元本の計算では含めません。

配当金・分配金

上場株式の配当金や投資信託の分配金については、譲渡益と同じく通常**20.315%**の税率で源泉徴収等されます。
※上場株式等の配当所得および譲渡所得は、所得税および住民税について同一の課税方式を選択する必要があります。

特定口座とは

「**特定口座**」とは、金融商品に関する税金の確定申告や納税などを、簡易的に行うことができる口座です。証券会社や銀行（投資信託のみ）が投資家の代わりに、特定口座内の年間の売買損益などの計算を行います。

講義図解

証券会社の口座の種類

証券会社には4種類の口座があります。
口座によって、確定申告が必要かどうか、
などが変わります。

<table>
<tr><td rowspan="2">特定口座</td><td>源泉徴収口座
（源泉徴収あり）</td><td>申告不要
（確定申告の選択も可能）</td></tr>
<tr><td>簡易申告口座
（源泉徴収なし）</td><td rowspan="2">確定申告が必要</td></tr>
<tr><td colspan="2">一般口座</td></tr>
<tr><td colspan="2">新NISA口座</td><td>非課税（申告不要）</td></tr>
</table>

特定口座を開設すると、「年間取引報告書」が作成・交付されます。

現在は、一般口座で
株式を取引するメリットは
ほとんどなくなっています

「特定口座年間取引報告書（抜粋）」

※復興特別所得税は考慮しない

(単位：円)

①譲渡の対価の額（収入金額）Ⓐ	②取得費及び譲渡に要した費用の額等Ⓑ	③差引金額（譲渡所得等の金額）（①－②）Ⓒ
2,800,000	3,000,000	-200,000

	種類	配当等の額Ⓓ	源泉徴収税額（所得税）Ⓔ	配当割額（住民税）Ⓕ	特別分配金の額Ⓖ
特定上場株式等の配当等	④株式、出資又は基金	100,000	15,000	5,000	
	⑤特定株式投資信託				
	⑥投資信託又は特定受益証券発行信託（⑤、⑦及び⑧以外）				
	⑦オープン型証券投資信託等	200,000	30,000	10,000	
	⑧国外株式又は国外投資信託等				
	⑨合計（④＋⑤＋⑥＋⑦＋⑧）	300,000	45,000	15,000	
上記以外のもの	⑩公社債				
	⑪社債的受益権				
	⑫投資信託又は特定受益証券発行信託（⑬及び⑭以外）				
	⑬オープン型証券投資信託等				
	⑭国外株式又は国外投資信託等				
	⑮合計（⑩＋⑪＋⑫＋⑬＋⑭）				
	⑯譲渡損失の金額 Ⓗ	200,000			
	⑰差引金額（⑨＋⑮－⑯） Ⓘ	100,000			
	⑱納付税額 Ⓙ		15,000	5,000	
	⑲還付税額（⑨＋⑮－⑱） Ⓚ		30,000	10,000	

2023年5月　日本FP協会実技試験より

「特定口座年間取引報告書」の見方

Ⓐ **譲渡の対価の額**……… その年中の上場株式等を売却した合計額（売却手数料等控除前の金額）

Ⓑ **取得費及び譲渡に要した費用の額等**
その年中に譲渡した上場株式等の取得金額及び売買委託手数料、購入時手数料等を加算した合計額

Ⓒ **差引金額** ………………… その年中に発生した上場株式等の譲渡損益

Ⓓ **配当等の額** …………… 支払われた配当や分配金等の合計額

Ⓔ **源泉徴収税額**………… 支払われた配当や分配金等から源泉徴収された所得税額

Ⓕ **配当割額** ………………… 支払われた配当や分配金等から源泉徴収された住民税額

Ⓖ **特別分配金の額** …… 元本払戻金の額。非課税

Ⓗ **譲渡損失の金額** ……「③差引金額（譲渡所得等の金額）」がマイナスの場合の金額

Ⓘ **差引金額** …………………「⑨合計」と「⑮合計」から「⑯譲渡損失の金額」を差し引いた金額

Ⓙ **納付税額** …………………「Ⓘ」の金額に対して課された源泉徴収税額（所得税・住民税）

Ⓚ **還付税額** ………………… 源泉徴収された所得税・住民税の金額より「⑱納付税額」が少ない場合、還付される税額（所得税・住民税）

債券（特定公社債）の税金について

債券は、国債、地方債、公社債などの「**特定公社債**」と、それ以外の私募公社債などの「**一般公社債**」に分かれます。

特定公社債の税金

	税率	課税方法
利子	**利子所得**として20.315％ （所得税15％＋復興特別所得税0.315％＋住民税5％）	申告分離課税 （**確定申告不要**とすることも可能）
償還差益 売却益	**譲渡所得**として20.315％ （所得税15％＋復興特別所得税0.315％＋住民税5％）	申告分離課税

＜特定公社債の償還差益・売却益＞

債券は満期が来ると償還されます。購入価格よりも償還されるときの価格が高い場合、差益は譲渡所得として20.315％が課税されます。売却益も同様です。

なお、上場株式等の取引で損失が発生した場合、損失額を償還差益・売却益と通算できます。

ナビゲーション

特定公社債の償還差益と売却益は、特定口座で「源泉徴収あり」を選ぶと、申告不要にすることができます。

利子所得と譲渡所得は、課税される税金の種類も税率もまったく同じです

公募公社債投資信託の税金について

公募公社債投資信託とは、公社債および短期金融商品で運用し、**株式を組み入れない**ことを明示しているファンドのことです。単位型と追加型があり、追加型公社債投資信託の主なものはMRFやMMFなどです。

公募公社債投資信託の税金

公募公社債投資信託の**収益分配金**は、**利子所得**となり、特定公社債等の利子と同じ扱いになります。また**売却益**や**償還差益**、**解約差益**は、**譲渡所得**として、上場株式や特定公社債等の売却益・償還差益と同じ扱いです。

収益分配金	利子所得
売却益、償還差益、解約差益	譲渡所得

公募株式投資信託の税金について

公募株式投資信託とは、株式に投資できると明示してある投資信託のことです。実際には債券だけを投資対象としていても、投資信託の約款に株式投資ができると明記してあれば、公募株式投資信託として扱われます。

公募株式投資信託の分配金の税金

株式投資信託の収益分配金は２種類あります。「普通分配金」と「特別分配金」です。それぞれで、所得と課税方法が異なります。

・普通分配金と特別分配金の税金

普通分配金は、投資信託の運用で発生した利益を投資家に還元したものです。上場株式の配当金と同じく、**配当所得**になります。これに対して、**特別分配金**は、投資家の元本からの払い戻しですので、税金はかかりません（**非課税**）。

公募株式投資信託の譲渡損益などの税金

売却益、償還差益、解約差益は、譲渡所得となります。上場株式の売却益と同じ扱いです。

公募株式投資信託の税金

収益分配金	普通分配金	配当所得
	特別分配金	非課税
売却益、償還差益、解約差益		譲渡所得

公募株式投資信託の普通分配金と特別分配金

公募株式投資信託の普通分配金と特別分配金の金額は、次のように計算するとわかります。

講義図解

普通分配金と特別分配金

例）①公募株式投資信託を10,000円で購入
②基準価額が11,000円のときに、1,500円の分配
③分配後の基準価額は9,500円（11,000円－1,500円）

④値上がり分である普通分配金は
1,000円（＝基準価額11,000円－元本10,000円）

⑤元本からの支払いとなる特別分配金は
500円（＝元本10,000円－分配後の基準価額9,500円）となります。

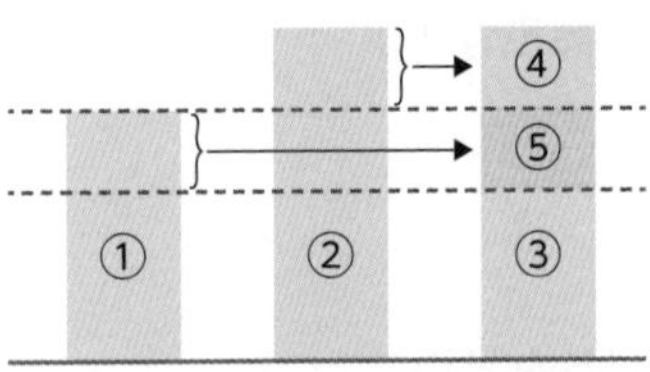

④普通分配金：1,000円（課税対象）
⑤特別分配金：500円（非課税）
③分配金支払い後の基準価額：9,500円
（分配後の個別元本：9,500円）

①元本：10,000円
②分配金支払い前の基準価額：11,000円

損益通算と損失の繰越について

損益通算とは

上場株式等の配当所得や譲渡所得、特定公社債等の利子所得や譲渡所得は、損益通算ができます。損益通算とは、損失と利益を相殺して計算することです。ただし、配当所得や利子所得を損益通算するためには、**申告分離課税**により確定申告しなければなりません。

損失の繰越とは

損益通算をしても譲渡損失が残るときは、その損失を、確定申告で翌年以降の**3年間**、繰り越すことが可能です。

新NISA（少額投資非課税制度）

新NISAとは

新NISAの正式名称は「少額投資非課税制度」です。名称の通り、一般口座や特定口座の課税口座とは違って、新NISA口座で株や投資信託に投資すると、利益が発生しても**非課税**になる、という制度です。

非課税なので、
確定申告も納税も不要です

ナビゲーション

新NISAは、債券や公社債投資信託は投資対象外です。

ワンポイント

2023年までにNISA口座で購入した資産は、非課税期間内に売却、または非課税期間終了時に一般口座や特定口座に移管します。

新NISAの概要

	つみたて投資枠	成長投資枠
年間投資上限額	年間120万円	年間240万円
非課税保有限度額	—	1,200万円
	1,800万円	
	非課税枠を再利用できる	
非課税期間	**制限なし**	
利用者の条件	**18歳以上**の日本国内居住者等	
対象金融商品	長期・積立・分散投資に適した一定の公募株式投資信託、ETF	上場株式（国内・外国株）公募株式投資信託、ETF、REIT
損益通算	口座内で生じた損失は、他の配当、分配金や譲渡益との損益通算不可	
その他	・一般口座、特定口座から移管はできない ・上場株式の配当やETF、REITの分配金を非課税とするためには、受取方法を**株式数比例配分方式**（証券口座で受け取る方法）にする必要がある ・毎月分配型は対象外	
2023年までの(つみたて)NISA	上記新NISAの非課税枠と別枠で利用できる	

新NISAのポイント

口座

新NISAを使うには専用の口座を開設する必要があります。1つの新NISA口座の中には、「成長投資枠」と「つみたて投資枠」があり、併用できます。

非課税枠

新NISAでは、それぞれの枠には、非課税となる投資額に上限が設定されています。

損失

新NISA口座で譲渡損失が発生した場合であっても、一般口座や特定口座で発生している譲渡益や配当金などと**合算**（=**損益通算**）することはできません。

過去問チャレンジ

上場株式等の譲渡および配当等（一定の大口株主等が受けるものを除く）に係る税金に関する次の記述のうち、最も不適切なものはどれか。なお、本問においては、NISA（少額投資非課税制度）により投資収益が非課税となる口座を新NISA口座という。

1. 上場株式の配当に係る配当所得の金額について、総合課税を選択して所得税の確定申告をした場合、特定口座内で生じた上場株式等に係る譲渡損失の金額と損益通算することができる。
2. 新NISA口座で保有する上場株式の配当金を非課税扱いにするためには、配当金の受取方法として株式数比例配分方式を選択しなければならない。
3. 上場株式等に係る配当所得等の金額と損益通算してもなお控除しきれない上場株式等に係る譲渡損失の金額は、所得税の確定申告をすることにより、翌年以後3年間にわたって繰り越すことができる。
4. 新NISA口座で取得した上場株式等を売却したことにより生じた損失の金額については、特定口座内で保有する上場株式等の配当等に係る配当所得の金額と損益通算することができない。

［24年1月・学科］

1が不適切　「上場株式等の配当等」と「上場株式等の譲渡損失」を損益通算するには、申告分離課税を選択して確定申告する必要があります。

資産運用の理論を学びます

10 ポートフォリオ理論

さまざまな金融資産を組み合わせるポートフォリオは、
資産運用の基本といえるものです。
２級では、ポートフォリオ運用では欠かせない、
「期待収益率」や「シャープレシオ」といった
重要な指標の数値を、計算する問題が出ています。

1 資産運用のための重要理論

重要度 A

「ポートフォリオ」は、金融機関に所属するプロの機関投資家だけでなく、個人投資家にとっても重要です。安定した資産運用をするためには不可欠といえるからです。

> **用語の意味**
> ポートフォリオ運用は、「分散投資」という意味でも使われます。

ポートフォリオについて

ポートフォリオとは

ポートフォリオとは、保有する**資産の組み合わせ**のことです。そして、「**ポートフォリオ運用**」とは、様々な金融商品に投資をして、安定した資産運用を行うことを指します。

アセット・アロケーションとは

アセット・アロケーションとは、運用する資金を、国内外の株や債券など複数の金融商品に、「**どのような割合で投資するか**」を決めることです。アセット・アロケーションの配分の比率は、運用をする人の資産状況やリスクの許容度、運用目的などによって異なります。

> **用語の意味**
> アセット・アロケーションのアセットとは「資産」、アロケーションとは「配分」という意味です。

「ポートフォリオ」と「アセット・アロケーション」の違い

ポートフォリオは、組み合わせる株式や投資信託の個別銘柄を重視します。これに対して、アセット・アロケーションは、どの種類の資産（国内株式・債券、海外株式・債券、不動産など）にどれだけ資金を配分するか、に重点を置きます。

ポートフォリオの「期待収益率」について

ポートフォリオの**期待収益率**とは、投資家がそのポートフォリオで運用する際に期待する収益率のことです。実際には、ポートフォリオに組み入れた各金融商品の期待収益率を、ポートフォリオへの組入比率で加重平均した値となります。

講義図解

期待収益率の求め方

例）A資産の期待収益率が2％で組入比率が60％、
B資産の期待収益率が3％で組入比率が40％
というポートフォリオの場合

(2.0％×60％)＋(3.0％×40％)＝1.2％＋1.2％＝2.4％
期待収益率は2.4％となる

ポートフォリオ運用で重要な「相関係数」

・投資の「リスク」とは

投資のリスクとは、投資によって利益や損失が発生する「不確実性」のことです。したがって、リスクが大きいというのは「**不確実性が大きい**」ということで、リスクが小さいというのは「**不確実性が小さい**」ということになります。

用語の意味

「リスク」は、金融商品の価格の変動の振幅、という意味で使われます。

・投資リスクを低減させる「相関係数」とは

ポートフォリオの投資リスクを抑える（＝不確実性を低くする）ためには、異なった価格の動きをする資産や銘柄を、組み合わせることが有効です。その際、ポイントとなるのは「**相関係数**」です。相関係数とは、資産や銘柄の値動きの傾向が、どれくらい同じなのかを表す数値です。

・「相関係数」のしくみ

個別の金融商品や資産同士の値動きが似ているのかどうか、を判別する数値です。具体的には、「０」を中心として、「－１」～「＋１」の範囲で表されます。

相関係数	－1	⇔	0	⇔	＋1
値動き	全く逆の値動き		値動きは無関係		全く同じ値動き
リスク低減効果	リスク低減効果が最大				リスク低減効果はない

「システマティックリスク」と「非システマティックリスク」

「システマティックリスク」とは、分散投資を行ってもなくすことができないリスクのことです。また、分散投資をすることによって、小さくすることができるリスクを「非システマティックリスク」といいます。

「シャープレシオ」

「シャープレシオ」とは、「リスクに対してどれだけのリターンを得ることができたのか」を表す指標のことです。

ナビゲーション

ポートフォリオのパフォーマンスを評価する指標に「トレイナーレシオ」もあります（「トレイナーの測度」ともいいます）。リスク指標として、標準偏差の代わりに市場平均の収益率に対する感応度であるベータ（β）値を用います。

<シャープレシオの計算式>

シャープレシオ ＝ （ポートフォリオのリターン（収益率） − 安全資産のリターン（安全資産利子率））／ ポートフォリオのリスク（標準偏差）

安全資産とは預貯金などの元本保証がある金融資産のことです。また、リスクを表す「標準偏差」は、数値が大きいほどリスクが高いことを意味します。

この計算式によって算出された数値が**大きく**なるほど、「低いリスクで高いリターンが得られる**運用効率が良い**ポートフォリオである」ということを表します。

ナビゲーション
シャープレシオは、投資信託を評価する指標にもなっています。大きいほど優良な投資信託であるとされます。

過去問チャレンジ

ポートフォリオ理論に関する次の記述のうち、最も不適切なものはどれか。

1. ポートフォリオのリスクとは、一般に、組成されたポートフォリオの損失額の大きさを示すのではなく、そのポートフォリオの期待収益率と実際の収益率の乖離の度合いをいう。

2. 異なる2資産からなるポートフォリオにおいて、2資産間の相関係数がゼロである場合、ポートフォリオを組成することによる分散投資の効果（リスクの低減効果）は生じない。

3. ポートフォリオの期待収益率は、組み入れた各資産の期待収益率を組入比率で加重平均した値となる。

4. ポートフォリオのリスクは、組み入れた各資産のリスクを組入比率で加重平均した値以下となる。

［22年5月・学科］

2が不適切　分散投資の効果（リスクの低減効果）が生じないのは2資産間の相関係数が＋1のときです。

過去問チャレンジ

下記<資料>に基づくファンドAとファンドBの過去3年間の運用パフォーマンスの比較評価に関する次の記述の空欄（ア）～（ウ）にあてはまる語句または数値の組み合わせとして、最も適切なものはどれか。

<資料>ファンドAとファンドBの過去3年間の運用パフォーマンスに関する情報

ファンド名	実績収益率の平均値	実績収益率の標準偏差
ファンドA	4.2%	4.0%
ファンドB	8.8%	12.0%

無リスク金利を1.0%として、<資料>の数値によりファンドAのシャープレシオの値を算出すると（ ア ）となり、同様に算出したファンドBのシャープレシオの値は（ イ ）となる。両ファンドの運用パフォーマンスを比較すると、過去3年間は（ ウ ）の方が効率的な運用であったと判断される。

1. (ア) 1.05　(イ) 0.73　(ウ) ファンドA
2. (ア) 1.05　(イ) 0.73　(ウ) ファンドB
3. (ア) 0.80　(イ) 0.65　(ウ) ファンドA
4. (ア) 0.80　(イ) 0.65　(ウ) ファンドB

[22年9月・学科]

3が適切

$$\text{シャープレシオは}\ \frac{\text{ポートフォリオの収益率} - \text{無リスク金利}}{\text{標準偏差}}$$

で算出します。

(ア) ファンドA

$$\text{シャープレシオ} = \frac{4.2\% - 1\%}{4\%} = 0.80$$

(イ) ファンドB

$$\text{シャープレシオ} = \frac{8.8\% - 1\%}{12\%} = 0.65$$

(ウ) シャープレシオは、値が大きいほど運用効率がよいことを表します。したがって、ファンドAの方が効率的な運用であったと判断されます。

シャープレシオって、
ウイリアム・シャープ博士が
考案した指標なんだって！

金融商品の収益性の向上を目指す

11 デリバティブ取引

債券や株式、外国為替など、様々な金融商品がありますが、そうした金融商品のリスクを抑制したり、あるいは、リターンを大きくすることを目的として行われているのが「デリバティブ取引」です。したがって、個々の金融商品との関係性を把握することが理解につながります。

1 デリバティブとは

重要度 A

そもそも英語の「デリバティブ」という単語は、「派生的」と訳されています。この派生的というのは、すでにあるものから二次的に生じるという意味で、金融商品としてのデリバティブは、「金融派生商品」と呼ばれています。具体的には、「株式デリバティブ」や「債券デリバティブ」のように、既存の金融商品から二次的に生じたものです。

デリバティブの「原資産」

デリバティブが関係している元の金融商品のことを「原資産」と呼びます。株式デリバティブであれば、原資産は株式となります。また、原資産が金利である金利デリバティブや、為替である為替デリバティブなどがあります。

ワンポイント

金や石油の価格を原資産とする商品デリバティブや、気温や二酸化酸素の量を原資産とするデリバティブもあります。

2 デリバティブ取引とは　重要度 A

デリバティブの取引方法は、主に「先物取引」、「オプション取引」、「スワップ取引」の3種類があります。

先物取引

先物取引とは、ある原資産を、将来のある期日までに、あらかじめ決められた価格で売買することを約束する取引のことです。

<例>
3カ月後に、ある企業の株式を1株3万円で「買う」という約束をする。このとき、取引の相手は、その株式を3カ月後に3万円で「売る」という約束をすることになります。

・先物取引のポイント

事前に売買の価格を決めておくことができるため、「価格変動リスク」を回避・軽減することができます。

・先物取引による利益と損失

上記の＜例＞を使って、先物取引で利益と損失が発生するパターンを見てみましょう。

<3カ月後に3万円で株式を購入する先物取引>

3カ月後、その株式が株価が4万円になっている
➡ 1万円の利益

3カ月後、その株式が株価が2万円になっている
➡ 1万円の損失

オプション取引

オプション取引とは、将来のある期日（まで）に、原資産を一定の価格で購入する、あるいは 売却する「**権利**」を取引することです。**買う権利**を「**コール・オプション**」、**売る権利**を「**プット・オプション**」といいます。

コール・オプション

コール・オプションを買った人は、将来のある期日（まで）に、原資産を一定の価格で購入する権利を持つため、その価格以上に値上がりすれば、利益がどんどん大きくなります。逆に、コール・オプションを売った人は、安く売らなければならないため、値上がりした分はすべて損失になります。

プット・オプション

プット・オプションを買った人は、将来のある期日（まで）に、原資産を一定の価格で売却する権利を持つため、その価格以下に値下がりすれば、利益がどんどん大きくなります。逆に、プット・オプションを売った人は、高く買うことになるため、値下がりした分はすべて損失になります。

オプションのプレミアム

オプションの買い手は、オプション料である「プレミアム」を支払います。オプションの**買い手は、「権利行使」をしなければ損失はプレミアムに限定できます。**一方、オプションの売り手は、利益はプレミアムに限定されますが、損失は原資産の価格次第となります。

ナビゲーション

オプションには、期日（＝取引最終日）まで、いつでも権利行使ができる「アメリカンタイプ」と、期日にだけ権利行使ができる「ヨーロピアンタイプ」があります。

ワンポイント

オプションの買い手は権利行使を放棄できますが、売り手は放棄できず、買い手の権利行使に応じなければなりません。

講義図解

オプション（買い手）の利益と損失

3カ月後に1株3万円で購入できるコール・オプションを
プレミアム1,000円で買った場合

3カ月後の価格が4万円になっている
➡ 値上がり分1万円－プレミアム1,000円＝9,000円の利益

3カ月後の価格が2万円になっている
➡ 権利行使はしないのでプレミアム1,000円だけの損失

3カ月後に1株3万円で売却できるプット・オプションを
プレミアム1,000円で買った場合

3カ月後の価格が4万円になっている
➡ 権利行使はしないのでプレミアム1,000円だけの損失

3カ月後の価格が2万円になっている
➡ 値下がり分1万円－プレミアム1,000円＝9,000円の利益

また、オプションのプレミアムはさまざまな要因によって変動します。

	コールオプションのプレミアム	プットオプションのプレミアム
原資産の価格が上昇すると	高くなる	安くなる
権利行使価格が高いと	安くなる	高くなる
期日までの残存期間が長い方が	高くなる	
原資産の値動きが大きい方が	高くなる	

スワップ取引

価値が等しいものの「**交換**」(＝スワップ) というのが、もともとの意味です。同じ通貨で異なるタイプの金利を交換するのが「**金利スワップ**」(例えば、変動金利を固定金利に交換)、異なる通貨を交換するのが「**通貨スワップ**」です。

通貨スワップの例

異なる通貨同士で、将来の元利金を交換するのが通貨スワップです。例えば、ドル建て債券を購入した場合、利息と元本の償還はドル建てで行われます。そのままだと、為替レートの変動による為替変動リスクがありますが、事前に、一定の為替レートによる通貨スワップを行えば、為替変動リスクを回避・軽減できます。

ヘッジ取引

現物の価格変動リスクを、反対ポジションの先物取引などで回避または軽減する取引。将来の値下がりに備えて先物などを売り建てておくのを「売りヘッジ」、値上がりに備えて先物などを買い建てておくのを「買いヘッジ」といいます。

裁定取引 (アービトラージ取引)

現物価格と、この現物を対象とする先物価格に価格差がある場合、割安な方を買い、割高な方を売るというポジションで価格差を利益として得る取引をいいます。

2級レベルでは、
補足的に
これらも覚えて
おきましょう!

スペキュレーション取引（投機取引）

先物の将来価格を予想したポジションを取り、相場が予想通りに変動したら反対売買で利益を確定する取引をいいます。

過去問チャレンジ

先物取引やオプション取引に関する次の記述のうち、最も不適切なものはどれか。

1. 現在保有している現物資産が将来値下がりすることに備えるため、先物を売り建てた。

2. 将来保有しようとする現物資産が将来値上がりすることに備えるため、先物を買い建てた。

3. 現在保有している現物資産が将来値下がりすることに備えるため、プット・オプションを売った。

4. 将来保有しようとする現物資産が将来値上がりすることに備えるため、コール・オプションを買った。

［22年9月・学科］

3が不適切　現在保有している現物資産が将来値下がりすることに備えるには、プット・オプションを買うことで、一定の価格で売却する権利を持つことが有効です。

FP２級からFP１級をめざす人のための

ステップアップ講座

１級では、必要な情報がすべては記載されず、与えられた情報から読み解いていく問題が出ます。初出の用語も出てきますが、１級過去問にもトライしてみましょう。

Q　サスティナブル指数

配当をどんどん出してくれる企業は良い企業？

正解：必ずしもそうとは限りません

確かに投資家としては配当が多いことは魅力的です。でも、利益をすべて配当に回してしまうのではなく、より多くを企業内部に残せば（内部留保）企業が再投資を行うための原資として、企業の成長の可能性があると考えることもできます。企業の成長はすなわち投資家の利益につながります。

その力を読み取ることができる指標がサスティナブル成長率です。
{自己資本利益率×内部留保率（１－配当性向）} で求められ、内部留保率０％であれば、稼いだ利益の全部を配当に回すため、利益が内部に残りませんが、内部留保率が100％であれば、企業内に残った利益を企業の成長のために投資することができます。

例えば、ROEが10％、内部留保率100％の企業の場合、**{サスティナブル成長率＝10％×100％＝10％}** となり、「この企業は内部資産のみで年10％の成長をしていく、そして株主価値も10％上昇していく」と考えられます。

一方、もし30％を配当に回す（配当性向が30％）とすると内部留保率は70％ですから、サスティナブル成長率は7％、株主価値は7％の上昇となるわけです。
つまり、ＲＯＥと内部留保率が（継続的に）高ければ、継続的な企業価値の向上を期待でき、投資家としては、株価の上昇を期待しやすいと考えられます。

1級だと こう出る・こう解く!

Q サスティナブル成長率

(20年1月・学科)

下記の〈財務指標〉から算出されるサスティナブル成長率として、次のうち最も適切なものはどれか。なお、計算結果は表示単位の小数点以下第3位を四捨五入すること。

＜財務指標＞

売上高純利益率	5.25%
使用総資本回転率	1.20回
自己資本比率	40.00%
配当性向	25.00%

1. 3.94%
2. 8.20%
3. 11.81%
4. 15.75%

正解：3　1級ではこう解く!

「自己資本利益率×内部留保率×100」で求めるのですが、2級であればサスティナブル成長率は「ROE= x %」「内部留保率＝y %」と資料に記載されるところ、1級はどちらも記載がありません。このような場合は与えられたデータを応用力で使いこなすことがポイントです。

ROE（自己資本利益率）を導くために、ROEの構成要素を見ていきましょう。ROE＝当期純利益／自己資本ですが、これも直接記載がありません。ただし、データ中に当期純利益や自己資本に関連する指標があります。

☆売上高純利益率（当期純利益の売上高に占める割合）：「当期純利益／売上高」

☆使用総資本回転率（総資本によってどれだけの売上高が生まれるか）：
「売上高／総資本」
☆自己資本比率（総資本のうち自己資本の占める割合）：「自己資本／総資本」
この3つの式から「当期純利益÷自己資本」へ導くには、
（当期純利益／売上高）×（売上高／総資本）÷（自己資本／総資本）
＝（当期純利益／売上高）×（売上高／総資本）×（総資本／自己資本）
＝（当期純利益／~~売上高~~）×（~~売上高~~／~~総資本~~）×（~~総資本~~／自己資本）
＝当期純利益／自己資本（ROE）

ここでROEを導く式の整理をして、数字を当てはめてみましょう。
ROE＝売上高純利益率×使用総資本回転率÷自己資本比率
　＝5.25×1.20÷40％＝15.75％

内部留保率というのは、当期純利益のうち配当に回さない割合です。配当に回す割合を表すのは「配当性向」ですから、内部留保率＝1－25.00％＝0.75となります。
したがって
サスティナブル成長率＝15.75％×0.75＝11.8125％
⇒11.81％となります。

Q サスティナブル成長率　（19年1月・学科）

下記の〈財務指標〉から算出されるサスティナブル成長率として、次のうち最も適切なものはどれか。なお、自己資本の額は純資産の額と同額であるものとし、計算結果は表示単位の小数点以下第3位を四捨五入すること。

＜財務指標＞

株価収益率	12.00倍
株価純資産倍率	1.80倍
配当利回り	1.50％
配当性向	32.00％

1．4.53％
2．6.57％
3．10.20％
4．14.78％

正解：3　1級ではこう解く！

今回もROE＝当期純利益／自己資本を導くために、与えられた指標を分解してみましょう。
株価収益率はPER、株価純資産倍率はPBRですが、これは3級、2級で学習済みです。

☆株価収益率＝株価／1株当たり当期純利益
☆株価純資産倍率＝株価／1株当たり純資産

この2つの式から「当期純利益÷純資産」へ導くには、
（株価／1株当たり純資産）÷（株価／1株当たり当期純利益）
＝（~~株価~~／1株当たり純資産）×（1株当たり当期純利益／~~株価~~）
＝（1株当たり当期純利益／1株当たり純資産）
＝ 当期純利益／純資産（自己資本）

データの数字を当てはめると
ROE＝1.80÷12.00×100＝15％

内部留保率＝1－配当性向 ＝1－32.00％＝0.68

したがって
サスティナブル成長率＝15％×0.68＝10.20％となります。
指標をしっかり理解して、このような柔軟な発想が浮かぶようにしましょう。
欲しいデータや数字が見当たらなくても慌てずに解いていきましょう。

3 金融資産運用 復習のまとめ

しっかり確認しましょう！
出題頻度の高い論点　総ざらい

- 各金融商品からの出題があります。それぞれの金融商品の特徴をしっかり把握しましょう。また、利回り計算の出題もありますので、それぞれの公式を頭に入れてください。

- 金融や経済の指標もよく出題されます。そして用語も。TTS、TTB、TTMをそれぞれ説明してみましょう！

- 2級では、ポートフォリオ理論やデリバティブ取引も頻出します。ポイントをよく理解しましょう。

第4章

タックスプランニング

日々の生活で発生する「税金」が大好きという人は、かなりの少数派でしょう。しかし、FP資格に必要なすべての分野と関連しているテーマです。そのため、税金をしっかり学習することで、全分野を横断的に理解でき、得点力の大幅アップが期待できます。FP２級試験の合否を左右する。そういっても過言ではない、大事な章なのです。

- **●所得税の基礎**
  所得税とはこんな税金！
- **●所得の分類**
  所得税がかかる所得は10種類！
- **●所得控除と税額控除**
  控除を理解すれば税額がわかる！
- **●法人税と消費税**
  法人税と消費税の基礎をマスター!

タックスプランニング

ここをしっかり押さえておけば問題の正解率がアップします。

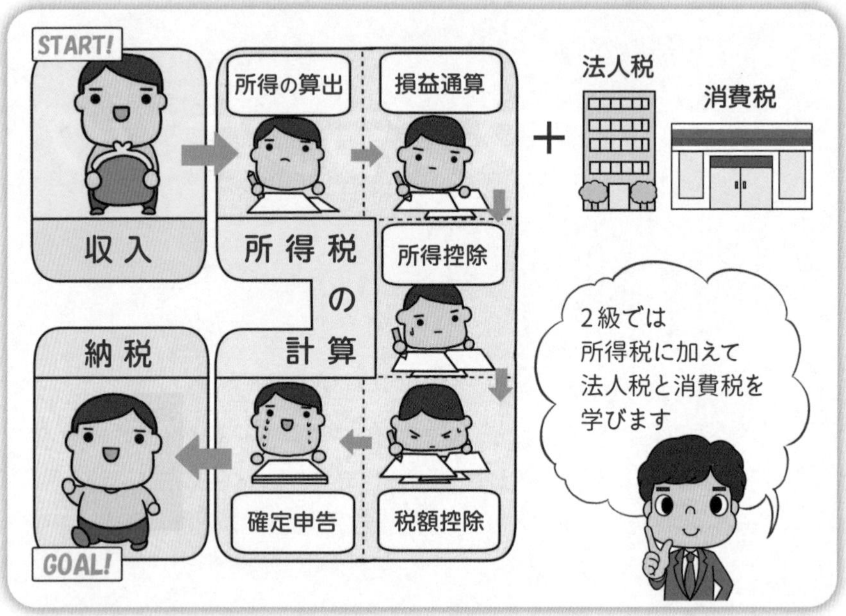

所得税の基礎

税金の種類

各税金の分類、課税方式などと、
税金の基礎知識を学びます。

所得税のしくみ

所得とは何か、非課税所得のケース、
納税方式などを理解します。

所得の分類と損益通算

所得の分類

10種類の分け方に加え、収入から差し引ける控除の計算や必要経費になるもの、ならないものも大事なポイント！　また、譲渡所得は分離課税と総合課税による分類があること、不動産所得と事業所得との違い、退職所得の計算もよく出題されるため、繰り返し計算をして覚えます。損益通算できる損失とできない損失も同様に大事です！　最終的には、所得税算出の全体の流れを理解することを目指します。

所得控除と税額控除、確定申告

所得控除

所得金額から差し引けるのが所得控除。種類が多いので、出題頻度の高いものからマスターしましょう。配偶者控除、扶養控除は特に必須ポイント。

税額控除

税額から差し引けるのが税額控除。住宅ローン控除をメインに覚えます。

確定申告

確定申告が必要か否か、青色申告制度について学びます。

法人税と消費税

法人税

法人の所得に課されるのが法人税。損金に含まれるものの判別、法人と役員間の取引の税務も重要なポイント。所得税との違いを理解しましょう。

消費税

消費税の基本を学びます。課税対象と納税義務者、特定期間による判定はしっかり理解しておきましょう。簡易課税制度も頻出です。

1 税金の分類と所得税の基本

タックスプランニングの基本となるのが所得税です。
まずは、国税と地方税、直接税と間接税、
納税方法の違いなどから、税制全体を整理します。
さらに、所得の種類や課税される所得、非課税となる
所得など、所得税の基本を理解しましょう。

1 税金の種類と納税方法

重要度 A

国税と地方税

税金は、誰が課税するかの違いで、**国税**と**地方税**の２つに分けられます。国税は国が、地方税は地方公共団体（都道府県、市区町村）が課税をします。

ワンポイント

国税には所得税・相続税・贈与税等、地方税には、住民税・固定資産税等があります。

直接税と間接税

税金を負担する人（担税者）が自分で直接納める税金を**直接税**、税金を負担する人と納める人（納税義務者）が異なる税金を**間接税**といいます。

レック先生のズバッと解説

消費税は、消費者である私たちが「担税者」になり、お店や事業者が「納税義務者」になるので、間接税の扱いになります。

課税対象による分類

税金は、課税する対象（何に税負担を求めるか）の違いによって、以下のように区分ができます。

主な税金の区分

所得課税 ＝ 所得（利益）を対象としての課税

消費課税 ＝ 物品やサービスの消費等を対象としての課税

資産課税 ＝ 資産の取得・保有等を対象としての課税

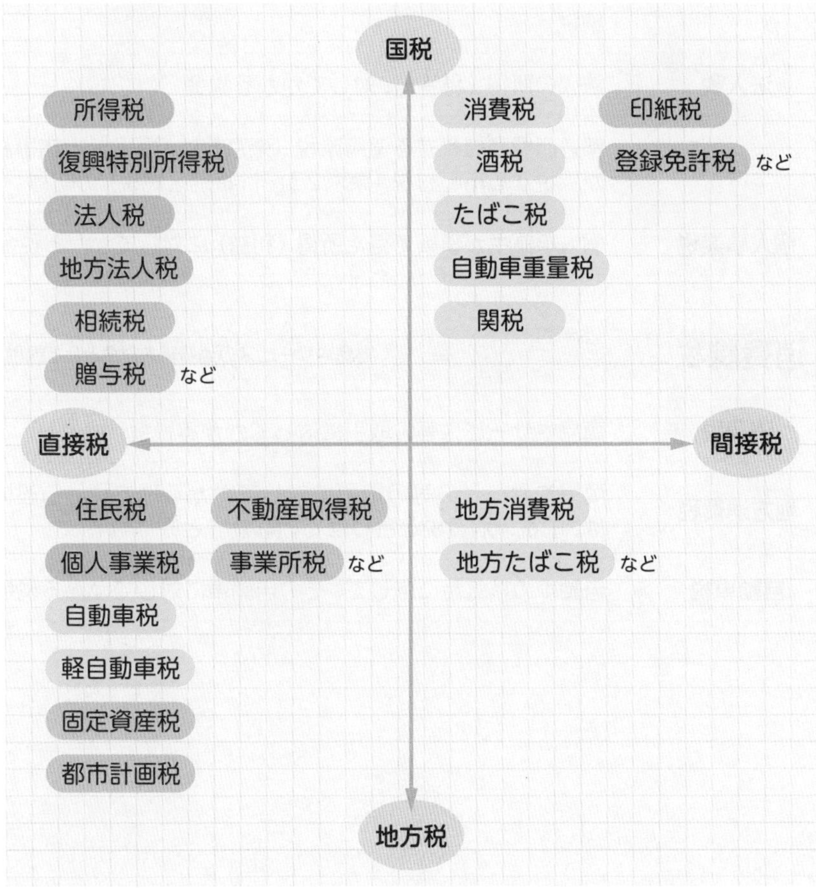

税金の内容

試験に出題される税金については、この後、詳しく解説しますので、ここでは大体の内容を把握しておきましょう。

所得課税

所得（利益）を対象とした課税

所得税	個人の所得に対してかかる税金
復興特別所得税	東日本大震災の復興のための財源確保を目的に、2037年まで、所得税額に2.1％を乗じた金額を所得税と合わせて納税
法人税	法人の所得（利益）に対してかかる税金
住民税	都道府県が課税する道府県税（東京都は都民税）と市町村が課税する市町村税（東京23区は特別区民税）の総称
個人事業税	個人事業主が事業で得た所得（利益）に対してかかる税金

消費課税

物品やサービスの消費等を対象とした課税

消費税	商品やサービス等の取引に対してかかる税金
地方消費税	商品やサービス等の取引に対してかかる地方税。一般には、国税の消費税と合わせて「消費税」と呼ばれる
自動車税	自動車の排気量に応じて、その自動車に対してかかる税金

資産課税

資産の取得・保有等を対象とした課税

相続税	個人が、被相続人（亡くなった人）から相続などにより財産を取得した場合、その財産の価値に応じてかかる税金
贈与税	個人からの贈与によって財産を取得した場合に、その財産の価値に応じてかかる税金
印紙税	経済取引にともない作成する契約書や領収書など特定の文書に対してかかる税金
登録免許税	不動産の所有権等の登記をする際にかかる税金
固定資産税	保有する土地や建物などの資産に対してかかる税金
都市計画税	市街化区域内に保有する土地や建物の資産にかかる税金
不動産取得税	土地や建物の取得に対してかかる税金

申告納税方式と賦課課税方式

税金の納税方法には、納税者が自分で税額を計算して、自らが納めるべき金額を申告する**申告納税方式**と、国や地方公共団体が計算した税額を納める**賦課課税方式**（ふかかぜい）があります。

納税通知書が
来るのが
賦課課税方式！

課税方式による税金の区分

申告納税方式	所得税、法人税、贈与税、相続税など
賦課課税方式	住民税、固定資産税、自動車税、過怠税など

2 所得と所得税

重要度 A

所得と所得税

所得とは、収入からこれを得るためにかかった必要経費等を差し引いたもので、どのような収入かによって**10種類**（詳しくは後述）に分けられます。所得税とは、個人が1年間（**1月1日〜12月31日**）に得た所得に対して課税される税金です。

ナビゲーション

収入とは、会社員の場合、給与と賞与ですが、お金だけでなく、食事などの現物給与も含みます。事業者においては、年内に入るべきだった未収の収入も含めます。

公式 収入－必要経費等＝所得

「所得」とは収入から必要経費を引いたもの。
収入とは違うことを覚えておきましょう。

納税義務者

所得税の納税義務者とは、所得を得た個人と法人であり、個人の納税義務者は、**居住者**か**非居住者**かによって課税の対象となる所得が異なります。ただし、国籍は問われません。

居住者とは、国内に住所を有している、あるいは現在まで引き続き**1年以上**、国内に**居所**がある個人。一方、**非居住者**とは居住者以外の個人のことをいいます。

用語の意味

居所（きょしょ）
一定期間継続して居住する、住所とは異なる場所。生活の場として住所に近い状況にある場所。

個人の納税義務者

納税義務者の区分		課税される所得
居住者	**永住者** （非永住者以外の居住者）	国内・国外 すべての所得
	非永住者 日本国籍がなく過去**10年以内**に日本国内に住所または居所を有していた期間が**5年以下**の個人	国内源泉所得、国内で支払われた国外源泉所得、または国内に送金されたもの
非居住者	居住者以外	国内源泉所得のみ

用語の意味

国内、国外源泉所得
国内においての勤務等による給与、賞与などのほか、国内で保有している債券の利子や株式の配当金、不動産の賃貸収入などによる所得のこと。対して、国外源泉所得は海外に保有する資産などから得られる所得。

所得税の納税地

国内に住所がある人は、一般的にその**住所地**が所得税の納税地となります。国内に住所がなく居所がある人は、その居所地が納税地となります。

ただし、**納税地の特例**として、国内に住所と居所がともにある人は、居所を納税地とすることができます。また、国内に住所と居所のいずれかがあり、その他に事業所などがある人は、その事業所などの所在地を納税地とすることができます。

3 所得の種類

重要度 A

個人の所得は、その性質に応じて以下の10種類に分類されます。

① **利子所得** → 預貯金や債券の利子など
② **配当所得** → 株式の配当金など
③ **不動産所得** → 不動産等の貸付による賃料など
④ **事業所得** → 事業から生じた所得
⑤ **給与所得** → 会社員の給与、賞与など
⑥ **退職所得** → 退職金など
⑦ **山林所得** → 山林伐採の譲渡による所得など
⑧ **譲渡所得** → 資産の売却等で得た所得
⑨ **一時所得** → 生命保険の満期保険金など
⑩ **雑所得** → 公的年金等や業務（副業）、その他の収入

この10分類は、
税金に関する
問題では
何度も
出てきます！

非課税となる所得

所得には税金が課されないものがあります。

非課税となる主な所得

・社会保険の給付金
　→**遺族年金**、**障害年金**、**雇用保険**、**健康保険**の給付など

・生活用動産の売却による所得
　→衣類、家具などの譲渡。ただし、1個ないし1組の価額が**30万円超**の貴金属や絵画などの譲渡は課税対象

・会社員等の通勤手当のうち月額**15万円**まで

・宝くじの当選金

・損害保険、生命保険からの給付金のうち身体の傷害に基因して支払われたもの
　→入院給付金、手術給付金など

レック先生のズバッと解説

非課税となる所得は、原則として社会通念上、所得税の課税対象に適さないとされるものが該当します。

ワンポイント

「非課税所得に該当するものはどれか」という問題はよく出題されます。老齢年金は雑所得となり、課税対象ですから、非課税の年金（遺族年金など）と混同しないようにしましょう。

4 所得税の計算

重要度 A

所得税の課税方法

10種類の所得に対する所得税の課税方法には、各所得を合計して課税する**総合課税**と、所得ごとに課税する**分離課税**に分けられます。**所得税は原則、総合課税**ですが、一部の所得については分離課税となります。

また、分離課税には、所得を得た者が税額を申告する**申告分離課税**と、収入から税額が差し引かれて（天引き）、課税関係が完了する**源泉分離課税**（申告不要）の２つがあります。

課税方法と所得の分類（原則）

課税方法		対象となる所得
総合課税		不動産所得 事業所得 給与所得 **譲渡所得（土地・建物等、株式等以外）** ＜以下の所得は分離課税になる場合もある＞ 利子所得 配当所得 一時所得 雑所得
分離課税	申告分離課税	特定公社債の利子所得 上場株式等の配当所得 **退職所得** 山林所得 **譲渡所得（土地・建物等、株式等）**
	源泉分離課税	国内預貯金の利子所得など

総合課税の対象となる所得をすべて合計して損益通算等したあとの金額を総所得金額といいます。

分離課税とは、他の所得と「分離」して、独自の税率で計算されるもの

所得税の税率

総合課税の所得税率は、課税所得金額が増えるにつれて税率が段階的に高くなる**超過累進税率方式**となっています。算出方法は、課税の対象となる所得金額に超過累進税率を掛け合わせ、そこから所定の控除額を差し引いたものが所得税額になります。

ナビゲーション
2013年から2037年まで、東日本大震災からの復興財源として、所得税に加えて復興特別所得税（復興税）が創設されました。税額は所得税額に2.1%を掛けた額となります。

計算式 所得税額＝課税所得金額×税率－控除額

所得税額の速算表

課税所得金額	税率	控除額
195万円以下	**5%**	0円
195万円超　330万円以下	10%	9万7,500円
330万円超　695万円以下	20%	42万7,500円
695万円超　900万円以下	23%	63万6,000円
900万円超　1,800万円以下	33%	153万6,000円
1,800万円超　4,000万円以下	40%	279万6,000円
4,000万円超	**45%**	479万6,000円

※別途、復興特別所得税（所得税額×2.1%）もかかります。

試験問題では
所得税額の速算表が与えられますが、
速算表を使って所得税額を
計算できるようにしておきましょう。
最低税率の5%と、
最高税率の45%は覚えておきましょう。
また、税率は7段階に分かれています

過去問チャレンジ

所得税の原則的な仕組みに関する次の記述のうち、最も不適切なものはどれか。

1. 所得税では、課税対象となる所得を10種類に区分し、それぞれの所得の種類ごとに定められた計算方法により所得の金額を計算する。

2. 合計所得金額は、損益通算後の各種所得の金額の合計額に、純損失や雑損失の繰越控除を適用した後の金額である。

3. 課税総所得金額に対する所得税額は、課税総所得金額に応じて7段階に区分された税率を用いて計算される。

4. 所得税では、納税者本人が所得の金額とこれに対応する税額を計算し、申告・納付する申告納税方式を採用している。

［22年5月・学科］

2が不適切　合計所得金額とは、損益通算後の各種所得金額の合計額に、純損失や雑損失の繰越控除を適用する前の金額です。

特別
講義図解

所得税計算の全体像（概要）

所得税の計算は、この5つの順番で行います。詳細は、次ページ以降で説明しますが、ここでは全体の流れをつかんでおきましょう。

STEP 1 **<所得金額の算出>**

各収入金額から必要経費や所定の控除額を差し引く

STEP 2 **<課税標準の算出>**

所得の相殺や損失の繰越控除が可能な所得はそれに則して計算する
⇨総合課税の課税対象となる金額（総所得金額）および分離課税の課税対象となる金額がそれぞれ課税標準となる

STEP 3 **<課税所得金額の算出>**

所得金額から所得控除額を差し引いて
課税所得金額を算出する

納税額までの
道のりは
5ステップ！

STEP 4 **<所得税額の算出>**

課税所得金額に所定の税率を掛けて
税額控除があれば差し引いて所得税額を算出する

STEP 5 **<納税額の算出>**

給与所得等の源泉徴収税額があれば所得税額から差し引いて
申告納税額を確定する

総合課税										分離課税	
利子所得	配当所得	不動産所得	事業所得	給与所得	雑所得	一時所得	譲渡所得			山林所得	退職所得
							土地・建物等、株式等以外	土地・建物等	株式等		

収入金額－必要経費

各所得金額

▼

損益通算。その後、一時所得と総合長期譲渡所得は1/2をする

合計所得金額

損失の繰越控除をする

総所得金額	短期譲渡所得・長期譲渡所得の金額	株式等に係る譲渡所得等の金額	山林所得の金額	退職所得の金額

▼

所得控除額を差し引く

課税総所得金額	課税短期譲渡所得・課税長期譲渡所得の金額	株式等に係る課税譲渡所得等の金額	課税山林所得の金額	課税退職所得の金額

▼

×税率	×分離課税率		×1/5×税率×5	×税率

税額控除額を差し引く

所得税額

▼

源泉徴収税額を差し引く

所得税の申告納税額

10分類された所得の内容と計算

2 各所得金額の計算

所得税の対象となる所得は10種類に分けられます。
それぞれの分類や課税方法、所得金額を算出する公式は
しっかり覚えましょう。
合わせて、必要経費や減価償却を理解することで
所得の出し方への理解がより進みます。

1 利子所得

重要度 C

利子所得の範囲

利子所得とは、**預貯金**や**公社債の利子**、**公社債投資信託の収益分配金**などによる所得をいいます。利子所得は「経費がかからない」とされ、収入金額がそのまま利子所得の金額となります。

公式　利子所得の金額＝収入金額

利子所得の課税方法

原則、**総合課税**ですが、国内の預貯金の利子は、**20.315％**※の税率による**源泉分離課税**のため、受け取るときに源泉徴収等されます（利子所得額は源泉徴収される前の金額になります）。また、特定公社債の利子や公社債投資信託の収益分配金などは20.315％の税率による**申告分離課税**となります。

※20.315％の内訳：所得税15％、復興特別所得税0.315％、住民税５％

ワンポイント
預貯金の利子は外貨預金であっても利子所得ですが、為替差益によって得た利益は雑所得となります。また、個人的に貸し付けた資金の利子も雑所得となります。

2 配当所得

重要度 C

配当所得の範囲

配当所得とは、株式の**配当金**や、投資信託（株式投資信託、上場投資信託（ETF）、不動産投資信託（J-REIT））の**収益分配金**などによる所得をいいます。配当所得の計算方法は、株式などの取得のための負債利子（取得のための借入金の利子）が経費となりますので、それを差し引いた額となります。

公式
配当所得の金額
＝収入金額－株式等取得のための負債利子

配当所得の課税方法

配当所得は、原則、総合課税です。**上場株式等**（一定の大口株主以外）の配当所得は、**総合課税**、**申告分離課税**、**申告不要制度**を**選択**できます。総合課税では配当控除を受けることができ、申告分離課税では上場株式等に譲渡損失がある場合に、配当所得との損益通算（利益と損失を相殺すること）が可能となります。なお、申告不要制度の場合、配当金等はその支払いを受けるときに20.315％（一定の大口株主、非上場株式は20.42％）の**源泉徴収等**で課税関係が終了します。

ワンポイント

投資信託の収益分配金でも、公社債投資信託は利子所得ですが、株式投資信託、上場投資信託（ETF）、不動産投資信託（J-REIT）は配当所得となりますので注意しましょう。

ナビゲーション

発行済み株式総数の3％以上を保有する大口株主が受け取る配当金や、非上場株式からの配当金は、総合課税となり、申告分離課税にはできません。

上場株式等(一定の大口株主以外)の配当所得の課税方法の違い

課税方法	確定申告	配当控除	損益通算※
総合課税（原則）	総合課税の所得として確定申告	適用あり	できない
申告分離課税	分離課税の所得として確定申告	適用なし	できる
申告不要制度	源泉徴収等だけで課税関係を終了できるので確定申告は不要	適用なし	できない

※上場株式等の譲渡損失との損益通算

ワンポイント

上場株式以外（非上場株式等）も原則は総合課税ですが、少額配当の場合は申告不要にできます。

3 不動産所得

重要度 A

不動産所得の範囲

不動産所得とは、土地の賃料やアパート・マンションの家賃など、**不動産の貸付による所得**をいいます。一方、土地などの売却益は不動産所得ではなく譲渡所得となります。

不動産所得に「該当するもの」と「しないもの」の例

不動産所得に該当するもの	・賃貸マンションなどの**賃料** ・月極駐車場の賃料 ・賃貸マンションなどの**礼金、更新料**
不動産所得に該当しないもの	・下宿など食事を供する場合の家賃 → 事業所得または雑所得 ・時間貸駐車場の賃料 → 事業所得または雑所得 ・従業員宿舎の家賃収入 →事業所得

レック先生のズバッと解説

不動産所得について「事業的規模の貸付の場合は事業所得である」という正誤問題がよく出題されます。**事業的規模**とは貸家なら5棟以上、アパートなどは10室以上を指しますが、**その規模にかかわらず**不動産の賃料、家賃は「**不動産所得**」となります。

不動産所得の計算と課税方法

不動産所得は以下の公式で算出し、**総合課税**となります。必要経費には、その収入（家賃など）を得るために負担した、様々な経費が含まれます。

公式
不動産所得の金額
＝総収入金額－必要経費（－青色申告特別控除額）

・総収入金額＝家賃、地代、**礼金**、**更新料**など
・必要経費＝**固定資産税**、都市計画税、不動産取得税、損害保険料、修繕費、募集広告費、管理費、**減価償却費**、**借入金の利子**、賃借人の立退きに要する立退料（譲渡に伴うものを除く）など

以下の場合も総収入金額に計上します。
①年内の支払期限を過ぎている未払いの家賃
②入居者に**返還しない**ことが確定している**敷金**、**保証金**等

用語の意味
青色申告特別控除
青色申告を行うことで得られる控除。不動産所得では、貸付を事業的規模で行い、電子申告等の要件を満たせば最高65万円（詳細はP395～）の控除です。

ワンポイント
不動産を取得するための借入金の利子は必要経費になりますが、元金は対象外です。

4 事業所得

重要度 B

事業所得の範囲と計算

事業所得とは、**農業**、**漁業**、**製造業**、**卸売業**、**小売業**、**サービス業**、その他の事業を営む個人事業主の、その事業から生じる所得のことをいいます。課税方法は**総合課税**となります。

公式
事業所得の金額
＝総収入金額－必要経費（－青色申告特別控除額）

・総収入金額＝事業による収入。年内に確定した未収金額も含む。
・必要経費＝**売上原価**、従業員などの賃金・給与、通信費、**減価償却費**、水道光熱費、宣伝費、得意先・仕入先等との交際費など。

ワンポイント
個人事業税、固定資産税（自宅兼店舗の場合、店舗の使用分だけ）は必要経費とすることができます。

<事業所得の計算例（青色申告の場合）>

売上金額（収入）3,000万円 － 売上原価 1,400万円 － 経費（減価償却費等）350万円 － 各種引当金等（専従者給与等）95万円 － 青色申告特別控除額 65万円 ＝ 所得金額 1,090万円

売上原価の計算

必要経費に計上される売上原価とは、当期に売り上げた商品の原価（製造原価、仕入原価）のことで、以下の計算式で求められます。

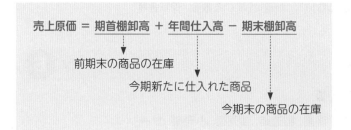

売上原価 ＝ **期首棚卸高** ＋ **年間仕入高** － **期末棚卸高**

- 期首棚卸高 → 前期末の商品の在庫
- 年間仕入高 → 今期新たに仕入れた商品
- 期末棚卸高 → 今期末の商品の在庫

減価償却とは

建物や車両、備品や機械などの固定資産は、時間の経過とともに価値が減少していきます。こうした固定資産は、購入した年に購入金額の全額を経費として計上はせず、定められた耐用年数で各年分に分割して必要経費として計上します。これを**減価償却**といいます。

ワンポイント
土地は減価償却されません。土地は年数が経過しても経年を理由に価値が減ることはないためです。

減価償却費の算出

当年の必要経費となる減価償却費の算出方法には、資産の種類ごとに**定額法**と**定率法**があり、どちらかを選択します。個人の場合、選択をしなければ法定償却方法である定額法で計算します。ただし、**1998年4月1日以降に取得した建物**、2016年4月1日以降に取得した**建物附属設備、構築物は定額法**しか選択できません。

講義図解

定額法

毎年同額（定額）を費用として計上する方法。

＜計算方法＞

$$\text{減価償却費} = \text{取得価額} \times \text{定額法の償却率} \times \frac{\text{使用月数}}{12\text{カ月}}$$

＜計算例＞

年の途中で購入した資産を例に、
定額法で計算してみると…

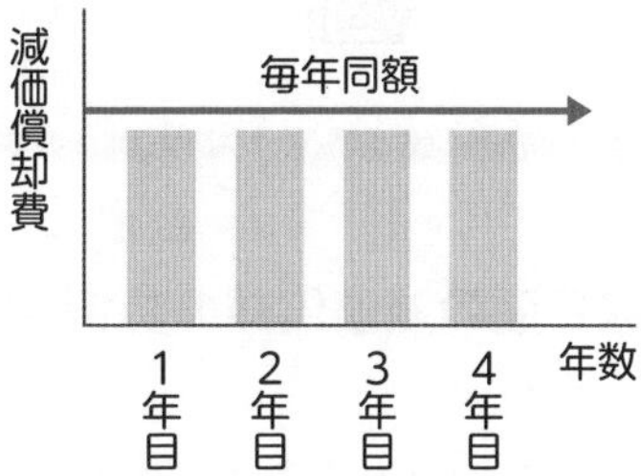

取得価額／3,000万円
取得年月／本年11月1日
耐用年数／24年
耐用年数が24年の場合の
定額法の償却率／0.042

↓

$$\text{本年の減価償却費} = 3{,}000\text{万円} \times 0.042 \times \frac{2\text{カ月}}{12\text{カ月}} = 21\text{万円}$$

（※）2カ月→本年11月～本年12月

講義
図解

定率法

取得価額から、すでに必要経費として計上した減価償却費分を差し引いた金額（未償却残高）に対して、一定の償却率を乗じて算出した金額を必要経費として計上していく方法。
結果的に、年々必要経費への計上額が減少していきます。

<計算方法>

$$\text{減価償却費} = (\text{取得価額}-\text{既償却額}) \times \text{定率法の償却率} \times \frac{\text{使用月数}}{12\text{カ月}}$$

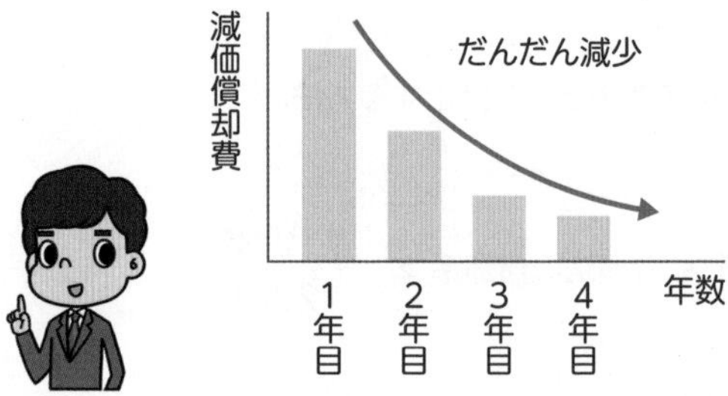

少額資産の減価償却の特例（貸付の用に供したものを除く）

取得価額が**10万円未満**または使用期間が**1年未満**の減価償却資産については、減価償却を行わず、取得価額を全額、その年の必要経費とすることができます。このような資産を**少額減価償却資産**といいます。

また、取得価額が**10万円以上20万円未満**の減価償却資産については、一括して**3年間**で均等に償却することができます。このような資産を**一括償却資産**といいます。

中小企業者等の少額減価償却資産の特例（原則、貸付の用に供したものを除く）

青色申告者、青色申告法人で従業員500人以下（出資金等が1億円超の組合等は300人以下）の一定の中小企業者等は、取得価額が**10万円以上30万円未満**の減価償却資産について、取得価額の年間合計額が300万円に達するまで、取得価額を全額、その年の必要経費とすることができます。

過去問チャレンジ

所得税における青色申告者の事業所得の金額に関する次の記述のうち、最も不適切なものはどれか。

1. 事業の遂行上、取引先へ資金を貸し付けたことにより受ける貸付金利子は、事業所得の金額の計算上、総収入金額に算入される。

2. 取引先の株式を有することにより受ける剰余金の配当は、事業所得の金額の計算上、総収入金額に算入される。

3. 事業の遂行上、必要な交際費は、事業所得の金額の計算上、その全額が必要経費に算入される。

4. 確定申告書を申告期限内に提出する等の所定の要件を満たせば、事業所得の金額の計算上、青色申告特別控除として最高65万円を控除することができる。

[18年1月・学科]

2が不適切　所得税法上、個人が受け取った株式の配当金や投資信託（公社債投資信託を除く）の収益分配金などは配当所得となり、取引先の株式からの配当金であっても、事業所得の総収入金額には算入されません。

5 給与所得

重要度 A

給与所得の範囲と計算

給与所得とは、勤務先から受け取る**給与**、**賞与**、**役員報酬**などの所得をいいます。所得金額は以下の公式で計算します。

公式　給与所得の金額 = 給与等の収入金額 − 給与所得控除額

給与所得控除額の速算表

給与等の収入金額	給与所得控除額
162万5,000円以下	**55万円**
162万5,000円超 180万円以下	収入金額×40％－10万円
180万円超　360万円以下	収入金額×30％＋8万円
360万円超　660万円以下	収入金額×20％＋44万円
660万円超　850万円以下	収入金額×10％＋110万円
850万円超	**195万円（上限）**

＜給与所得の計算例＞

［給与等の収入金額が500万円の場合］

●給与所得控除額

500万円×20％＋44万円＝144万円

●給与所得の金額

500万円－144万円＝356万円

給与所得控除額の最低額は55万円もよく出題されます！

レック先生のズバッと解説

給与所得控除とは会社員などの「みなし必要経費」といった意味合いです。速算表を使って計算できるようにしておきましょう。

ワンポイント

通勤手当（限度額が月額15万円まで）や出張旅費は非課税所得なので、給与所得には含まれません。

源泉徴収と年末調整

給与所得は**総合課税**の対象ですから、原則として**確定申告が必要**です。会社員等の給与所得者は原則、勤務先が所得税を計算し、給与等の支払時に差し引く**源泉徴収**により納税が済み、源泉徴収された税額に過不足があった場合には、**年末調整**によって精算されるため、確定申告は不要です。

ただし、給与所得者でも以下のケースでは確定申告が必要となります。

- 給与収入が**2,000万円**超
- 給与所得、退職所得以外の所得が**20万円**超
- 2カ所以上から給与を受け取っている

ナビゲーション

給与所得者が医療費控除や住宅ローン控除を受けるには、やはり確定申告が必要（住宅ローン控除は初年度で必要）。合わせて覚えておきましょう。

所得金額調整控除

所得金額調整控除とは、①給与収入と公的年金等がある者や、②給与収入金額が850万円超で下記のいずれかに該当する場合に、総所得金額の計算の際、一定金額を給与所得から控除できるものです。

1. 本人が特別障害者である
2. 特別障害者である同一生計配偶者または扶養親族を有する
3. 年齢23歳未満の扶養親族を有する

ワンポイント

②の場合、給与収入（1,000万円超の場合は1,000万円）から850万円を控除した金額の10％が控除額となります。

6 退職所得

重要度 A

退職所得の範囲と計算

退職所得とは、退職によって勤務先から一時金として受け取る退職金や、確定拠出年金の老齢給付金を一時金で受け取った場合などの所得をいいます。

公式
退職所得の金額
$$=（収入金額－退職所得控除額）\times \frac{1}{2}$$

退職所得控除額は20年以下の部分は1年あたり40万円で、20年を超えた部分は1年あたり70万円を加算すると覚えましょう。

退職所得控除額

退職所得控除額は、勤続年数によって異なります。

勤続年数※	退職所得控除額
20年以下	40万円×勤続年数（最低80万円）
20年超	**800万円＋70万円×（勤続年数－20年）**

※勤続年数の1年未満の端数は**1年に切り上げ**ます。

退職所得の計算例

［退職金2,400万円、勤続年数32年7カ月の場合］

●退職所得控除額
800万円＋70万円 ×（33年－20年）＝1,710万円

●退職所得の金額
（2,400万円－1,710万円）×1/2＝345万円

課税方法

退職所得は**分離課税**です。退職一時金を受け取るまでに、その支払者に「**退職所得の受給に関する申告書**」を提出していれば、支払者が適正な税額を源泉徴収するので、**確定申告は不要**です。

提出がない場合は、退職一時金に対して一律20.42%（所得税20%、復興特別所得税0.42%）が源泉徴収されるので、確定申告を行い、適正な税額との差額を精算します。

> **ワンポイント**
> 退職一時金についての源泉徴収は「退職所得の受給に関する申告書」を提出する場合は、住民税も特別徴収されます。確定申告の場合も同様です。

短期退職手当等

勤続年数が5年以下の民間従業員が、退職一時金を受けた場合の退職所得の計算につき、退職一時金から退職所得控除額を控除した残額のうち、300万円を超える部分については、退職所得金額の計算上2分の1を乗じることはできません。

特定役員退職手当等

勤続年数が5年以下である役員等が、その役員等の勤続年数に対する退職一時金等を受けた場合、退職所得金額の計算上2分の1を乗じることはできません。

> **ワンポイント**
> 勤務年数が5年以下の特定役員（短期勤務役員等）の場合、1/2は乗じません。

7 山林所得 重要度 C

山林所得の範囲と計算

山林所得とは、山林を伐採したり立木のまま譲渡（売却）したことによる所得をいいます。山林所得の課税方法は、**分離課税**となります。

> **ワンポイント**
> 山林を取得して5年以内の譲渡であれば、**事業所得**または**雑所得**となります。

公式

山林所得
＝総収入金額－必要経費－特別控除額（－青色申告特別控除額）
〈最高50万円〉

8 譲渡所得

重要度 A

譲渡所得の範囲と区分

譲渡所得とは、資産を譲渡（売却）したことで得る所得をいいます。譲渡所得は、譲渡した資産によって課税方法と、計算式が異なります。さらに、所有期間によって**短期譲渡所得**か**長期譲渡所得**に区分され、税率が変わります。代表的な資産の譲渡でどのように区分されるか見ていきましょう。

レック先生のズバッと解説

2019年3月に土地を取得して、2024年7月に売却した場合、実際の所有期間は5年超ですが、2024年1月1日の時点では5年以下であり、短期譲渡所得となります。

短期譲渡所得と長期譲渡所得の区分

譲渡資産	課税方法	所有期間	譲渡所得の区分
①土地・建物等	分離課税	譲渡した年の1月1日時点で所有期間が**5年以下**	短期譲渡所得
		譲渡した年の1月1日時点で所有期間が**5年超**	長期譲渡所得
②株式・特定公社債など		**短期長期の区分はない**	
③ゴルフ会員権、書画、**金地金**など	総合課税	譲渡した日で所有期間が**5年以下**	短期譲渡所得
		譲渡した日で所有期間が**5年超**	長期譲渡所得

非課税となる資産の譲渡

以下の資産の譲渡等は非課税となります。

非課税となるもの

- 生活用動産（家具、衣服など）
- 1個または1組の価額が30万円以下の貴金属、書画、骨董など
- 国または地方公共団体に寄附した財産

ワンポイント

国債や地方債などの公社債（特定公社債）は、償還（満期日に額面金額が払い戻される）による差益も譲渡所得となります。

譲渡所得の計算

譲渡所得は譲渡した資産によって計算式が異なります。計算式に必要となる**取得費**と**譲渡費用**には以下のようなものが該当します。

取得費：その資産の**購入代金**と、取得のためにかかった**付随費用**（購入時の仲介手数料、登録免許税、印紙税など）。取得費が不明な場合は、**譲渡収入金額の5%**を**概算取得費**とすることができます。

譲渡費用：資産を譲渡するために直接かかった費用（仲介手数料、印紙税、取り壊し費用など）。

ワンポイント
実際の取得費が譲渡収入金額の5%に満たない場合も、概算取得費で計上することができます。

計算式❶　土地・建物等の譲渡〈分離課税〉

特別控除後の課税譲渡所得金額＝総収入金額 －（取得費＋譲渡費用）－ 特別控除額

特別控除額 → 一定の要件を満たした場合のみ適用

計算式❷　株式などの譲渡〈分離課税〉

譲渡所得金額＝総収入金額 －（取得費 ＋ 譲渡費用 ＋ 負債利子）

負債利子 → 株式等を購入した場合の借入金に係る利子

計算式❸　ゴルフ会員権等の譲渡〈総合課税〉

譲渡所得金額＝総収入金額 －（取得費＋譲渡費用）－ 特別控除額（最高50万円）※

（最高50万円） → 短期譲渡所得と長期譲渡所得を合計して最高で50万円

特別控除額の50万円は、まず短期譲渡所得から控除し、残りを長期譲渡所得から控除します。

総合課税の譲渡所得を他の所得と合算して総所得金額を算出するときは、短期譲渡所得金額が全額なのに対し、長期譲渡所得金額は損益通算後の２分の１の金額を合算します。

土地・建物等の譲渡の税額

土地・建物等の譲渡所得に対する税率は、短期譲渡所得か長期譲渡所得かで異なります。

土地・建物等の譲渡における２つの税率

●**短期譲渡所得の場合**

税額＝課税短期譲渡所得金額×39.63％

（所得税30％、復興特別所得税0.63％、住民税9％）

●**長期譲渡所得の場合**

税額＝課税長期譲渡所得金額×20.315％

（所得税15％、復興特別所得税0．315％、住民税5％）

株式等の譲渡の税額

株式などの譲渡所得には土地・建物等の譲渡所得と違い、短期、長期の区分はなく、原則は以下の計算方法で税額を求めます。

公式

税額 ＝ 株式等の譲渡所得金額 ×20.315％
（所得税15％、復興特別所得税0.315％、住民税5％）

9 一時所得　重要度 A

一時所得の範囲

一時所得とは、ここまで説明した[1]〜[8]までの8種類の所得以外で、次のような一時的な所得のことをいいます。

主な一時所得

- 契約者（保険料負担者）が受け取る生命保険の満期保険金、解約返戻金
- ふるさと納税の返礼品、懸賞、福引き賞金、賞品
- 競馬や競輪の払戻金
- 法人からの贈与金品

ナビゲーション
宝くじの当せん金、高度障害保険金や入院給付金、自動車保険や火災保険の保険金等は非課税となります。

一時所得の金額と計算

一時所得は**総合課税**の対象です。一時所得が黒字の場合、損益通算後に残った一時所得の**2分の1を総所得金額**に算入します。一方、赤字であれば、一時所得はないものとみなされます。

公式　一時所得 ＝ 総収入金額 － 収入を得るための支出金額 － 特別控除額（最高50万円）

10 雑所得

重要度 A

雑所得の範囲

雑所得とは、これまで説明してきたどの所得にも該当しない所得をいい、原則は総合課税です。

主な雑所得

公的年金等
国民年金、厚生年金、国民年金基金、厚生年金基金、確定拠出年金からの**老齢給付金**等

業務に係るもの
副業（事業ではない）の原稿料や講演料等

その他
個人年金保険（契約者＝年金受取人）からの年金等
外貨預金の為替差益
預入時に為替予約を締結した…源泉分離課税
預入中に為替予約を締結した…総合課税
為替予約を締結していない…総合課税

ナビゲーション
暗号資産（仮想通貨）の取引による所得は雑所得となります。

「業務に係るもの」であっても、その所得を得るための活動の規模や営利性等により社会通念上は業務から生じる所得で、その取引の帳簿書類等の保存があれば事業所得として扱うことがあります。

<雑所得と事業所得の分け方>

収入金額	記帳・帳簿書類の保存あり	記帳・帳簿書類の保存なし
300万円以下	概ね事業所得	業務に係る雑所得
300万円超		概ね、業務に係る雑所得 （事業所得としての扱いもあり）

雑所得の計算

それぞれ分けて計算し、合算します。

公式
公的年金等の雑所得①
＝ 公的年金等の金額 － 公的年金等控除額

公式
業務に係る雑所得② ＝ 総収入金額 － 必要経費

公式
その他の雑所得③ ＝ 総収入金額 － 必要経費

公式
雑所得 ＝ ① ＋ ② ＋ ③

各所得の計算式は
何度も過去問を解くことで
身につけましょう！

公的年金等控除額

公的年金等の受給者の年齢（その年の**12月31日時点**）と、公的年金等の収入金額に応じて、**公的年金等控除額**が決められています。上限額（公的年金等の雑所得以外の合計所得金額が1,000万円以下）は原則、195万5,000円となっています。

公的年金等控除額の**収入金額と控除額**については、上限が195万5,000円、下限は、原則、65歳未満が60万円、65歳以上が110万円という金額を覚えておけばいいでしょう。

公的年金等控除額

（公的年金等の雑所得以外の合計所得金額が1,000万円以下の場合）

受給者年齢	公的年金等の収入金額	公的年金等控除額
65歳未満	130万円以下	**60万円**
	130万円超　410万円以下	収入金額×25％＋27万5,000円
	410万円超　770万円以下	収入金額×15％＋68万5,000円
	770万円超　1,000万円以下	収入金額×5％＋145万5,000円
	1,000万円超	195万5,000円
65歳以上	330万円以下	**110万円**
	330万円超　410万円以下	収入金額×25％＋27万5,000円
	410万円超　770万円以下	収入金額×15％＋68万5,000円
	770万円超　1,000万円以下	収入金額×5％＋145万5,000円
	1,000万円超	195万5,000円

過去問チャレンジ

所得税における各種所得に関する次の記述のうち、最も適切なものはどれか。

1. 個人事業主が事業資金で購入した株式について、配当金を受け取ったことによる所得は、一時所得となる。

2. 個人による不動産の貸付けが事業的規模である場合、その賃貸収入による所得は、事業所得となる。

3. 会社役員が役員退職金を受け取ったことによる所得は、給与所得となる。

4. 個人年金保険の契約者（＝保険料負担者）である個人が、その保険契約に基づく年金を年金形式で受け取ったことによる所得は、雑所得となる。

[20年9月・学科]

4が適切

1. 個人事業の資金で購入しても、株式の配当金は、配当所得となります。

2. 不動産の貸付は、それが事業的規模であっても、それによる所得（土地の賃貸料、アパートの家賃など）は、不動産所得となります。

3. 退職によって一時的に受け取る退職金は、退職所得となります。なお、退職金を分割して受け取る場合は、雑所得となります。

3 損益通算と損失の繰越控除

所得を 10 種類に分け、各所得金額を算出したら、次に覚えたいのが損益通算と損失の繰越控除。ただし、損失の通算可能な所得が限られており、出題形式がほぼ決まっているので、パターンを覚えるとより効果的です。

1 損益通算のしくみ　重要度 A

損益通算と対象になる損失

損益通算とは、所得に生じた損失（赤字）を、他の所得の利益（黒字）と相殺させることをいいます。ただし、先に説明した10種類の所得のうち、損益通算ができるのは**以下4つの所得に生じた損失**です。これらの所得は、1年間で赤字となった場合、その金額を他の黒字の所得から差し引くことができます。

講義図解

損益通算できる損失

不動産所得　事業所得　山林所得　譲渡所得

レック先生のズバッと解説

損益通算ができる損失は、その所得の頭文字「ふ」「じ」「さん」「じょう」から「富士山上」と覚えましょう。また、試験では特に不動産所得と譲渡所得の損失が出題されます。

ワンポイント

損益通算は青色申告、白色申告のどちらの場合でもできます。

損益通算の対象とならない損失

不動産所得と譲渡所得には、他の所得と**損益通算できない損失**があります。

損益通算できないケース

①不動産所得の損益通算できないケース

・**土地を取得するための借入金の利子**
→建物取得のための借入金の利子は損益通算が可能

②譲渡所得の損益通算できないケース

・**土地・建物（賃貸用など）等の譲渡損失**
→ 一定の要件を満たす自己の居住用財産は損益通算が可能

・**生活に通常必要ではない資産の譲渡損失**
→ 資産例＝**ゴルフ会員権**、別荘、貴金属（1個ないし1組30万円超）など

・**株式等の譲渡損失**
→ 上場株式等の譲渡損失については、申告分離課税を選択した配当所得、利子所得と損益通算が可能

・**生活用動産（家具、衣類、自家用車など）の譲渡損失**
→ 生活用動産の譲渡は所得税が非課税のため、他の所得と損益通算できない

損益通算の順序

損益通算には順序があります。所得を以下の３つに分けて、手順に沿って損益通算を行います。

他の所得と損益通算できないケースでも、同一所得の範囲内であれば赤字と黒字を相殺することができます。これを**内部通算**といいます。

損益通算における所得の区分

区分	該当する所得
経常的な所得 （通常発生する所得）	利子所得、配当所得、不動産所得、事業所得、給与所得、雑所得
一時的な所得	譲渡所得、一時所得
上記以外の所得	山林所得、退職所得

損益通算の手順

①「経常的な所得」内と「一時的な所得」内でそれぞれ損益通算を行う。

- 不動産所得と事業所得の損失は、「経常的な所得」の他の所得の黒字から差し引く。
- 「一時的な所得」は、まず譲渡所得で内部通算を行い、残った損失は一時所得から差し引く。

↓

②「経常的な所得」と「一時的な所得」とで損益通算を行う。

- 「経常的な所得」の損失が残った場合、「一時的な所得」から差し引く。
- 「一時的な所得」の損失が残った場合、「経常的な所得」から差し引く。

レック先生のズバッと解説

「一時的な所得」内での損益通算は、総合課税となる長期譲渡所得、一時所得それぞれ、**１／２にする前の金額が対象**です。損益通算の結果、これらの所得が黒字であれば、その**１／２の金額が総所得金額に加算されます。**

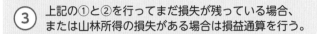

③ 上記の①と②を行ってまだ損失が残っている場合、または山林所得の損失がある場合は損益通算を行う。

●①と②を行って、まだその金額（総所得金額）に損失がある場合、山林所得、退職所得の順に差し引く。

●山林所得が赤字の場合、その赤字を「経常的な所得」、譲渡所得、一時所得、退職所得の順に差し引く。

過去問チャレンジ

所得税の損益通算に関する次の記述のうち、最も適切なものはどれか。

1．公的年金等以外の雑所得の金額の計算上生じた損失の金額は、不動産所得の金額と損益通算することができる。

2．不動産所得の金額の計算上生じた損失の金額は、上場株式等に係る譲渡所得の金額と損益通算することができる。

3．総合課税の対象となる事業所得の金額の計算上生じた損失の金額は、公的年金等に係る雑所得の金額と損益通算することができる。

4．一時所得の金額の計算上生じた損失の金額は、給与所得の金額と損益通算することができる。

［21年5月・学科］

3が適切
1. 雑所得の損失を損益通算することはできません。
2. 不動産所得の損失は、土地の負債利子を除き損益通算の対象ですが、上場株式等の譲渡益は、一定の場合を除き、他の所得の損失と損益通算はできません。
4. 一時所得の損失を損益通算することはできません。

2 損失の繰越控除

重要度 C

純損失の繰越控除

損益通算をしても引ききれない損失を**純損失**といいます。青色申告をした年の純損失は、損益発生の翌年以降、**3年間**にわたって繰り越すことができます。これを**純損失の繰越控除**といいます。

講義図解

純損失の繰越控除の考え方

例）2XX0年の所得は、不動産所得150万円、事業所得▲250万円で、損益通算後の所得は▲100万円だった。
翌年以降は、事業所得のみで2XX1年に10万円、
2XX2年に40万円、2XX3年に30万円となった場合。

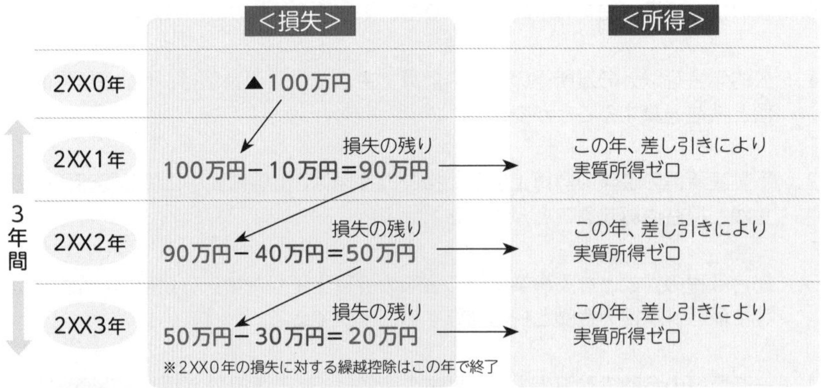

株式等の譲渡損失の損益通算と繰越控除

上場株式等を譲渡して損失が発生した場合、申告分離課税を選択した他の上場株式等の譲渡益や上場株式等の配当所得、特定公社債の利子や譲渡損益・償還損益との間で、**損益通算**ができます。また、損失が残った場合、損失発生の翌年から３年間にわたって**繰越控除**ができます。

ワンポイント

上場株式等の譲渡損失は、総合課税を選択した上場株式等の配当所得などとは損益通算できません。

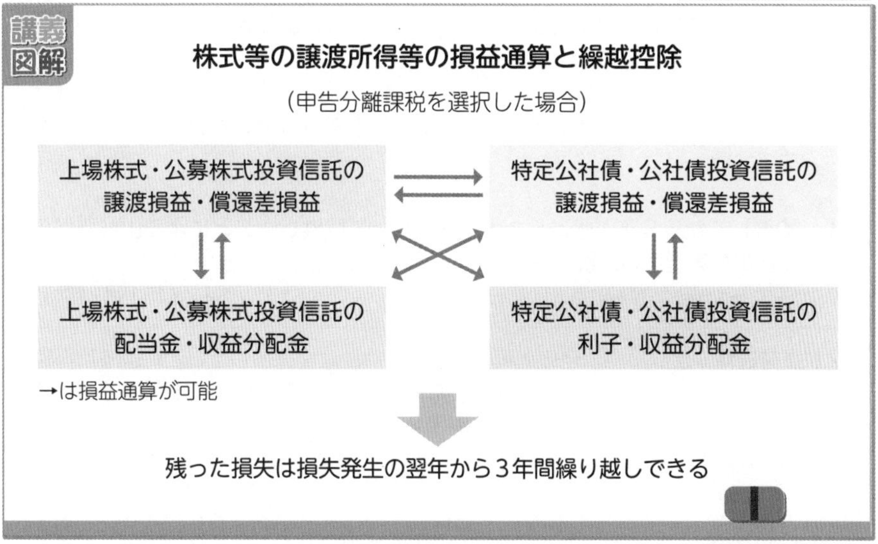

上場株式等の譲渡損失は、上記のような損益通算や繰越控除は可能です。しかし、**新NISA口座**（少額投資非課税制度における非課税口座）内で発生した譲渡損失については、**その損失は「ないもの」とみなされます**。したがって、特定口座や一般口座内で生じた配当金や譲渡益と、新NISA口座との損益通算や繰越控除はできません。

用語の意味

特定公社債
国債、地方債、外国国債、外国地方債、公募公社債、上場公社債などの債券のことです。

過去問チャレンジ

所得税の各種所得の金額の計算上生じた次の損失の金額のうち、他の所得の金額と損益通算できないものはどれか。

1. 不動産所得の金額の計算上生じた損失の金額のうち、不動産所得を生ずべき建物の取得に要した負債の利子に相当する部分の金額
2. 生活の用に供していた自家用車を売却したことによる譲渡所得の金額の計算上生じた損失の金額
3. コンサルティング事業を行ったことによる事業所得の金額の計算上生じた損失の金額
4. 取得してから5年が経過した山林を伐採して譲渡したことによる山林所得の金額の計算上生じた損失の金額

[23年1月・学科]

2が損益通算できない　自家用車などの生活用動産を売却したことによる所得は非課税所得のため、その損失を他の所得と損益通算することはできません。

損益通算できる所得は決まっているから
出題パターンを押さえておくと解答しやすいからね！
・不動産所得
・事業所得
・山林所得
・譲渡所得
の４つだね！
ふ・じ・さん・じょう
と覚えるのを忘れずに！

4 所得控除

所得控除は、所得金額から一定額を差し引くことで、課税所得金額を算出する重要なものです。しかも所得控除はその種類が多く、控除額もそれぞれ異なります。配偶者控除や扶養控除、生命保険料控除など出題頻度の高い内容が多いので確実に覚えましょう。

1 所得控除の基本

重要度 C

所得控除とは

所得控除とは、納税者の事情を加味して、所得金額から控除できるものをいいます。この所得控除が増えると課税所得金額が減るため、結果的に税負担が軽減されます。

講義図解　収入から所得税が算出されるまでの流れ

所得税がどのように算出されるかの流れを計算式で理解しましょう。

① 総収入金額 － 必要経費 ＝ 所得金額（課税標準）

② 所得金額 － 所得控除額 ＝ 課税所得金額

③ 課税所得金額 × 所得税率 ＝ 所得税額

用語の意味

課税所得金額
税率が掛けられる所得のこと。税金は所得金額にかかるのではなく、所得控除を差し引いた金額（課税所得金額）に税率を掛けて算出します。

所得控除の種類

所得控除は、全15種類あります。その内容から人的控除（人に対する控除）と物的控除（支出等に対する控除）に分けられます。

所得控除の分類

人的控除（8種類）	物的控除（7種類）
・基礎控除 ・配偶者控除 ・配偶者特別控除 ・扶養控除 ・障害者控除 ・寡婦控除 ・ひとり親控除 ・勤労学生控除	・社会保険料控除 ・生命保険料控除 ・地震保険料控除 ・小規模企業共済等掛金控除 ・医療費控除 ・雑損控除 ・寄附金控除

2 所得税における各所得控除のポイント　重要度 A

ここでは所得税の計算に適用される所得控除を解説しています。所得控除は住民税の計算のときにも用いられます。

> **ナビゲーション**
> 2019年分までの基礎控除額は、合計所得金額に関わらず、一律38万円でした。

基礎控除

基礎控除は、一定所得内であれば誰でも受けることができる控除です。合計所得金額が**2,400万円**を超えると段階的に減少し、**2,500万円**を超えると適用されません。

基礎控除の控除額

合計所得金額	控除額
2,400万円以下	48万円
2,400万円超　2,450万円以下	32万円
2,450万円超　2,500万円以下	16万円
2,500万円超	適用なし

配偶者控除

配偶者控除は、納税者本人の合計所得金額が1,000万円以下で、**控除対象配偶者**がいる場合に適用を受けることができます。控除額は、原則、最高38万円です。

控除対象配偶者とは、以下の要件を満たした配偶者のことです。なお、70歳以上（その年の12月31日時点）の控除対象配偶者を**老人控除対象配偶者**といい、控除額が異なります（最高48万円）。

控除対象配偶者の要件

- 納税者本人と生計を一にしている
  ただし、内縁関係は対象外
- 青色事業専従者として給与を受けていない、
  または事業専従者ではない
- 合計所得金額が48万円以下
  （給与収入なら年収103万円以下）

ナビゲーション

「生計を一にする」とは、日常生活の資金を共にすること。例えば、納税者本人が単身赴任等で同居していなくても、生活費を仕送りしていることなどをいいます。

ワンポイント

控除対象配偶者の要件として「給与収入なら年収103万円以下」という表記があるのは、給与所得控除が55万円あり、103万円－55万円＝48万円（要件である合計所得金額）となるためです。

配偶者控除の控除額

納税者本人の合計所得金額	控除額	
	控除対象配偶者	老人控除対象配偶者
900万円以下	**38万円**	48万円
900万円超　950万円以下	26万円	32万円
950万円超　1,000万円以下	13万円	16万円

過去問チャレンジ

所得税の配偶者控除に関する次の記述のうち、最も適切なものはどれか。

1. 納税者の合計所得金額が1,000万円を超える場合、配偶者の合計所得金額の多寡にかかわらず、配偶者控除の適用を受けることはできない。

2. 老人控除対象配偶者とは、控除対象配偶者のうち、その年の12月31日現在の年齢が75歳以上の者をいう。

3. 納税者が配偶者に青色事業専従者給与を支払った場合、その支払った金額が一定額以下であり、納税者の合計所得金額が一定額以下であれば、配偶者控除の適用を受けることができる。

4. 婚姻の届出を提出していない場合であっても、納税者が加入している健康保険の被扶養者となっており、内縁関係にあると認められる者は、他の要件を満たせば、控除対象配偶者に該当する。

[21年5月・学科]

1が適切

2. 老人控除対象配偶者の年齢は、その年の12月31日時点で70歳以上という要件があります。

3. 配偶者に青色事業専従者給与を支払っている場合、その給与額や納税者の合計所得金額の多寡にかかわらず、配偶者控除も配偶者特別控除も適用は受けられません。

4. 納税者本人と生計を一にしていても、内縁関係であれば、控除対象配偶者とはなりません。

●青色事業専従者、事業専従者とは

控除対象配偶者の要件にある「青色事業専従者」「事業専従者」は耳慣れない言葉ですが、要件とともに覚えておきましょう（青色申告制度はP395参照）。

【青色事業専従者】

青色申告を行う者の事業に専従していて、その青色申告者と生計を一にする配偶者、およびその他の親族をいいます。

【事業専従者】

白色申告（青色申告ではない申告）を行う者の事業に専従していて、その白色申告者と生計を一にする配偶者、およびその他の親族をいいます。

配偶者特別控除

配偶者特別控除は、**納税者本人の合計所得金額が1,000万円以下**で、配偶者の合計所得金額が**48万円超～133万円以下**の場合に、前述の控除対象配偶者の所得以外の要件が満たされていれば、適用を受けることができます。控除額は、納税者本人と配偶者の合計所得金額に応じて**最高38万円**です。

用語の意味

親族
民法の規定で、配偶者および6親等内の血族と3親等内の姻族を親族と定めています。本人および配偶者の親、子、孫、兄弟姉妹、祖父母のほか、叔父叔母、甥姪、本人の従兄弟姉妹など、広範囲にわたります。

配偶者特別控除の控除額

		納税者本人の合計所得金額		
		900万円以下	900万円超 950万円以下	950万円超 1,000万円以下
配偶者の合計所得金額	**48万円超** 95万円以下	**38万円**	26万円	13万円
	95万円超 100万円以下	36万円	24万円	12万円
	100万円超 105万円以下	31万円	21万円	11万円
	105万円超 110万円以下	26万円	18万円	9万円
	110万円超 115万円以下	21万円	14万円	7万円
	115万円超 120万円以下	16万円	11万円	6万円
	120万円超 125万円以下	11万円	8万円	4万円
	125万円超 130万円以下	6万円	4万円	2万円
	130万円超 **133万円以下**	3万円	2万円	1万円

講義図解

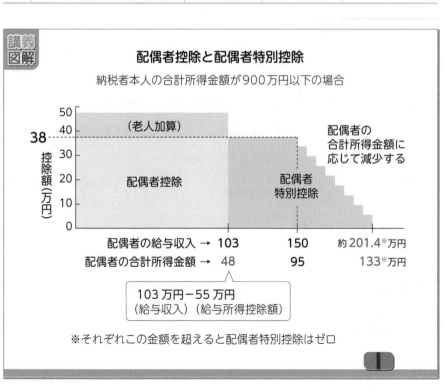

配偶者控除と配偶者特別控除

納税者本人の合計所得金額が900万円以下の場合

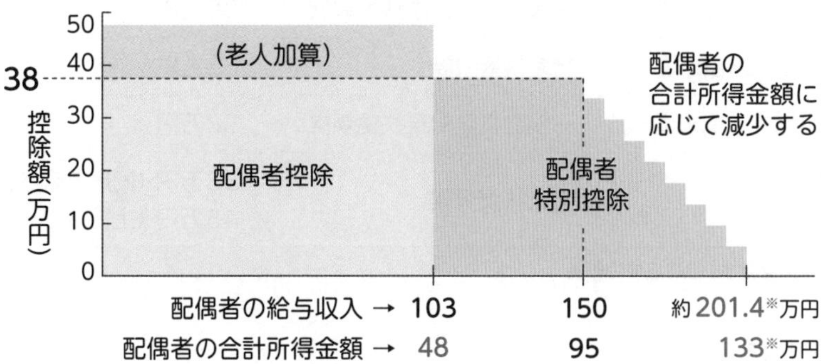

103万円－55万円
(給与収入)(給与所得控除額)

※それぞれこの金額を超えると配偶者特別控除はゼロ

扶養控除

扶養控除は、納税者本人に控除対象扶養親族がいる場合に適用を受けることができます。また、その親族の年齢によって**一般の控除対象扶養親族**、**特定扶養親族**、**老人扶養親族**に区分され、控除額が異なります。

控除対象扶養親族の要件

- 納税者本人と生計を一にしている**16歳以上**の親族
- **青色事業専従者**として給与を受けていない、または**事業専従者**ではない
- 合計所得金額が**48万円以下**（給与収入なら年収103万円以下）

用語の意味

同居老親等
納税者本人または配偶者どちらかと同居していて、控除対象扶養親族に該当する**70歳以上**の直系尊属（父母、祖父母など自分よりも上の世代）。

扶養親族の区分と控除額

扶養親族の年齢※	区分	控除額
16歳未満	対象外	―
16歳以上19歳未満	一般の控除対象扶養親族	38万円
19歳以上23歳未満	**特定扶養親族**	**63万円**
23歳以上70歳未満	一般の控除対象扶養親族	38万円
70歳以上	老人扶養親族	58万円（同居老親等） 48万円（上記以外）

※その年の12月31日時点での年齢

障害者控除

障害者控除は、納税者本人や生計を一にする配偶者、16歳未満を含む扶養親族が一定の障害者である場合に適用を受けることができます。

障害者控除の控除額	
・障害者	27万円
・特別障害者	**40万円**
・同居特別障害者	**75万円**

寡婦控除

寡婦控除は、納税者本人が寡婦である場合に適用を受けることができます。その主な要件は、合計所得金額が**500万円以下**であり、かつ①夫と死別した後に再婚していない、もしくは②夫と離婚後に再婚しておらず、その上で**一定の扶養親族**がいる等に該当する人になります（下記「ひとり親控除」の適用に該当する場合は、ひとり親控除を優先して適用します）。

・寡婦控除額	27万円

ひとり親控除

ひとり親控除は、納税者本人がひとり親である場合に適用を受けることができます。その要件は、①合計所得金額が**500万円以下**、②現在婚姻していない、もしくは同様の事情にあると認められる人がいない、③総所得金額等が48万円以下の生計を一にする**子**がいる、等の**すべてに該当する**人になります。

・ひとり親控除額	35万円

ワンポイント

ひとり親控除の要件にある「現在婚姻していない」は、夫または妻との離婚、死別以外に「未婚」でも該当することを意味します。

> **ひとり親控除と寡婦控除**
> ひとり親控除は2020年分から適用されている控除です。該当する男性については、同様の控除を「寡夫控除」としていましたが、名称が変わり、同じ要件に該当する女性を加え、ひとり親控除となりました。

勤労学生控除

勤労学生控除は、納税者本人が勤労学生（給与等の所得がある学生）で、かつ、合計所得金額**75万円以下**で、勤労にもとづく所得以外の所得が10万円以下である場合に適用を受けることができます。

・勤労学生控除額　**27万円**

社会保険料控除

社会保険料控除は、納税者が、本人または生計を一にする配偶者、その他の親族が負担すべき社会保険料を支払った場合に適用を受けることができます。

・社会保険料控除額　**支払った社会保険料の全額**

> **用語の意味**
> **社会保険料**
> 国民健康保険、健康保険、国民年金、厚生年金保険、介護保険などの保険料のほか、国民年金基金や厚生年金基金の掛金なども含まれます。

生命保険料控除

生命保険料控除は、一定の生命保険料を支払った場合に適用を受けることができます。**一般生命保険料控除、個人年金保険料控除、介護医療保険料控除**に区分され、契約年の新旧の違いにより控除額が異なります。

生命保険料控除の区分と最高控除額

契約年			一般 生命保険料控除※	個人年金 保険料控除	介護医療 保険料控除※
旧	2011年 12月31日 以前に締結	所得税	50,000円	50,000円	なし
		住民税	35,000円	35,000円	なし
新	2012年 1月1日 以降に締結	所得税	40,000円	40,000円	40,000円
		住民税	28,000円	28,000円	28,000円

※保険金の受取人が納税者本人またはその配偶者、一定の親族でなければ、生命保険料控除は適用できません。

2012年以降の契約における生命保険料控除の控除額

年間の支払保険料	控除額
2万円以下	支払保険料等の全額
2万円超　4万円以下	支払保険料等×1/2＋1万円
4万円超　8万円以下	支払保険料等×1/4＋2万円
8万円超	一律4万円

ワンポイント
所得税は合計12万円、住民税は合計7万円が限度です。

地震保険料控除

地震保険料控除は、自宅建物や家財を保険の対象とする地震保険料を支払った場合に適用を受けることができます。

・地震保険料控除額　**支払った地震保険料の全額（最高5万円）**

小規模企業共済等掛金控除

小規模企業共済等掛金控除は、**納税者本人**の小規模企業共済の掛金や**確定拠出年金等の掛金**を支払った場合に適用を受けることができます。

・小規模企業共済等掛金控除額　**支払った掛金等の全額**

医療費控除

医療費控除は、納税者が、本人または生計を一にする配偶者、その他の親族の医療費等を支払った場合に、一定額を超えると適用を受けることができます。ただし、支払った医療費等には控除対象にならないものもあります。

医療費控除額を求める式にある「10万円又は総所得金額等の5%のいずれか少ない金額」は「総所得金額等が200万円以上なら10万円、200万円未満ならその5%」と覚えておくと便利です。

医療費控除の控除額

医療費控除額（上限200万円） ＝ 支出した医療費 － 保険金などの金額※ － 10万円又は総所得金額等の5%のいずれか少ない金額

※健康保険や生命保険、医療保険から補てんされる給付金など

医療費控除額を計算してみると……

以下はAさんと家族が、その年に支払った医療費の内訳です。ただし、Aさんは加入している医療保険から入院給付金として5万円を受け取っています。また、Aさんの総所得金額等は360万円とします。

医療を受けた人	医療の内容	支出した医療費
Aさん（納税者）	骨折による手術・入院	25万円
配偶者	療養に必要なかぜ薬の購入	3,000円
長男	虫歯の治療	4万5,000円

＜計算式＞

医療費控除額 ＝（25万円－5万円）＋3,000円＋4万5,000円－10万円
＝14万8,000円

控除対象に「なる医療費」と「ならない医療費」

	対象になる医療費	対象にならない医療費
診療費・治療費など	・医師または歯科医師によるもの（出産費用を含む） ・先進医療の技術料 ・**重大な疾病が発見されて治療を行った場合の人間ドック、健康診断の費用**	・美容整形 ・疾病の治療を行うものではない人間ドック・健康診断、予防接種等の費用 ・未払い分
医薬品など	・治療または療養のための薬代	・病気予防、健康増進などのための医薬品、健康食品
診療費・治療費以外の費用	・入院費、病院に支払う食事代 ・通院のための**公共交通機関の交通費**	・入院時の差額ベッド代 ・通院のための自家用車のガソリン代や駐車料金 ・タクシー代※
器具等の購入費	・診療、療養のための医療用器具	・近視等一般のメガネ、コンタクトレンズの代金

※公共交通機関で通院できる場合

セルフメディケーション税制
（特定一般用医薬品等購入費を支払った場合の医療費控除の特例）

疾病の予防や健康の維持・増進を目的に**一定の取り組み**（健康診断、予防接種など）を行う居住者が、本人または生計を一にする配偶者その他の親族にかかる一定のスイッチOTC医薬品など対象となる特定の一般用医薬品等の購入費を支払った場合、その年中に支払った金額が**1万2,000円**を超えるときは、その超えた金額の控除を受けることができます。

ワンポイント

給与所得者が医療費控除の適用を受けるために確定申告をする場合でも、特定口座の源泉徴収選択口座の所得等の申告は不要です。

セルフメディケーション税制のポイント

・控除額（上限8万8,000円）
　＝ 医薬品等の購入費 －1万2,000円

・医療費控除との併用はできない

・「一定の取り組み」は、本人が対象

> **用語の意味**
> **スイッチOTC医薬品**
> ドラッグストア、薬局で販売されている医薬品のこと。従来なら医師が処方することでしか購入できなかった医薬品（処方薬）のうち、市販薬に転用した医薬品をスイッチOTC医薬品といいます。

雑損控除

雑損控除は、納税者本人もしくは一定の生計を一にする配偶者、その他の親族が保有する生活に必要な資産（住宅、家財、現金など）が、**災害**、**盗難**、**横領**による損失を受けた場合に適用を受けることができます。

なお、控除しきれなかった損失（雑損失）は、翌年以降、原則、**3年間**繰り越すことができます（雑損失の繰越控除）。

雑損控除の控除額
次のうち金額が大きい方

① （損失金額 ＋ 災害関連の支出金額 － 保険金等の額）－ 総所得金額等 × 10％

② （災害関連の支出金額 － 保険金等の額）－5万円

寄附金控除

寄附金控除は、特定寄附金（国や地方公共団体等への寄附金等）を支出した場合に適用を受けることができます。

自治体に寄付できる**ふるさと納税**も寄附金控除の対象です。確定申告が不要な給与所得者等で、寄附先（納税先）が1年間に**5自治体以内**の場合には、原則、確定申告が不要で寄附金控除が受けられる「**ふるさと納税ワンストップ特例制度**」があります。

> **ワンポイント**
> 給与所得者でも、医療費控除、雑損控除、寄附金控除（ふるさと納税のワンストップ特例を除く）は、確定申告をする必要があります。

寄附金控除の控除額

寄附金控除額 ＝ 次のうちいずれか低い金額－2,000円

①その年に支出した特定寄附金の合計額

②その年の総所得金額等の40％相当額

過去問チャレンジ

所得税における所得控除に関する次の記述のうち、最も適切なものはどれか。

1. 納税者が支払った生命保険の保険料は、その金額の多寡にかかわらず、支払った全額を生命保険料控除として総所得金額等から控除することができる。

2. 納税者が支払った地震保険の保険料は、その金額の多寡にかかわらず、支払った全額を地震保険料控除として総所得金額等から控除することができる。

3. 控除対象扶養親族のうち、その年の12月31日現在の年齢が19歳以上23歳未満の者は、特定扶養親族に該当する。

4. 控除対象扶養親族のうち、その年の12月31日現在の年齢が65歳以上の者は、老人扶養親族に該当する。

［23年9月・学科］

3が適切

1. 生命保険料控除は、支払った全額が控除対象ではなく、一定の計算により控除額を求めます。

2. 地震保険料控除は、支払った全額が控除対象ですが、控除額の上限は5万円です。

4. 老人扶養親族に該当する年齢は、12月31日現在で70歳以上の者です。

5 税額計算と税額控除

所得税の計算もいよいよ大詰め。
ここでは税額控除を学習します。
税額控除は、算出した税額からさらに
控除分を差し引くことです。
所得控除との違いも理解しておきましょう。

1 税額計算までの流れ

重要度 C

所得税の税額計算は、課税所得金額に所定の税率を乗じて算出し、適用できる税額控除を差し引きます。そこで算出された税額を申告します。

所得税の計算の流れ

①所得を10種類に分け、それぞれの所得金額を算出

↓

②各所得金額を合算し、所得金額（課税標準）を算出（損益通算、損失の繰越控除などを計算）

↓

③所得金額から所得控除額を差し引き、課税所得金額を算出

↓

④課税所得金額に所定の税率を掛け所得税額を算出

↓

⑤所得税額から税額控除を差し引き、申告する所得税額（申告納税額）を算出

レック先生のズバッと解説

同じ「控除」でも、税額控除は所得税額が算出されたあとの控除です。つまり、控除額がそのまま減税額となります。対して、所得控除は、課税対象を下げる、いわば所得税を算出する前の控除です。混同しやすいので、しっかり覚えましょう。

2 税額控除の基礎

重要度 C

税額控除は、算出された所得税額から直接差し引きます。

講義図解

所得控除と税額控除の違い

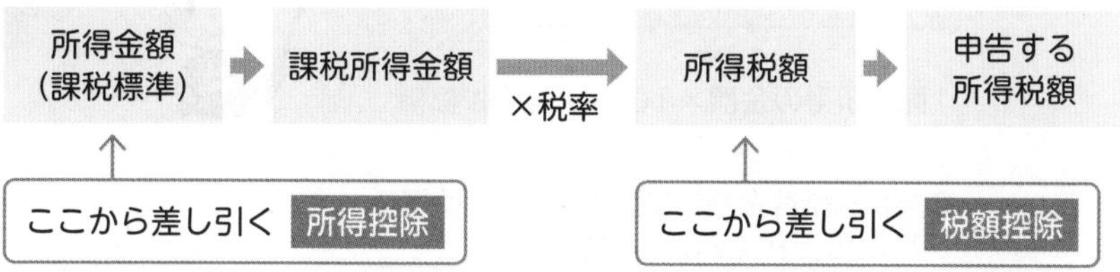

3 配当控除

重要度 C

配当控除は、法人税と所得税の二重課税の軽減を目的としています。国内法人から支払いを受けた配当金や上場投資信託（ＥＴＦ）等の収益分配金などの配当所得は、**総合課税**により確定申告をすると**配当控除**の適用を受けることができます。控除率はその年の課税総所得金額等により配当所得の10％もしくは5％に分けられます。

ただし、以下の配当所得は、配当控除の対象になりません。

配当控除の対象にならない配当所得

- ・**申告分離課税**や申告不要を選択した配当金
- ・上場不動産投資信託（J-REIT）から受け取る分配金
- ・新NISA口座による受取配当金、収益分配金
- ・外国法人（外国株式）から受け取る配当金

講義図解

配当控除の計算式

●課税総所得金額等が配当所得を加えても
1,000万円以下の場合

1,000万円

配当所得以外の所得 | 配当所得

配当所得の金額×10％＝配当控除額

●課税総所得金額等に配当所得を加えると
1,000万円を超える場合

1,000万円

配当所得以外の所得 | 配当所得① | 配当所得②

①1,000万円以下の部分に含まれる
配当所得の金額×10％
②1,000万円超の部分に含まれる配当所得の金額×5％
①＋②＝配当控除額

●課税総所得金額等に配当所得を加えてなくても
1,000万円を超える場合

1,000万円

配当所得以外の所得 | 配当所得

配当所得×5％＝配当控除額

4 住宅借入金等特別控除（住宅ローン控除） 重要度 A

控除要件と控除額

住宅ローンを利用して住宅を取得（または増改築）した場合、一定の要件を満たせば、所得税等の税額控除が受けられます。この制度を**住宅借入金等特別控除**（以下、**住宅ローン控除**）といい、住宅ローンの年末残高に一定割合を乗じて求めた金額を控除額の上限として、適用期間中、所得税等から控除できます。

ワンポイント
住宅（家屋）とともにその土地（敷地）を取得した場合、その土地の取得に係る借入金も住宅ローン控除の対象となりますが、借入金が土地部分のみに係るものである場合は対象外。

控除を受ける要件（2022年以降に取得・居住の場合）

住宅要件	新築住宅等	床面積**50㎡以上**※で**2分の1以上が自己居住用**であること
	その他（既存住宅）	・新耐震基準適合住宅であること（築年数基準は撤廃された） ・昭和57年1月1日以降に建築されたもの
住宅ローン要件		金融機関等からの借入れで、**償還期間10年以上**であること
居住要件		住宅取得の日から6カ月以内に居住を開始し、控除を受ける年の12月31日まで引き続き居住していること
所得要件		控除を受ける年の**合計所得金額が2,000万円以下**※であること

※2024年末までに建築確認を受けた床面積40㎡以上50㎡未満の新築住宅等について、合計所得金額が1,000万円以下の年は控除を受けられます。

住宅ローン控除の控除額と控除期間、控除対象借入限度額（2024年以降取得・居住）

種別	控除期間	控除率	居住年／住宅性能	控除対象借入限度額 2024年 子育て特例※	控除対象借入限度額 2024〜25年
新築住宅等	13年	0.7%	認定住宅	**5,000万円**	4,500万円
			ZEH水準省エネ住宅	4,500万円	3,500万円
			省エネ基準適合住宅	4,000万円	3,000万円
その他（既存住宅）	10年		認定住宅 ZEH水準省エネ住宅 省エネ基準適合住宅	3,000万円	
			上記以外	2,000万円	

※19歳未満の扶養親族がいる世帯か、子の有無に関わらず夫婦のどちらかが40歳未満の世帯。

用語の意味

認定住宅
認定長期優良住宅と認定低炭素建築物（住宅）に分けられます。前者は劣化対策、省エネ性能など、後者は二酸化炭素の排出抑制に資する一定の基準を満たした住宅をいいます。

控除を受ける要件をしっかり頭にいれておきましょう！

夫婦での借入れの場合の住宅ローン控除の適用

共働き夫婦が、住宅ローンを２人で負った場合には、実際に債務負担を行った人が住宅ローン控除の適用を受けられます。

① **ペアローン**
(夫婦２人とも債務負担をする場合) ➡ ２人とも適用できる

② **収入合算（連帯保証）**
(一方が債務負担し、一方が連帯保証人になる場合) ➡ 債務負担した一方のみ適用

③ **収入合算（連帯債務）**
(一方が債務負担し、一方が連帯債務者になる場合) ➡ ２人とも適用できる

講義図解

住宅ローン控除適用のイメージ

(2024年に新築の認定住宅へ入居した場合)

住宅ローンの支払い年	その年の住宅ローンの年末残高	×0.7%	その年の控除額
1年目	3,108万円	→	21万7,500円
2年目	3,015万円		21万1,000円
3年目	2,921万円		20万4,400円
⋮	⋮		⋮
13年目	1,939万円	→	13万5,700円

住宅ローン控除のその他のポイント

給与所得者（会社員、公務員など）が住宅ローン控除を利用するには、**初年度に限り確定申告**が必要で、通常、2年目以降は**年末調整**により控除が反映されます。

繰上げ返済によって償還期間が10年未満になった場合は、控除が受けられなくなります。

その年の控除限度額よりも納める所得税額の方が少ない場合、下記のいずれか小さい額が**翌年度の住民税**から控除されます(申告不要)。
・所得税において控除しきれなかった額
・所得税の課税総所得金額等×5%(最高97,500円)

店舗併用住宅であっても、建物の床面積が一定規模以上で、**住宅部分の床面積が1/2以上**であれば、居住用部分の床面積の割合に応じて控除が受けられます。

住宅ローン控除の適用を受けていた（受けようとしていた）人が、転勤等のやむを得ない理由で、家族全員が対象の住宅に居住できなくなった場合、その年以降の適用は受けることができません（単身赴任等であれば適用可）。ただし、その後に再入居すれば、原則、再入居した年以降の控除期間内で、適用を受けることができます。

5 外国税額控除

重要度 C

国外で発行された外国株式の配当金は、国外および国内で源泉徴収されるため、国際間の二重課税を調整するために、申告分離課税か総合課税のどちらかを選択して外国税額控除を受けることができます。

過去問チャレンジ

所得税における住宅借入金等特別控除（以下「住宅ローン控除」という）に関する次の記述のうち、最も不適切なものはどれか。なお、記載されたもの以外の要件はすべて満たしているものとする。

1. 住宅ローンの一部繰上げ返済を行い、借入金の償還期間が当初の借入れの日から10年未満となった場合であっても、残りの控除期間について住宅ローン控除の適用を受けることができる。

2. 中古住宅を取得した場合であっても、当該住宅が一定の耐震基準に適合するときは、住宅ローン控除の適用を受けることができる。

3. 転勤に伴う転居等のやむを得ない事由により、住宅ローン控除の適用を受けていた者がその住宅を居住の用に供しなくなった場合に、翌年以降に再び当該住宅を居住の用に供すれば、原則として、再入居した年以後の控除期間内について住宅ローン控除の適用を受けることができる。

4. 住宅ローン控除の適用を受ける最初の年分は、必要事項を記載した確定申告書に一定の書類を添付し、納税地の所轄税務署長に提出しなければならない。

［23年1月・学科］

1が不適切　住宅ローンを繰上げ返済したことにより、償還期間が当初の償還日から10年未満となった場合、残りの控除期間は住宅ローン控除の適用を受けることができません。

税額控除で特に出題されるのが
住宅ローン控除です。
適用要件に関する出題が
されますからしっかり
マスターするようにしてください
繰上げ返済で償還期間が
短くなったときは？
とか
必ず1年目は
確定申告が必要！とか

6 確定申告と納税

所得税の税額計算も終わり、
最後の申告と納税となります。
会社員などの給与所得者で確定申告が必要なケース、
さらに源泉徴収と年末調整を覚えましょう。
青色申告とその特典も出題頻度の高い項目です。

1 確定申告　重要度 A

確定申告とは

所得税は申告納税方式ですから、納税者が自らの所得税額を計算して納税をします。このような手続を**確定申告**といいます。所得税の確定申告は原則、**2月16日から3月15日**までに、前年**1月1日から12月31日**までの納税額を計算して、納税地の税務署長に確定申告書を持参か郵送して、同時に納税します。なお、確定申告書を持参・郵送する方式のほかに、e-Taxを利用した申告と**電子納税**する方法もあります。

●延納

所得税を1回で納税できない場合は、その2分の1以上の税額を納期限までに納めることで、残りの税額の納期限を5月31日まで延長できます。この制度を**延納**といいます。ただし、延納期間中は所定の利子税が発生します。

●予定納税

前年分の所得金額や所得税額などをもとに計算した金額（予定納税基準額）が15万円以上である場合、その年の所得税および復興特別所得税の一部をあらかじめ納付することが必要となります。これを**予定納税**といいます。

予定納税額は所轄の税務署長からその年の6月15日までに書面で通知されます。

●修正申告と更正の請求

確定申告の期限後に、申告した税額に誤りがあった場合には、後からでも修正をすることができます。修正内容によって、**修正申告と更正の請求**の２つの方法に分かれます。

確定申告後の修正方法

修正申告	実際の税額より少なく申告（過少申告）した場合	所定の書類を提出し、不足分を納税する。その際、延滞税が課税される。また、税務署の調査後に修正申告を行った場合は、さらに過少申告加算税が発生する
更正の請求	実際の税額より多く申告（過大申告）した場合	申告期限から原則、5年以内に所定の書類を提出。払い過ぎた税金の還付を受けることができる

準確定申告とは

死亡した人の所得税は、その相続人等が相続の開始があったことを知った日の翌日から**４カ月以内**に申告、納税しなくてはなりません。これを**準確定申告**といいます。課税対象となるのは、その年の１月１日から死亡日までの所得金額です。

給与所得者と確定申告

給与所得者は一般に、勤務先が所得税を源泉徴収し、**年末調整**で過不足の精算をしているので、確定申告は不要です。ただし、以下に該当する場合は確定申告が必要となります。

給与所得者で確定申告が必要な人

- 給与収入金額が**2,000万円**を超える場合
- 給与所得および退職所得以外の所得金額が**20万円**を超える場合
- **2カ所以上**から給与の支払いを受けている場合
- **医療費控除**、**雑損控除**、**寄附金控除**を受ける場合
- **住宅ローン控除**（住宅借入金等特別控除）の**初年度**の適用を受ける場合（通常、2年目以降は確定申告不要）
- 同族会社の役員などが、その同族会社から給与以外に貸付金の利子や不動産賃貸料などを得ている場合

年金受給者と確定申告

公的年金等の年金収入が**400万円以下**で、その他の所得金額が**20万円以下**の年金受給者は、原則として所得税の**確定申告は不要**です。ただし、所得税の還付を受けるなどの場合、確定申告が必要となります。

レック先生のズバッと解説

控除を受けるために、給与所得者でも確定申告の必要があるケースとは、言い換えれば、確定申告により還付が受けられるケースでもあります。また、そのケースとして、住宅ローン控除だけは初年度のみ必要という部分は出題されやすいのでしっかり覚えましょう。

ワンポイント

寄附金控除の対象となる「ふるさと納税」の場合、寄附先が5自治体以内であれば、原則、確定申告の不要（**ワンストップ特例制度**）が選択できます。

過去問チャレンジ

次のうち、所得税の確定申告を要する者はどれか。なお、いずれも適切に源泉徴収等がされ、年末調整すべきものは年末調整が済んでいるものとする。

1. 給与として1カ所から年額1,500万円の支払いを受けた給与所得者

2. 退職一時金として2,500万円の支払いを受け、その支払いを受ける時までに「退職所得の受給に関する申告書」を提出している者

3. 同族会社である法人1カ所から給与として年額1,200万円の支払いを受け、かつ、その法人から不動産賃貸料として年額12万円の支払いを受けたその法人の役員

4. 老齢基礎年金および老齢厚生年金を合計で年額300万円受給し、かつ、原稿料に係る雑所得が年額12万円ある者

[19年5月・学科]

3が正解

1. 給与等の年額が2,000万円を超える給与所得者は、確定申告が必要ですが、1,500万円では年末調整されるため、確定申告不要です。

2. 「退職所得の受給に関する申告書」を提出することで、退職所得に対して適正な所得税が源泉徴収されるため、確定申告は不要です。

3. このケースでは、賃貸料を1円でも受けた場合は確定申告が必要です。

4. 公的年金等の収入が400万円以下で、その他の所得金額が20万円以下の年金受給者は、原則として所得税の確定申告は不要です。

2 源泉徴収票

重要度 B

令和○年分　給与所得の源泉徴収票

支払を受ける者	住所又は居所	東京都中野区○○町4-5-6	(受給者番号)
			(個人番号)
			(役職名)
		氏名	(フリガナ) ショトク　タロウ
			所得　多郎

種別	支払金額	給与所得控除後の金額（調整控除後）	所得控除の額の合計額	源泉徴収税額
給与・賞与	❶ 内 7 千 000 円 000	❷ 5 千 200 円 000	❸ 2 千 553 円 000	内 ❹ 千 170 円 700

(源泉)控除対象配偶者の有無等		老人	配偶者(特別)控除の額	控除対象扶養親族の数(配偶者を除く。) 特定		老人			その他		16歳未満扶養親族の数	障害者の数(本人を除く。) 特別		その他	非居住者である親族の数
有	従有		Ⓐ 千 円	Ⓑ 人	従人	内	人	従人	人	従人	人	内	人	人	人
○			380 000	1											

社会保険料等の金額	生命保険料の控除額	地震保険料の控除額	住宅借入金等特別控除の額
内 Ⓒ 928 千 000 円	Ⓓ 120 千 000 円	Ⓔ 15 千 000 円	千 円

(摘要)

生命保険料の金額の内訳	新生命保険料の金額	150,000 円	旧生命保険料の金額	円	介護医療保険料の金額	100,000 円	新個人年金保険料の金額	120,000 円	旧個人年金保険料の金額	円

住宅借入金等特別控除の額の内訳								
	住宅借入金等特別控除適用数		居住開始年月日(1回目)	年 月 日	住宅借入金等特別控除区分(1回目)		住宅借入金等年末残高(1回目)	円
	住宅借入金等特別控除可能額	円	居住開始年月日(2回目)	年 月 日	住宅借入金等特別控除区分(2回目)		住宅借入金等年末残高(2回目)	円

(源泉・特別)控除対象配偶者								
(フリガナ)	ショトク　タカコ	区分	配偶者の合計所得	0 円	国民年金保険料等の金額	円	旧長期損害保険料の金額	円
氏名	所得　高子				基礎控除の額	Ⓕ 円	所得金額調整控除額	円
個人番号								

控除対象扶養親族			区分	16歳未満の扶養親族		区分	(備考)
1	(フリガナ)	ショトク　タカシ		1	(フリガナ)		
	氏名	所得　高志	区分		氏名	区分	
	個人番号						
2	(フリガナ)			2	(フリガナ)		
	氏名		区分		氏名	区分	
	個人番号						
3	(フリガナ)			3	(フリガナ)		
	氏名		区分		氏名	区分	
	個人番号						
4	(フリガナ)			4	(フリガナ)		
	氏名		区分		氏名	区分	
	個人番号						

未成年者	外国人	死亡退職	災害者	乙欄	本人が障害者 特別	その他	寡婦	ひとり親	勤労学生		中途就・退職 就職	退職	年	月	日	受給者生年月日 元号	年	月	日
																昭和	47	12	10

支払者		
	個人番号又は法人番号	(右詰で記載してください。)
	住所(居所)又は所在地	東京都八王子市×××1-2-3
	氏名又は名称	株式会社△△物産　(電話)

375

源泉徴収と年末調整

源泉徴収とは、給与、報酬などの支払者（会社など）が、それを支払う際に所得税等を計算し、あらかじめその税額を差し引くことをいいます。また、一般に給与所得者は、支払者が給与等から源泉徴収してきた概算の所得税を、年末に正しい所得税に精算します。これを**年末調整**といいます。

> **ワンポイント**
> 給与所得者の源泉徴収税額は、通常、概算の所得税です。それを年末に精算するのが年末調整の目的です。その結果、納めすぎていれば税金は還付され、不足であれば徴収されます。

源泉徴収票の見方

会社員などの給与所得者には、支払者が年末調整後に、その年の年間給与の金額や源泉徴収された金額などが記載された**源泉徴収票**を交付します。

❶ 1年間の給与等の総額　7,000,000円

❷ 給与所得の金額

給与所得控除額＝7,000,000円×10％＋1,100,000円＝1,800,000円
（上記の給与所得控除額の算出は次ページ［表1］を参照）
給与所得＝7,000,000円－1,800,000円＝**5,200,000円**
↑給与所得＝給与等の収入金額－給与所得控除額

❸ 所得控除額

380,000円（Ⓐ配偶者控除）＋630,000円（Ⓑ特定扶養親族の控除）＋928,000円（Ⓒ社会保険料控除）＋120,000円（Ⓓ生命保険料控除）＋15,000円（Ⓔ地震保険料控除）＋480,000円（Ⓕ基礎控除※）
＝合計**2,553,000円**
※基礎控除が48万円の場合は空欄とする。

❹ 源泉徴収税額

課税所得金額＝5,200,000円－2,553,000円＝2,647,000円（千円未満は切り捨て）
〈1〉所得税額＝2,647,000円×10％－97,500円＝167,200円
（上記の所得税額の算出は次ページ［表2］を参照）

〈2〉復興特別所得税　167,200円×2.1％＝3,511円（1円未満は切り捨て）
↑所得税額×2.1％＝復興特別所得税

源泉徴収税額（復興特別所得税を含む所得税額）＝
〈1〉167,200円＋〈2〉3,511円＝170,711円→**170,700円**
（100円未満は切り捨て）

[表1] 給与所得控除額の速算表

給与等の収入金額		給与所得控除額
	162万5,000円以下	55万円
162万5,000円超	180万円以下	収入金額×40%－10万円
180万円超	360万円以下	収入金額×30%＋8万円
360万円超	660万円以下	収入金額×20%＋44万円
660万円超	850万円以下	収入金額×10%＋110万円
850万円超		195万円（上限）

[表2] 所得税額の速算表

課税所得金額		税率	控除額
	195万円以下	5%	0円
195万円超	330万円以下	10%	9万7,500円
330万円超	695万円以下	20%	42万7,500円
695万円超	900万円以下	23%	63万6,000円
900万円超	1,800万円以下	33%	153万6,000円
1,800万円超	4,000万円以下	40%	279万6,000円
4,000万円超		45%	479万6,000円

※別途、復興特別所得税（所得税額×2.1%）もかかります。

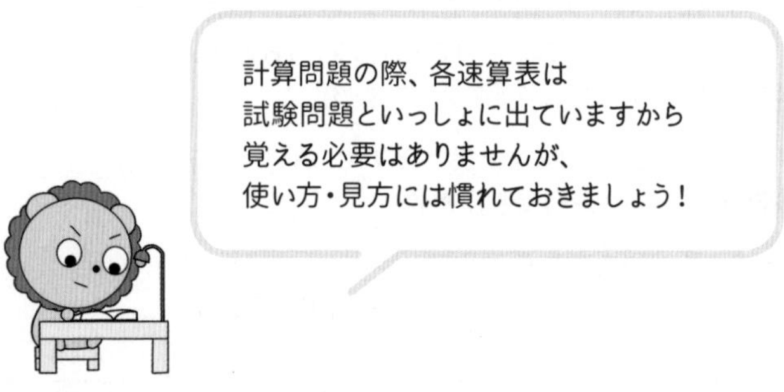

計算問題の際、各速算表は
試験問題といっしょに出ていますから
覚える必要はありませんが、
使い方・見方には慣れておきましょう！

3 青色申告制度（個人事業主の場合） 重要度 A

青色申告制度とは

一定の種類の所得において、一定水準の記帳をもとに確定申告をすることで、税法上の特典を受けることができる制度です。この制度を利用して確定申告することを青色申告といい、青色申告によらない申告を一般的に白色申告といいます。

なお、帳簿・記録データの保管期限は確定申告書の提出期限の翌日から**7年間**（一部は5年間）です。

青色申告できる要件

・**不動産所得、事業所得、山林所得**のいずれかがある人

青色申告適用の申請

・原則、青色申告しようとする年の**3月15日**までに、納税地の所轄税務署長へ「**所得税の青色申告承認申請書**」を提出して承認を受けること
・前年から業務を行っている者が、本年分から新たに青色申告の承認申請を行ったが、その年の12月31日までに、承認または却下の処分がなかったときは、承認があったものとみなされる

1月16日以降に開業（新規開業）する場合、「所得税の青色申告承認申請書」の税務署長への提出は、個人であれば開業日から**2カ月以内**です。

青色申告による特典

青色申告を行うことで、**青色申告特別控除**、**青色事業専従者給与の必要経費への算入**などの特典が受けられます。

特典1 青色申告特別控除

以下の適用要件により**65万円**、**55万円**、または**10万円**を所得金額から控除できます。

●適用要件

控除額	適用要件
55万円 （65万円※）	**事業的規模**（貸家なら5棟以上、アパートなら10室以上）の不動産所得がある、または事業所得のある人が、以下の要件を満たした場合 ・正規の簿記の原則にもとづいて作成された貸借対照表、損益計算書を添付する ・法定申告期限内（原則、翌年の3月15日）に確定申告をする
10万円	上記以外

※電子申告（e-Tax）、優良電子帳簿の保存要件を満たした場合

ワンポイント
青色事業専従者で給与の支払いを受けている者は配偶者控除、配偶者特別控除、扶養控除の対象者になりませんので、合わせて覚えておきましょう。

特典2 青色事業専従者給与の必要経費への算入

青色申告者の事業に、生計を一にする配偶者その他の親族が従事し（青色事業専従者）、所定の届出をした上で、適正な範囲の給与を支払った場合、**青色事業専従者給与**として**全額必要経費**に算入できます。

ワンポイント
不動産貸付が事業的規模でない場合、青色事業専従者へ支払っている給与は必要経費には算入できません。

特典3　純損失の繰戻還付と繰越控除

前年も青色申告していれば、本年に生じた純損失（赤字）を、前年分の合計所得金額から控除し、前年分の所得税の還付を受けられます（**繰戻還付**）。また、純損失は翌年以降、**3年間**にわたって合計所得金額から控除が可能となります（**純損失の繰越控除**）。

特典4　棚卸資産の低価法の選択

低価法とは、在庫を評価する際に、原価法で評価した金額と期末時点の時価を比較していずれか低い方を棚卸資産の金額とすることができる評価方法です。原価法に比べ、棚卸資産の額が下がるため、売上原価を高くすることができます。

純損失の
繰越控除はP362に
講義図解があるよ

過去問チャレンジ

所得税の青色申告に関する次の記述のうち、最も適切なものはどれか。

1. 1月16日以後新たに業務を開始した者が、その年分から青色申告の適用を受けようとする場合には、その業務を開始した日から6カ月以内に、「青色申告承認申請書」を納税地の所轄税務署長に提出し、その承認を受けなければならない。

2. 不動産所得、事業所得または山林所得を生ずべき業務を行う者が、納税地の所轄税務署長の承認を受けた場合には、青色申告書を提出することができる。

3. 青色申告者は、取引の内容を正規の簿記の原則に従って記録し、かつ、それに基づき作成された貸借対照表や損益計算書などを添付した確定申告書を申告期限内に提出しなければ、青色申告特別控除の適用を受けることはできない。

4. 青色申告者は、総勘定元帳その他一定の帳簿を事業を廃止するまで、住所地もしくは居所地または事業所等に保存しなければならない。

[18年9月・学科]

2が適切

1. 1月16日以後新たに業務を開始し、その年分から青色申告の適用を受けようとする場合には、業務開始日から2カ月以内に「青色申告承認申請書」を提出する必要があります。

3. 青色申告者が設問にある要件を満たさなくても、控除額10万円の青色申告特別控除の適用を受けることができます。

4. 青色申告者の帳簿類は、最後の確定申告書の提出から原則7年間にわたり、住所地もしくは居住地、または事業所等に保存しなければなりません。所定の電子帳簿で保存する方法もあります。

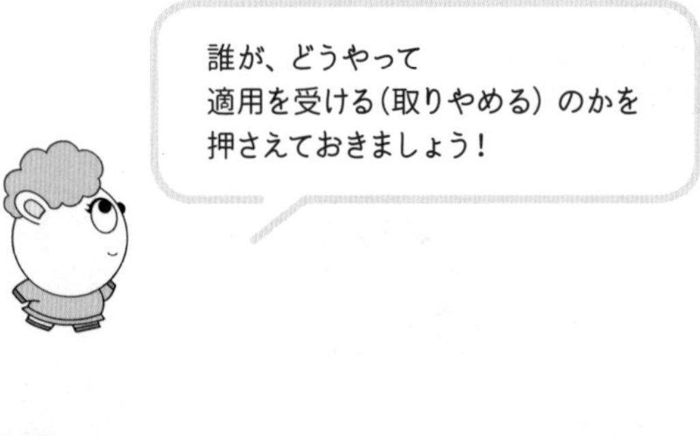

誰が、どうやって
適用を受ける（取りやめる）のかを
押さえておきましょう！

過去問チャレンジ

所得税の青色申告に関する次の記述のうち、最も適切なものはどれか。

1. 青色申告の適用を受けることができる者は、不動産所得、事業所得、雑所得を生ずべき業務を行う者で、納税地の所轄税務署長の承認を受けた者である。

2. 前年からすでに業務を行っている者が、本年分から新たに青色申告の適用を受けようとする場合、その承認を受けようとする年の3月31日までに「青色申告承認申請書」を納税地の所轄税務署長に提出しなければならない。

3. 青色申告を取りやめようとする者は、その年の翌年3月31日までに「青色申告の取りやめ届出書」を納税地の所轄税務署長に提出しなければならない。

4. 前年からすでに業務を行っている者が、本年分から新たに青色申告の適用を受けるために青色申告の承認の申請を行ったが、その年の12月31日までに、その申請につき承認または却下の処分がなかったときは、その日において承認があったものとみなされる。

[21年5月・学科]

4が適切

1. 青色申告の適用を受けることができる人は、山林所得、事業所得、不動産所得がある人で、雑所得は含まれません。

2. 本年分から新たに青色申告の適用を受けるには、原則、その年の3月15日までに「青色申告承認申請書」を納税地の所轄税務署長に提出しなければなりません。

3. 青色申告を取りやめる場合、その年の翌年の3月15日までに「青色申告の取りやめ届出書」を納税地の所轄税務署長に提出しなければなりません。

7 個人住民税と個人事業税

所得税と同様、個人の所得に課される税金が
個人住民税と個人事業税です。
特に個人住民税は均等割と所得割があり、
同じ所得控除でも所得税とは違ってきますので、
混同しないように注意が必要です。

1 個人住民税

重要度 C

個人住民税とは

個人住民税とは、都道府県が課税する**道府県民税**（東京都は**都民税**）と市町村が課税する**市町村民税**（東京23区は**特別区民税**）の２種類を合わせたものをいいます。また、個人住民税は、所得金額にかかわらず一定金額が課税される**均等割**と、所得金額に応じて課税される**所得割**とを合わせたものです。

個人住民税の構成

- 個人住民税
  - 道府県民税
    - 均等割
    - 所得割
  - 市町村民税
    - 均等割
    - 所得割

個人住民税の所得控除

個人住民税には**所得税とほぼ同様**の**所得控除**があります。

ワンポイント

「基礎控除」「配偶者控除」など控除名は同じでも、所得税と個人住民税では控除額が異なりますので注意しましょう。

主な所得控除の比較

	控除額	
	個人住民税	所得税
基礎控除	43万円※	48万円※
配偶者控除	最高33万円（70歳以上は最高38万円）	最高38万円（70歳以上は最高48万円）
配偶者特別控除	最高33万円	最高38万円
扶養控除	33万円など	38万円など

※合計所得金額が2,400万円以下の場合

ナビゲーション
個人住民税の基礎控除額は2021年度から10万円アップしました。同時に、それまで控除額は一律でしたが、所得税同様、所得制限が加わり、合計所得金額が2,400万円超で段階的に控除額が引き下げられ、2,500万円超では控除適用がなくなります。

個人住民税の課税方法と納付

個人住民税は1月1日現在の住所地で、**前年の課税所得金額**をもとに課税されます。課税方法は**賦課課税方式**（国や地方公共団体が税額を計算する）なので、税額は納税者に通知されます。徴収（＝納税）方法は**普通徴収**と**特別徴収**に分かれます。

普通徴収と特別徴収の違い

普通徴収	納税通知書で、年4回（6月、8月、10月、翌年1月）に分けて納税する
特別徴収（原則）	給与所得者は、年税額を12回（6月から翌年5月）に分けて、給与から天引きで徴収される

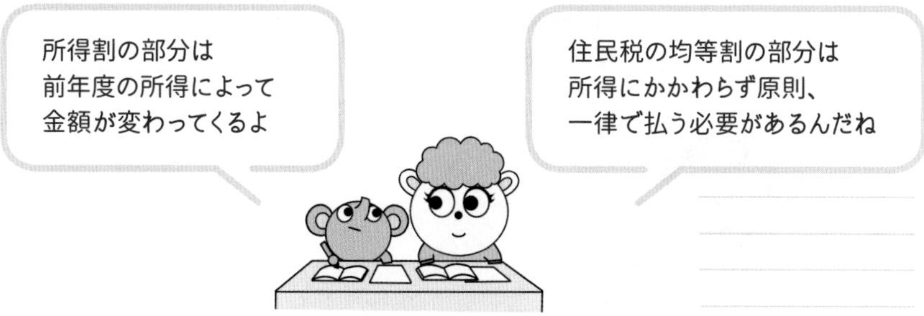

所得割の部分は
前年度の所得によって
金額が変わってくるよ
住民税の均等割の部分は
所得にかかわらず原則、
一律で払う必要があるんだね

2 個人事業税　重要度 C

個人事業税と税額計算

個人事業税とは、一定の事業を営む**個人**（事業所得、事業的規模の不動産所得を得ている人）に対して、都道府県が課す税金です。税額の計算式は以下に示すとおりです。

＜個人事業税の計算＞

個人事業税＝
（事業の所得の金額 － 事業主控除額**290万円**）× 税率

事業の所得の金額 → 事業所得＋事業的規模の不動産所得

税率 → 3～5％（業種によって異なる）

個人事業税の申告と納税

翌年3月15日までに申告を行う必要がありますが、所得税や住民税の確定申告をしているときには、**事業税の申告は不要**です。なお、個人事業税は納税通知書により、原則として8月と11月の2回に分けて納税します。

個人事業税は地方税、
申告書の提出先は
都道府県税事務所だよ！

過去問チャレンジ

個人事業税の仕組みに関する次の記述のうち、最も適切なものはどれか。

1．個人事業税の徴収は、特別徴収の方法による。

2．個人事業税の標準税率は、一律3％である。

3．個人事業税の課税標準の計算上、事業主控除として最高390万円を控除することができる。

4．医業などの社会保険適用事業に係る所得のうち社会保険診療報酬に係るものは、個人事業税の課税対象とならない。

［21年5月・学科］

4が適切

1．個人事業税の納税は送付される納税通知書により納税します。

2．個人事業税の標準税率は、業種によって異なるため一律ではありません。

3．個人事業税の事業主控除は、290万円です。

法人税の税務調整と法人税の申告・納付

8 法人税等

ここまで個人の所得に係る税金について学んできましたが、法人、すなわち会社の所得にも税金が課されます。
ここでは法人税の特徴である益金と損金の算入・不算入といった税務調整や、法人の青色申告制度を理解します。
3級試験には含まれない範囲ですのでしっかり覚えましょう。

1 法人税の基礎と税務調整

重要度 A

法人税とは

法人税は、法人の所得に課税される国税で、各法人が税額を計算して納める**申告納税方式**です。事業年度は、会計期間が法人の定款や法令などで定められている場合は、これを事業年度とし、その期間ごとに課税所得金額を計算します。事業年度は1年以内です。

法人税の納税義務者

法人のうち、**内国法人**は、原則、日本国内で得た所得（国内源泉所得）と、海外で得た所得（国外源泉所得）、ともに納税義務を負います。なお、内国法人に該当しない法人を**外国法人**といい、その課税範囲は原則、日本国内で得た所得のみとなります。

用語の意味

内国法人
国内に本店または主たる事務所を有する法人。本店が日本にある法人の海外支店も内国法人となります。

課税所得金額と税務調整

法人税の課税対象となる所得金額は、企業会計上の利益（収益－費用）ではなく、法人税法上の所得となります。法人税法上の**所得**は、**益金**（税法上の利益）から**損金**（税法上の費用）を差し引いた金額です。

収益と益金、費用と損金は、それぞれの範囲が異なるため、会計上の利益と法人税法上の所得は必ずしも一致しません。そのため、会計上の利益に加算・減算をして、法人税法上の所得を求めるように調整を行います。これを**税務調整**（または**申告調整**）といいます。

企業会計上の利益は、「企業会計基準」に基づいて決算書を作成して算出します。一方の法人税法上の所得を算出する根拠法令は「法人税法」です。法人税は、「企業会計」で求めた決算書の利益を法人税法上の取扱いに調整して求めます。

企業会計上の利益と、法人税法上の所得の違い

・企業会計上の利益＝収益－費用

・法人税法上の所得＝益金－損金
（課税所得金額）

↑

２つの金額は、通常、一致しないため税務調整が必要

課税所得金額の計算方法

税務調整は、**益金算入**、**損金不算入**、**益金不算入**、**損金算入**の４つの調整を用いて行います。益金算入、損金不算入では法人税法上の所得金額が増え、益金不算入、損金算入では所得金額が減ります。

税務調整のまとめ

	調整	内容	該当例
加算項目	益金算入	収益ではないが、益金となるもの	法人税の**還付加算金**※
	損金不算入	費用ではあるが、損金とならないもの	法人税、法人住民税、交際費、過大な役員給与など
減算項目	益金不算入	収益ではあるが、益金とならないもの	法人税の還付金、株式等の受取配当金など
	損金算入	費用ではないが、損金となるもの	繰越欠損金、収用の場合の特別控除等

※税金の納めすぎ等の理由により還付金が発生した際、その還付金につく利息相当分のこと。

講義図解

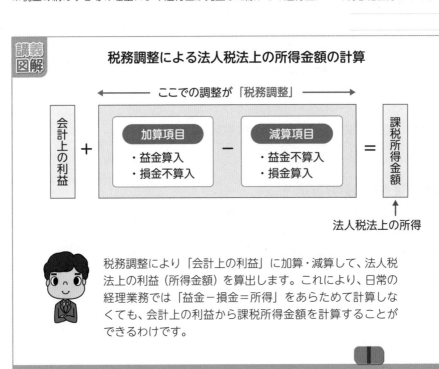

税務調整による法人税法上の所得金額の計算

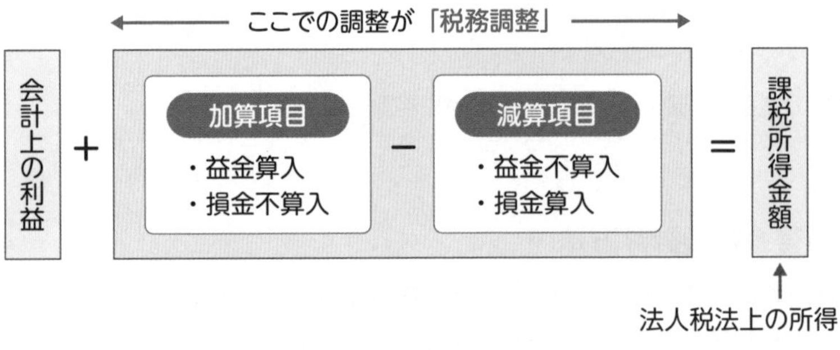

税務調整により「会計上の利益」に加算・減算して、法人税法上の利益（所得金額）を算出します。これにより、日常の経理業務では「益金−損金＝所得」をあらためて計算しなくても、会計上の利益から課税所得金額を計算することができるわけです。

2 益金　重要度 C

法人が株式等の配当金を受け取った場合、会計上は収益ですが、税法上は一定の割合について**益金不算入**となります。

配当金の益金不算入の割合

法人の持株比率	受取配当金の益金不算入の割合
100%（完全子法人）	➡ 100%（全額益金不算入）
$\frac{1}{3}$超～100%未満（関連法人）	➡ 原則100%（負債利子控除の適用あり）
5%超～$\frac{1}{3}$以下（その他）	➡ 50%
5%以下（非支配目的）	➡ 20%

ナビゲーション
配当金を支払った法人は、法人税課税後の利益からその配当金を支払っているため、受け取った法人が配当金を含めた収益から法人税を支払うと、二重課税という結果になります。そのため、受取配当金の一部、または全部を益金不算入としています。

益金算入となる「役員から法人への資産の無償譲渡など」は後述します。

3 損金　重要度 A

役員給与と役員退職金

役員給与は主に、**定期同額給与**、**事前確定届出給与**、**業績連動給与**のいずれかに該当します。いずれも、その金額が適正であれば損金に算入できますが、**不相当に高額な部分は損金不算入**となります。なお、役員賞与は、事前確定届出給与として届出を行わない決算によるものは**損金不算入**となります。

また、役員退職金は、事前に届出を行わなくとも、不相当に高額な部分の金額を除いて、**損金に算入**することができます。

ワンポイント
従業員への給与や賞与は、原則、全額を**損金算入**することができます。

内容による役員給与の違い

定期同額給与	1カ月以下の期間ごとに一定額を支給する同額の給与 （通常の月々の給与）
事前確定届出給与※	所定の時期に確定額を支給することを、あらかじめ所轄税務署長に届け出ている給与
業績連動給与	業績連動型で、支給額の算定方法が客観的である給与

※届け出ている額と異なる給与を支給した場合、その**全額が損金不算入**となります

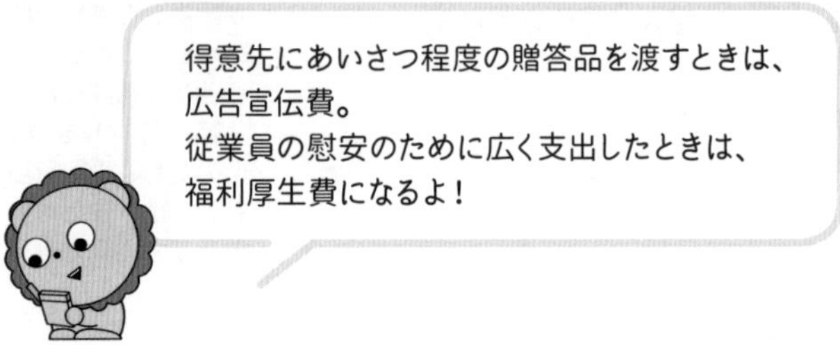

得意先にあいさつ程度の贈答品を渡すときは、
広告宣伝費。
従業員の慰安のために広く支出したときは、
福利厚生費になるよ！

交際費等

交際費等とは、法人が事業に関係する得意先や仕入れ先に対して、接待や贈答などを行う場合の支出をいいます。ただし、似たような目的の支出であっても交際費等に該当せず、損金算入できるものもあります。

交際費等に該当しない支出例

- 1人あたり**10,000円以下**となる得意先等との飲食費 ➡ 会議費
- カレンダーや手帳などの作成費用 ➡ 広告宣伝費
- 会議での茶菓子や弁当代などの飲食費 ➡ 会議費
- 社内旅行や運動会等の**従業員の慰安**のためのイベント費用 ➡ 福利厚生費

交際費等は、会計上は全額費用として計上されますが、法人税法上は原則として損金不算入となります。ただし、一定の交際費等については損金に算入することができます。

損金に算入できる交際費等の限度額

資本金1億円超100億円以下の法人※
➡ 年間交際費のうち接待飲食費の50％

資本金1億円以下の法人
➡ 下記のいずれか**多い金額**
①年間交際費のうち接待飲食費の**50％**
②年間交際費のうち**800万円以下の全額**

ワンポイント

個人事業主の場合、原則として交際費等は必要経費として、全額計上できます。

租税公課

法人が納付した税金や罰金など（これを租税公課といいます）については、損金に算入できるものとできない（損金不算入）ものがあります。

レック先生のズバッと解説

法人が支払った法人事業税、固定資産税、都市計画税などは損金算入できますが、法人税や法人住民税の本税は損金算入できません。間違えやすいので、しっかり覚えておきましょう。

租税公課によって異なる損金算入

損金算入できる租税公課	損金算入できない租税公課
・法人事業税　・固定資産税 ・都市計画税　・事業所税 ・自動車税　・印紙税	・法人税　・法人住民税 ・延滞税　・加算税 ・印紙税の過怠税　・罰金 ・交通反則金など

減価償却費

減価償却費として損金に算入できる金額は、法人が選択した償却方法によって損金経理（会計上で費用として計上）した金額のうち、償却限度額に達するまでの金額です。償却限度額を超える部分は、法人税法上は損金不算入となります。

償却方法は所得税同様、原則として**定額法**か**定率法**かの選択制です。選択は、所轄の税務署長への届出により行いますが、届出がない場合は**法定償却方法**である**定率法**となります。

なお、**建物**など**定額法**でしか償却できないものもあります。

ワンポイント
減価償却の計算方法である定額法は、毎年（度）同額を費用として計上する方法。一方、定率法は一定の率を乗じて算出した額を費用として計上する方法で、減価償却費は逓減していきます。

法人税と所得税の償却法の違い

	法人税	所得税
建物※1、※2	**定額法のみ**	
建物附属設備・構築物※2	定額法のみ	
その他の減価償却資産	定額法または定率法 （法定償却方法は**定率法**）	定額法または定率法 （法定償却方法は**定額法**）

※1　1998年4月1日以後に取得したもの
※2　2016年4月1日以後に取得したもので、鉱業用を除く

また、少額の減価償却資産の取扱いについては所得税と同じで、主な事業として行われるもの以外で貸付の用に供した資産が除かれることも同じです。

少額の減価償却資産の取扱い

少額減価償却資産	使用期間が**1年未満**の資産や、取得価額が**10万円未満**の資産は減価償却せず、取得価額の全額を損金算入できる
一括償却資産	取得価額が**10万円以上20万円未満**の資産については、一括して**3年間**で均等に償却できる
中小企業者等の少額減価償却資産の特例	資本金1億円以下の中小企業などで青色申告している法人※1は、取得価額が**10万円以上30万円未満**の資産※2について、取得価額の全額を損金算入できる。

※1　常時使用する従業員数が500人（出資金等が1億円超の組合等は300人）を超える法人は除く
※2　適用を受ける事業年度において取得価額の合計額が300万円を上限とする

寄附金

国または地方公共団体への寄附金と指定寄附金は、**全額損金**とすることができます。それ以外の寄附金は、一定の限度額までを損金に算入できます。

国や地方公共団体への
寄附金は、
全額損金算入できます！

過去問チャレンジ

法人税の益金に関する次の記述のうち、最も不適切なものはどれか。なお、法人は内国法人（普通法人）であるものとする。

1. 法人が法人税の還付を受けた場合、その還付された金額は、原則として、還付加算金を除き、益金の額に算入する。

2. 法人が個人から債務の免除を受けた場合、その免除された債務の金額は、原則として、益金の額に算入する。

3. 法人が個人から無償で土地の譲渡を受けた場合、その土地の時価に相当する金額は、原則として、益金の額に算入する。

4. 法人が支払いを受けた完全支配関係のある他の法人の株式等（完全子法人株式等）に係る配当等の額は、所定の手続により、その全額が益金不算入となる。

［24年1月・学科］

1が不適切　法人税の還付金は益金には算入しませんが、還付加算金は益金に算入します。

法人・役員間の取引の税務

法人と役員の間で資産の取引について、税務上の取扱いは法人と役員、それぞれ以下のようになっています。

ワンポイント

個人から法人に対する低額譲渡は、通常、時価の 1/2 未満での譲渡をいいます。つまりは、低額譲渡は「安く売る」、高額譲渡は「高く売る」ということになります。

法人と役員間の資産の譲渡取引

●法人の資産を役員に譲渡した場合

低額譲渡または無償譲渡	法人の取扱い	時価との差額を役員給与とする（原則、損金不算入）
	役員の取扱い	時価との差額は、**役員給与**とされる
高額譲渡	法人の取扱い	時価との差額が受贈益（益金算入）となる
	役員の取扱い	時価との差額は法人への寄附とみなされる

●役員の資産を法人に譲渡した場合

低額譲渡または無償譲渡	法人の取扱い	時価との差額が**受贈益（益金算入）**となる
	役員の取扱い	①時価の**1／2未満**で譲渡した場合 時価額が役員個人の収入とされ、譲渡所得の対象となる ②時価の**1／2以上**で譲渡した場合 譲渡価額が役員個人の収入とされ、譲渡所得の対象となる
高額譲渡	法人の取扱い	時価との差額を役員給与とする（原則、損金不算入）
	役員の取扱い	時価との差額は、役員給与とされる

ナビゲーション

法人と役員間の譲渡取引の取扱いは、役員が得している場合は主に役員給与となり、法人が得している場合は益金として課税されます。

法人と役員間の金銭の貸借

●法人が役員に金銭を貸し付けた場合

無利息または通常よりも低い金利	法人の取扱い	適正な利息相当額、もしくはそれとの差額を益金算入し、**役員給与**とする
	役員の取扱い	適正な利息相当額、もしくはそれとの差額が役員給与となる

●役員が法人に金銭を貸し付けた場合

適正な利息の授受がある	法人の取扱い	支払利息として費用を計上する（損金）
	役員の取扱い	雑所得となる
無利息	法人の取扱い	原則、経理処理は不要
	役員の取扱い	**原則、課税関係はない**
債務免除	法人の取扱い	益金算入

法人と役員間の住宅の貸借

法人が保有する社宅を、役員に**無償か通常より低い金額**で貸した場合、適正な**賃貸料相当額、もしくはそれとの差額を役員給与**とし、法人税法上の取扱いは原則、損金不算入とします。また、**役員には給与所得**として課税されます。

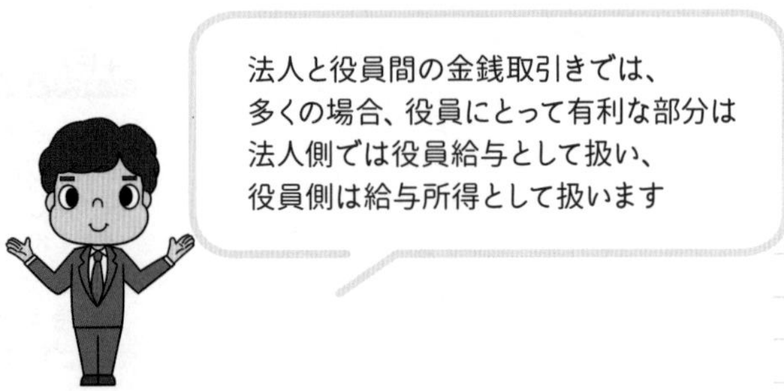

法人と役員間の金銭取引きでは、多くの場合、役員にとって有利な部分は法人側では役員給与として扱い、役員側は給与所得として扱います

過去問チャレンジ

会社と役員間の取引に係る所得税・法人税に関する次の記述のうち、最も不適切なものはどれか。

1. 会社が株主総会の決議を経て役員に対して退職金を支給した場合、その退職金の額は、不相当に高額な部分の金額など一定のものを除き、その会社の所得金額の計算上、損金の額に算入することができる。

2. 会社が役員の所有する土地を時価未満の価額で譲り受けた場合、時価と譲受対価の差額相当額は、その会社の所得金額の計算上、益金の額に算入される。

3. 役員が会社に無利息で金銭の貸付けを行った場合、原則として、通常収受すべき利息にする金額が、その役員の雑所得の収入金額に算入される。

4. 役員が会社の所有する社宅に無償で居住している場合、原則として、通常の賃料相当額が、その役員の給与所得の収入金額に算入される。

[22年9月・学科]

3が不適切　役員が会社に無利息で金銭の貸付けを行った場合、原則、役員への課税関係は発生しません。本肢の説明は、適正な利息の授受がある場合の、役員への課税の説明です。

4 法人税の税率と申告・納税

重要度 A

法人税額の計算

法人税は、税務調整後の所得金額に法人税の税率（23.2%）を掛けて算出しますが、期末資本金が1億円以下の一定の中小法人に対する税率は、所得金額のうち、通常800万円以下の部分について**15%の軽減税率**が適用されます。

法人税の税率（普通法人）

下記以外の法人		23.2%
期末資本金1億円以下等の中小法人（原則）	所得金額のうち、800万円超の部分	23.2%
	所得金額のうち、**800万円以下の部分**	**15%（軽減税率）**

確定申告と中間申告

法人税の申告には、**確定申告**と**中間申告**があります。法人税を申告した法人は、原則として、**申告書の提出期限までに**法人税を納めなければなりません。つまり、申告期限と納付期限が同じということになります。

法人税の確定申告と中間申告

確定申告	原則として、事業年度終了の日（決算日）の翌日から**2カ月以内**に申告し、**納税**する
中間申告	事業年度が6カ月を超え、前事業年度の法人税額が20万円を超えた法人は、原則、事業年度開始から**6カ月を経過した日から2カ月以内**に申告し、納税する

ワンポイント

確定申告後に、計算の誤りで納税額が少なかった場合には修正申告が、多かった場合には更正の請求ができます。更正の請求ができるのは、原則として、法定申告期限から5年以内です。

法人税の納税地

内国法人は、その**本店または主たる事務所の所在地**が納税地となります。外国法人で国内に事務所等を有する法人は、その事務所等の所在地が納税地となります。

法人税の青色申告

法人税にも個人の所得税同様、**青色申告制度**があります。青色申告制度の適用を受けるには、一定の期限までに「**青色申告の承認申請書**」を納税地の所轄税務署長に提出し承認を受けなくてはなりません。

青色申告の承認申請書の提出期限

［原則］

青色申告制度の承認を受けようとする**事業年度開始日の前日**

［新設法人］

以下のいずれか早い日の前日

①法人設立の日から**3カ月経過日**
②最初の事業年度の終了の日

青色申告制度の特典

青色申告制度の承認を受けた法人は、税法上の特典を受けることができる。

欠損金の繰越控除

➡ 事業年度に生じた欠損金（赤字）を翌年以降**10年**間、繰越控除することができる

欠損金の繰戻還付

➡ 利益が出て法人税を支払った翌事業年度に欠損金が出た場合、その欠損金を繰り戻し、**前事業年度分の法人税の還付**を受けることができる　ただし…

〇原則、資本金1億円以下の中小企業に適用
〇繰戻還付の対象となるのは前事業年度だけ
〇前事業年度、今事業年度ともに青色申告法人である

他に、中小企業の減価償却の特例など

5 決算書

重要度 A

決算書には主に以下のものが含まれます。

ナビゲーション
関連項目としてP97～P98も参照してください。

損益計算書（P/L：プロフィット アンド ロス ステートメント）

➡ 一定期間における企業の収益・費用・利益を示す書類

貸借対照表（B/S：バランスシート）

➡ 期末時点（決算日）における企業の財務状況（資産、負債、純資産の残高）を示す書類

株主資本等変動計算書

➡ 一定期間における企業の株主資本等の変動状況を示す書類

キャッシュフロー計算書

➡ 一定期間における企業のキャッシュフロー（資金の増減）の状況を、営業、投資、財務に分けて示す書類

6 法人住民税・法人事業税・地方法人税

重要度 C

法人住民税

法人住民税は、法人に対する道府県民税と市町村民税に分けられ、それぞれに**均等割**と**法人税割**の合計額が税額となります。

ナビゲーション
東京都は法人住民税を「法人都民税」とし、他の道府県とは標準税率の設定等が異なります。

法人住民税の構成

道府県民税	均等割	資本金等の額に応じて課税
	法人税割	法人税額を基礎として課税
市町村民税	均等割	資本金等の額と従業員の数に応じて課税
	法人税割	法人税額を基礎として課税

法人事業税

法人事業税は、法人の事業に対して課税される都道府県民税です。税額は所得金額に税率を掛けて計算します。ただし、資本金が**1億円超**の法人に対しては、所得金額以外の要素も考慮した外形標準課税が適用されます。

> **ワンポイント**
> 個人事業税には事業主控除（控除額290万円）がありますが、法人事業税には同様の控除はありません。

地方法人税

地方法人税は、課税標準法人税額に所定の税率を掛けて計算します。納付期限は、法人税と同じく事業年度終了の日（決算日）の翌日から2カ月以内です。

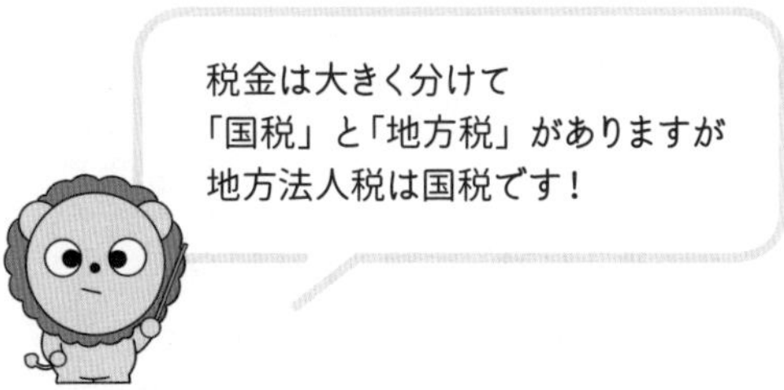

税金は大きく分けて
「国税」と「地方税」がありますが
地方法人税は国税です！

7 法人成り

重要度 C

個人で行っている事業を、株式会社などの法人組織にすることを、**法人成り**といいます。法人成りには以下のようなメリット、デメリットがあります。

法人成りの主なメリットとデメリット

メリット ➡	・課税所得が高い場合、所得税より法人税が有利になる場合がある ・経営者の報酬（退職金を含む）を経費として計上できる
デメリット ➡	・交際費の損金計上に制限がある ・赤字でも税金が発生する ・申告のための書類の作成や事務手続きが煩雑になる

モノやサービスの消費に課される身近な税金

9 消費税

消費税は生活に密着した最も身近な税金です。
この章では、事業者の課税期間や課税事業者や
免税事業者などを学びます。
法人税同様、3級試験にはない新項目なので
ここでしっかりマスターしましょう!!
※国外事業者への特例は考慮していません

1 消費税の基礎　重要度 B

消費税とは

消費税とは、モノやサービスの購入に対して課される税金です。また、消費税は税金を負担する人と納める人が異なる**間接税**となります。

課税対象となる取引

消費税の課税対象となる取引は、以下の4つの要件を満たした取引となります。それに該当しない取引は消費税のかからない**不課税取引**となります。

課税対象となる取引の4つの要件

①日本国内において行われる取引
②事業者が事業として行う取引
③対価を得て行う取引
④資産の譲渡や貸付、サービス（役務）の提供

↓

これらの要件を満たさない取引＝不課税取引
……**配当金**、保険金、寄附金、祝い金など

ただし、課税対象となる4つの要件を満たしている取引であっても、消費税のかからない取引（**非課税取引**）があります。消費税を課すことがなじまない取引などが該当します。

非課税取引となる主なもの

●税の性格上、課税対象とならないもの

- 株式、公社債などの譲渡
- 商品券、郵便切手、印紙などの譲渡
- 生命保険料、損害保険料、保証料
- 行政手数料
- **土地の譲渡**

●社会政策的配慮に基づくもの

- 社会保険医療の給付等
- 出産費用
- 埋葬料、火葬料
- 一定の学校の授業料、入学金
- **住宅の貸付**（貸付期間1カ月以上）
  （注）**事務所用（テナント）の店舗貸付は課税取引**
  （注）**住宅の譲渡は課税取引**

ワンポイント

消費税の課税取引の要件を満たしていない取引を「不課税取引」といいます。対して、課税対象の要件は満たしても、課税対象とならない取引を「非課税取引」といいます。

消費税率

消費税率は10%（**国税7.8%、地方税2.2%**）です。ただし、一定の食料品や定期購読契約をしている新聞は軽減税率が適用され、税率は8%となります。

2 納税義務者

重要度 A

納税義務者と免税事業者

消費税の課税対象となる取引を行う事業者は、**課税事業者（納税義務者）**となります。ただし、**基準期間**における**課税売上高が1,000万円以下、かつ前年の特定期間の課税売上高か給与等支払額が1,000万円以下**である場合には、納税義務が**免除**され、**免税事業者**となります。納税義務の判定は以下2つの方法によります。

用語の意味

課税売上高
消費税の課税対象となる取引の売上高。

基準期間による判定

基準期間とは、納税義務の判定の基準となる期間です。個人の場合は、その年の**前々年**、法人の場合はその事業年度の**前々事業年度**が基準期間となります。

講義図解

消費税の基準期間と納税義務の判定

前々年（前々事業年度）の課税売上高によって、その年（当事業年度）の納税義務の有無が判定される。

前々年 （前々事業年度）	前年 （前事業年度）	当年 （当事業年度）

［ケース］

課税売上高 1,500 万円	課税売上高 1,100 万円	課税売上高 800 万円

基準期間 の課税売上高が 1,000 万円超

当年 は課税事業者
＝
納税義務が生じる

※カッコ内は法人の場合

特定期間による判定

消費税の基準期間における課税売上高が1,000万円以下であっても、**特定期間**における**課税売上高が1,000万円超かつ給与等支払額も1,000万円超**の場合、課税事業者になります。「かつ」なので、いずれかが1,000万円以下であれば、免税事業者となります。

特定期間とは、法人の場合は前事業年度の前半6カ月間、個人事業主なら前年の1月1日～6月30日の期間となります。

講義図解

個人事業主の場合の特定期間による判定例

前々年の課税売上高によって、その年の納税義務の有無が判定される。

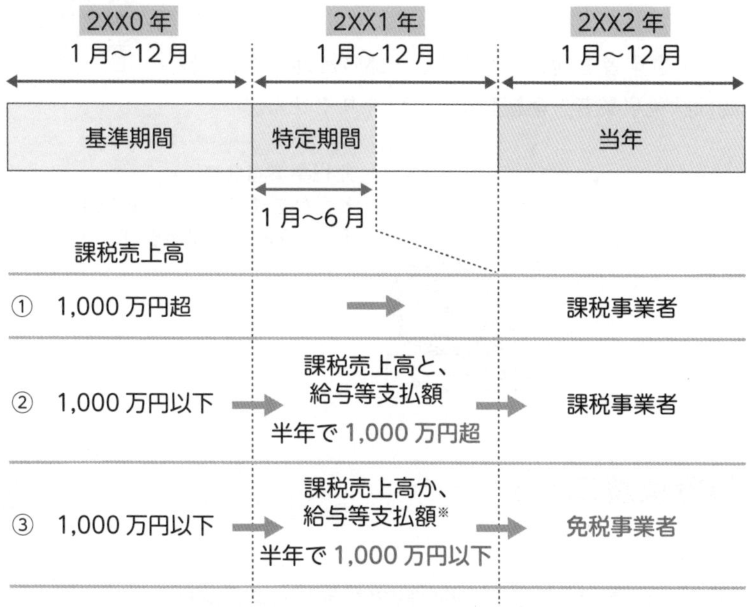

※課税売上高が年間1,000万円超の場合、2XX3年は課税事業者となる

新規開業における消費税

新たに設立された法人の場合、**当初２年間**（２事業年度）は基準期間が存在しないため、免税事業者となります。

ただし、資本金額**1,000万円以上**の新設法人は、この期間（２事業年）については、基準期間がなくても課税事業者になります。

また、新設法人が、第１事業年度は免税事業者であっても、第２事業年度の特定期間の判定により1,000万円を超えた場合は、課税事業者となります。

ナビゲーション

課税事業者を選ぶメリットとして、例えば課税売上高よりも設備投資の金額が多かった事業年度は、預かった消費税よりも支払った消費税の方が多くなります。この場合、通常の課税事業者であれば確定申告によって消費税還付を受けることができます。

消費税課税事業者選択届

免税事業者は、「**消費税課税事業者選択届出書**」を提出すれば、課税事業者になることができます。届出書の提出は、原則、適用を受けようとする課税期間の初日の前日までに行います。

また、課税事業者を選択した場合、一部の例外を除き、**最低２年間**は課税事業者を継続しなくてはなりません。

免税事業者なのに
わざわざ課税事業者を選択するのは
そういうメリットがあるのか…

3 消費税額の計算

重要度 A

税額の計算

消費税の税額の計算方法には、**原則課税制度**と**簡易課税制度**の２つがあります。原則課税制度における仕入税額控除は、課税売上割合が95％以上、かつ課税売上高5億円以下の場合に全額適用できます。

公式
＜原則課税制度の計算式＞（課税売上割合が95％以上の場合）
納付税額＝課税売上に係る消費税額－課税仕入に係る消費税額（仕入税額控除）

納付税額がマイナスになれば、その金額は還付税額を表しています。

簡易課税制度は、基準期間における課税売上高が**5,000万円以下**の場合に、原則課税制度に替えて選択することができます。

簡易課税制度では、**業種に応じた一定の「みなし仕入率」**を用いて、課税仕入れに係る消費税額を計算することができます。

なお、簡易課税制度の適用を受けるには、「簡易課税制度選択届出書」を提出する必要があります。また、簡易課税制度を選択した場合、原則、**最低２年間**は継続して適用を受けなくてはなりません。

ナビゲーション
原則課税制度では、課税売上の消費税額から課税仕入の消費税額を控除（仕入税額控除）した残額を納付します。仕入税額控除は、課税売上高が5億円超の場合は、課税売上割合にかかわらず、仕入税額控除額を全額差し引くことはできません。

公式
＜簡易課税制度の計算式＞
納付税額＝税抜課税売上に係る消費税額－（税抜課税売上に係る消費税額×みなし仕入率）

みなし仕入率

第１種	第２種	第３種	第４種	第５種	第６種
卸売業	小売業等	製造業、建設業等	その他	金融・保険業、運輸通信業、サービス業	不動産業
90％	80％	70％	60％	50％	40％

適格請求書等保存方式（インボイス制度）

2023年10月から、消費税の仕入税額控除を利用できるのは、原則として「適格請求書発行事業者」が発行した「適格請求書」に記載された消費税額だけになりました（経過措置あり）。

＜適格請求書発行事業者の登録方法と事業者の義務＞

登録方法	・納税地を所轄する税務署長に登録申請をして登録を受ける ・書面による登録申請のほか、e-Taxでの申請も可能
事業者の義務	・消費税の課税事業者になる ・発行する適格請求書には、適格請求書発行事業者の氏名または名称および登録番号、税率ごとに区分した消費税額など、所定の項目の記載が必要 ・簡易課税制度の選択も可能 ・相手方から適格請求書の交付を求められた際は、一定の免除や適格簡易請求書を除き、交付する

経過措置

免税事業者等からの仕入れについて、仕入税額相当額のうち、以下の一定割合を控除できる経過措置があります。

経過措置期間	2023年10月から3年間	2026年10月から3年間
控除割合	8割	5割

このほかに、インボイス制度の実施に伴い、免税事業者から適格請求書発行事業者になった場合の納税に係る事務負担を軽減するために、仕入税額控除の計算をせずとも、売上にかかる消費税額の2割を消費税の納付税額とすることができます。この特例の対象期間は、インボイス制度開始から2026年9月30日を含む課税期間（個人事業者は2023年10月～12月の申告から2026年分の申告まで）です。

インボイス制度は
新しく始まった
制度だから
経過措置が
とられているよ！

4 消費税の申告と納付

重要度 B

消費税の確定申告と納付の期限は、以下のとおりです。個人事業主は、所得税の確定申告とは異なる申告なので注意しましょう。

また、前の課税期間で納めた消費税額（地方消費税額を含まない）が原則、**48万円**を超える場合、**中間申告**が必要となります。

消費税の確定申告期限

法人	課税期間（事業年度）終了日の翌日から **2カ月以内**（原則）
個人事業主	課税期間の翌年1月1日から**3月31日**まで

過去問チャレンジ

消費税に関する次の記述のうち、最も不適切なものはどれか。

1. 消費税の課税事業者が行う居住の用に供する家屋の貸付けは、その貸付期間が1カ月以上であれば、消費税の課税取引に該当する。

2. 簡易課税制度の適用を受けることができるのは、消費税の課税期間に係る基準期間における課税売上高が5,000万円以下の事業者である。

3. 消費税の課税事業者が行う金融商品取引法に規定する有価証券の譲渡は、消費税の非課税取引に該当する。

4. 消費税の課税事業者である法人は、原則として、消費税の確定申告書を各課税期間の末日の翌日から2カ月以内に、納税地の所轄税務署長に提出しなければならない。

［24年1月・学科］

1が不適切　貸付期間が1カ月以上の住宅の貸付けは、消費税の非課税取引です。

FP２級からFP１級をめざす人のための

ステップアップ講座

１級では、２級で勉強してきた部分の適用要件などを確認しながら深掘りしつつ、これまで問われてきていない部分へ枝葉を広げていきます！

Lesson 1　丁寧に深掘りする

●２級レベルの問（配偶者控除）

納税者が配偶者に青色事業専従者給与を支払った場合、その支払った金額が一定額以下であり、納税者の合計所得金額が一定額以下であれば、配偶者控除の適用を受けることができる。

正解：不適切

●１級レベルの問（配偶者控除）

青色申告者の配偶者で青色事業専従者として給与の支払を受ける者、または白色申告者の配偶者で事業専従者に該当する者は、その者の合計所得金額の多寡にかかわらず、控除対象配偶者または老人控除対象配偶者には該当しない。

正解：適切

↓↓↓

どちらも配偶者控除の問で、「配偶者へ青色事業専従者給与を支払った場合に、配偶者控除の適用を受けることができるのか」が問われています。比べてみると１級の方が白色申告者や老人控除対象配偶者も絡めて出題してきています。そのため２級よりも丁寧に深掘りする学習が必要になります。

２級と１級の解き方の違いを
つかみましょう！

●1級レベルの問（消費税）

簡易課税制度の適用を受ける事業者が2種類以上の事業を行い、そのうち1種類の事業の課税売上高が全体の課税売上高の75％以上を占める場合は、その事業のみなし仕入率を全体の課税売上に対して適用することができる。

正解：適切

↓↓↓

2級では、主に簡易課税制度を選択できる条件や業種に応じたみなし仕入率を使えること、原則、最低2年間は継続することが問われてきました。1級では本問のように「では、これならどうなる？」と深掘りしていることがわかります。

Lesson 2 枝葉を広げる

●1級レベルの問（確定申告）

所得税の確定申告書を提出し、納付した税額が過大であったことが法定申告期限経過後に判明した場合、原則として法定申告期限から5年以内に限り、更正の請求書を提出して税金の還付を受けることができる。

正解：適切

↓↓↓

確定申告については3級、2級ともに頻出問題ですが、関連した修正申告や更正の問いは多くはありません。そのため、1級へ向けて確定申告から枝葉を広げて、延納や物納、e-Taxなどの学習も大切になってきます。

ここまで理解できたかな？
それでは最近の過去問に
チャレンジしてみましょう！

1級では こう出る・こう解く！

Q 所得控除　　（22年1月・学科）

居住者に係る所得税の所得控除に関する次の記述のうち、最も不適切なものはどれか。

1）居住者と生計を一にする扶養親族が特別障害者で、居住者との同居を常況としている者である場合、その者に係る障害者控除の額は75万円である。

2）青色申告者の配偶者で青色事業専従者として給与の支払を受ける者、または白色申告者の配偶者で事業専従者に該当する者は、その者の合計所得金額の多寡にかかわらず、控除対象配偶者または老人控除対象配偶者には該当しない。

3）夫と死別後に婚姻していない者が寡婦控除の適用を受けるためには、扶養親族を有すること、居住者本人の合計所得金額が500万円以下であること、居住者本人と事実上婚姻関係と同様の事情にあると認められる一定の人がいないことの3つの要件を満たす必要がある。

4）現に婚姻していない者がひとり親控除の適用を受けるためには、総所得金額等が48万円以下の生計を一にする子を有すること、居住者本人の合計所得金額が500万円以下であること、居住者本人と事実上婚姻関係と同様の事情にあると認められる一定の人がいないことの3つの要件を満たす必要がある。

正解：3　1級ではこう解く！

寡婦控除は、適用要件を寡婦になった原因で（1）夫と離婚した（2）夫と死別した、の2種別に分けています。（1）では扶養親族がいることを要件としていますが、（2）においては要件ではありません。選択肢3は（2）に該当しており、扶養親族の有無は要件ではないため、不適切となります。

Q 消費税

（21年9月・学科）

消費税に関する次の記述のうち、最も不適切なものはどれか。

1）新たに開業した個人事業者は、原則として、開業した年分における課税売上高の多寡にかかわらず、消費税の納税義務が免除される。

2）簡易課税制度を選択し、課税売上に係る消費税額からみなし仕入率による仕入れに係る消費税額を控除した金額がマイナスとなる場合は、消費税額の還付を受けることができる。

3）簡易課税制度の適用を受ける事業者が２種類以上の事業を行い、そのうち１種類の事業の課税売上高が全体の課税売上高の75％以上を占める場合は、その事業のみなし仕入率を全体の課税売上に対して適用することができる。

4）消費税の課税事業者である個人は、原則として、消費税の確定申告書をその年の翌年３月31日までに納税地の所轄税務署長に提出しなければならない。

正解：2　１級ではこう解く！

受け取った消費税（売上の消費税）よりも支払った消費税（仕入れの消費税）の方が多かった場合に、納めすぎた消費税の還付を受けられるのは、原則課税制度が適用されているときであり、簡易課税制度を選択している場合、みなし仕入率は90％以下であるため還付は受けられません。

2級をじっくり解くことで
1級への力が
身につきます！

4 タックスプランニング 復習のまとめ

しっかり確認しましょう！
出題頻度の高い論点　総ざらい

- 計算問題では、退職所得、損益通算、総所得金額を求めるものが頻出です。
- 10種類の所得のうち、不動産所得、事業所得、給与所得、退職所得、一時所得、雑所得は必ず押さえておきましょう。
- 損益通算は繰り返し解くことでコツがわかります。所得控除は扶養控除と医療費控除を中心にして他の控除も押さえましょう。
- 2級で新たに出題範囲となる「法人税」からは損金の処理や会社・役員間の取引が、消費税からは免税業者の基準や簡易課税制度について多く出題されています。

第5章

不動産

不動産といえば「家」「土地」などを思い浮かべると思いますが、これを「資産」という観点から捉えるのがＦＰの視点です。２級では不動産の有効活用や投資、税務や関連の法令など、「資産としての不動産」をより深く学んでいきます。今までは「住むためのもの」だった不動産を法律と数字から見られるようになってください！

●不動産の評価と登記
土地の価格と鑑定評価手法、登記

●不動産取引
不動産取引に関わる法令上の規制

●不動産の税金
不動産関連の各種税金

●不動産の有効活用
不動産の有効活用、投資判断の手法

不動産

ここをしっかり押さえておけば問題の正解率がアップします。

登記
権利
契約
不動産（資産）
法令
取引
税金
評価
活用
不動産を「住むところ」ではなく、
「資産として」数字や法規制の観点から
見られるようになりましょう！

不動産の評価と登記

土地の価格を決める４つの公的な価格を学びます。

公示価格、基準地標準価格、相続税路線価、そして固定資産税評価額のそれぞれの利用目的や基準日、価格水準をしっかり覚えましょう!!

不動産登記の基礎を理解します。

登記記録の記載内容、不動産登記の対抗力と公信力も理解しておきたいポイントです。また、登記事項証明書の交付請求はよく出題されますので押さえておきましょう。
登記記録以外の不動産の調査資料についても、その内容の確認を。

不動産取引

不動産の売買契約に関するポイントを学びます。

不動産取引に不可欠な法律が宅地建物取引業法です。宅地建物取引業者に適用されるルールや媒介契約を整理しておきましょう。民法では手付金、契約不適合責任、危険負担も大事なポイントです。

借地借家法・都市計画法・建築基準法などの諸法令を学びます。

計算問題として出題頻度の高い、建蔽率と容積率はしっかりマスターします。セットバックが含まれる問題にも対応しておくことが大事です。２級では、３級よりもより詳細な知識が必要になります。

不動産の税金

不動産に関する税金について、一般的な知識を学びます。

不動産を取得したときにかかる不動産取得税、登録免許税、消費税、保有にかかる固定資産税などについて各内容を理解します。

不動産の譲渡に関する税金は「特例」もしっかりチェックします。

不動産の譲渡所得は居住用財産の特例について整理しておくことが学習のポイントです。

不動産の有効活用と投資判断

主な事業手法をメリット、デメリットで整理します。

土地の有効活用の各事業手法について、特に地主のメリット、デメリットを整理しておくことが大事となります。

不動産の投資判断のための手法はポイントを押さえましょう。

NOI利回り、直接還元法、DCF法など、耳慣れない用語については、試験に出るポイント部分を押さえるのが効果的です。

1 不動産の基本

土地の価格や不動産の鑑定手法など
まずは、資産としての不動産の基本を学びます。
また、不動産登記の対抗力、公信力、申請のほか、
登記記録の内容といった権利についても
しっかり押さえます。

1 土地の価格

重要度 A

土地にはその価値を評価するものとして、公的機関が公表している４つの価格があります。

ワンポイント
土地の価格には、４つの価格とは別に、売主と買主で取引する際に決まる「実勢価格」があります。

土地の公的価格

- 公示価格
- 相続税路線価
- 基準地標準価格
- 固定資産税評価額

土地の４つの価格は、**基準日**や**発表時期**、**所管**、**価格水準**（評価割合）が異なります。

ワンポイント
公示価格と基準地標準価格の標準地（基準地）は、同じ地点に設定されているところもあります。出題されることがあるので覚えておきましょう。

４つの土地の価格のうち
「公示価格」が他の価格の
指標となっています

土地の公的価格の内容

	公示価格	基準地標準価格（都道府県地価調査）	相続税路線価	固定資産税評価額
内容・利用目的	一般の土地取引の指標となる価格	一般の土地取引の指標となる価格（公示価格の補完的役割）	相続税、贈与税等の評価額の算出基準	不動産取得税、固定資産税、都市計画税等の算出基準
基準日	毎年1月1日	毎年7月1日	毎年1月1日	1月1日（3年ごとに見直し）
発表時期	3月	9月	7月	4月
所管	国土交通省	都道府県	国税庁	市町村（東京23区は都）
価格水準	100％	公示価格の100％	公示価格の**80％**	公示価格の**70％**

過去問チャレンジ

土地の価格に関する次の記述のうち、最も不適切なものはどれか。

1. 地価公示法による公示価格は、毎年1月1日を標準地の価格判定の基準日としている。

2. 都道府県地価調査の基準地の標準価格は、毎年7月1日を価格判定の基準日としている。

3. 固定資産税評価額は、原則として、市町村長が固定資産評価基準により決定する。

4. 評価替えの基準年度における宅地の固定資産税評価額は、前年の地価公示法による公示価格等の80％を目途として評定されている。

［21年1月・学科］

4が不適切　固定資産税評価額は、公示価格の70％が価格水準となっています。公示価格の80％が価格水準となっているのは、相続税路線価です。

2 不動産の鑑定評価

重要度 B

不動産価格の適正な評価は不動産鑑定士によって行われ、これを**鑑定評価**といいます。不動産の鑑定評価の手法には、原価法、取引事例比較法、収益還元法の３つがあります。また、不動産の価格は、不動産の効用が最高度に発揮される可能性に最も富む使用（これを「最有効使用」という）を前提として把握される価格を標準として不動産の価格が形成される原則（最有効使用の原則）に基づいて鑑定します。

レック先生のズバッと解説

不動産の鑑定評価は、**複数の手法を併用す**べきとされています。試験に「〇〇法のみを適用すべき」と出たら、それは不適切です。

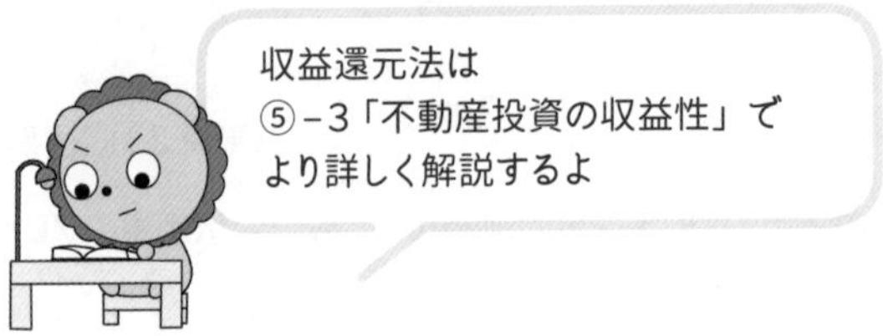

収益還元法は
⑤-3「不動産投資の収益性」で
より詳しく解説するよ

3つの鑑定評価手法

原価法	対象となる不動産の再調達原価（例えば、同程度の建物が今ならいくらで建てられるか）を求め、これに**減価修正**（老朽化分を差し引く）を行い、価格を求める方法
取引事例比較法	対象となる不動産の近隣地域や同一需給圏内から複数の取引事例を参考にし、その取引価格に**時点修正や事情補正、地域要因等の比較**をして価格を求める方法
収益還元法	対象となる不動産が将来生み出すと期待される純収益（収益－費用）を、**現在価値の総和**で求めることにより価格を求める方法 具体的な算出法として、以下の2つがある ・**直接還元法**＝単年度の純収益を還元利回りで割り戻して、現在価値を求める方法 ・**DCF法**＝連続する複数年の純収益と将来予想される売却価格（復帰価格）を、現在価値に割り戻して価格を求める方法

3 不動産登記

重要度 A

不動産登記とは

不動産登記とは、土地や建物の状況（所在地、面積、構造など）や権利関係を法務局（登記所）の**登記記録**に記録しているものです。

登記されている地番や家屋番号は、実際の住居表示と一致するとは限りません。

不動産登記記録の内容

登記記録は、**一筆**（いっぴつ）**の土地**または**一個の建物**ごとに**表題部**と権利部に区分して作成されます。**権利部**はさらに**甲区**と**乙区**に区分されています。

用語の意味

一筆の土地
登記上のひとつの土地の単位。田畑でも宅地でも同様に数えます。

不動産登記記録の記載内容

表題部＝表示に関する登記		土地・建物に関する物理的な状況を記録 ・土地→ 所在、地番、地目、地積等 ・建物→ 所在、家屋番号、床面積等
権利部＝権利に関する登記	甲区	所有権に関する事項を記録 → **所有権の保存、移転、差押え等**
	乙区	所有権以外の権利に関する事項を記録 → **抵当権、賃借権等**

用語の意味

抵当権
金融機関等が住宅ローンなどの融資をする際、土地や建物を担保とする権利のこと。1つの不動産に複数設定することができます。債務を完済しても自動的に抹消登記はされません。

不動産登記の効力

不動産登記をすることで、第三者に対して自身が当該不動産の所有権や何らかの権利者であることを主張することができます。これを**対抗力**といいます。ただし、以下のケースでは、登記がなくても、第三者に対抗（権利主張）できます。

登記がなくても第三者に対抗できるケース

●借りている土地に建物を建てた場合：借地権

借地上に借地権者が、**自己を所有者として登記した建物を所有**していれば、借地権に関する登記がなくても第三者に対抗できる。

●賃貸物件の引渡しを受けた場合：借家権

建物の賃借人が**建物の引渡し**（カギの引渡しなど）を受けていれば、借家権の登記がなくても第三者に対抗できる。

借地権と借家権は
登記がなくても対抗力を
得られるケースがあるんだね

仮登記における対抗力

不動産登記は、先順位に登記した方（所有権を有効に取得していることが前提）が第三者に権利を主張できます。
もしも、本登記をするための要件が整わない場合、**順位保全のために仮登記**をすることができます。
ただし、あくまで順位保全の登記なので、本登記を備えて初めて対抗力を有することになります。

レック先生のズバッと解説

不動産の所有権は登記した者が主張できるということは、例えば二重に売買契約が締結された場合、契約の先後ではなく、先に所有権移転登記を行った者が当該不動産の所有権を主張できる（原則、取得できる）ことになります。

不動産登記の公信力

不動産登記には対抗力はありますが、**公信力はありません**。「公信力」とは、公示されている内容が真実と異なる場合に、公示通りの権利を発生させる効力です。よって、不動産登記に公信力がないということは、登記されている人が真の権利者であることは公には保証されないということです。そのため、登記記録の内容を信頼して取引をし、実際には登記記録上の権利者と真実の権利者が異なっていた場合、登記を信頼して取引をした人は原則、**法的に保護されません**。

不動産登記には対抗力はありますが、公信力はありません。よく出題されますのでしっかり覚えましょう。

登記申請

登記申請の方法

権利等を登記するには、法務局（登記所）へ申請します。法務局に出向くか郵送による申請に加えて、**オンライン申請**が可能となっています。ただし、登記識別情報通知の受け取りは登記所窓口か郵送となります。

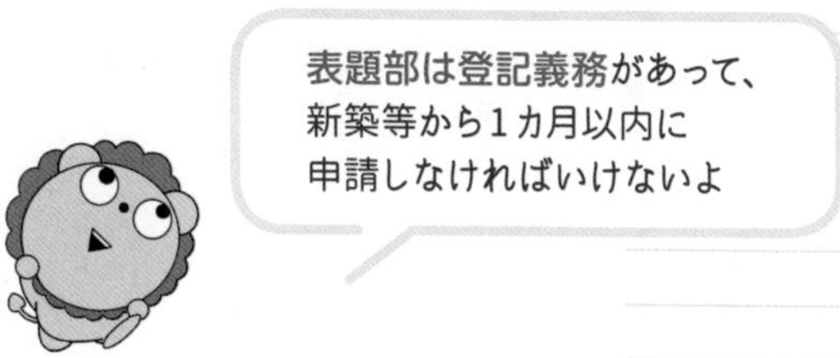

表題部は登記義務があって、
新築等から1カ月以内に
申請しなければいけないよ

相続登記の義務化

権利部の登記は原則、任意です。ただし、2024年4月1日より不動産を**相続したことを相続人が知った日から3年以内**に相続登記を申請することが義務化されました。この義務は過去の相続についても適用されるため、今までに相続した不動産についても2024年4月1日から3年以内に登記する義務があります。

登記識別情報

登記により新たに権利を取得した場合、従来の登記済証に代えて、12桁の英数字による符号が発行されます。これを**登記識別情報**といい、抵当権の設定登記、抹消登記、不動産の所有権移転登記などを行う際、本人確認方法として使用されます。

また、登記識別情報は原則として、登記名義人となった申請人に、**登記識別情報通知**が交付されます。

ワンポイント

登記識別情報通知の再発行および登記識別情報の変更はできず、事前通知制度の活用が想定されています。もっとも、登記識別情報が盗まれた場合には、悪用されるのを防止するため、登記官に対してその失効を申し出ることができます。

登記記録の交付

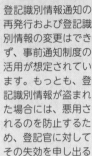

登記記録は、法務局（登記所）で手数料を納付して申請すれば、**誰でも登記事項証明書**や**登記事項要約書**の**交付請求**をすることができます。

登記事項証明書は**オンラインによる交付請求**もできますが、受け取りは登記所窓口か郵送となります。

登記事項証明書 ➡	登記記録の記載事項を証明した書面
登記事項要約書 ➡	登記記録の記載事項の概要を記載した書面

登記事項証明書と登記簿謄本は内容は同じなんだね
登記簿謄本は登記情報を紙の書類で保管していた時代の呼び方で、それが今もたびたび使われているんだ

登記記録以外の調査資料

登記記録以外にも、不動産の状況を調査・確認できる資料等があります。

登記記録以外の不動産の調査資料

資料	内容	特徴
公図	地図に準ずる図面	地図の代わりに備え付けられており、近隣地との位置関係が確認できる図面。**精度は低い**
地図（14条地図）	土地の位置などが記載されている地図	すべての土地について備えられているわけではない。**精度は高い**
地積測量図	土地の形状や面積測量の結果を示した図面	現地を測量して作成されている

不動産関係の調査資料とその設置場所

設置場所	調査資料
法務局（登記所）	登記事項証明書、登記事項要約書、**地図（14条地図）**、**公図**、地積測量図など
市区町村役場	固定資産課税台帳※、都市計画図など

※東京23区は都税事務所

登記記録の見方

甲区（登記の目的について）

・所有権保存登記：甲区に初めて登記するときに使われます。

・所有権移転登記：売買等で所有権が移転したときに使われます。

乙区（抵当権設定登記について）

・債務者や抵当権者（債権者）、当初の債権額などが書かれています。

・抵当権は弁済をすると消滅しますが、登記は自動的に抹消されるわけではなく抹消登記が必要です。

・他の債権者が抵当権を登記することもできます。

・債務者からの弁済がない場合、抵当権者は裁判所に申立てて、競売などにより債権を回収することができます。

登記記録を信じて取引しても相手が真の所有者でないときは保護されないから注意して
それが「公信力がない」ってことなんだね

過去問チャレンジ

不動産の登記や調査に関する次の記述のうち、最も不適切なものはどれか。

1. 同一の不動産について二重に売買契約が締結された場合、譲受人相互間においては、売買契約の締結の先後にかかわらず、原則として、所有権移転登記を先にした者が当該不動産の所有権の取得を対抗することができる。

2. 抵当権の設定を目的とする登記では、債権額や抵当権者の氏名または名称は、不動産の登記記録の権利部乙区に記載される。

3. 一般に公図と呼ばれる地図に準ずる図面は、地図が登記所に備え付けられるまでの間、これに代えて登記所に備えられているものであり、一筆または二筆以上の土地ごとに土地の位置、形状および地番を表示するものである。

4. 不動産の登記事項証明書の交付を請求することができるのは、当該不動産の利害関係者に限られる。

[22年9月・学科]

4が不適切　登記事項証明書の交付請求は、利害関係者に限らず誰でもすることができます。

2 不動産の取引

一口に不動産取引といってもその形態は多種多様です。ここでは「宅地建物取引業法」からは媒介契約を中心に、取引に関する法律は手付金、契約不適合責任、危険負担、共有物の持分処分まで広く学びます。

1 宅地建物取引業法 重要度 B

宅地建物取引業

以下の不動産の取引を業として行う者を**宅地建物取引業者**といい、**宅地建物取引業の免許**が必要となります。

宅地建物の取引とは

・宅地や建物の売買、交換を自らが行う

・宅地や建物の売買、交換、貸借の代理をする

・宅地や建物の売買、交換、貸借の**媒介**をする

宅地建物取引士

宅地建物取引業を行うには、原則、事務所ごとに従業者5人に1人の割合で成年の専任の**宅地建物取引士**を置くことが義務付けられています。

ワンポイント

宅地建物取引業に「貸借を自ら行う」が含まれていないのは、免許が不要だからです。アパートの大家さんに免許が不要なのはそのためです。

用語の意味

媒介
第三者の不動産の売買や賃貸借などの契約を成立させること。「仲介」と同じ意味です。

宅地建物取引士の独占業務

- ・重要事項の説明（宅地建物取引士証を提示し、**契約前**に説明を行う）
- ・重要事項説明書への記名
- ・契約内容の記載書面（37条書面）への記名

ナビゲーション

宅地建物取引業の免許は、1つの都道府県だけに事務所を置く場合は都道府県知事による免許、2つ以上の都道府県に事務所を置く場合は国土交通大臣による免許に分けられています。

媒介契約

宅地建物取引業者は宅地や建物の売買等の媒介の依頼を受けた場合には、依頼者と媒介契約を結ぶ必要があります。**媒介契約**には、**一般媒介契約**、**専任媒介契約**、**専属専任媒介契約**の3種類があります。

媒介契約の種類と契約内容　（○=できる、×=できない）

	一般媒介契約	専任媒介契約	専属専任媒介契約
依頼者が重ねて複数業者へ依頼する	○	×	×
自己発見取引（依頼者が取引相手を探し直接取引をする）	○	○	×
契約の有効期間	なし	3カ月以内	3カ月以内
業者から依頼者への業務処理状況の報告義務	なし	2週間に1回以上	1週間に1回以上
業者による指定流通機構への物件情報の登録義務	なし	7営業日以内	5営業日以内

ワンポイント

専任媒介契約、専属専任媒介契約における契約の有効期間は最長で3カ月と定められています。それを超える契約は、超えた部分が無効となり、3カ月の契約となります。また、自動更新はなく、依頼者の申し出があれば更新できます。

宅地建物取引業者の報酬限度額

宅地建物取引業者が依頼者から受け取ることのできる**報酬**（仲介手数料）には限度額が定められています。

講義図解

宅地建物取引業者の報酬限度額

●売買・交換の媒介の場合

取引金額		報酬の限度額（消費税別）
	200万円以下	取引金額×５％
200万円超	400万円以下	取引金額×４％＋２万円
400万円超		取引金額×３％＋６万円

●売買・交換の代理の場合

「売買・交換の媒介の場合」の２倍（消費税別）

●貸借の媒介の場合

原則、貸主と借主の双方から**受け取る報酬の合計が借賃の１カ月分**（消費税別）

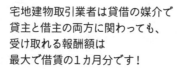

宅地建物取引業者は貸借の媒介で
貸主と借主の両方に関わっても、
受け取れる報酬額は
最大で借賃の1カ月分です！

2 不動産の取引に関する法律 重要度 A

手付金

手付金とは、一般に不動産の売買契約を結ぶ際に買主が売主に渡すお金のことで、代金の一部です。通常は、**解約手付**として扱われます。

解約手付を交付した場合、相手方が契約の履行に着手するまでは、買主は**手付金の放棄**、売主は手付金の**倍額を現実に提供**することで、契約を解除できます。

なお、**売主が宅地建物取引業者**であり、買主が宅地建物取引業者でない場合、売主は代金の**2割**を超える手付金を受け取ることはできません。

用語の意味

解約手付
一度締結した契約を後で解除できる権利を有する手付のことです。

ワンポイント

不動産の売買契約による「履行の着手」とは、売主であれば所有権移転登記、買主であれば代金の全額または一部の支払いなどです。

講義図解

売買契約における解約手付の扱い

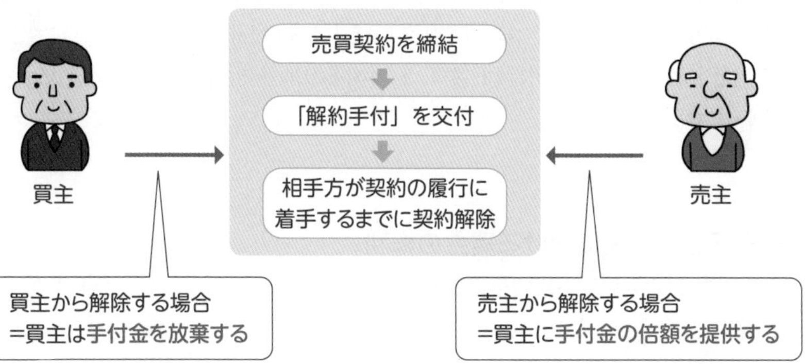
売買契約を締結
「解約手付」を交付
相手方が契約の履行に
着手するまでに契約解除
買主
売主
買主から解除する場合
=買主は手付金を放棄する
売主から解除する場合
=買主に手付金の倍額を提供する

危険負担

売買契約の締結後、**物件の引渡し前**に、その物件が地震や第三者による放火など、買主、売主ともに責任のない不可抗力で契約の目的を達成できないほどの滅失をした場合、買主は**代金の支払いを拒むことができ**、双方は契約を解除することができます。

契約不適合責任

契約不適合責任とは、売買の目的物について、種類、品質、数量などで**契約内容に適合しない場合**、売主が買主に対して負う責任（追完、損害賠償など）のことです。

売買契約において、契約目的物の種類、品質に不適合があり、その契約不適合責任を売主に追及するには、原則として、買主はそれを知ったときから**1年以内**に、その旨を売主に通知する必要があります。

なお、新築住宅の売買および請負契約では、「**住宅の品質確保の促進等に関する法律（品確法）**」に基づき、構造耐力上主要な部分（壁、柱など）および雨水の浸入を防ぐ部分について、売主等は、建物の引渡日から**10年間**の瑕疵担保責任を負います。

ナビゲーション

契約不適合責任は2020年施行の民法改正によって、それまでの瑕疵担保責任に代わって定められた売主側の責任に対する規定です。瑕疵担保責任では認められていなかった追完請求や代金減額請求が、買主の権利として新たに加わり、買手側の保護をより重視した内容となりました。

契約不適合責任における買主の権利

買主は売主に対して、契約不適合責任として、状況に応じて以下の請求ができます。

- **追完請求** ➡ 物件の補修、代替物の引渡しなどを請求
- **代金減額請求** ➡ 追完が不能などの場合に減額を請求
- **損害賠償請求** ➡ 売主が原因で生じた債務不履行による損害の賠償を請求
- **契約の解除（催告解除）** ➡ 購入をやめ、支払った代金の返還を請求

債務と債務不履行

不動産売買契約における債務として、一般に、買主には「土地建物の代金支払債務」、売主には「売買対象である土地建物の引渡債務」「土地建物の所有権移転登記に協力する債務」があります。

債務者が、これらの債務を履行しないことを**債務不履行**といいます。債務不履行には、**履行遅滞、不完全履行、履行不能**があります。

債務不履行の分類

履行遅滞	債務の履行が可能にもかかわらず、決められた期限までに債務の履行がされない場合
不完全履行	債務の履行が形式的にはなされたが、不完全な場合
履行不能	債務を履行しようにも、その履行が不可能となっている場合

債務不履行が生じたときは、債権者は債務者に対して**損害賠償の請求**ができます。ただし、債務者に債務不履行において帰責事由（責任を負う事由）があることが、請求の要件となります。

また、相当の期間を定めて履行の催告を行い、**期間内に履行がないとき、原則、契約の解除**ができます。なお、履行不能の場合は、催告なく直ちに契約の解除ができます。

レック先生のズバッと解説

債務不履行による契約解除は、損害賠償請求とは異なり、債務者に帰責事由がない場合でも認められます。ただし、債務不履行について債権者に帰責事由がある場合は、契約解除はできません。混同しやすいので注意しましょう。

共有と持分について

一つの物を複数人で所有することを**共有**といいます。また、共有している物を**共有物**、それぞれの人の所有権の割合を**持分**（または**共有持分**）といいます。

共有の例として、夫婦がそれぞれ資金を負担して自宅を購入した場合や、不動産が２人以上の相続人によって相続された場合などが該当します。

共有物については、**単独で保存行為はできますが、管理行為や変更・処分行為は単独ではできません。**

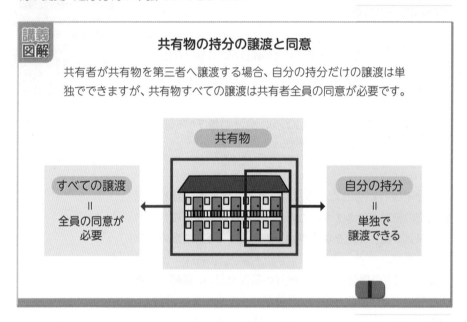

ワンポイント
共有物について、自己が有する持分だけを第三者に譲渡する場合は、他の共有者の同意は必要ありません。

講義図解

共有物の持分の譲渡と同意

共有者が共有物を第三者へ譲渡する場合、自分の持分だけの譲渡は単独でできますが、共有物すべての譲渡は共有者全員の同意が必要です。

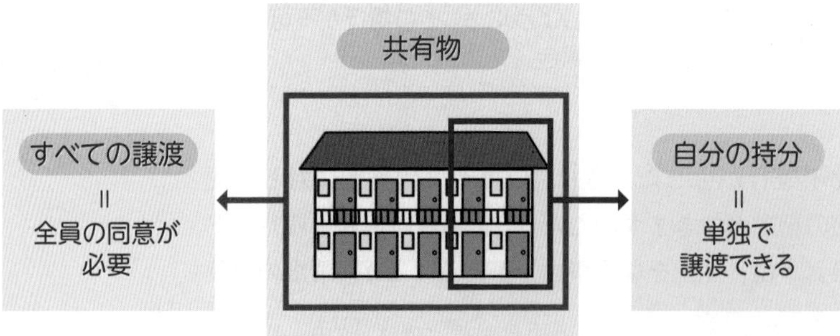

建物の床面積の表示

床面積には、壁の厚さの中心で測った**壁芯面積**（へきしんめんせき）と、壁の内側で測った**内法面積**（うちのりめんせき）があります。登記に使用する場合と、一般に、パンフレット等に記載する場合で使い分けられています。

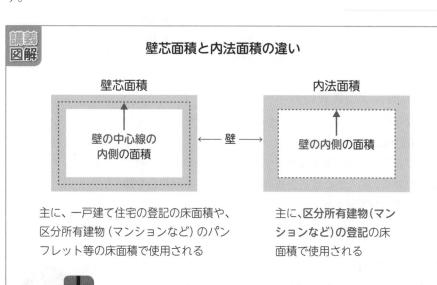

講義図解

壁芯面積と内法面積の違い

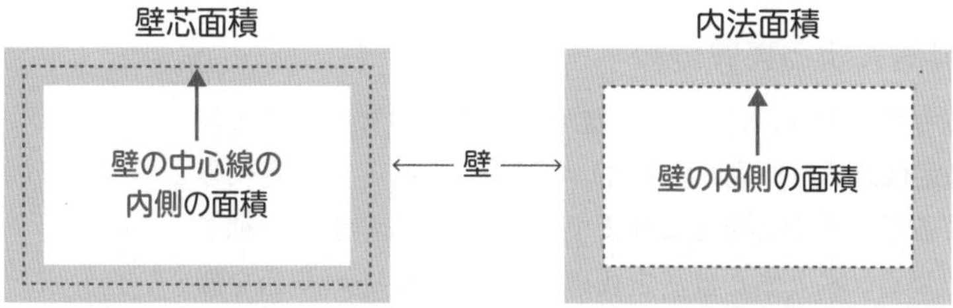

主に、一戸建て住宅の登記の床面積や、区分所有建物（マンションなど）のパンフレット等の床面積で使用される

主に、**区分所有建物（マンションなど）の登記**の床面積で使用される

室内の面積が同じなら、
壁芯面積の方の数値が
大きくなります

面積と取引

登記記録上の面積に基づいた取引を**公簿取引**といいます。公簿取引で契約した場合、契約日以降に実測した場合に、その面積が登記記録と異なっていても、**代金の増減精算は発生しません**。

対して、実際に測定した面積に基づいた取引を**実測取引**といいます。実測取引は、契約日以降の実測がその面積と異なっていれば、**代金の増減精算が行われます**。

未成年者による売買契約

未成年者（18歳未満）が不動産取引の契約を締結するには、**法定代理人**（原則、親権者）の同意、もしくは法定代理人による手続きが必要となります。また、未成年者が単独で行った場合、本人または法定代理人は、原則、その契約を取り消すことができます。

未成年者が契約しても、
無効ではないんだね

不動産広告の見方

徒歩と距離

不動産広告では80mを徒歩1分で表示し、80m未満でも徒歩1分とします。「○○駅まで徒歩10分」とは、○○駅までの距離が720m超800m以下という意味です。

広告と登記記録の面積

区分所有建物（マンション）の床面積は壁芯面積で測りますが、登記は内法面積のため、壁芯面積よりも小さくなります。バルコニーは共用部分のため、専有面積には含まれません。

取引態様

取引態様が「売主」であればその物件を購入する際に仲介手数料はかかりませんが、「媒介」等の表示であれば宅地建物取引業者への仲介手数料（報酬）がかかります。

過去問チャレンジ

不動産の売買契約に係る民法の規定に関する次の記述のうち、最も不適切なものはどれか。なお、特約については考慮しないものとする。

1. 売買の目的物である建物が、その売買契約の締結から当該建物の引渡しまでの間に、地震によって全壊した場合、買主は売主に対して建物代金の支払いを拒むことができる。

2. 不動産が共有されている場合に、各共有者が、自己が有している持分を第三者に譲渡するときは、他の共有者の同意を得る必要はない。

3. 売買契約締結後、買主の責めに帰することができない事由により、当該契約の目的物の引渡債務の全部が履行不能となった場合、買主は履行の催告をすることなく、直ちに契約の解除をすることができる。

4. 売主が種類または品質に関して契約の内容に適合しないことを知りながら、売買契約の目的物を買主に引き渡した場合、買主は、その不適合を知った時から１年以内にその旨を売主に通知しなければ、契約の解除をすることができない。

［23年1月・学科］

4が不適切　契約不適合による責任追及は、買主が目的物の契約不適合を知った時から１年以内に売主へ通知する必要がありますが、売主がその不適合を知りながら引き渡していた場合、1年の期間制限の適用はありません。

不動産は各種法令によって守られている

3 不動産に関する法令上の規制

借地借家法、都市計画法、建築基準法など、
土地と建物、それらを利用する私たちの生活は、
様々な法令で規制され、守られています。
ここでは、不動産に関する法令をじっくり学びます。
法律用語も多いですが、頑張って覚えましょう!!

1 借地借家法

重要度 A

借地借家法とは

借地借家法とは、土地や建物の賃貸借契約において、**借主側の保護**を目的としてルールを定めた法律です。

借地権

借地権とは、**建物の所有を目的に、土地を借りる権利**（土地の賃借権・地上権）をいいます。借地権には、**普通借地権**と、契約の更新がない**定期借地権**があります。

普通借地権

普通借地権とは、建物の所有を目的とする借地権で、後述の定期借地権以外の借地権のことをいいます。借地上の建物の用途には居住用・事業用の制限はありません。契約の存続期間（契約期間）は**30年以上**で定めます。

存続期間が満了しても、当事者の合意、もしくは借地上に建物がある場合、法定更新により、原則として同一条件（期間を除く）で**契約が更新**されます。

ワンポイント

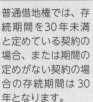

普通借地権では、存続期間を30年未満と定めている契約の場合、または期間の定めがない契約の場合の存続期間は30年となります。

ワンポイント

借地上の借地権者名義で登記がされた建物が滅失したとき、滅失日等を当該土地上の見やすい場所に掲示すれば、滅失後2年間は当該借地権を第三者に対抗することができます。

存続期間満了による更新のポイント

- 借地上に**建物がある場合**、借地権者（借主）の請求があれば、契約は原則、更新される。更新後の存続期間は、**最初の更新後は20年以上、2回目以降の更新は10年以上**で設定する。
- 借地権設定者（貸主）が契約更新を拒絶するには、**正当事由が必要**
- 契約の更新がされない場合、借地権者は借地権設定者に対して、建物を時価で買い取るよう請求できる（建物買取請求権）

事業用定期借地権等での建物の用途は「事業用」に限られています。一部を住居用や社宅として利用する建物、賃貸事業を運営するための居住用マンション、老人ホーム等も対象建物から除外されます。契約方法が公正証書に限られる点も含めて、出題されやすい部分です。

定期借地権

定期借地権とは、**契約の更新がない借地権**のことです。定期借地権には、**一般定期借地権、事業用定期借地権等、建物譲渡特約付借地権**の３種類があり、契約の存続期間（契約期間）が終了したら、借地権者は**必ず土地を返還**しなくてはなりません。

普通借地権と定期借地権の比較

	普通借地権	定期借地権		
		一般定期借地権	事業用定期借地権等	建物譲渡特約付借地権
存続期間	30年以上	50年以上	10年以上50年未満※1	30年以上
利用目的	制限なし		事業用建物のみ	制限なし
契約方法	制限なし	書面※2	公正証書に限る	制限なし
契約更新	更新あり	更新なし		
契約終了後	貸主に建物の買取請求可	更地で返還（原則）		建物付きで返還

※1　30年以上（50年未満）とする場合、建物の買取請求権がないなどの特約を付ける。
※2　書面であれば公正証書でなくてもよく、電磁的記録も可。

過去問チャレンジ

借地借家法に関する次の記述のうち、最も適切なものはどれか。なお、本問においては、同法第22条の借地権を一般定期借地権といい、同法第22条から第24条の定期借地権等以外の借地権を普通借地権という。

1. 普通借地権の当初の存続期間は原則として30年以上とされているが、居住の用に供する建物の所有を目的とするときは、その存続期間を20年とすることができる。

2. 普通借地権の当初の存続期間が満了する場合、借地上に建物が存在しなくても、借地権者が借地権設定者に契約の更新を請求したときは、従前の契約と同一の条件で契約を更新したものとみなされる。

3. 一般定期借地権において、契約の更新および建物の築造による存続期間の延長がなく、建物等の買取りの請求をしないこととする旨を定める特約は、公正証書による等書面（電磁的記録を含む）によってしなければならない。

4. 事業の用に供する建物の所有を目的とするときは、一般定期借地権を設定することができない。

［21年1月・学科］

3が適切

1. 普通借地権の当初の存続期間は、建物が居住用、事業用などの用途に関係なく、30年以上となります。
2. 普通借地権は建物の所有を目的としているため、借地上に建物があることが必要です。そのため、建物が存在していない場合は更新されません。
4. 一般定期借地権は利用目的が制限されていないため、事業用でも設定は可能となります。

普通借地権の更新で、
建物があるのに更新について
当事者の合意がまとまらない場合、
法定更新されます

借家権

借家権とは、**建物を借りる権利**をいいます。借家権には**普通借家権**と、契約の更新がない**定期借家権**があります。

普通借家権（普通借家契約）

普通借家契約の存続期間を定める場合は**1年以上**で定めます。契約期間を1年未満とした場合、「**期間の定めのない契約**」とみなされます。契約期間満了に際し、賃借人（借主）は契約の更新を請求でき、賃貸人（貸主）が更新を拒絶するには、**正当な事由が必要**です。

ワンポイント
普通借家契約では契約期間を1年未満と定めた場合、それは期間の定めのない契約になります。対して、定期借家契約では1年未満の契約でも定めた期間が有効となります。

定期借家権（定期借家契約）

定期借家契約は、**契約の更新がない借家契約**です。

契約締結には、あらかじめ賃貸人が賃借人へ「契約の更新がなく期間満了により契約が終了する旨」を、書面を交付（賃借人の承諾を得て電磁的記録も可）して説明する必要があります。

普通借家権と定期借家権の比較

	普通借家権（普通借家契約）	定期借家権（定期借家契約）
契約の存続期間	**1年以上**	**契約で定めた期間**
契約の更新	更新拒絶がなければ更新。 **賃貸人が更新を拒絶するには正当事由が必要**	更新なし
契約方法	制限なし	**書面（電磁的記録も可）**
契約の終了	期間の定めがない契約の場合、賃貸人は正当事由をもって通知すれば、その6カ月後に契約は終了 賃借人からの解約は、申し出から3カ月後に契約が終了	契約期間が**1年以上**の場合、賃貸人は期間満了の**1年前〜6カ月前の間**に、賃借人に対して契約が終了する旨の通知をする（正当事由は不要） 中途解約は原則としてできない （例外）床面積200㎡未満の居住用建物は、転勤等やむを得ない事情があれば賃借人からの解除可能

造作買取請求権

賃借人は、賃貸人の同意を得て取り付けた造作物（例えば、エアコンやインターネット機器など）について、契約終了時に、賃貸人に時価で買い取るよう請求することができます。これを**造作買取請求権**といいます。

ただし、賃貸人は契約時に、賃借人に**造作買取請求権を排除する旨**の特約（＝買取り請求しない旨の特約）を付けることも可能です。

賃料の増減額請求権

借家の賃料が、社会経済の変化等により不相当（周辺相場とかけ離れている等）となった場合は、賃借人もしくは賃貸人が、**賃料の増減を相手方に請求する**ことができます（**賃料の増減額請求権**）。

一定の期間、賃料を増額しない旨の特約は有効です。

原状回復義務

建物の引渡し後に生じた損傷のうち、賃借人の**通常の使用等**によって生じた、建物の**損耗や経年変化**は、賃貸借契約終了時において、賃借人は原状回復義務を負いません。

ナビゲーション

賃貸借契約書に「借主から賃料の減額請求はできない」という特約を定めても、普通借家契約の場合、その特約は無効となります。ただし、定期借家契約では有効です。

過去問チャレンジ

民法および借地借家法に関する次の記述のうち、最も不適切なものはどれか。なお、本問においては、借地借家法第38条における定期建物賃貸借契約を定期借家契約といい、それ以外の建物賃貸借契約を普通借家契約という。また、記載のない特約については考慮しないものとする。

1. 賃借人は、建物の引渡しを受けた後の通常の使用および収益によって生じた建物の損耗ならびに経年変化については、賃貸借が終了したときに原状に復する義務を負わない。
2. 普通借家契約において、賃借人が賃貸人の同意を得て建物に付加した造作について、賃貸借終了時、賃借人が賃貸人に、その買取りを請求しない旨の特約をした場合、その特約は無効である。
3. 定期借家契約を締結するときは、賃貸人は、あらかじめ、賃借人に対し、契約の更新がなく、期間満了により賃貸借が終了することについて、その旨を記載した書面を交付し、または、賃借人の承諾を得て当該書面に記載すべき事項を電磁的方法により提供して、説明しなければならない。
4. 定期借家契約において、経済事情の変動があっても賃貸借期間中は賃料を増減額しないこととする特約をした場合、その特約は有効である。

［24年1月・学科］

2が不適切　造作買取請求権を排除する特約（買取りを請求しない旨の特約）は有効です。

2 区分所有法

重要度 A

区分所有法とは

区分所有法※は、分譲マンション等の集合住宅（区分所有建物）の、建物の使用や管理に関するルールを定めた法律です。

区分所有建物ごとに定められている規約（使用方法）については、所有者のみならず、**占有者（賃借人等）も守らなければなりません。**　※正式名称「**建物の区分所有等に関する法律**」

> **用語の意味**
>
> **区分所有建物**
> 1棟の建物の一部を独立して所有することができる建物で、所有者が専有する部分を持つ分譲マンションはその代表的なものです。

区分所有権

区分所有建物には、各所有者（区分所有者）が専用で使用できる**専有部分**と、他の所有者等と共同で使用する**共用部分**があります。このうち、専有部分を所有する権利を**区分所有権**といいます。

●専有部分

区分所有権の対象となる部分

(例) マンションの一室（○○号室など）

●共用部分

建物における専有部分以外の部分

共用部分は、**法定共用部分**と**規約共用部分**があり、区分所有者全員の共有となります。**持分は原則として専有部分の床面積の割合**で決まります。

- **法定共用部分**（構造上、共有で使うとされる部分）
  ＝エントランス、階段、廊下、エレベーター、バルコニーなど
- **規約共用部分**（本来は専有部分だが、規約で共用部分とされた部分や附属建物部分）
  ＝**管理人室**、**集会所**など

敷地利用権

専有部分を所有するための、敷地に関する権利を**敷地利用権**といい、原則は区分所有者で共有します。専有部分と敷地利用権は、**原則として分離して処分（売却など）することはできません**。

レック先生のズバッと解説

専有部分と敷地利用権を分離して処分することの具体例としては、マンションの部屋を売らずに、敷地利用権だけを売るといった行為です。

講義図解

区分所有で見る建物と敷地

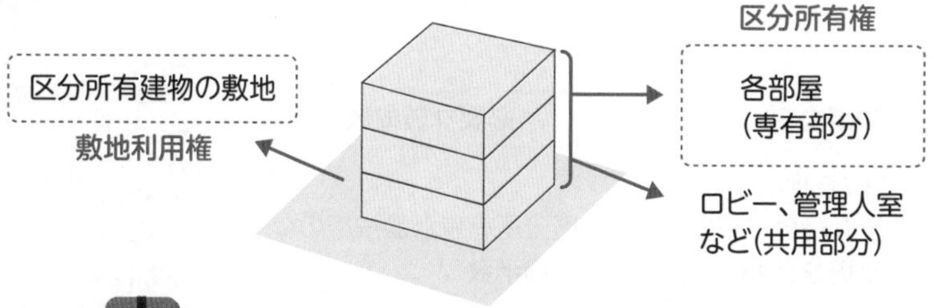

管理組合

区分所有者は、区分所有建物やその敷地、附属施設の管理を行うための団体（管理組合）を構成します。区分所有者全員がその構成員となり、任意で脱退することはできません。

ワンポイント

管理組合は、旧所有者の管理費の滞納がある場合、新所有者にも請求できます。

規約

区分所有法における**規約**とは、区分所有建物の管理などに関するルールのことです。規約の変更や建物の修繕のことなどを決めるため、管理者は少なくとも**毎年1回は集会を招集**しなければなりません。

集会の招集の通知は、規約に特段の定めがない限り、集会日の少なくとも**1週間前**に区分所有者に発しなければなりません。ただし、建替え決議の招集通知は、原則、2カ月前となります。

集会では、原則として区分所有者（人数）と議決権（専有部分の持ち分比率）により決議します。

集会の決議

決議内容	必要な賛成数
一般的な事項（管理者の選任・解任、**共用部分の変更で形状や効用の著しい変更を伴わないもの**など）	区分所有者と議決権の各**過半数**※1
規約の設定、変更、廃止 共用部分の変更	区分所有者と議決権の各**4分の3以上**※2
建替え	区分所有者と議決権の各**5分の4以上**※2

※1　規約で別段の定めができる。
※2　規約で別段の定めはできない。

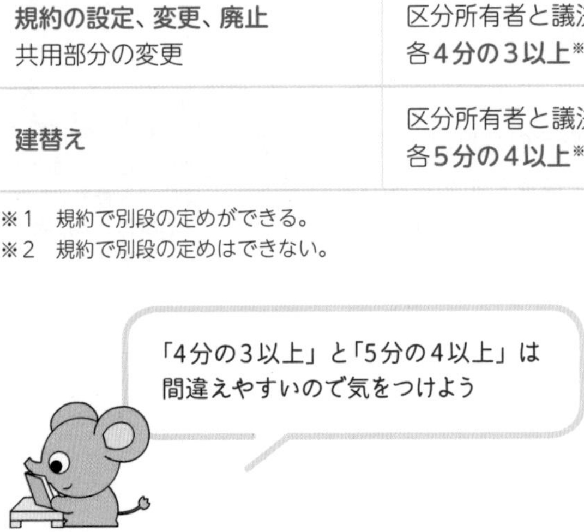

「4分の3以上」と「5分の4以上」は間違えやすいので気をつけよう

用語の意味

管理者
区分所有建物における管理者とは、区分所有者全員の代表者。建物や敷地の管理等をする人で、通常は管理組合の理事長が就きます。

ワンポイント

議決権だけで決すると、広い面積の部屋を専有する少数の区分所有者の意見が通ってしまいますが、区分所有者数の賛成も必要なので、頭数でも多数派の賛成が必要となります。

レック先生のズバッと解説

建替えにおける必要な賛成数「5分の4以上」は、出題頻度の高い部分です。しっかり覚えましょう。

過去問チャレンジ

建物の区分所有等に関する法律に関する次の記述のうち、最も不適切なものはどれか。

1. 区分所有建物のうち、構造上の独立性と利用上の独立性を備えた部分は、区分所有権の目的となる専有部分の対象となり、規約により共用部分とすることはできない。

2. 規約を変更するためには、区分所有者および議決権の各4分の3以上の多数による集会の決議が必要となる。

3. 区分所有者は、敷地利用権が数人で有する所有権である場合、原則として、その有する専有部分とその専有部分に係る敷地利用権とを分離して処分することはできない。

4. 区分所有者以外の専有部分の占有者は、建物またはその敷地もしくは附属施設の使用方法について、区分所有者が規約または集会の決議に基づいて負う義務と同一の義務を負う。

［21年5月・学科］

1が不適切　共用部分には、構造上、利用上とも独立性がある部分であっても、規約で共有部分にできます。「規約共用部分」といい、管理人室、集会場などが該当します。

区分所有法に関する
出題の頻度は高いので、
過去問でパターンを覚えましょう

3 都市計画法

重要度 A

都市計画法と都市計画区域

都市計画法とは、計画を立てて住みよい街をつくるための法律です。そして、その計画は、まず**都市計画区域**を指定します。

都市計画区域は、**市街化区域**と**市街化調整区域**（合わせて「線引き区域」といいます）と、非線引区域に分けられます。

ワンポイント

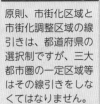

原則、市街化区域と市街化調整区域の線引きは、都道府県の選択制ですが、三大都市圏の一定区域等はその線引きをしなくてはなりません。

用途地域の定め

市街化区域には、建物の用途などを制限する13種類（住居系８種類、商業系２種類、工業系３種類）の**用途地域が定められています**。対して、**市街化調整区域**には、原則として**用途地域の定めはありません**。

レック先生のズバッと解説

市街化調整区域は市街化のため準備を進めている区域と理解しがちですが、正しくは市街化を抑制、歯止めをかける区域。注意しましょう。

講義図解

都市計画区域とは

全国

都市計画区域

［線引き区域］

＜市街化区域＞
- 既に市街地となっている区域や、おおむね10年以内に優先的かつ計画的に市街化を図るべき区域
- 用途地域を定める

＜市街化調整区域＞
- 市街化を抑制すべき区域（農林漁業などを守る区域）
- 用途地域を原則定めない

［非線引き区域］
市街化区域、市街化調整区域の区分をしていない区域

準都市計画区域
未整備のままでは将来の街づくりに支障が出る可能性があるため定める区域

その他の区域

用途地域の区分と該当地域の名称

●住居系（8地域）

住環境が優先される地域。

〈該当地域〉
第一種低層住居専用地域、第二種低層住居専用地域、田園住居地域、第一種中高層住居専用地域、第二種中高層住居専用地域、第一種住居地域、第二種住居地域、準住居地域

●商業系（2地域）

商業等の利便を増進する地域。

〈該当地域〉
近隣商業地域、商業地域

●工業系（3地域）

工業の利便を増進する地域。

〈該当地域〉
準工業地域、工業地域、工業専用地域

都市計画区域は原則、
都道府県が指定しますが、
2つ以上の都府県にわたる場合は
国土交通大臣が指定します

開発許可制度

開発行為を行う場合、原則として事前に**都道府県知事等**の許可が必要となります。ただし、その規模等に応じて不要となるケースもあります。また、**市街地再開発事業**および**土地区画整理事業**として行う開発行為も許可は不要です。

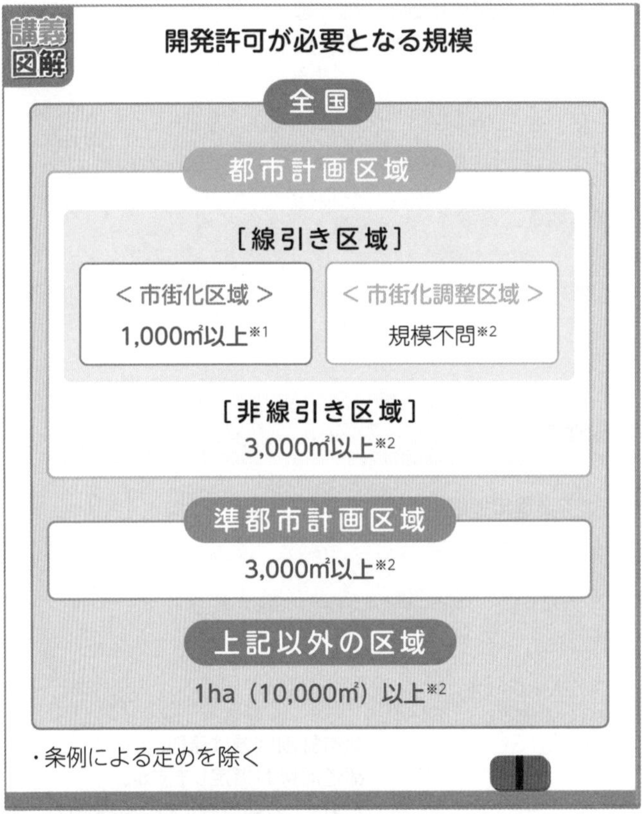

※1　三大都市圏の既成市街地等は500㎡以上等の定めあり。
※2　農林漁業用建築物や農林漁業従事者の居住用建物のための開発行為は許可が不要。

開発許可を受けた開発区域内では、**工事完了の公告**があるまでは、原則として、建築物を**建築することはできません**。また、工事完了公告があった後は、原則として、予定していた建築物以外を建築等することはできません。

ワンポイント

「開発行為」とは、建築物や特定工作物（ゴルフ場、遊園地など）の建設目的での**土地の区画形質の変更**をいいます。主に建物の建設の前段階ということになります。

用語の意味

土地区画整理事業
道路や公園の新設、宅地の形を整えるなどの整備事業。

ワンポイント

試験では、都道府県知事等の許可が必要かどうかを問う設問が多く見られます。市街化区域での許可の要否の基準となる規模を中心にしっかり覚えておきましょう。

過去問チャレンジ

都市計画法に関する次の記述のうち、最も適切なものはどれか。

1. すべての都市計画区域について、都市計画に市街化区域と市街化調整区域の区域区分を定めなければならない。

2. 都市計画区域のうち、市街化調整区域は、おおむね10年以内に優先的かつ計画的に市街化を図るべき区域である。

3. 開発許可を受けた開発区域内の土地においては、開発工事完了の公告があるまでの間は、原則として、建築物を建築することができない。

4. 市街化調整区域内において、農業を営む者の居住の用に供する建築物の建築を目的として行う開発行為は、開発許可を受ける必要がある。

［24年1月・学科］

3が適切

1. 都市計画法では「市街化区域と市街化調整区域との区分（区域区分）を定めることができる」としています。三大都市圏の一部地域などは区域区分を「定めるもの」としていますが、原則、区域区分の定めは任意です。

2. おおむね10年以内に優先的かつ計画的に市街化を図るべき区域は、市街化区域となります。

4. 市街化調整区域内の開発行為は、原則、都道府県知事等の許可が必要ですが、農林漁業用の施設や農林漁業従事者の住居を建築するための開発行為は、許可が不要です。

開発許可を受けた土地であっても、
建物を建築する場合は
建築基準法の建築確認が必要です

4 建築基準法

重要度 A

建物を建築する際の敷地の接道、用途、構造などについて最低限度の基準を定めた法律が**建築基準法**です。

用途制限

建築基準法では、用途地域ごとに、建築できるものとできないものを具体的に定めています。これを**用途制限**といいます。

ワンポイント

1つの敷地が複数の用途地域にまたがる場合、**面積の大きい方**の用途地域の制限が敷地全体に適用されます。

用途地域と主な用途制限

○=建築できる　×=建築できない

	住居系								商業系		工業系		
用途地域／建物	第一種低層住居専用地域	第二種低層住居専用地域	田園住居地域	第一種中高層住居専用地域	第二種中高層住居専用地域	第一種住居地域	第二種住居地域	準住居地域	近隣商業地域	商業地域	準工業地域	工業地域	工業専用地域
住宅、図書館、老人ホーム	○	○	○	○	○	○	○	○	○	○	○	○	×
大学、病院	×	×	×	○	○	○	○	○	○	○	○	×	×
幼稚園、小学校、中学校、高等学校	○	○	○	○	○	○	○	○	○	○	○	×	×
神社、教会等、保育所等、診療所	○	○	○	○	○	○	○	○	○	○	○	○	○
ホテル、旅館	×	×	×	×	×	○※	○	○	○	○	○	×	×

※床面積の合計が3,000㎡以下は建築可能

道路に関する制限

建築基準法上の道路

建築基準法では、建物の日当たりの確保、通行の安全、災害時の救助活動などを想定し、建物の敷地が接する道路についても定義があります。

建築基準法上の「道路」とは

- 幅員（ふくいん）（道路幅）4m以上の道路
- 4m未満の道は、建築基準法第42条第2項により道路とみなされるものもあり、これを「**2項道路**」という

接道義務

建物の敷地は、原則として、建築基準法上の道路（原則、幅員**4m以上**）に**2m以上**接していなくてはなりません。これを**接道義務**といいます。

また、幅員が4m未満の2項道路の場合は、原則として、道路の中心線から2m手前に下がった線を道路との境界線とみなします。このときの敷地の後退を**セットバック**といい、セットバック部分は道路とみなされます。

> **ナビゲーション**
> セットバック部分には建物は建築できず、建蔽率や容積率の計算では、敷地面積に算入することもできません。

講義図解

接道義務とセットバック

接道義務　　　　セットバックの例（幅員 3m の 2 項道路の例）

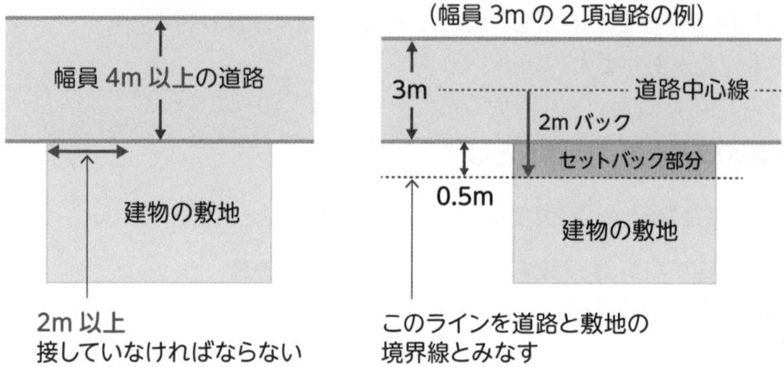

敷地の反対側が、河川・崖・線路敷などの場合は、反対側の道路境界線から敷地側へ4ｍとった線を道路境界線（＝セットバックのライン）とみなします。

建蔽率

建蔽率とは

建蔽率とは、敷地面積に対する**建築面積**の割合のことです。建蔽率は、用途地域ごとに都市計画でその上限が決められており、これを**指定建蔽率**といいます。

計算式①　建蔽率を求めるには

$$\text{建蔽率（\%）} = \frac{\text{建築面積（㎡）}}{\text{敷地面積（㎡）}} \times 100$$

計算式②　建築面積の最高限度を求めるには

建築面積の最高限度（㎡）＝敷地面積（㎡）× 建蔽率（％）

※「敷地面積」はセットバック部分を除いた面積です。

講義図解

建蔽率で見る敷地と建築面積

[例題]
指定建蔽率60％の地域で、敷地面積200㎡の土地に建物を建てる場合の建築面積の最高限度は？

[解答]
200㎡×60％＝120㎡

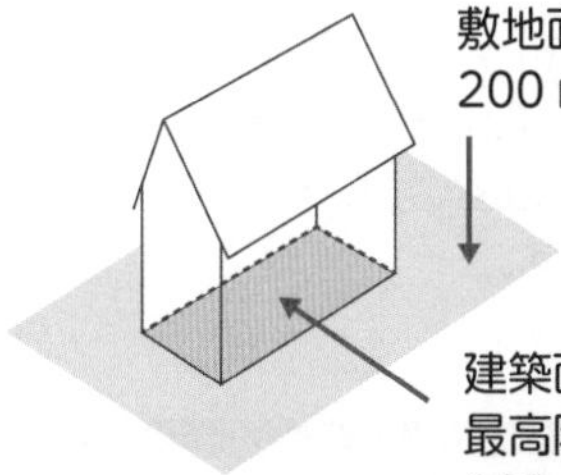

指定建蔽率の緩和措置

建蔽率は用途地域に応じて指定建蔽率が決められていますが、以下の場合は緩和されます。

講義図解

指定建蔽率の緩和措置

①防火地域・準防火地域内の緩和

A）建蔽率が80％ではない地域の**防火地域**内にある**耐火建築物等**

B）**準防火地域**内にある**耐火建築物等・準耐火建築物等**

→A・Bどちらかに該当すれば**＋10％**

②角地等の緩和

特定行政庁が指定する**角地等**の場合 → ＋10％

⬇

①②ともに満たせば＋20％となる

③建蔽率の制限が除外されるケース

指定建蔽率が**80％**の地域内で、**防火地域内**にある**耐火建築物等**は、建蔽率が**100％**になる

用語の意味

「防火地域」「準防火地域」
防火地域は、火災防止のため建築制限が厳しい地域のこと。準防火地域は、防火地域よりは制限が緩やかな地域のこと。

用語の意味

特定行政庁
都道府県知事、または建築主事（建築確認等を行う者）が置かれた市（区）町村では当該市（区）町村の長（市長や町長など）のこと。

講義図解

建蔽率が緩和される「角地等」とは

建蔽率が緩和される「角地等」とは、例えば、右の図で示したような、街区の角にある土地を指します。

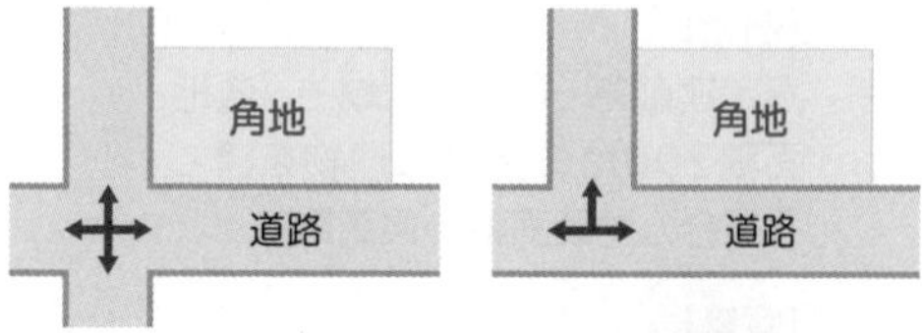

加重平均による建蔽率の上限の算出

建築物の敷地が、指定建蔽率の**異なる地域にわたる場合**、敷地全体の建蔽率は**加重平均**による計算で求めます。

講義図解

加重平均を利用した建蔽率の計算例

例）
500㎡の敷地に指定建蔽率の異なるA部分とB部分がある場合

A部分	B部分
指定建蔽率／60％ 敷地面積／300㎡	指定建蔽率／50％ 敷地面積／200㎡

計算①　建築面積の最高限度を求める

A部分の建築面積の最高限度＝300㎡×60％＝180㎡
B部分の建築面積の最高限度＝200㎡×50％＝100㎡
敷地全体の建築面積の最高限度＝180㎡＋100㎡＝280㎡

計算②　加重平均から建蔽率を求める

$$\text{敷地全体の建蔽率} = \frac{\text{建築面積の最高限度の合計}}{\text{敷地面積の合計}} \times 100$$

$$= \frac{280\text{㎡}}{(300\text{㎡}+200\text{㎡})} \times 100 = 56\ (\%)$$

容積率

容積率とは

容積率とは、敷地面積に対する**延べ面積**の割合のことです。容積率は、用途地域ごとに都市計画でその上限が決められており、これを指定容積率といいます。

<容積率の計算式>

$$\text{容積率（\%）} = \frac{\text{延べ面積（m}^2\text{）}}{\text{敷地面積（m}^2\text{）}} \times 100$$

延べ面積の最高限度（㎡）＝
敷地面積（㎡）×指定容積率（%）

※「敷地面積」はセットバック部分を除いた面積です。

ナビゲーション

駐車場や駐輪場の面積は、その敷地に建てられた建築物の延べ面積の5分の1を限度として、容積率の算定において、延べ面積から除外できます。

講義図解

延べ面積の最高限度の計算例

例）
指定容積率が150%の地域で、敷地面積250㎡の土地に建物を建てる場合の延べ面積の最高限度は？

延べ面積の最高限度＝
敷地面積250㎡×指定容積率150%
＝375㎡

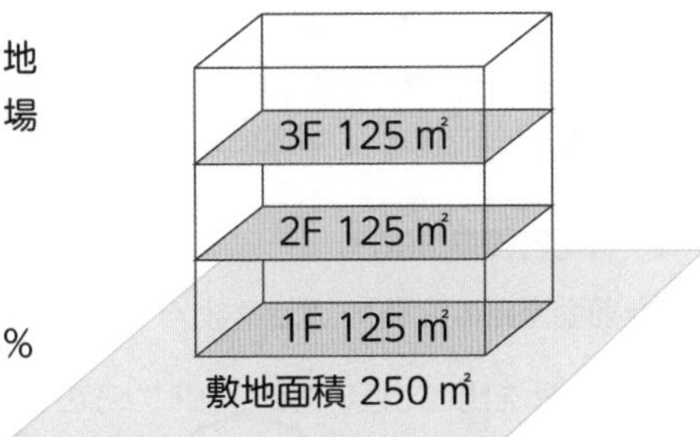

前面道路の幅員による容積率の制限

敷地と接する前面道路の幅員が**12m未満**である場合、以下の①か②のいずれか**低い方**が、容積率の上限となります。

① **都市計画で定められた指定容積率**

② **前面道路の幅員（m）×法定乗数**

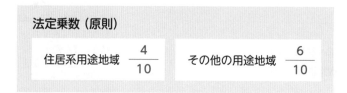

法定乗数（原則）

住居系用途地域 $\frac{4}{10}$	その他の用途地域 $\frac{6}{10}$

講義図解

前面道路が２本の場合の容積率の求め方

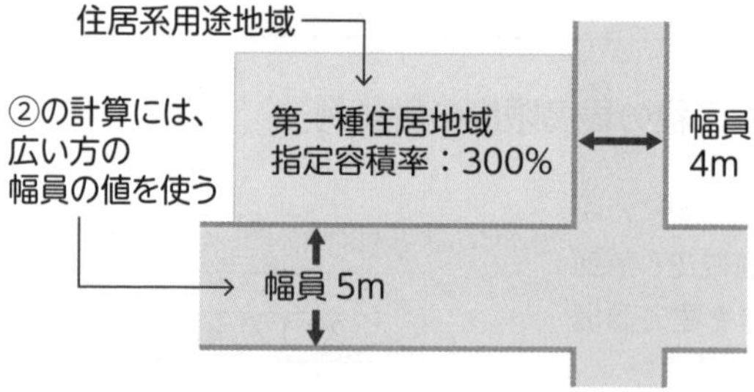

① 指定容積率 300%

② 前面道路の幅員 × 法定乗数 ＝ $5 \times \frac{4}{10}$ ＝ 200%

①と②を比べて低い方が上限になるので、
この場合の容積率は 200%

加重平均による容積率の上限の算出

建築物の敷地が、指定容積率の**異なる地域にわたる場合**、敷地全体の容積率の上限は、建蔽率と同様に、**加重平均**によって求めます。

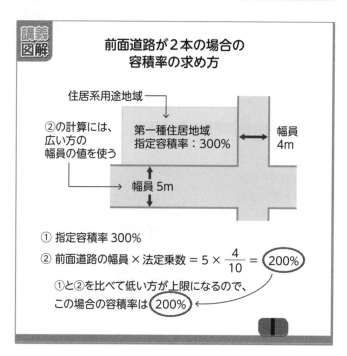

セットバックがある場合の建蔽率と容積率

セットバックがある場合の建蔽率と容積率の計算は、セットバック部分の面積を**敷地面積から除いて**計算します。

講義図解

セットバックがある場合の計算例（敷地の反対側が河川のパターン）

以下の敷地に建物を建築する場合、建築面積と延べ面積の最高限度は……

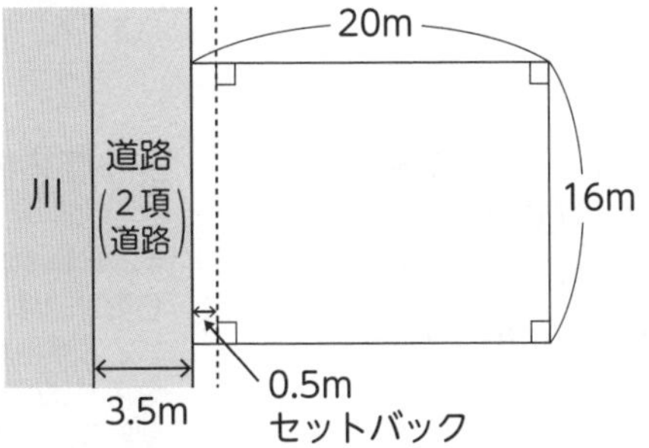

対象地
- 敷地面積：320㎡
- 第一種中高層住居専用地域
- 指定建蔽率：60%
- 指定容積率：200%
- 前面道路幅員に対する法定乗数 4/10

●最初に計算で必要な敷地面積を求める

セットバック部分を除いた敷地面積を求める

（20m－0.5m）×16m＝312㎡

●建築面積の最高限度

312㎡×60%（指定建蔽率）＝**187.2㎡**

●延べ面積の最高限度

① 敷地と接する前面道路の幅員が12m未満のため、以下AとBのいずれか低い方が容積率となる

A 指定容積率＝200%

B （3.5m＋0.5m）※ × $\frac{4}{10}$ ＝160%　※セットバック部分も道路幅として扱う

② 200%＞160%

③ 312㎡×160%＝**499.2㎡**

建築物の高さ制限

●絶対高さ制限

第一種低層住居専用地域、第二種低層住居専用地域、田園住居地域の３つの用途地域内で規定されている建築物の高さの上限を**絶対高さ制限**（または**高さ制限**）といいます。その高さは、都市計画により、原則、**10m**または**12m**のいずれかが設定されています。

●日影規制

住宅の日照を確保するための高さ制限を**日影規制**といいます。**住居系用途地域（８地域）**、**近隣商業地域**、**準工業地域**の用途地域内では、条例により、中高層の建築物に一定の高さ制限が設定されることがあります。

●斜線制限

斜線制限とは、建築物の高さが、隣地や道路の反対側の境界線上から一定の斜線を引いた線の内側におさまるよう制限する規定です。その目的や適用地域によって、**北側斜線制限**、**隣地斜線制限**、**道路斜線制限**の3つがあります。

絶対高さは住環境のため、
日影規制は日当たりのため、
斜線制限は空間確保や
通風のためなんだね

ワンポイント

絶対高さ制限は、よい住環境を維持することが目的です。制限のある用途地域内では、容積率に関係なく、設定されている高さを超える建築物を建てることはできません。

レック先生のズバッと解説

日影規制は、商業地域、工業地域、工業専用地域は原則、規制対象区域外です。

3つの斜線制限の目的と適用地域

斜線制限	制限の目的	適用となる用途地域
北側斜線制限	住宅地における日当たりの確保	**第一種・第二種低層住居専用地域、第一種・第二種中高層住居専用地域**（日影規制対象区域を除く）、**田園住居地域**
隣地斜線制限	隣地との空間確保	**低層の住居地域**（第一種・第二種低層住居専用地域、田園住居地域）**以外の用途地域**、用途地域の指定がない区域
道路斜線制限	道路とその上空との空間の確保	すべての地域

防火規制

火災による被害から守るために指定されている地域として**防火地域**、**準防火地域**があります。これらの地域内では、原則として、建築物を耐火建築物や準耐火建築物などにしなければなりません。

建築物が、防火規制の異なる地域にわたる場合は、原則として、**厳しい方の規制**がその建物すべてに適用されます。

ワンポイント
規制が厳しいのは、準防火地域よりも防火地域。

防火地域に指定されるのは、
主に駅周辺、建物密集地、
幹線道路沿いなどです

「規制が異なる地域にわたる」場合のおさらい

用途制限	敷地面積の過半を占める方の用途地域の制限が適用される → **過半主義**
建蔽率・容積率	それぞれの敷地面積と建蔽率・容積率をもとに加重平均して求めた率が適用される → **加重平均**
防火規制	原則、**厳しい方**の規制が適用される

5 農地法

重要度 C

農地法とは、農地や農業従事者を保護することを目的として、**農地**や**採草放牧地**の売買、転用等を規制する法律です。

農地とは、耕作を目的とする土地をいい、採草放牧地とは、農地以外で主として耕作・家畜の放牧・家畜用肥料の草を採る目的で使う土地のことです。

ワンポイント

農地に該当するかどうかは、地目（登記に記載されている土地の区分）ではなく、現況（現状が農地かどうか）で判断します。

農地法の主な条項と内容

	内容	許可をする者	市街化区域内の特例
第3条「権利の移動の制限」	農地をそのまま売買などすること	農業委員会	適用なし
第4条「転用の制限」	農地を農地以外のもの（宅地など）に転用すること	都道府県知事等	市街化区域内の農地は、あらかじめ農業委員会※への届出を行えば、許可は不要
第5条「転用目的での権利移動の制限」	農地を宅地等にする目的で売買などをすること	都道府県知事等	市街化区域内の農地は、あらかじめ農業委員会※への届出を行えば、許可は不要

※市区町村に設置される行政委員会。農地の維持、管理、調査、利用の推進などを農業従事者の代表機関として行います。

6 国土利用計画法

重要度 C

国土利用計画法とは、総合的・計画的に土地を利用するための法律です。国土利用計画法では、土地売買等の契約を行う場合に届出制度と許可制度を設けています。

売買における届出制と許可制

規制区域内で土地取引を行う場合

許可制 ➡ 買主、売主ともに契約締結前に都道府県知事等に許可を受ける

注視区域、監視区域内で一定面積以上の土地取引を行う場合

事前届出制 ➡ 買主、売主ともに契約締結前に都道府県知事等に届出を行う

上記以外の区域で一定面積以上※の土地取引を行う場合

事後届出制 ➡ 原則として、買主が契約締結日から2週間以内に都道府県知事等に届出を行う

※市街化区域は2,000㎡以上、市街化区域以外の都市計画区域は5,000㎡以上、その他の区域は1ha以上が該当

過去問チャレンジ

建築基準法に関する次の記述のうち、最も不適切なものはどれか。

1. 建築基準法第42条第2項により道路境界線とみなされる線と道路との間の敷地部分（セットバック部分）は、建蔽率および容積率を算定する際の敷地面積に算入することができない。

2. 建築物の敷地が2つの異なる用途地域にわたる場合、その敷地の全部について、敷地の過半の属する用途地域の建築物の用途に関する規定が適用される。

3. 商業地域、工業地域および工業専用地域においては、地方公共団体の条例で日影規制（日影による中高層の建築物の高さの制限）の対象区域として指定することができない。

4. 建築物の敷地が接する前面道路の幅員が12m未満である場合、当該建築物の容積率は、「都市計画で定められた容積率」と「前面道路の幅員に一定の数値を乗じて得たもの」のいずれか高い方の数値以下でなければならない。

［21年5月・学科］

4が不適切　建築物の敷地と接する前面道路の幅員が12m未満である場合、当該建築物の容積率の上限は、①都市計画で定められた容積率、②前面道路の幅員に一定の数値を乗じて得たもの、のいずれか「低い方」となります。

建築基準法は
制限の範囲が広いため
出題頻度も高くなります

建築基準法では建蔽率と容積率の計算が頻出するから
公式をしっかり覚えて出題パターンを把握しておきましょう！
前面道路の幅員もね！
セットバックがある場合の計算例も大事！

不動産の取得、保有、譲渡、賃貸にかかる税金

4 不動産にかかる税金と特例

不動産には、様々な税金が課されます。
どういう状況でどのような税金が発生するのか、
その内容と、出題頻度の高い特例についても学習します。
譲渡所得は第４章「タックスプランニング」の内容を深掘りします。しっかりマスターしていきましょう!!

1 不動産と税金

重要度 C

不動産は、「**取得**」「**保有**」「**譲渡**」「**賃貸**」の４つの状況において、それぞれに税金がかかります。

不動産にかかる税金

状況	税金
取得時	**不動産取得税**、登録免許税、消費税、印紙税
保有時	**固定資産税**、都市計画税
譲渡時	**所得税（譲渡所得）**、住民税
賃貸時	所得税（不動産所得）、住民税

賃貸時の税金は
第4章タックスプランニングで
マスターしよう

2 不動産取得税 重要度 A

不動産取得税とは

土地、建物等を取得（購入、受贈など）した者に対して、登記の有無に関わらず**都道府県**が課税する税金です。ただし、非課税の場合もあります。

不動産取得税の「課税される場合」と「非課税の場合」

●課税される場合

・購入、**贈与**、交換、建築（新築、**増改築**）による取得

●非課税の場合

・**相続**および遺贈（包括遺贈および相続人になされた特定遺贈）による取得
・法人の合併や一定の分割による取得

用語の意味
遺贈
遺言により財産を人や団体に無償で提供すること。寄付など。

<税額の計算式>
税額＝固定資産税評価額（課税標準）×税率3％（本則4％）

不動産取得税の税率は、本則では4％です。ただし、2027年3月31日までの特例措置として、土地や住宅を取得した場合は3％に軽減されます。住宅以外の建物の取得は、本則の4％が適用されます。

ワンポイント
不動産取得税は増改築や贈与も課税対象となりますが、相続による取得は対象外です。間違いやすいので注意しましょう。

課税標準の各種特例

一定の条件を満たす住宅（特例適用住宅）には、課税標準（固定資産税評価額）に「**住宅の課税標準の特例**」があります。また、宅地には「**宅地等の課税標準の特例**」と「**住宅用地の税額軽減の特例**」があります。

住宅の取得に係る特例

住宅の課税標準の特例

●特例内容

	特例の控除額	主な適用要件
新築住宅（自宅・貸家）	1,200万円※	床面積が**50㎡以上**（賃貸住宅は40㎡以上）**240㎡以下**
中古住宅（自宅のみ）	築年数に応じて控除額は異なる	床面積が**50㎡以上240㎡以下** 新耐震基準に適合している、など

※認定長期優良住宅は、1,300万円を控除できる（適用期間は2026年3月31日取得分まで）

●税額の計算式

＜新築住宅（一般住宅）の場合＞

税額 ＝（固定資産税評価額 － **1,200万円**）×3％

＜中古住宅の場合＞

税額 ＝（固定資産税評価額 － 控除額）×3％

宅地の取得に係る特例

宅地等の課税標準の特例

●特例内容

宅地等の固定資産税評価額が**2分の1**に引き下げられる※

●税額の計算式

$$税額 = 固定資産税評価額 \times \frac{1}{2} \times 3\%$$

※2027年3月31日までの特例措置

住宅用地の税額軽減の特例

●特例内容

土地を取得後に一定の住宅を取得した場合、土地にかかる不動産取得税が軽減される

●税額の計算式

$$税額 = 固定資産税評価額 \times \frac{1}{2} \times 3\% - \underline{控除額}$$

↓

下記①②のどちらか高い方の額

①45,000円

②土地1㎡当たりの価格 $\times \frac{1}{2} \times$ 住宅の床面積の2倍（200㎡が上限）×3%

「住宅の課税標準の特例」は建物に対するものですから、例えば土地とともに新たに取得した住宅であれば、「宅地の課税標準の特例」と「住宅用地の税額軽減の特例」の併用が可能です。

3 登録免許税

重要度 A

登録免許税とは、土地や建物に関する権利等を法務局に登記するときにかかる税金（**国税**）です。ただし、**表題登記**（表題部の登記）には課税されません。

＜税額の計算式＞

税額 ＝ 固定資産税評価額※ × 税率

※抵当権設定登記のときは債権金額

不動産取得税と登録免許税の課税の有無

	不動産取得税	登録免許税
相続による取得	**非課税**	**課税**※2
贈与による取得	課税	課税
法人の合併による取得	非課税	課税

土地の所有権移転登記における登録免許税の税率

	標準税率（本則）	軽減税率※1
売買	2.0%	1.5%
相続、法人の合併	0.4%※2	—
贈与	2.0%	—

※1　2026年3月31日までに登記を受ける場合に適用

※2　2018年4月1日から2025年3月31日までの間に、相続により土地を取得した個人が所有権移転登記を受ける前に死亡した場合、および個人が少額の一定の土地を相続した場合、登録免許税は免税される。

ワンポイント

抵当権設定登記における登録免許税の課税標準は、固定資産税評価額ではなく、債権金額（根抵当権の場合は極度額）となります。

レック先生のズバッと解説

登録免許税は、登記時に課税され、固定資産税評価額で計算します。

建物の各種登記における登録免許税の税率

	標準税率（本則）	軽減税率※3	
		一般住宅※4	長期優良住宅または低炭素住宅
所有権保存登記（新築住宅）	0.4%	0.15%	0.1%
所有権移転登記（中古住宅）	2.0%	0.3%または0.1%※5	0.1%または0.2%※6
抵当権設定登記（住宅ローン）	0.4%	0.1%	
所有権移転登記（相続、法人の合併）	0.4%	—	
所有権移転登記（贈与）	2.0%	—	

※3　2027年3月31日までに取得した場合に適用
※4　一定の要件を満たした一般住宅に適用
※5　一定の増改築等が行われた住宅用家屋の場合に適用
※6　戸建住宅で長期優良住宅の場合に適用

過去問チャレンジ

不動産の取得に係る税金に関する次の記述のうち、最も不適切なものはどれか。

1. 不動産取得税は、贈与により不動産を取得した場合であっても、その不動産の取得者に課される。

2. 一定の要件を満たす戸建て住宅（認定長期優良住宅を除く）を新築した場合、不動産取得税の課税標準の算定に当たっては、1戸につき最高1,200万円を価格から控除することができる。

3. 所有権移転登記に係る登録免許税の税率は、登記原因が贈与による場合と相続による場合では異なる。

4. 不動産に抵当権設定登記をする際の登録免許税の課税標準は、当該不動産の相続税評価額である。

［21年5月・学科］

4が不適切　抵当権設定登記における登録免許税の課税標準は、債権金額です。

4 消費税

重要度 C

消費税は商品の購入やサービス提供に課される税金ですが、不動産の取引においては、課税される取引と課税されない取引があります。原則、**土地の譲渡・貸し付けは非課税**になります。

ワンポイント

不動産会社等が販売する一戸建て住宅を購入した場合、建物部分の価格には消費税がかかりますが、土地の部分にはかかりません。また、消費税は貸店舗・事務所の賃料にはかかりますが、居住用のアパート・貸家等の賃料にはかかりません。

消費税の課税取引と非課税取引

課税取引 ➡	建物の譲渡・貸し付け（住宅は除く）、不動産の仲介手数料など
非課税取引 ➡	**土地の譲渡・貸し付け**※、**住宅の貸し付け**※など

※1カ月未満の貸し付けは課税取引となる

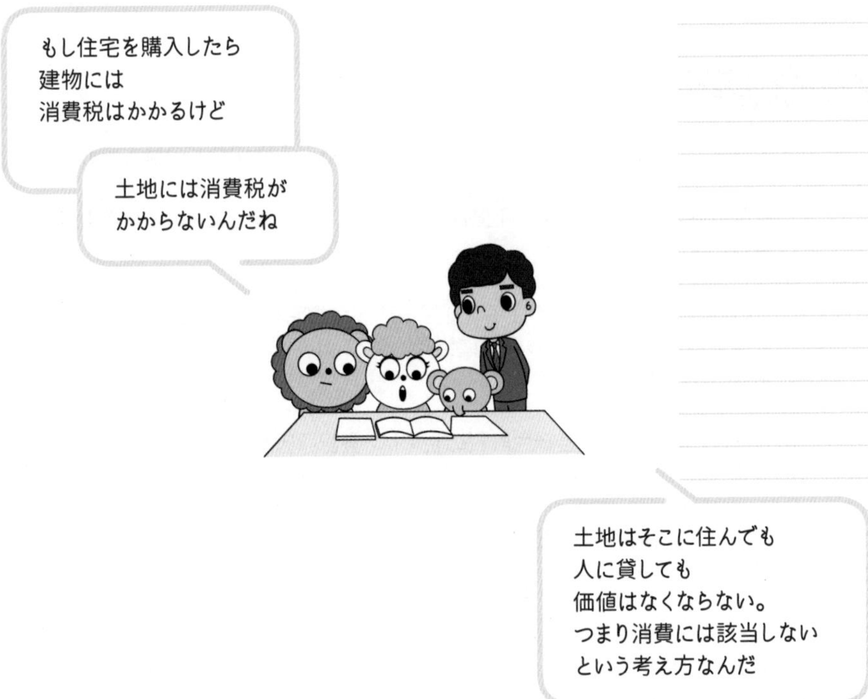

もし住宅を購入したら建物には消費税はかかるけど
土地には消費税がかからないんだね
土地はそこに住んでも人に貸しても価値はなくならない。つまり消費には該当しないという考え方なんだ

5 印紙税

重要度 C

印紙税とは、売買契約書など課税対象となる文書に課される**国税**です。契約書等に印紙を貼り、消印することで納付します。

印紙税額は、課税文書に記載された金額に応じて異なります。金額の記載がない場合でも、一律**200円**の印紙税がかかります。

印紙税におけるポイント

- 契約書に印紙の貼付・消印がなくても、契約自体は**有効**だが、過怠税が課される
- 売買契約書を2通作成し、売主と買主の双方が保管する場合、その2通とも課税対象となる
- 不動産売買の契約書および仮契約書、土地の賃貸借契約書、その他、不動産売買に係る念書、覚書も印紙税の課税対象文書となる。ただし、**建物の賃貸借契約書**は課税されない
- 領収書は印紙税の課税対象文書となるが、記載された金額が5万円未満のものは非課税となり、収入印紙の貼付は不要
- 電子化された売買契約書は、印紙税は課されない

6 固定資産税

重要度 A

固定資産税とは

不動産の保有時にかかる税金で、不動産のある**市町村**が課税する**地方税**です（東京23区では都が課税）。納税義務者は、**1月1日時点**で固定資産課税台帳に所有者として登録されている者です。

＜税額の計算式＞

税額＝課税標準（固定資産税評価額）×1.4％（標準税率）

ナビゲーション

年の途中で不動産を売却や取り壊しをしても、1月1日時点で固定資産課税台帳に登録されていれば、その年の固定資産税は全額払う義務があります。ただし、売買における実務上は売主と買主で所有期間に応じて日割り精算することが慣例となっています。

固定資産税の納期

原則として、毎年4月、7月、12月、翌年2月の年4回での分割納付のほか、一括で全額納付することも可能です。また、固定資産税は**都市計画税と合わせて納付**します。

ワンポイント

固定資産税の標準税率1.4％は、市町村等の条例により変更が可能です。

住宅用地と新築住宅の特例

住宅用地には、課税標準（固定資産税評価額）を引き下げる特例があります。また、**新築住宅**については税額の減額措置があります。

住宅用地の課税標準の特例

小規模住宅用地（200㎡以下の部分）

課税標準＝固定資産税評価額 × $\frac{1}{6}$

一般住宅用地（200㎡超の部分）

課税標準＝固定資産税評価額 × $\frac{1}{3}$

ワンポイント

住宅用地とは、住宅の敷地をいい、自宅の敷地のほか、賃貸アパートの敷地も含まれます。

新築住宅の税額の減額措置

新築住宅を取得した場合、一定の要件（床面積が**50㎡以上280㎡以下**の住宅など）を満たせば、一定期間（下表）、床面積120㎡までの部分について**税額が2分の1**に減額されます。ただし、この措置は2026年3月31日までに新築された住宅に対して適用されます。

新築住宅の税額の減額期間

住宅	減額期間
新築一戸建て	税額が**3年間** （認定長期優良住宅は**5年間**）
新築マンション等※	税額が**5年間** （認定長期優良住宅は**7年間**）

※地上３階建て以上の耐火構造または準耐火構造の中高層住宅

ワンポイント

「新築住宅の税額の減額措置」は、税額（課税標準×税率 1.4%）そのものが２分の１になります。課税標準が減る「住宅用地の課税標準の特例」とはそこが大きく異なります。

7 都市計画税

重要度 B

都市計画税とは

都市計画税とは、公園や道路等の都市計画事業の費用に充てるため、**市町村**が課税する**地方税**です（東京23区では、都が課税）。納税義務者は原則、１月１日時点の**市街化区域内**の土地・家屋の所有者で、固定資産税と合わせて納付します。

＜税額の計算式＞
税額＝課税標準（固定資産税評価額）×0.3%（制限税率）

用語の意味

制限税率
地方税における制限税率とは、市町村等が課税することのできる**税率の上限**。一方、固定資産税で用いられる「標準税率」は、通常用いる税率で、引き上げが可能です。

住宅用地の特例

住宅用地には、課税標準（固定資産税評価額）を引き下げる特例があります。

住宅用地の課税標準の特例

小規模住宅用地（200㎡以下の部分）

課税標準＝固定資産税評価額 × $\frac{1}{3}$

一般住宅用地（200㎡超の部分）

課税標準＝固定資産税評価額 × $\frac{2}{3}$

ワンポイント

「住宅用地の課税標準の特例」は、固定資産税にも同様の特例がありますが、減額の割合が異なります。混同しないよう、整理しておきましょう。

過去問チャレンジ

不動産に係る固定資産税および都市計画税に関する次の記述のうち、最も不適切なものはどれか。

1．固定資産税の納税義務者が、年の中途にその課税対象となっている家屋を取り壊した場合であっても、当該家屋に係るその年度分の固定資産税の全額を納付する義務がある。

2　住宅用地に係る固定資産税の課税標準については、住宅１戸当たり200㎡以下の部分について課税標準となるべき価格の３分の１相当額とする特例がある。

3　都市計画税は、都市計画区域のうち、原則として市街化区域内に所在する土地または家屋の所有者に対して課される。

4　都市計画税の税率は各地方自治体の条例で定められるが、制限税率である０.３％を超えることはできない。

［23年5月・学科］

2が不適切　特例により住宅用地に係る課税標準が、住宅１戸当たり200㎡以下の部分において3分の１相当額になるのは都市計画税です。固定資産税の場合は6分の１です。

8 不動産譲渡時の税金　重要度 A

譲渡所得

土地、建物等を譲渡（売却）して得た収入は**譲渡所得**となり、**所得税**、**住民税**が課税されます。この場合の譲渡所得は、他の所得とは区分される、**分離課税**の対象となります。

＜譲渡所得の計算式＞

譲渡所得の金額 ＝ 譲渡収入金額 －（取得費＋譲渡費用）

譲渡収入金額	譲渡した価額
取得費	**取得時の購入代金、購入時の仲介手数料**、登録免許税、不動産取得税、設備費、改良費など
譲渡費用	**譲渡時の仲介手数料**、賃借人への立退料、印紙税、建物の取り壊し費用など

ワンポイント

譲渡所得の計算における取得費には、固定資産税と都市計画税は含まれません。不動産の取得ではなく、維持・管理が目的の費用とされるためです。

譲渡所得や分離課税は、
第4章タックスプランニングで
勉強したね

もう一度
見返してみると
より理解が深まるよ

様々なケースにおける取得費

譲渡所得の計算における取得費には、様々なケースがあります。

取得費が不明な場合

概算取得費として「**譲渡収入金額×5%**」を**取得費とすることができる**。また、実際の取得費と比較して、多い方を選択できる

相続や贈与によって取得した場合

被相続人（亡くなった人）や贈与者の**取得費等（購入代金等）を引き継ぐ**

相続した不動産を譲渡した場合

相続開始の翌日から相続税の申告期限の翌日以後3年以内に譲渡すると、支払った相続税のうち一定金額を取得費に加算できる（相続税の取得費加算の特例）

建物などの取得費

建物は劣化するため、減価償却した後の金額になる

譲渡時の
取得費には、
借主に立ち退いてもらうために
支払った立退料や、
測量の費用なども含まれます

長期譲渡所得と短期譲渡所得

不動産の譲渡所得は、**譲渡した年の1月1日時点**までの所有期間によって**長期譲渡所得**と**短期譲渡所得**に分かれ、税率が異なります。

相続・贈与により取得した場合、被相続人や贈与者の取得日を引き継ぎます。

レック先生のズバッと解説

相続や贈与による取得日の引き継ぎは、例えば父親が4年前に取得した土地を受贈し、その2年後に譲渡した場合、受贈者（贈与を受けた人）の所有期間は6年間となります。

譲渡所得の所有期間と税率

	所有期間※	税率
長期譲渡所得	5年超	**20.315%**（所得税15%、復興特別所得税0.315%、住民税5%）
短期譲渡所得	5年以下	**39.63%**（所得税30%、復興特別所得税0.63%、住民税9%）

※譲渡した年の1月1日までの期間

過去問チャレンジ

個人が土地を譲渡した場合の譲渡所得に関する次の記述のうち、最も不適切なものはどれか。

1. 土地の譲渡に係る所得については、その土地を譲渡した日の属する年の1月1日における所有期間が10年以下の場合、短期譲渡所得に区分される。

2. 譲渡所得の金額の計算上、譲渡した土地の取得費が不明な場合には、譲渡収入金額の5％相当額を取得費とすることができる。

3. 相続（限定承認に係るものを除く）により取得した土地を譲渡した場合、その土地の所有期間を判定する際の取得の時期は、被相続人の取得の時期が引き継がれる。

4. 土地を譲渡する際に支出した仲介手数料は、譲渡所得の金額の計算上、譲渡費用に含まれる。

［24年1月・学科］

1が不適切　短期譲渡所得に区分されるのは、その不動産を譲渡した日の属する年の1月1日における所有期間が5年以下の場合です。

9 居住用財産の譲渡に係る特例

重要度 A

居住用財産の譲渡に係る特例とは

居住用財産を譲渡した場合、一定の要件を満たすことで、各種の特例（税制上の優遇措置）を受けることができます。大別すると「**譲渡益**が生じた場合」と「**譲渡損失**が生じた場合」です。

用語の意味

居住用財産
継続して生活のために利用している家屋とその敷地のことです。一時的に入居した住宅や保養目的の別荘は該当しません。

譲渡益が生じた場合の特例

居住用財産を譲渡して利益が出た場合、一定の要件を満たせば、税制上の特例が適用されます。主な特例は以下の３つです。

① 居住用財産の3,000万円の特別控除

② 居住用財産の軽減税率の特例

③ 特定の居住用財産の買換えの特例

3つの特例に共通する要件

譲渡先が**配偶者や親子など特別な関係者**※**ではないこと**

居住しなくなってから売るときは、居住しなくなった日から**3年経過後の12月31日までに譲渡**していること

前年、前々年に居住用財産の譲渡の特例を受けていないこと

※特別な関係者には、配偶者や親子のほか、生計を一にする親族、内縁関係にある人、特殊な関係にある法人なども含まれます。

①居住用財産の3,000万円の特別控除

居住用財産を譲渡して得た譲渡所得から最高**3,000万円**を控除できます。居住用財産の**所有期間の長短は問いません**。この特例で譲渡所得金額が「0」になっても、**確定申告は必要**です。また、②「居住用財産の軽減税率の特例」との**併用が可能**です。

ワンポイント
居住用財産を複数人で共有している場合は、1人につき最高3,000万円控除することができます。

＜課税譲渡所得金額の計算式（所得控除は考慮しない）＞
課税譲渡所得金額 ＝ 譲渡収入金額 －（取得費 ＋ 譲渡費用）－ 3,000万円

②居住用財産の軽減税率の特例

譲渡した年の1月1日時点の**所有期間が10年超**の居住用財産を譲渡した場合、①の特別控除**3,000万円を控除した後の金額**のうち、**6,000万円以下**の部分について軽減税率が適用されます。また、この特例を受けるためには**確定申告**が必要となります。

「居住用財産の軽減税率の特例」の軽減内容

課税譲渡所得金額	所得税率	住民税率
6,000万円以下の部分（軽減税率適用部分）	10％（復興特別所得税を含むと10.21％）	4％
6,000万円を超える部分（軽減なし）	15％（復興特別所得税を含むと15.315％）	5％

③特定の居住用財産の買換えの特例

譲渡した年の**1月1日時点の所有期間が10年超**で、居住期間が10年以上等の要件にあてはまる居住用財産を譲渡（**譲渡対価は1億円以下**）し、新たな居住用財産（床面積50㎡以上、敷地500㎡以下等の要件あり）を購入（**買換え**）した場合、譲渡益に対する**課税を繰り延べる**ことができます。繰り延べることができる金額は、以下の（a）と（b）で異なります。

なお、先の特例①②**との併用は不可**です。また、この特例で譲渡所得金額が「０」になっても、**確定申告は必要**です。

（a）譲渡価額（旧居住用財産） ≦ 買換資産の価額（新居住用財産）の場合

➡ **譲渡はなかったもの**とし、課税を繰り延べられます

（b）譲渡価額（旧居住用財産） ＞ 買換資産の価額（新居住用財産）の場合

➡ 譲渡価額に対する、譲渡価額と買換資産との差額の割合を、譲渡益に乗じて譲渡所得を求めます。譲渡所得と譲渡益の差額が、課税繰り延べとなります。

ワンポイント

譲渡益に対する課税の繰延べとは、譲渡益が非課税になるわけではなく、将来譲渡したときまで、課税を先に延ばすということです。

レック先生のズバッと解説

①居住用財産の3,000万円の特別控除、②居住用財産の軽減税率の特例、③特定の居住用財産の買換えの特例、それぞれの併用についての出題頻度はとても高いのでしっかり覚えましょう。①②は併用可能、③は①②との併用は不可です。

講義図解

（a）の場合の税金の「繰り延べ」の考え方

例えば1,000万円で購入した自宅を5,000万円で売却した場合、通常は4,000万円の譲渡益が課税対象となります。しかし、7,000万円の自宅に買換えて特例を受けた場合は、売却した年の課税とはならず、買換えた自宅を将来売却するとき（図では8,000万円で売却）まで、その譲渡益の課税分を繰り延べることができます。

この例では、将来の売却時に、そのときの譲渡益1,000万円に、繰り延べされた譲渡益4,000万円が加算されて、計5,000万円が譲渡益として課税されることになります。

繰り延べの考え方

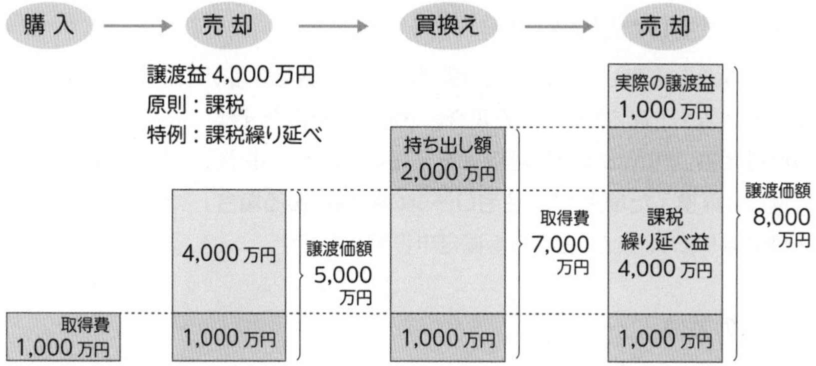

※減価償却は考慮していません。

出典：国税庁HP

講義図解

（b）の場合の税金の「繰り延べ」の計算例

例）

取得費・譲渡費用が3,000万円の自宅を5,000万円で売却し、4,000万円の自宅に買い換えた場合

課税対象は、譲渡価格5,000万円に対する、譲渡価格から買換え資産の価格を引いた金額の割合を、譲渡益に乗じて求めます。

$$\textbf{課税対象：}\ 2{,}000\text{万円} \times \frac{5{,}000\text{万円} - 4{,}000\text{万円}}{5{,}000\text{万円}} = 400\text{万円}$$

課税繰り延べ額は、譲渡益と課税対象の差額です。

課税繰り延べ額：2,000万円（譲渡益）－ 400万円 ＝ 1,600万円

譲渡損失が生じた場合の特例

居住用財産を譲渡した際に譲渡損失（取得費＋譲渡費用が譲渡収入金額を上回る）が生じた場合、一定要件を満たせば、他の所得と**損益通算**および**繰越控除**をすることができます。

特例は「**買換えた場合**」と「**住宅ローンの残高がある場合**」の2つがあります。また、どちらも確定申告が必要です。

特例の要件

・譲渡した年の**1月1日時点の所有期間が5年超**の居住用財産

・繰越控除は合計所得金額が**3,000万円以下**の年に限る

居住用財産の買換え等による譲渡損失の特例

居住用財産の譲渡で**譲渡損失**が生じた場合、買換え等のため、償還期間**10年以上の住宅ローンを利用**して、床面積50㎡以上の居住用財産を購入した場合、譲渡損失とその年

の他の所得金額とを**損益通算**することができます。それでも控除しきれない損失は、翌年以降**3年間**にわたり、他の所得から**繰越控除**をすることができます。

ワンポイント
譲渡所得のうち、土地・建物の譲渡損失は損益通算することができません。ただし、例外として、一定の要件を満たす居住用財産については、給与所得などと損益通算することができます。

特定居住用財産の譲渡損失の特例

住宅ローンの残高があるなどの居住用財産を譲渡して譲渡損失が発生した場合、買換えをしなくても譲渡損失とその年の他の所得金額とを**損益通算**することができます。それでも控除しきれない損失は、翌年以降**3年間**にわたり、他の所得から**繰越控除**をすることができます。

損益通算が認められる金額は、(a) 住宅ローン残高－譲渡収入金額、(b) 譲渡損失の金額、の**いずれか少ない金額**となります。

ワンポイント
居住用財産の譲渡損失の特例は、一定の要件を満たせば、住宅ローン控除との併用も可能です。

講義図解

特定居住用財産の譲渡損失の損益通算の計算例

例) 当初、5,000万円の住宅ローンを利用して住宅を購入。その後、取得費・譲渡費用が6,000万円のときに、2,000万円で売却した時点で住宅ローン残高が3,000万円ある場合

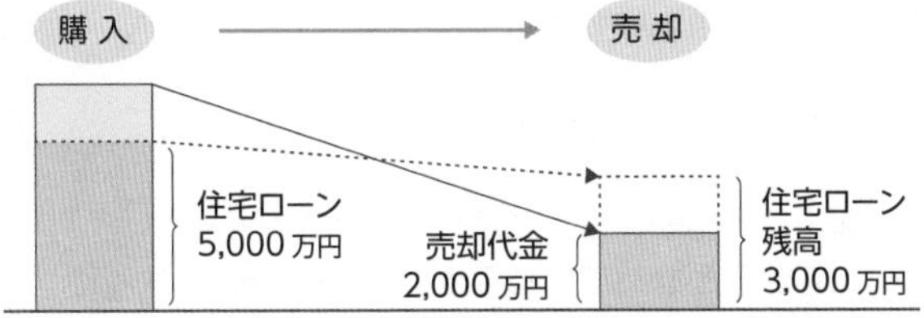

(a) 住宅ローン残高－譲渡収入金額　＝3,000万円－2,000万円
　＝1,000万円

(b) 譲渡損失額＝2,000万円－6,000万円
　＝△4,000万円（4,000万円の損失）

(c) 4,000万円＞1,000万円なので、**1,000万円が損益通算できる額**

空き家に係る譲渡所得の特別控除

被相続人の居住用であった一定の家屋（**空き家**）およびその敷地を、相続・遺贈により取得して、一定期間内に譲渡した場合、譲渡所得の金額から最高**3,000万円**※を控除できます。この特別控除の利用には確定申告が必要です。なお、その際に添付が必要となる被相続人居住用家屋等確認書は、市区町村に交付申請をします。

※2024年1月1日以後の譲渡で、被相続人の居住用家屋およびその敷地等を取得した相続人が3人以上の場合は2,000万円となります。

＜特別控除適用後の課税譲渡所得金額の計算式＞

課税譲渡所得金額 ＝ 譲渡収入金額 －（取得費 ＋ 譲渡費用）－ 最高3,000万円

主な適用要件

- 相続開始日から**3年**を経過する年の12月31日までに譲渡していること
- 譲渡対価の額が**1億円以下**であること
- 2027年12月31日までに譲渡していること
- 相続開始直前まで被相続人以外に居住をした人がおらず、その後に空き家となっていること。ただし、要介護認定等を伴う老人ホームへの入所等により、相続開始直前に被相続人が居住していなかった場合でも適用される
- 1981年5月31日以前に建築された家屋であること
- 区分所有建物として登記された建物ではないこと

ワンポイント

「被相続人の居住用財産（空き家）に係る譲渡所得の特別控除」と「相続税の取得費加算の特例（P496）」は、選択適用となり、併用はできません。

・新耐震基準に適合するリフォーム、または家屋を取り壊して土地だけ譲渡していること。なお、2024年以後は、譲渡から翌年の確定申告開始前までに上記要件を満たしても適用可

過去問チャレンジ

居住用財産を譲渡した場合の3,000万円の特別控除（以下「3,000万円特別控除」という）および居住用財産を譲渡した場合の長期譲渡所得の課税の特例（以下「軽減税率の特例」という）に関する次の記述のうち、最も不適切なものはどれか。なお、記載されたもの以外の要件はすべて満たしているものとする。

1. 3,000万円特別控除は、居住用財産を配偶者に譲渡した場合には適用を受けることができない。

2. 3,000万円特別控除は、譲渡した居住用財産の所有期間が、譲渡した日の属する年の1月1日において10年を超えていなければ、適用を受けることができない。

3. 軽減税率の特例では、課税長期譲渡所得金額のうち6,000万円以下の部分の金額について、所得税（復興特別所得税を含む）10.21%、住民税4%の軽減税率が適用される。

4. 3,000万円特別控除と軽減税率の特例は、重複して適用を受けることができる。

[23年1月・学科]

2が不適切　3,000万円特別控除は、所有期間を問わず適用を受けることができます。なお、軽減税率の特例の適用を受ける場合には、譲渡した日の属する年の1月1日において所有期間が10年を超えていなければなりません。

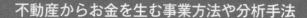

不動産からお金を生む事業方法や分析手法

5 不動産の有効活用と投資分析

不動産は「住む」だけではなく、建物を賃貸したり、土地を貸して地代を得るなど、「お金」を生む資産でもあります。ここでは、そのような不動産の有効活用の方法を所有者側から学びます。また、その収益性を判断する分析手法についても詳しく解説します。

1 土地の有効活用

重要度 A

土地の所有者が土地を**有効活用**する、つまり収入を得る方法には様々なものがあり、以下がその代表的な方法です。

自己建設方式 ➡ 自分で行う

内容	**土地所有者が土地を保有したまま**建物を建設し、賃貸業を行う。企画、資金調達（借入れなど）から管理、運営まで**自分で行う**
メリット	外部委託等のコストが抑えられ、収益性が高い
デメリット	自分で行うため手間、時間がかかる 専門知識が必要

事業受託方式 ➡ 業者に任せる

内容	**土地所有者が土地を保有したまま**、土地活用のすべてを**デベロッパー**（開発業者）に任せて、賃貸業を行う
メリット	専門知識が不要。**土地所有者の業務負担が少ない**
デメリット	資金は土地所有者が負担。デベロッパーに報酬を支払う分、**収益性は下がる**

土地信託方式 ➡ 信託銀行に任せて配当を受け取る

内容	信託銀行に土地を信託し、信託銀行が資金調達から建物の建設、運営などの賃貸事業を行う。土地所有者には、運用実績に応じて信託配当金が支払われる。信託期間中は土地の名義や建物は信託銀行に移るが、信託終了後、土地所有者に戻る
メリット	専門知識が不要。手元資金が不要
デメリット	実績に応じた信託報酬のため、収入が保証されていない

等価交換方式 ➡ 土地を譲渡し、建物を受け取る

内容	**土地所有者は土地を拠出（出資）し**、デベロッパー等が建物を建設する。土地建物は、それぞれの出資比率に応じて所有する。つまり、**土地と建物を等価で交換**する手法。その方式には「**全部譲渡方式**」と「**部分譲渡方式**」の２つがある。これにより、交換で受けた建物部分を賃貸するなどして収益を得られる
メリット	**借入れ等の資金負担がない**
デメリット	デベロッパーと土地の共有や、建物の区分所有をする

レック先生のズバッと解説

等価交換方式の出資割合は、土地所有者は土地の価格分、デベロッパーは建築費となります。つまり、土地所有者は出資するかわりに、土地を譲渡（売却）するため、新たな資金負担はないといえます。

定期借地権方式 ➡ 一定期間土地を貸す

内容	土地所有者が**定期借地権を設定**して貸し付けて借地代を受け取る。建築は借地権者が行い、建物の所有権も借地権者が有する
メリット	土地所有者は変わらず。**建設資金の負担がなく、**一定期間にわたり収益が見込める
デメリット	契約期間が比較的長期にわたるため、その間の土地の転用等が難しくなる

建設協力金方式 ➡ 入居予定のテナントが出資する

内容	店舗等を建てたいテナントから、店舗等の建設資金を**建設協力金**（保証金）として預かり、その資金で土地所有者が**自分名義で店舗等を建てる。**テナントからは建設協力金を差し引いた額の賃料を受け取る
メリット	テナント入居による家賃収入が見込める。土地と建物の所有者が同じため、権利関係が難しくない。相続税の計算上、土地は貸家建付地（一定の要件を満たせば、貸付事業用宅地等として「小規模宅地等の評価減の特例」の適用可）、建物は貸家、建設協力金は債務控除の対象
デメリット	テナントが撤退した場合、建物の汎用性が低い

過去問チャレンジ

Aさんは、商業用店舗の建設等を通じた所有土地の有効活用について検討している。土地の有効活用の手法の一般的な特徴についてまとめた下表のうち、各項目に記載された内容が最も適切なものはどれか。

有効活用の手法	土地の所有名義（有効活用後）	建物の所有名義	Aさんの建設資金の負担の要否
建設協力金方式	Aさん	デベロッパー	不要（全部または一部）
等価交換方式	Aさんとデベロッパー	Aさんとデベロッパー	必要
定期借地権方式	Aさん	借地人	不要
事業受託方式	Aさんとデベロッパー	Aさん	必要

1. 建設協力金方式　　2. 等価交換方式
3. 定期借地権方式　　4. 事業受託方式

［21年5月・学科］

3が適切

1. 建設協力金方式は、土地所有者であるAさんが建設し、テナント等から貸与される保証金や建設協力金を、建設資金の全部または一部に充てます。建物の所有名義はAさんです。
2. 等価交換方式は、土地所有者が土地を拠出し、デベロッパーが建設します。Aさんは建設資金を負担しません。
4. 事業受託方式は、土地所有者が土地を保有したまま、土地活用をデベロッパーに任せて行うため、土地所有者はAさんです。

2 賃貸住宅管理業法（賃貸住宅の管理業務等の適正化に関する法律） 重要度 C

賃貸住宅管理業法では、居住用賃貸住宅の所有者とサブリース業者間の賃貸借契約におけるトラブルを未然に防ぐための規制や、賃貸住宅管理業者に国土交通大臣への登録を義務付けること等が定められています。

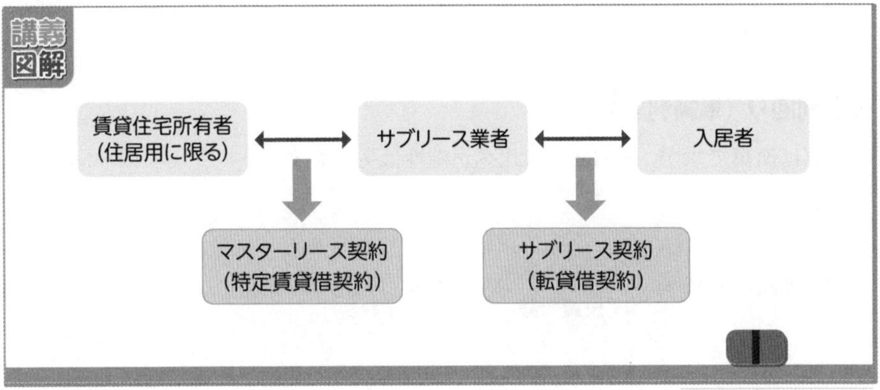

- **不当な勧誘行為の禁止**
  マスターリース契約の勧誘時に、**家賃が減額することがある等の事実を告げない行為**、または不実を告げる行為を禁止する。
- **誇大広告等の禁止**
  マスターリース契約募集の広告において、著しく事実に相違する表示等を禁止する。

サブリース業者への規制内容

- **特定賃貸借契約締結前の重要事項説明**
  マスターリース契約の締結前に、**家賃や契約期間等を記載した書面を交付して説明**する。

3 不動産投資の収益性

重要度 A

賃貸住宅経営などの不動産投資を行うとき、採算が取れるかどうかを検討、判定する必要があります。その代表的な指標として**投資利回り**があります。

投資利回りは、投資額に対する収入の割合のことで、不動産投資の収益性を計る指標となります。その計算方法として、以下の3つがあります。

表面利回り（単純利回り）

計算は簡単ですが、純利回りに比べ正確性は劣ります。

<計算式>

$$表面利回り（\%）= \frac{年間収入合計}{投資総額} \times 100$$

賃貸住宅で考えると

年間収入合計	年間の家賃収入等の合計額
投資総額	賃貸物件を得るためにかかった費用（自己資金＋借入金）

表面利回りは
諸経費コストが
反映されていません

純利回り（NOI利回り・実質利回り）

諸費用を考慮するため、表面利回りよりも正確性が高くなります。

<計算式>

$$\text{純利回り}(\%) = \frac{\text{年間収入合計} - \text{年間費用合計}}{\text{投資総額}} \times 100$$

賃貸住宅で考えると

年間収入合計	年間の家賃収入等の合計額
投資総額	賃貸物件を得るためにかかった費用（自己資金＋借入金）
年間費用合計	火災保険料、修繕費、管理委託費など

用語の意味

NOI利回り
純利回り、または実質利回りのこと。「NOI」は「Net Operating Income」の略です。

ワンポイント

不動産投資の収益性を表す利回りは計算問題でよく出題されます。特に純利回り（=実質利回り、NOI利回り）を求める問題は出題頻度が高いので、計算式はしっかり覚えましょう。

キャッシュ・オン・キャッシュ

自己資本（自己資金）に対する現金手取り額の割合を表すもの。他の金融商品との比較がしやすい指標です。

借入金の金利よりも不動産投資の収益率が上回っている状態であれば、レバレッジ効果が生まれキャッシュ・オン・キャッシュは高まります。

<計算式>

$$\text{キャッシュ・オン・キャッシュ}(\%) = \frac{\text{現金手取り額}}{\text{自己資本}} \times 100$$

レバレッジ効果とは

レバレッジ効果とは、総投下資本に対する収益率が借入金の金利を上回っている場合には、全額自己資金で投資を行うよりも、借入金を併用する方が、自己資金部分の収益率の向上が期待できる効果をいいます。

収益還元法

不動産が将来生み出す賃貸収入等の収益を、現在の価値に割り戻して収益価格を求める方法。賃貸用や事業用の不動産の価格を求める方法として有効です。**収益還元法**には、**直接還元法**と**DCF法**の２つがあります。

ワンポイント

自用の不動産であっても、賃貸を想定することで、収益還元法により評価することが可能です。

直接還元法

一定期間（単年）の純利益を**還元利回り**（一定の利回り）によって割り戻して価格を求める手法を**直接還元法**といいます。

不動産投資の有効性を判断するための分析手法として一般的に用いられています。

＜計算式＞

$$\text{直接還元法による収益価格} = \frac{\text{一定期間の総収入} - \text{必要経費}}{\text{還元利回り}}$$

＜計算例＞

・不動産からの総収入（年間）1,500万円
・必要経費（年間）　600万円
・還元利回り　4.5％

↓　……上のケースで直接還元法による不動産の価格は？

$$\frac{\text{1,500万円} - \text{600万円}}{4.5\%} = \text{２億円}$$

DCF法
（ディスカウンテッド・キャッシュ・フロー法）

DCF法は、不動産から将来継続して生まれる各期の純収益（総収入－必要経費）と、保有期間終了後の復帰価格（売却額－売却費用）を、それぞれ**現在価値**に割り戻し、その収益価格を求める手法です。

DCF法を用いた代表的な投資分析手法として、**NPV法（正味現在価値法）**と**IRR法（内部収益率法）**があります。

NPV法とは

- 投資期間中に得られる賃料などの純収益と復帰価格を現在の価値に割り戻し、その合計から、初期投資額（投資額の現在価値の合計額）を差し引いて、正味現在価値を求める。
- **正味現在価値がプラスであれば、収益の方が多いため投資有利**と判定される。

IRR法とは

- 内部収益率と、投資家が期待する収益率を比較する。
- **内部収益率が投資家の期待収益率を上回れば、投資有利**と判定される。

「投資有利」と
判定される場合を
覚えておこうね

用語の意味

内部収益率
投資期間中に得られる各年度の収益の現在価値の合計と、保有期間終了後の不動産価格の現在価値の合計が、初期投資額と等しくなる割引率。

レック先生のズバッと解説

NPV法とIRR法は、「どのような場合に有効な投資と判定できるのか（＝投資有利）」についての出題が多いので、まずはそこをしっかり覚えておきましょう。

ワンポイント

投資による採算について、NPV法は「金額」、IRR法は「割合」で判定するという違いがあります。

講義図解

現在価値とは…?

「現在価値」とは、将来受け取るお金を現時点での価値に
計算し直した金額のことです。

例えば、投資額（元本）100万円、金利10%のケースでは……

●1年後に受け取る100万円の現在価値は
＝100万円÷（1＋0.1）≒ **90.9万円**

●2年後に受け取る100万円の現在価値は
＝100万円÷｛(1＋0.1）×（1＋0.1)｝≒ **82.6万円**

●3年後に受け取る100万円の現在価値は
＝100万円÷｛(1＋0.1）×（1＋0.1）×（1＋0.1)｝≒ **75.1万円**

それぞれの計算結果が、
100万円を「現在価値に割り戻した」金額となります

DSCR（借入金償還余裕率）

DSCR（Debt Service Coverage Ratio）は、借入れをして投資を行う際に使われる投資分析手法です。不動産投資においては、DSCRの値が1.0（倍）よりも大きければ、投資不動産から得られる収益（純収益）で返済できることを示しており、数値が大きいほど借入金への返済余力があるとみなされます。

<計算式>

$$\text{DSCR（倍）} = \frac{\text{年間キャッシュフロー（純収益）}}{\text{年間返済額}}$$

過去問チャレンジ

不動産の投資判断の手法等に関する次の記述のうち、最も適切なものはどれか。

1. DCF法は、対象不動産の一期間の純収益を還元利回りで還元して対象不動産の収益価格を求める手法である。

2. NPV法（正味現在価値法）による投資判断においては、対象不動産から得られる収益の現在価値の合計額が投資額を上回っている場合、その投資は有利であると判定することができる。

3. NOI利回り（純利回り）は、対象不動産から得られる年間の総収入額を総投資額で除して算出される利回りであり、不動産の収益性を測る指標である。

4. DSCR（借入金償還余裕率）は、対象不動産から得られる収益による借入金の返済余裕度を評価する指標であり、対象不動産に係る当該指標の数値が1.0を下回っている場合は、対象不動産から得られる収益だけで借入金を返済することができる。

［23年9月・学科］

2が適切

1. DCF法は、各期の純収益と復帰価格を、それぞれ現在価値に割り戻して収益価格を求める手法です。

3. NOI利回り（純利回り）は、年間の総収入額から年間費用を差し引いた額を総投資額で除して算出します。本問いは表面利回りの説明です。

4. DSCR（借入金償還余裕率）は、借入金の返済余裕度を評価する指標ですが、当該指標の数値が1.0を上回っている場合は、対象不動産から得られる収益だけで借入金を返済することができます。

4 不動産の小口化と証券化

重要度 C

一般に、不動産投資には多額の資金が必要ですが、小口化や証券化により少額投資を可能にし、多数の投資家に出資・購入してもらうことができます。

不動産の小口化

不動産の小口化とは、複数の投資家が出資し合い、共同でひとつの不動産に投資、運用する手法です。

不動産の証券化

土地や建物などから生じる賃料、売却益を原資として、社債や株式などの証券を発行することを、**不動産の証券化**といいます。投資家は証券化により細分化され出資しやすくなり、収益の分配を受けることができます。

広く普及している不動産の証券化として、上場不動産投資信託（J-REIT）があります。

上場不動産投資信託（J-REIT）とは

投資法人が、投資家から集めた資金でオフィスビルや商業施設、マンション、ホテルなどを購入し、その賃料や売却益などを投資家に分配する金融商品

<ポイント>

- J-REITは多数の銘柄が上場し、個人投資家でも市場を通して売買が可能
- 換金方法は市場での売却

不動産投資なんていうと
大きなリスクを伴いそうでちょっと
不安だけど
みんなで少しずつお金を出し合うことで、
リスクを低減しようというのが
不動産の小口化と証券化なんです
金額が大きいと、
失敗したときに
大変だからね！
一人で何千万円とか
何億円なんて無理だしねえ…

FP２級からFP１級をめざす人のための

ステップアップ講座

２級の実技では、設例・資料部分にヒントが用意されています。１級ではそれがないため、２級で丁寧な学習をしてきたかが試されます。

Q1

容積率　　（21年9月・日本FP協会実技）

建築基準法に従い、下記＜資料＞の土地に建築物を建てる場合の延べ面積（床面積の合計）の最高限度を計算しなさい。なお、記載のない条件は一切考慮しないこととする。また、解答に当たっては、解答用紙に記載されている単位に従うこと。

＜資料＞

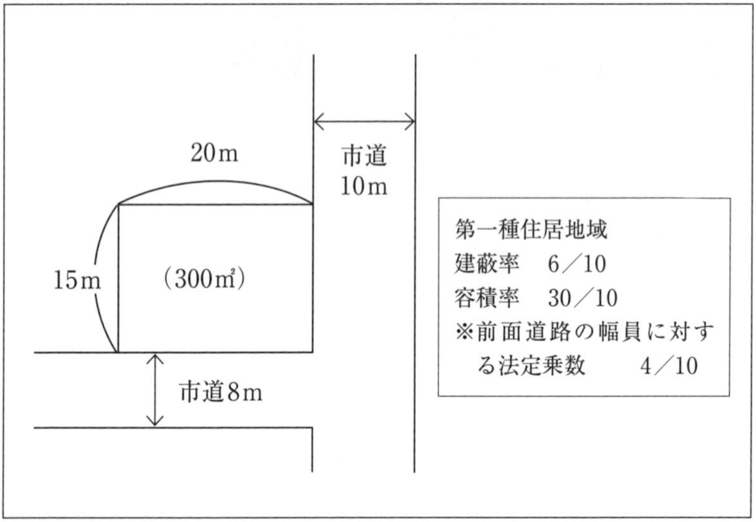

正解：900㎡

２級の実技試験では、協会・金財ともに、角地に建築できる延べ面積と建築面積を求める問題は頻出です。３級と２級の学習では、延べ面積を求める際に以下の２つを学びました。

①都市計画により定められた指定容積率
②道路幅員×法定乗数で求めた容積率
のどちらか小さい方を使う

これらを踏まえて、本問で次の段階に進みます。

①は、30／10（300％）
②は、道路幅員を８ｍと10ｍのどちらを使うか

①はあきらかです。
②に関しては、前面道路が２つ以上あるときは広い方の道路幅員を使うことを学習しているはずです。そして、法定乗数は表記の４／10を使うので、②10ｍ×４／10＝40／10（400％）となります。
よって、延べ面積の最高限度を求める計算式は次のようになります。

300㎡×300％＝900㎡

このほかの出題パターンとして、「敷地が異なる制限の地域にわたる場合」の延べ面積や建築面積の最高限度を求める問題があります。その場合は、それぞれの敷地面積に建蔽率または容積率を乗じ、それぞれの面積を足し合わせる、という解き方をしました。
合わせて、セットバックが発生する敷地での建築面積等の計算も覚えておきたいところです。３級・２級での積み重ねを十分に発揮できるよう、過去問で色々な出題パターンを、慣れるまで繰り返すことが大切です。
それでは、１級の問題にチャレンジしてみましょう。

1級では こう出る・こう解く！

Q 角地＋異なる地域の容積率

（20年9月・日本FP協会実技）

洋子さんの両親の自宅（持ち家）の土地は、近隣商業地域と準住居地域にまたがる土地である。洋子さんの両親は、将来を見据えて長男（洋子さんの兄）家族との二世帯住宅に建て替えることを検討している。建築基準法に従い、この土地（下記＜資料＞参照）に建築できる建物の延べ面積の最高限度を計算し、解答欄に記入しなさい。なお、記載のない事項については一切考慮しないこととする。また、解答に当たっては、解答用紙に記載されている単位に従うこととする。

＜資料＞

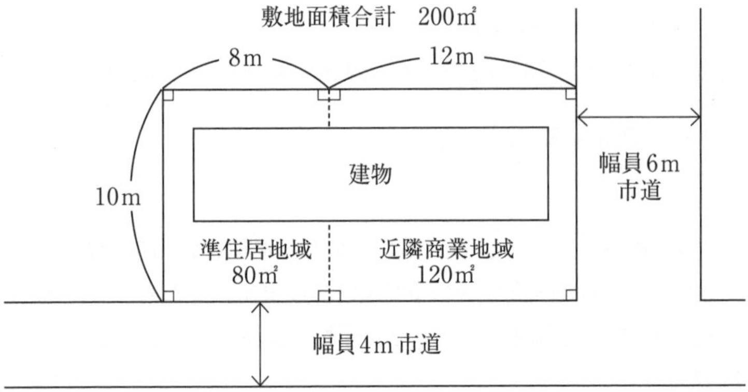

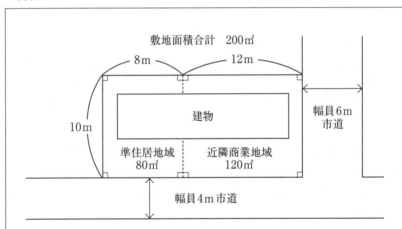

［都市計画により定められた容積率］
近隣商業地域　40／10
準住居地域　20／10

※この土地は、前面道路幅員による容積率の制限に係る特定行政庁の指定した区域ではない。

正解：592㎡　1級ではこう解く！

1級ではこのように、延べ面積や建築面積の最高限度を求めるとき、「角地＋異なる用途地域」という複合問題が出題されます。その場合でも解き方は2級で学習してきた以下のことを思い出すだけです。

- 前面道路が2つ以上ある場合の容積率を求める（延べ面積の計算）ときの道路幅員は、広い方を使う
- 敷地が、異なる容積率の地域にわたる場合は、
  それぞれ計算して足し合わせる

法定乗数は表記されていませんが、用途地域の名称に「住居」の文字が入れば住居系ですから4／10を、その他の用途地域は6／10を使います。そのため、準住居地域では4／10、近隣商業地域では6／10を使うというように、左右の敷地で法定乗数が異なることに注意します。
では、容積率を求めるため、容積率が異なる敷地ごとに①都市計画により定められた指定容積率と、②道路幅員×法定乗数、を比べて、それぞれ小さい方を容積率とします（下線が、小さい方）。

近隣商業地域の敷地の容積率

①40／10（400％）＞②6（m）×6／10＝<u>36／10（360％）</u>

準住居地域の敷地の容積率

①<u>20／10（200％）</u>＜②6（m）×4／10＝24／10（240％）

最後に、それぞれの敷地面積に、上記で求めた容積率を乗じ、それぞれを足し合わせて答えを求めます。
120㎡×36／10＋80㎡×20/10＝592㎡

2級では、資料部分に法定乗数が記載されていましたが、1級では記載されていません。このことから、本問では、計算式はもちろん、法定乗数の使い分けを学習しているか否かが問われています。2級での丁寧な学習が、1級への道を開きます。

5 不動産 復習のまとめ

しっかり確認しましょう！
出題頻度の高い論点　総ざらい

・土地の価格、鑑定評価、登記の中から２つ出題される傾向にあるため、丁寧に押さえておく必要があります。民法は出題範囲が狭いため、繰り返し解いておくと安心です。

・借地借家法は頻出です。借地関係では存続期間や更新を、借家関係では契約方法と原状回復義務は押さえておきましょう。

・不動産の取得・保有・譲渡・賃貸と、そのかかわり方による税のルールをしっかりと学びましょう。固定資産税、譲渡時の税金は頻出します。

・投資利回りの計算をしっかりできるように理解しましょう。

第6章

相続・事業承継

いつかは経験することになる相続。被相続人の財産を相続するとき、相続人や相続割合、相続税の支払いなどについては、民法によって定められています。これらの中には相続人が相続税の支払いに困らないよう、相続税を減らすことができる特例や生前贈与の方法などもあるので、しっかり知識を身につけておきましょう。

- ●相続人と法定相続分
  亡くなった人の財産を相続する方法
- ●相続税と贈与税
  財産の相続時・贈与時にかかる
  相続税・贈与税の計算方法と特例
- ●財産の評価
  宅地や株式、生命保険などの評価
- ●事業の承継対策
  スムーズな事業承継方法

相続・事業承継

ここをしっかり押さえておけば問題の正解率がアップします。

相続の基礎知識

相続人の範囲と相続分

親族、民法上の相続人・法定相続分と相続税計算上の法定相続人・法定相続分の違いや、遺留分権利者、代襲相続の可否を理解しましょう。

遺言と遺産分割

自筆証書遺言と公正証書遺言の違い、遺産分割協議、相続の承認と放棄について理解しましょう。

相続税

相続税の計算と特例

相続税計算の流れ、非課税財産、債務控除、基礎控除や課税遺産総額の計算、暦年課税方式による生前贈与加算、相続税の２割加算、相続税の申告と納付を理解しましょう。

配偶者の税額軽減やその他税額控除も押さえておきましょう。

贈与と贈与税

贈与の基礎知識

さまざまな贈与の形態と、贈与の成立、解除等を理解しましょう。

贈与税の課税（非課税）財産を理解しましょう。

贈与税の基礎知識

暦年課税と相続時精算課税の制度概要のほか、贈与税額の計算も押さえましょう。

贈与税の配偶者控除、住宅資金贈与、教育資金贈与等の特例、贈与税の申告と納付についても理解しましょう。

財産の評価

宅地の評価

宅地の形態と評価額の違い、家屋の評価額を理解しましょう。

小規模宅地の特例の概要を押さえましょう。

その他財産の評価

上場株式、取引相場のない株式、各種金融資産等の評価額についても押さえておきましょう。

事業の承継対策

納税資金対策、事業承継対策、非上場株式等の納税猶予及び免除制度、会社法の概要等も理解しましょう。

1 相続の基礎知識

相続に関して、民法は様々な内容を定めています。相続人と相続分などに加え、遺産分割、相続税計算とそれに伴う各種措置など、2級では、より深く相続に関する制度についての知識を学んでいきます。

1 相続

重要度 **B**

人が亡くなると、死亡した人（**被相続人**）の財産（資産および負債）が残された家族（**相続人**）に引き継がれます。このことを**相続**といいます。**民法上**の相続人は、**被相続人の配偶者と一定の血族**です。これらの人を**相続人**といいます。

用語の意味

血族
両親や兄弟姉妹など、血縁関係のある人のこと。互いに扶養義務があります。

講義図解

相続人と優先順位

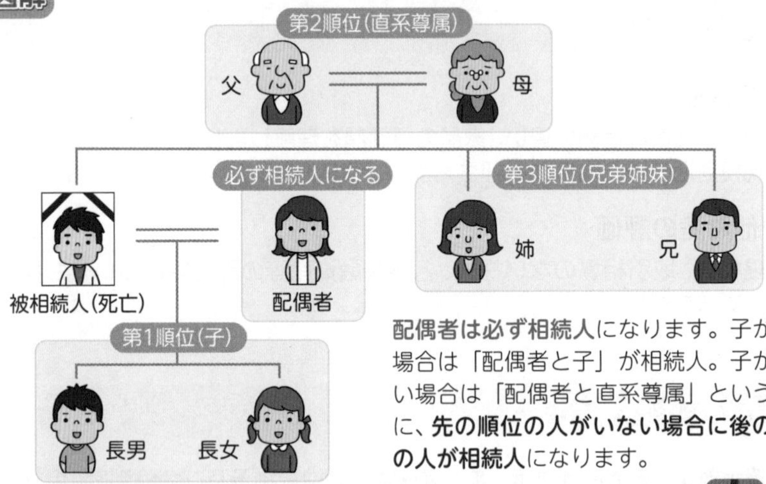

配偶者は必ず相続人になります。子がいる場合は「配偶者と子」が相続人。子がいない場合は「配偶者と直系尊属」というように、**先の順位の人がいない場合に後の順位の人が相続人**になります。

2 相続人

重要度 B

被相続人の配偶者、子、直系尊属、兄弟姉妹が相続人になります。相続人は多くのケースで配偶者と子になりますが、子には、**養子や非嫡出子も含まれます**。また、胎児も相続人になります。

民法上の相続人では、実子と養子、または嫡出子と非嫡出子の区別によって順位に違いはありません。同等に扱われます。

実子以外で相続人になれる子

胎児　被相続人が亡くなったときにまだ生まれていない子
➡ 死産を除き、すでに生まれたものとして相続人に含まれる

非嫡出子(ひちゃくしゅつし)　法律上の婚姻関係がない男女間に生まれた子
➡ 実子。被相続人が男性の場合は認知が必要

普通養子　実父母との法律上の関係を残し、養子縁組をする
➡ **実父母と養父母両方**の相続人になれる

特別養子　実父母との法律上の関係を終了し、養父母と養子縁組をする
➡ **養父母のみ**の相続人になれる

用語の意味

親族
6親等内の血族、配偶者、3親等内の姻族のこと。姻族は義理の兄弟姉妹など、結婚によりつながった関係のことです。

特別養子縁組の養親の要件は、20歳以上の配偶者のいる25歳以上の者です。

相続人であっても、以下のようなケースの場合、相続人になれない人もいます。

講義図解

相続人になれない人

死　亡：相続時よりも前に亡くなっている人
欠　格：被相続人を殺害したり、脅迫などして遺言状を書かせたりした人
廃　除：被相続人を虐待するなどして、被相続人が家庭裁判所に申し立てして相続権を失った人

代襲相続

相続時に相続人となれる人がすでに死亡していたり、**欠格や廃除**によって相続権を失っている場合、その人の**子が代わりに相続すること**を**代襲相続**といいます。なお、相続放棄した者には代襲相続はありません。

講義図解

代襲相続の例

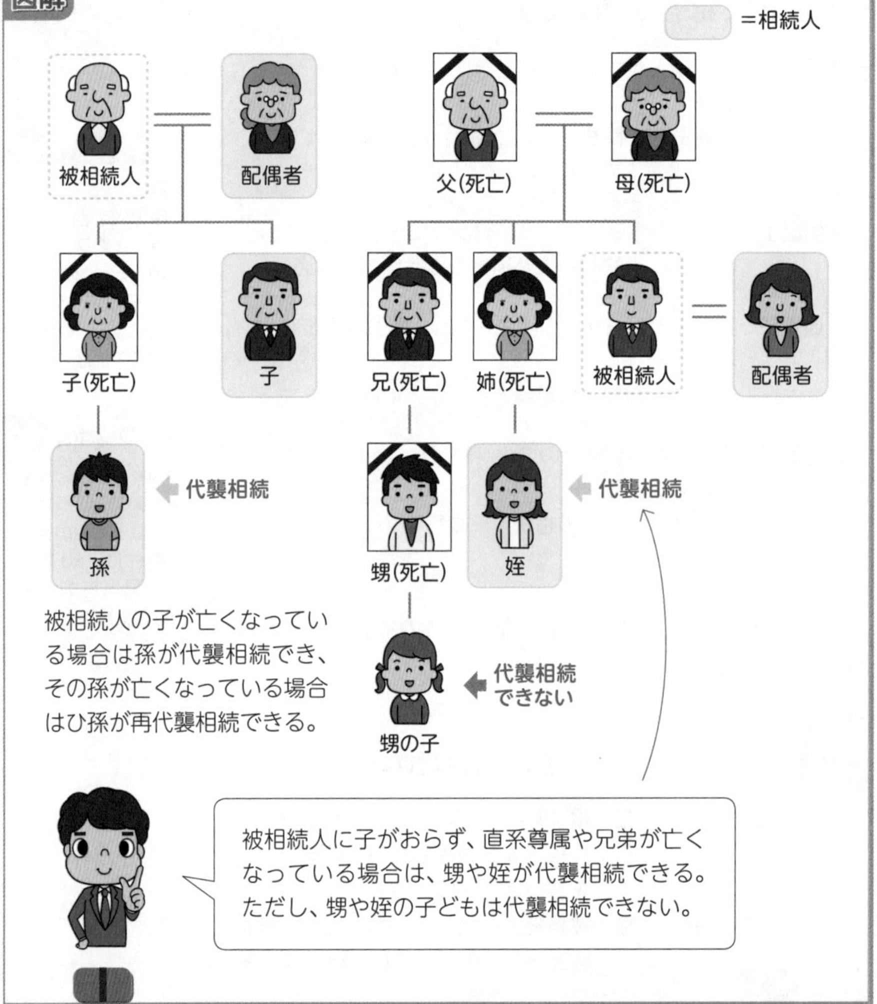

＝相続人
被相続人
配偶者
父(死亡)
母(死亡)
子(死亡)
子
兄(死亡)
姉(死亡)
被相続人
配偶者
孫
代襲相続
甥(死亡)
姪
代襲相続
被相続人の子が亡くなっている場合は孫が代襲相続でき、その孫が亡くなっている場合はひ孫が再代襲相続できる。
甥の子
代襲相続できない
被相続人に子がおらず、直系尊属や兄弟が亡くなっている場合は、甥や姪が代襲相続できる。ただし、甥や姪の子どもは代襲相続できない。

寄与、特別受益等

寄与分

被相続人の生前に、被相続人の財産管理、療養介護など、無償で長期的に被相続人の財産の維持・増加に貢献した相続人がいる場合に相続分に加算される、貢献に応じた加算分。**貢献した相続人を寄与者**といいます。

特別寄与料

被相続人の生前に、被相続人の療養介護など、無償で長期的に被相続人の財産の維持・増加に貢献した**相続人以外の親族**がいる場合、**貢献した親族を特別寄与者**といい、相続人に対して特別寄与料の請求ができます（特別寄与料請求権）。

ワンポイント
婚姻期間が**20年以上の夫婦間**で居住のための建物や土地が遺贈または贈与されたときは、原則として特別受益の持戻しは免除されます。

特別受益

被相続人から生前贈与などで受けていた利益。特別受益を受けた人を**特別受益者**といいます。

配偶者居住権

相続開始時に被相続人の所有する建物に居住していた配偶者に限り、自宅の所有権を相続しなくても、特に定めがなければ、原則、**終身**使用・収益することができる権利です。

第三者に譲渡できず、配偶者が亡くなると消滅します。なお、配偶者居住権に係る部分に**相続税はかかりません**。

ワンポイント
居住建物が、被相続人以外の者（配偶者を除く）との共有であった場合は、配偶者居住権は成立しません。

配偶者短期居住権

相続開始時に被相続人の所有する建物に居住していた配偶者に限り、自宅の所有権を相続しなくても、遺産分割成立まで等の一定期間（少なくとも6カ月）、無償かつ無条件で住み続けられる権利です。自動的に発生します。

3 相続分

重要度 A

被相続人の財産は、相続人に分割されます。その割合を**相続分**といい、**指定相続分**と**法定相続分**があります。指定相続分とは、被相続人が遺言で各相続人に何を譲るか指定した相続分のことで、**法定相続分より優先**されます。一方、法定相続分は民法で定められた相続分のことで、相続人の順位に合わせて、その割合が少なくなっていきます。

用語の意味

父母や祖父母など被相続人よりも前の世代の直系する親族のことを**直系尊属**、子や孫など後の世代のことを**直系卑属**といいます。

講義図解

法定相続分

子の場合は1/2を子の人数で分割します。同様に直系尊属の場合は1/3を、兄弟姉妹の場合は1/4を相続人の人数で分割します。**配偶者がいない場合は、各順位内で均等に分割します。**

被相続人	配偶者	子 (第1順位)	直系尊属 (第2順位)	兄弟姉妹 (第3順位)
	全部			
	1/2	1/2		
	2/3		1/3	
	3/4			1/4

半血兄弟姉妹（片方の親が同じ）の法定相続分は、**全血兄弟姉妹**（父母が同じ）の1/2になります

過去問チャレンジ

民法上の相続分に関する次の記述のうち、最も適切なものはどれか。

1. 代襲相続人が1人である場合、その代襲相続人の法定相続分は、被代襲者が受けるべきであった法定相続分の2分の1である。
2. 相続人が被相続人の配偶者と弟の合計2人である場合、配偶者および弟の法定相続分は、それぞれ2分の1である。
3. 被相続人と父母の一方のみを同じくする兄弟姉妹の法定相続分は、父母の双方を同じくする兄弟姉妹の法定相続分の2分の1である。
4. 養子の法定相続分は、実子の法定相続分の2分の1である。

［21年5月・学科］

3が適切

1. 代襲相続人が1人の場合は被代襲者の法定相続分をそのまま受け取ります。
2. 配偶者と兄弟姉妹が法定相続人の場合、配偶者が3/4、兄弟姉妹が1/4になります。
4. 養子の法定相続分は実子と同じです。

4 遺産分割

重要度 B

遺産（相続財産）を相続人で分割することを、**遺産分割**といいます。

遺産分割の種類

遺産分割には遺言がある場合の**指定分割**と、遺言がない場合等に相続人全員で協議して決める**協議分割**のほか、**調停分割**、**審判分割**があります。

> **ワンポイント**
> 被相続人は遺言により、5年以内の期間で遺産分割を禁止することができます。相続人が未成年のため、成人するまで遺産分割を保留したいときなどに有効です。

遺産分割の種類

指定分割：	遺言によって遺産を分割する方法。**協議分割よりも優先される**
協議分割：	相続人全員で協議し、その合意で遺産を分割する方法。遺言と異なる分割もできる。**法定相続分よりも優先される**
調停分割：	協議が成立しない場合、**家庭裁判所の調停**によって決める方法。**相続人の合意が必要**
審判分割：	調停でも決まらない場合に、**家庭裁判所の審判**で分割する方法

遺産分割の方法

遺産分割には、現物を分割する**現物分割**、遺産をお金に換えて分割する**換価分割**、一部の相続人が現物で受け取り、他の相続人に現金等を支払う**代償分割**等があります。

主な遺産の分割方法

現物分割：自宅をそのまま相続するなど、遺産を現物のまま、その形状などを変更することなく分割する方法

換価分割：不動産等、公平な分割が難しい財産を売ることで現金化し、そのお金を分割する方法

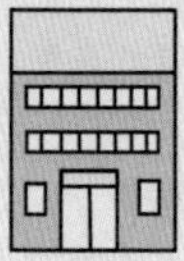

代償分割：ある相続人が特定の不動産等を相続し、代わりに相応の現金（代償金）等を他の相続人に支払う分割方法

ワンポイント

代償財産が不動産や株式等の場合、時価で他の相続人に譲渡したとみなし、譲渡所得として所得税等が課される場合があります。

遺産分割協議書

遺言による指定がないときや、遺言の指定に反した分割を行う場合等は、相続人全員による遺産分割協議を行い、確定したら「遺産分割協議書」を作成します。なお、遺産分割を複数回に分け、一部の財産を先行して分割することも認められています。書式には特に決まりはありません。

＜遺産分割協議書に必要な記載項目＞

・被相続人の名前と死亡日、本籍、住所等
・遺産分割内容に相続人が合意していること
・遺産分割の具体的な内容
・**相続人全員の記名と押印等**

過去問チャレンジ

遺産分割に関する次の記述のうち、最も適切なものはどれか。

1. 適法に成立した遺産分割協議については、共同相続人全員の合意があったとしても、解除することは認められない。

2. 代償分割は、現物分割を困難とする事由がある場合に、共同相続人が家庭裁判所に申し立て、その審判を受けることにより認められる。

3. 相続財産である不動産を、共同相続人間で遺産分割するために譲渡して換価した場合、その譲渡による所得は、所得税において非課税所得とされている。

4. 被相続人は、遺言によって、相続開始の時から５年を超えない期間を定めて、遺産の分割を禁ずることができる。

［23年1月・学科］

4が適切

1. すでに成立した遺産分割協議でも、共同相続人全員の合意があれば、解除できます。
2. 現物分割を困難とする事由がある場合等、共同相続人の合意があれば代償分割を選択できます。家庭裁判所の審判は不要です。
3. 相続財産である不動産を、遺産分割するために譲渡して換価した場合、譲渡所得として課税される可能性があります。

相続の承認と放棄

遺産にはプラスの資産だけでなく、借金などの負債も含まれています。そこで相続には以下の３つの選択肢が用意されています。原則は単純承認ですが、限定承認と相続放棄は、相続の開始があったことを知ってから**3カ月以内の申述**が必要です。相続人が複数いる場合、限定承認は全員で申述する必要があります。

レック先生のズバッと解説

被相続人の遺産に負債がある場合、相続放棄を選ぶことで、負債を引き継がなくて済みます。

相続の3つの選択肢

選択肢	相続内容	申述期限	手続
単純承認	被相続人の財産を**すべて相続**する	なし	なし
限定承認	被相続人の財産の**プラスの資産の範囲内**で負債を相続する	3カ月以内	**相続人全員**で家庭裁判所に申述する
相続放棄	被相続人の財産をすべて**相続しない**	3カ月以内	**放棄する相続人が単独**で家庭裁判所に申述できる

5 遺言

重要度 **A**

自分の死後の財産について、意思表示しておくことを**遺言**といいます。遺言を書面にしたものが**遺言書**で、遺言によって財産が相続人等に移転することを**遺贈**（いぞう）といいます。

遺言書の作成

- ・**満15歳以上**で意思能力があれば、誰でも作成が可能
- ・いつでも全部または一部を変更できる
- ・遺言書が複数ある場合は作成日の**一番新しいものが有効**となる（抵触する内容については新しいものが有効となる）
- ・遺言によって、5年以内の期限を定めて遺産の全部または一部について、分割を禁止することができる

遺言の方法

被相続人が亡くなったときに、相続人が最初に確認しなければいけないことが、遺言書が残されているかどうかです。遺産分割では**遺言は何よりも優先**されます。

遺言には、**自筆証書遺言**、**公正証書遺言**、**秘密証書遺言**の3つの方法があります。

用語の意味

検認
家庭裁判所が遺言書の存在や内容等を明確にし、遺言書の偽造や隠匿、消失等を防ぐための手続きのこと。**遺言書の有効性を認めるものではありません。**

遺言の3つの方法

	作成方法	証人	検認
自筆証書遺言	・遺言者が遺言の全文を自分で手書きし、日付と名前を記入して、押印する ・**財産目録はパソコン作成可能**。ただし、ページごとに**署名と押印**が必要 ・原則、検認が必要。ただし、法務局での**保管制度**を利用した場合は検認**不要**	不要	原則必要
公正証書遺言	・遺言者が口述したものを公証人が筆記する ・**原本は公証役場に保管**される ・実印の押印が必要	2人以上	不要
秘密証書遺言	・遺言者が遺言の内容を知られたくない場合に使用。作成した遺言書に署名、押印して封印する ・公証人が日付等を記入。遺言の内容は秘密だが、遺言の存在を証明してもらう ・**パソコン作成や代筆も可能**	2人以上	必要

遺言の証人

相続において**利害関係にある人等は証人にはなれません。**

証人になれない人

・未成年者

・推定相続人および受遺者（じゅいしゃ）（遺贈を受ける人）、これらの配偶者および直系血族

・公証人の配偶者ならびに4親等内の親族等

用語の意味

推定相続人
現状で相続が発生した場合、相続人になるはずの人。

遺言執行者

被相続人の遺言書の内容に従って、財産の引き渡しを行います。相続開始時に未成年者や破産者でなければ、**誰でも**遺言執行者になることができます。

過去問チャレンジ

遺言に関する次の記述のうち、最も不適切なものはどれか。

1. 公正証書遺言を作成する際には、証人２人以上の立会いが必要とされる。

2. 公正証書遺言を作成した遺言者は、その遺言を自筆証書遺言によって撤回することができる。

3. 自筆証書遺言を作成する際に財産目録を添付する場合、その目録はパソコン等で作成することができる。

4. 自筆証書遺言は、自筆証書遺言書保管制度により法務局（遺言書保管所）に保管されているものであっても、相続開始後に家庭裁判所の検認を受けなければならない。

［23年5月・学科］

4が不適切　自筆証書遺言書保管制度により法務局（遺言書保管所）に保管されている遺言書は、家庭裁判所の検認は不要です。

6 遺留分

重要度 B

遺留分とは、一定の要件を満たす相続人の**最低限度の遺産取得割合**のことです。遺留分を侵害された分割である場合、侵害された相続人は、多くの遺産を譲り受けた人に、遺留分侵害額に相当する財産（金銭）の支払いを請求することができます。これを**遺留分侵害額請求権**といいます。遺留分の権利を持つ人が複数人いる場合は、遺留分は原則、本来の法定相続分に応じて求めます。なお、**相続開始前**の遺留分放棄は、**家庭裁判所の許可**を受けたときに限ります。

遺留分の権利者全体に対する遺留分の割合

遺留分権利者	遺留分割合
配偶者のみ、子のみ、配偶者と子、 配偶者と直系尊属の場合	相続財産の1/2
直系尊属（父母）のみの場合	相続財産の1/3

※兄弟姉妹には遺留分はありません。
※各権利者個別の遺留分は、原則、「上記割合×各権利者の法定相続分」となります。

遺留分侵害額請求権の期限と内容

・遺留分権利者が相続開始および遺留分を侵害する贈与または遺贈があったことについて**知った日から1年**、また、**相続開始から10年**で遺留分侵害額請求権は消滅します

・遺留分権利者は、遺留分侵害に対して、自身の遺留分侵害額に相当する**金銭**の支払いを**請求**することができます

7 成年後見制度　重要度 C

認知症、知的障害、精神障害などの理由で判断能力が不十分な人が、財産管理、協議、契約等をするときに不利益にならないよう保護し、支援する制度が**成年後見制度**です。成年後見制度は大きく**法定後見制度**と**任意後見制度**に分かれています。

後見・保佐・補助の開始申し立て

本人、配偶者、**4親等以内の親族**、後見人、保佐人、補助人、検察官などが申立てできます。

成年後見制度の種類

種類	法定後見制度	任意後見制度
利用時期	判断能力が衰えた後	判断能力が衰える前
選任方法	家庭裁判所が選任	本人が後見人を選ぶ **※公正証書で契約**
種類	**後見：判断能力を欠く常況**。被後見人の行った行為は、原則、**取り消しできる**が、日用品の購入など、**日常生活に関する行為は取り消せない** **保護される人：**被後見人 **保護する人：**成年後見人	現在は判断能力があるが、将来、判断能力が不十分になったときに備える
	保佐：日常生活の**簡単なことは自分でできる**が、判断能力が特に不十分 **保護される人：**被保佐人 **保護する人：**保佐人	
	補助：おおよそのことは自分でできるが、判断能力が不十分 **保護される人：**被補助人 **保護する人：**補助人	

相続や遺贈による財産取得にかかる税金

2 相続税

相続人が相続した財産には相続税がかかります。
相続税がかかるケースは全体の１割に満たないものの、その税収は年間２兆円超にもなります。
相続税には、資産格差が世代が変われば解消されていくようにする趣旨も含まれています。

1 相続税の計算の流れ　重要度 B

相続税とは、相続や遺贈によって財産を取得したときに課税される国税です。

相続税の税額は、以下のようなステップで計算します。

Step 1　各人の課税価格の計算

↓

Step 2　相続税の総額の計算

基礎控除を
差し引き、
相続税を
計算します！

↓

Step 3　各人の納付税額の計算

ここで各相続人が
支払う相続税額が
決まります

2 相続税の具体的計算

重要度 A

では、相続税の具体的な計算を流れに沿って見ていきましょう。

Step 1 各人の課税価格の計算

まず初めに、相続人ごとに被相続人から相続した財産（Ⓐ～Ⓓ）から、非課税の財産（Ⓔ）や控除できる費用（Ⓕ）を差し引いて、相続税がかかる**課税価格**（Ⓖ）を計算します。

講義図解

各人の課税価格の計算方法

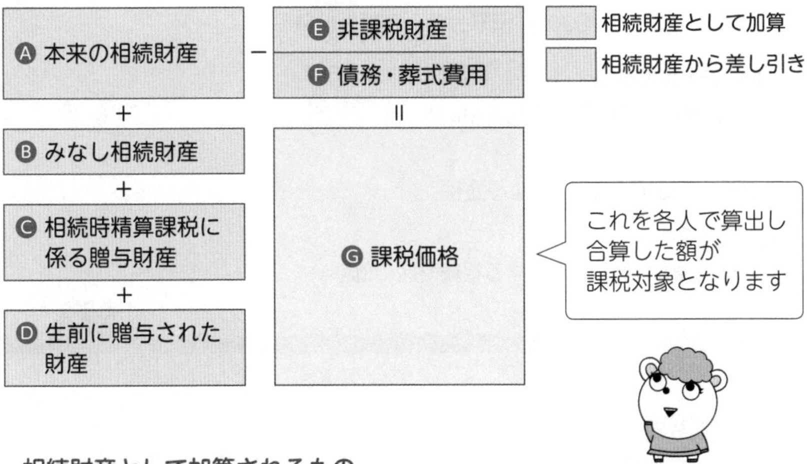

相続財産として加算されるもの

Ⓐ 本来の相続財産

→相続や遺贈などで相続人が受け継いだ、被相続人が所有していた財産。
土地、建物、株式、預貯金、ゴルフ会員権等。

Ⓑ みなし相続財産

→Ⓐ以外で被相続人が亡くなったことで相続人が受け継いだ、相続財産とみなされる財産。
生命保険金や死亡退職金等。

Ⓒ 相続時精算課税に係る贈与財産

→被相続人から相続時精算課税制度により贈与された財産。相続時精算課税制度とは、生前に贈与された財産について、贈与者が亡くなったときに、原則、**贈与時の価額**につき、他の相続財産と合わせて相続税をまとめて支払う制度です。

Ⓓ 生前に贈与された財産

→被相続人から相続または遺贈により財産を取得した者が、被相続人が亡くなる前に、暦年課税方式により**被相続人から贈与**された財産。**贈与時の価額**を相続財産として加算します。

相続財産から差し引きされるもの

Ⓔ 非課税財産

→相続税の課税対象にならない財産。
相続人が受け取る**生命保険金**や**死亡退職金の一定額**、墓地、墓石、祭具、仏壇・仏具など。弔慰金の一定額も非課税。

Ⓕ 債務・葬式費用

→被相続人の債務や葬式費用。

相続税の計算のもとになる金額

Ⓖ 課税価格

→相続税の課税対象となる相続財産の価額。

本来の相続財産
（相続税の計算 Step 1 Ⓐより）

本来の財産には、預貯金、有価証券、不動産などのほか、ゴルフ会員権、借地権、著作権など金銭に見積もることができる経済的に価値のあるものや、売掛金、貸付金などの債権も含みます。相続放棄した相続人は受け取れません。なお、未支給年金は相続財産には含まれず、受け取った人の一時所得となります。また、自動車保険契約に基づいて遺族が受け取った損害賠償金（非課税）も対象外です。

みなし相続財産

（相続税の計算 Step 1 Ⓑより）

みなし相続財産の代表的なものが**生命保険金**や**死亡退職金**です。生命保険金は被相続人が契約者（保険料を支払う人）の場合、相続税の対象になります。

死亡退職金は被相続人が在職中に亡くなった場合、遺族に対して支払われます。**死後3年以内に支給額が確定した死亡退職金**は、みなし相続財産として扱われます。

レック先生のズバッと解説

被相続人の死亡後3年を超えて支給が確定した退職金は、受け取った者の一時所得として所得税の課税対象となります。

相続時精算課税に係る贈与財産

（相続税の計算 Step 1 Ⓒより）

相続時精算課税により取得した財産は、相続または遺贈により財産を取得したか否かにかかわらず、原則、**贈与時の価額**により相続税の課税価格として加算されます※。

※特別控除とは別に、年間110万円までの贈与であれば相続財産に加算されません（相続時精算課税に係る基礎控除）。

生前に贈与された財産

（相続税の計算 Step 1 Ⓓより）

相続または遺贈により財産を取得した者が、暦年課税方式で**相続開始前一定期間内**※※に被相続人から生前贈与された財産は、**贈与時の価額**により相続税の課税価格として加算されます※。

※贈与税の配偶者控除の適用を受けた部分、直系尊属から住宅取得等資金の贈与の非課税制度の適用を受けた部分等は加算対象外です。
※※2024年1月1日以後の贈与により取得する財産にかかる相続税（2027年1月1日以後の相続）から3年超7年未満の期間で段階的に拡大され、2031年1月1日から加算期間が7年となります。
ただし、相続開始前3年超7年以内に受けた贈与については合わせて100万円まで加算されません。

非課税財産

（相続税の計算 Step 1 Ⓔより）

生命保険金や死亡退職金を**相続人**が受け取る場合、原則として一定額が非課税となります。

非課税限度額 ＝ 500万円 × 法定相続人の数

弔慰金（ちょういきん）のうち、原則として一定額が非課税となります。

弔慰金（ちょういきん）

業務上の死亡
➡ **死亡時の普通給与×36カ月分＝非課税限度額**

業務外の死亡
➡ **死亡時の普通給与×6カ月分＝非課税限度額**

レック先生のズバッと解説

相続放棄をしても、被相続人の生命保険金や死亡退職金を受け取ることはできますが、相続人ではないので、非課税の適用はありません。

過去問チャレンジ

相続税の課税財産等に関する次の記述のうち、最も不適切なものはどれか。

1. 契約者（＝保険料負担者）および被保険者が夫、死亡保険金受取人が妻である生命保険契約において、夫の死亡により妻が受け取った死亡保険金は、原則として、遺産分割の対象とならない。

2. 契約者（＝保険料負担者）および被保険者が父、死亡保険金受取人が子である生命保険契約において、子が相続の放棄をした場合は、当該死亡保険金について、死亡保険金の非課税金額の規定の適用を受けることができない。

3. 老齢基礎年金の受給権者である被相続人が死亡し、その者に支給されるべき年金給付で死亡後に支給期の到来するものを相続人が受け取った場合、当該未支給の年金は、相続税の課税対象となる。

4. 被相続人の死亡により、当該被相続人に支給されるべきであった退職手当金で被相続人の死亡後３年以内に支給が確定したものについて、相続人がその支給を受けた場合、当該退職手当金は、相続税の課税対象となる。

[23年9月・学科]

3が不適切　未支給年金は、一時所得として所得税の課税対象となります。

相続税の課税・非課税の問題もよく出題されます！
次に学ぶ「贈与税」の知識ともからむ出題もあります。
ひととおり学習してから問題集をしっかりこなして、
出題されるパターンをよく確認しておきましょう！

債務・葬式費用

（相続税の計算 Step 1 Ⓕより）

被相続人の債務を承継した場合は、課税価格から控除できます。葬式費用を負担した場合も、その費用が控除されます。

債務

控除できるもの

➡ 借入金、未払いの医療費、未払いの税金など

控除できないもの

➡ 生前に購入した**墓碑や仏壇**などの未払い金など

葬式費用

控除できるもの

➡ 通夜・告別式の費用、火葬費用、納骨費用、戒名料など

控除できないもの

➡ **香典返し**の費用、法要費用（初七日等）など

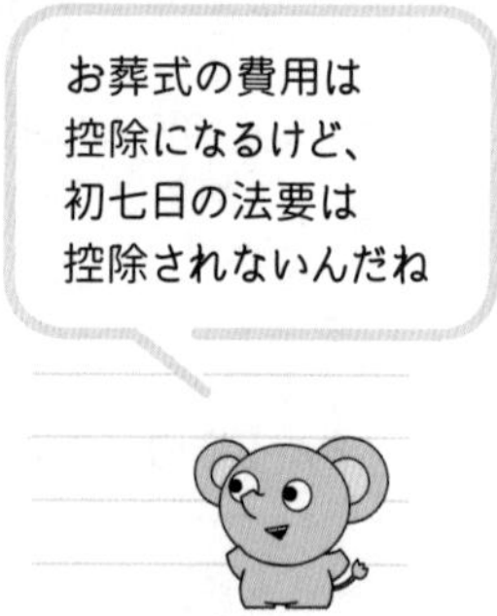

お葬式の費用は
控除になるけど、
初七日の法要は
控除されないんだね

過去問チャレンジ

次の費用等のうち、相続税の課税価格の計算上、相続財産の価額から債務控除することができるものはどれか。なお、相続人は債務控除の適用要件を満たしているものとする。

1. 被相続人が生前に購入した墓碑の購入代金で、相続開始時点で未払いのもの

2. 遺言執行者に支払った被相続人の相続に係る遺言執行費用

3. 被相続人に係る初七日および四十九日の法要に要した費用のうち、社会通念上相当と認められるもの

4. 被相続人が所有していた不動産に係る固定資産税のうち、相続開始時点で納税義務は生じているが、納付期限が到来していない未払いのもの

［22年9月・学科］

4が適切　1. 墓地、墓碑、仏具などは非課税財産のため、その未払い金も債務控除の対象にはなりません。

2. 債務控除の対象は、被相続人の債務ですので、遺言執行者（例：弁護士等）に支払う遺言執行費用は債務控除の対象にはなりません。

3. 葬儀費用は債務控除の対象となりますが、法要費用は対象にはなりません。

Step 2 相続税の総額の計算

遺産に係る基礎控除

相続税には**基礎控除**があり、その控除額以下の場合は相続税はかかりません。つまり、基礎控除を上回る場合に相続税がかかります。ここではその税額の計算方法について説明します。

講義図解

遺産に係る基礎控除額の計算

遺産に係る基礎控除額
＝3,000万円＋600万円×法定相続人の数

法定相続人が… 配偶者のみの場合
3,000万円＋600万円×１人＝3,600万円

配偶者と子１人の場合
3,000万円＋600万円×２人＝4,200万円

配偶者と子２人の場合
3,000万円＋600万円×３人＝4,800万円

基礎控除の法定相続人の数には、**相続を放棄した者**も数えます。普通養子は、被相続人に**実子がいる場合は1人まで、実子がいない場合は2人まで**、法定相続人の数に入れることができます。なお、特別養子縁組により養子になった人、配偶者の実子や代襲相続人で被相続人の養子となった人は、実子とみなされます。

相続税の総額の計算

Step 1　で計算した各相続人の**課税価格を合計**し、課税価格の合計額を算出します。そこから基礎控除を差し引くと、**課税遺産総額**がわかります。

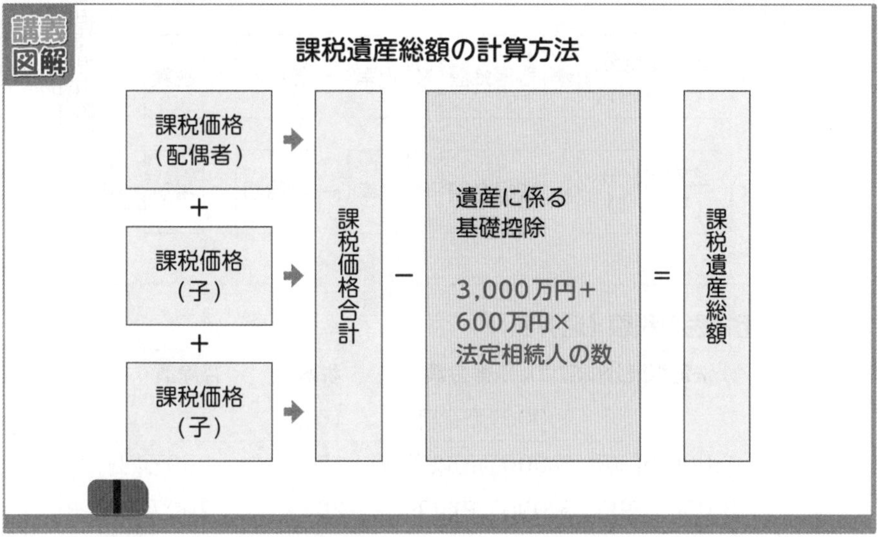

算出した課税遺産総額を**各法定相続人が法定相続分で取得したと仮定**します。その取得金額に応じた**税率を乗じる**ことで、各人の仮の相続税額が算出でき、それらを合計したものが**相続税の総額**となります。

相続税の税率

相続税の総額を計算するときの税率は**速算表**の数値を使います。各人が課税遺産総額を法定相続分で受け取る場合、仮の相続税額は次の計算式で算出できます。

> 法定相続分に応じた取得金額×税率－控除額
> ＝仮の相続税額

ワンポイント
相続税額の計算は金財実技試験で頻出されます。
問題には速算表が記載されているので、表の数値を覚える必要はありません。

講義図解

相続税の総額の計算方法

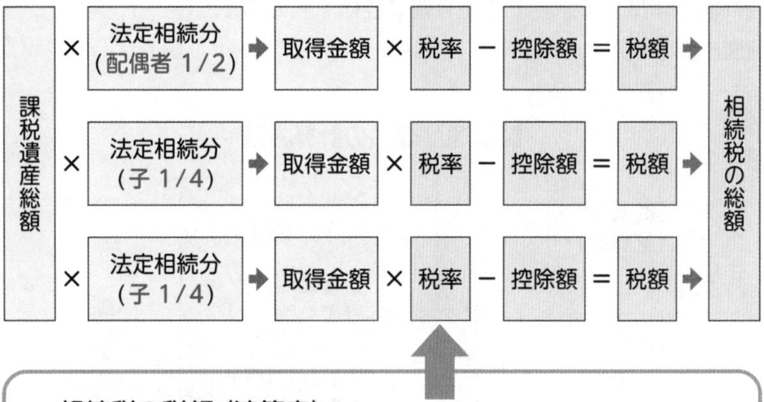

相続税の税額（速算表）

法定相続分に応じた取得金額		税率	控除額
	1,000万円以下	10%	−
1,000万円超	3,000万円以下	15%	50万円
3,000万円超	5,000万円以下	20%	200万円
5,000万円超	1億円以下	30%	700万円
1億円超	2億円以下	40%	1,700万円
2億円超	3億円以下	45%	2,700万円
3億円超	6億円以下	50%	4,200万円
6億円超		55%	7,200万円

過去問チャレンジ

下記＜親族関係図＞において、Aさんの相続が開始した場合の相続税額の計算における遺産に係る基礎控除額として、最も適切なものはどれか。なお、Cさんは相続の放棄をしている。また、Eさんは、Aさんの普通養子（特別養子縁組以外の縁組による養子）である。

＜親族関係図＞

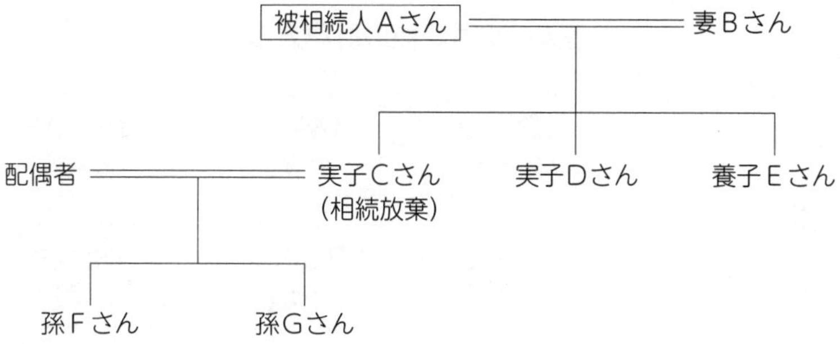

1. 4,200万円
2. 4,800万円
3. 5,400万円
4. 6,000万円

［23年5月・学科］

3が適切　基礎控除額は3,000万円＋600万円×法定相続人の数で求めます。相続税の計算上、「相続放棄はなかったものとみなされる」「実子がいる場合、普通養子は1人まで」ということから、法定相続人は妻Bさん、実子Cさん、Dさん、養子Eさんとなります。したがって3,000万円＋600万円×4人＝5,400万円です。

Step 3　各人の納付税額の計算

Step 2 で計算した相続税の総額を、**実際に遺産を取得する割合**で計算し直すことで、算出税額が計算されます。算出税額から税額控除をすることで、各人の納付税額がわかります。

講義図解

各人の納付税額の計算方法

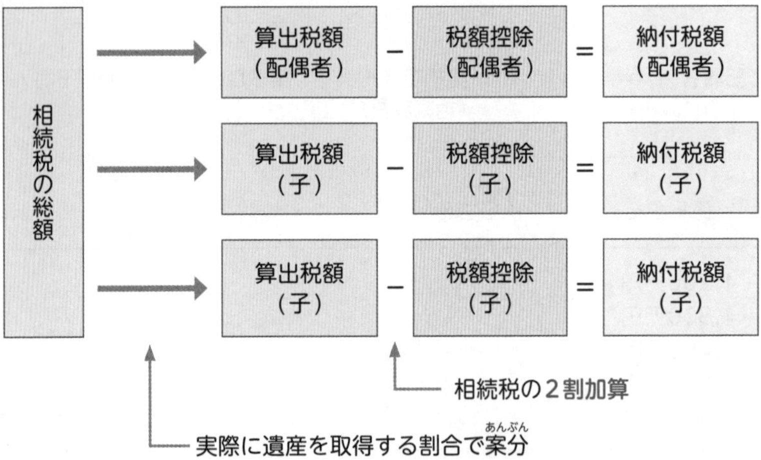

$$\text{算出税額} = \text{相続税の総額} \times \frac{\text{各人の課税価格}}{\text{課税価格の合計}}$$

税額控除

→配偶者の税額軽減、未成年者控除、障害者控除などがあります。

相続税の２割加算

→被相続人の配偶者および１親等の血族（子（代襲相続人である孫を含む）、父母）以外の人（代襲相続人でない孫養子、**兄弟姉妹等**）が相続や遺贈によって財産を取得した場合、各相続人の算出税額に２割が加算されます。

税額控除

被相続人と相続人の関係や相続人の特質などに対して用意されている、相続税額から一定額が控除される制度です。相続税の税額控除には、以下のものがあります。

相続税の税額控除

税額控除	控除を受けられる人	内容
贈与税額控除	生前贈与で贈与税を支払った人	暦年課税方式で贈与を受け、相続税の課税価格に加算された財産について贈与税を支払っている場合は、その贈与税額を相続税額から控除できる
配偶者の税額軽減	配偶者（内縁は対象外）	配偶者が相続または遺贈により取得した財産が、以下のいずれか多い金額までの場合、相続税はかからない **1億6,000万円または配偶者の法定相続分相当額**
未成年者控除	法定相続人である未成年者	法定相続人が未成年者の場合、以下の金額を相続税から控除できる **（18歳－相続開始時の年齢）×10万円＝控除額**
障害者控除	法定相続人である障害者	法定相続人が障害者の場合、以下の金額を相続税から控除できる **（85歳－相続開始時の年齢）×10万円**※ **＝控除額** ※特別障害者の場合は20万円
相次(そうじ)相続控除	相続が続いた相続人	過去10年以内に今回の被相続人が相続税を支払っていた場合、その被相続人の相続税額のうち、一定の税額を控除できる

外国税額控除	外国にある財産を取得し、外国で相続税に相当する税金を納めた人	被相続人の外国にある財産を取得し、その国で相続税に相当する税を納めた場合、二重課税を軽減するため、税額を控除することができる
相続時精算課税制度による贈与税額控除	相続時精算課税制度で贈与税を支払った人	支払った贈与税額を相続税額から差し引きでき、仮に贈与税額が相続税額を上回った場合には、その**超過分が還付**される

過去問チャレンジ

相続税の計算に関する次の記述のうち、最も不適切なものはどれか。

1. 法定相続人が相続の放棄をした場合、その放棄をした者の人数を「法定相続人の数」に含めずに、相続税の計算における遺産に係る基礎控除額を計算する。

2. すでに死亡している被相続人の子を代襲して相続人となった被相続人の孫は、相続税額の２割加算の対象とならない。

3. 相続開始時の法定相続人が被相続人の配偶者のみで、その配偶者がすべての遺産を取得した場合、「配偶者に対する相続税額の軽減」の適用を受ければ、相続により取得した財産額の多寡にかかわらず、配偶者が納付すべき相続税額は生じない。

4. 「配偶者に対する相続税額の軽減」の適用を受けることができる配偶者は、被相続人と法律上の婚姻の届出をした者に限られ、いわゆる内縁関係にある者は該当しない。

[22年5月・学科]

1が不適切　相続の放棄があった場合でも、相続税の計算上は放棄がなかったものとして相続人の数に含めます。

3 相続税の申告と納付 重要度 B

相続税の納税義務者

相続税の納税義務者とは、相続や遺贈によって**財産を取得した人**のことです。納税義務者は国内居住者、国外居住者、日本国籍の有無などにより、課税される財産の範囲が異なります。

講義図解

納税義務者における課税財産の範囲（原則）

<table>
<tr><td colspan="3" rowspan="2">被相続人・贈与者
相続人・受贈者</td><td rowspan="2">国内に居住</td><td colspan="2">国外に居住</td></tr>
<tr><td>10年以内に日本国内に住所あり</td><td>10年以内に日本国内に住所なし</td></tr>
<tr><td colspan="3">国内に居住</td><td colspan="2" rowspan="4">国内財産と国外財産に課税</td><td rowspan="2"></td></tr>
<tr><td rowspan="3">国外に居住</td><td rowspan="2">日本国籍あり</td><td>10年以内に日本国内に住所あり</td></tr>
<tr><td>10年以内に日本国内に住所なし</td><td rowspan="2">国内財産のみに課税</td></tr>
<tr><td colspan="2">日本国籍なし</td></tr>
</table>

相続税の申告

相続税の課税価格が**基礎控除以下の場合は申告不要**です。ただし、配偶者の税額軽減や小規模宅地等の特例などを適用した場合は、課税価格が0円でも申告が必要になります。**原則、相続開始を知った日の翌日から10カ月以内**に、被相続人の死亡時の住所地の所轄税務署長に申告します。

相続税の納付

相続税の納付は申告書の提出期限までに、金銭で一括納付することが原則です。ただし、一括納付が難しい場合は**延納**や**物納**という方法で相続税を納めることも認められています。

レック先生のズバッと解説

亡くなった人の**準確定申告**の申告期限は相続の開始があったことを知った日の翌日から4カ月以内です。

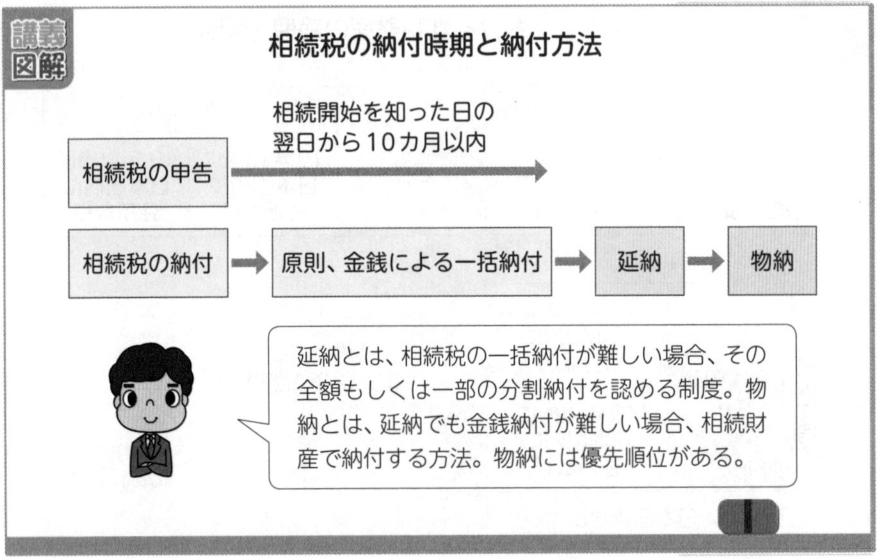

講義図解
相続税の納付時期と納付方法
相続開始を知った日の翌日から10カ月以内
相続税の申告
相続税の納付
原則、金銭による一括納付
延納
物納
延納とは、相続税の一括納付が難しい場合、その全額もしくは一部の分割納付を認める制度。物納とは、延納でも金銭納付が難しい場合、相続財産で納付する方法。物納には優先順位がある。

延納の条件

- 相続税の**納付税額が10万円を超えている**
- 金銭一括納付が難しい
- 申告期限までに**延納申請書を提出**する
- 原則、担保を提供する

ワンポイント

延納税額が100万円以下かつ延納期間が3年以下の場合、担保は不要です。

物納の条件

- 延納によっても金銭納付が難しい
- 物納が認められる財産で納付する

小規模宅地等の特例を受け、評価額が軽減された場合は、特例適用後の軽減された価額が収納価額となります。

物納の順位

第１順位	不動産、船舶、国債、地方債、**上場株式等**
第２順位	**非上場株式等**
第３順位	動産

物納できない財産

例えば、担保権が設定されている不動産、権利の帰属について争いがある不動産、境界が明らかでない土地などは物納することができません。

暦年課税方式で贈与を受け、相続税の課税価格に加算された財産については物納できます。

相続税の取得費加算とその条件

相続または遺贈によって取得した土地、建物、株式などの財産を、一定期間内に譲渡した場合、納付する相続税額のうち、一定金額を譲渡所得の取得費として加算できます。

相続税の取得費加算の特例を受けるための条件

- 相続や遺贈により財産を取得した人に相続税が課税されている
- 取得した財産を、相続開始日の翌日から相続税の申告期限の翌日以後３年を経過する日までに譲渡している

3 贈与税

親が子どもを、祖父母が孫を援助するのはよくあること。ですが、そのような資金の移動は贈与とみなされ、贈与税がかかってしまいます。どんなケースなら贈与税がかからないのか、いくらまでなら税金がかからないのかなど、制度をうまく活用して後の世代に賢く財産を残しましょう。

1 贈与税の基本　重要度 A

財産をあげる・もらうことを**贈与**といいます。贈与は**贈与者（あげる人）**と**受贈者**（じゅぞうしゃ）**（もらう人）**の合意によって成立し、その贈与契約は書面でも、口頭であっても有効です。口頭で伝えた贈与契約は、すでに贈与した部分を除いて、各当事者で解除できます。一方、原則、書面の場合は贈与者が一方的に解除することはできません。夫婦間の贈与は、第三者の権利を侵害しない限り、いつでも取消しできるとされています。なお贈与者は、贈与の目的として特定したときの状態で贈与の目的物を引き渡すことを合意していたものと推定します（契約不適合責任は負いません）が、負担付贈与の場合は、負担を限度として、契約不適合責任を負います。

ワンポイント

会社などの法人から財産をもらったときには贈与税はかかりませんが、所得税がかかります。

ナビゲーション

贈与税は原則、個人から贈与により財産を取得した個人に課税されます。

（原則）	書面による贈与	書面によらない贈与
取得時期	贈与契約の効力が発生したとき	贈与の履行があったとき
履行前の解除	解除できない	いつでも解除できる
履行後の解除	解除できない	解除できない

贈与の形態には、通常の贈与のほか、定期贈与、負担付贈与、死因贈与などがあります。

贈与の形態

贈与の形態	特　徴	対象となる税
通常の贈与	・都度、贈与者と受贈者の意思表示で成立する贈与	贈与税
定期贈与	・最初から定期的に一定の贈与を行う （「この先10年間にわたって毎年100万円をあげる」など） ・年金受給権が贈与税の対象 ・贈与者、受贈者いずれかの死亡で契約終了	
負担付贈与	・贈与とともに、受贈者に一定の債務を負担させる契約 （「マンションをあげるから残りのローンを払って」など） ・受贈者が債務を履行しない場合は履行を催促し、その期間に履行がない場合、贈与者は原則として契約を解除できる ・贈与者は負担を限度として、契約不適合責任を負う（売買契約と同様の担保責任を負う） ・利益を受ける者は贈与者に限られない	
死因贈与	・贈与者の死亡を条件に、生前にかわした贈与契約 （「私が死んだとき、この家と土地をあげる」など） ・受贈者が先に死亡した場合は、効力が生じない	相続税

形態を暗記するだけじゃなく、
特徴とあわせて理解するように！

過去問チャレンジ

民法上の贈与に関する次の記述のうち、最も適切なものはどれか。

1. 贈与は、当事者の一方が、ある財産を無償で相手方に与える意思表示をすることにより効力が生じ、相手方が受諾する必要はない。

2. 定期贈与は、贈与者または受贈者のいずれか一方が生存している限り、その効力を失うことはない。

3. 死因贈与は、民法の遺贈に関する規定が準用されるため、書面によってしなければならない。

4. 書面によらない贈与は、その履行の終わった部分を除き、各当事者が解除をすることができる。

[24年1月・学科]

4が適切　1. 贈与は、贈与者、受贈者双方の合意が必要です。

2. 定期贈与は、贈与者、受贈者いずれかの死亡で契約が終了します。

3. 死因贈与の契約は口頭でもよいとされています。

2 贈与税の計算 重要度A

贈与税は暦年課税で、**1年間（1月1日〜12月31日）**の間に贈与された財産の合計額をもとに計算します。課税価格は以下のような方法で計算することができます。

講義図解

贈与税の課税価格の計算

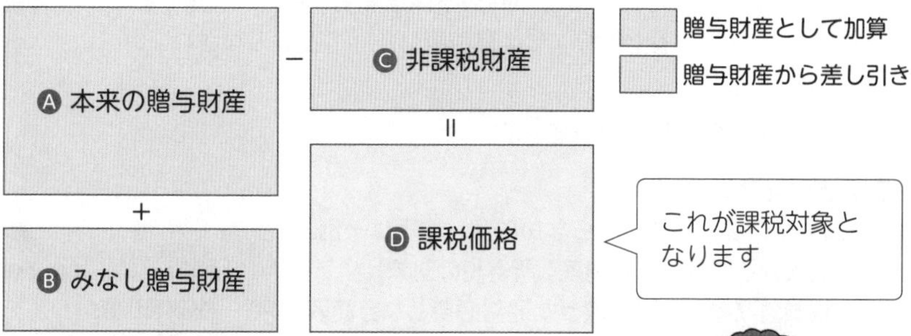

贈与財産として加算されるもの

Ⓐ本来の贈与財産

→贈与によって取得した財産。
土地、建物、株式、預貯金等。

Ⓑみなし贈与財産

→贈与者の死亡により受贈者が受け取った、贈与とみなされる財産。

生命保険金等…契約者、被保険者、受取人がすべて異なる場合の死亡保険金。
契約者と受取人が異なる場合の満期保険金。

負担付贈与……贈与に対して債務が引き渡された場合、贈与財産の時価と債務の額の差額
・上場株式等、土地等・建物
債務の額と通常の取引価額との差額
・上記以外の財産
債務の額と相続税評価額との差額

低額譲受………著しく低い価額の対価で財産を譲り受けた場合、その財産の時価と支払った対価の額との差額に相当する金額。

・上場株式等、土地等・建物
　譲り受けた価額と通常の取引価額との差額

・上記以外の財産
　譲り受けた価額と相続税評価額との差額

定期金の権利…契約者と受取人が異なる個人年金保険や収入保障保険の年金受給権。

債務免除………借金の免除や肩代わりをしてもらった場合、その価額。ただし債務が弁済不能な場合、弁済が困難である部分の金額は、贈与により取得したものとはみなされない。

贈与財産から差し引きされるもの

Ⓒ 非課税財産

→贈与税の課税対象にならない財産。以下は一例。

・法人から贈与された財産（所得税の対象）。

・**扶養義務者**から受け取った通常必要となる範囲内の生活費や教育費。

・離婚による財産分与（婚姻期間中に夫婦の協力によって得た財産）で、社会通念上、相当な範囲内である場合。

・個人からの常識的な範囲内での祝い金、贈答、香典、見舞金など。

・相続または遺贈により財産を取得した者が、相続開始年に被相続人から贈与により取得した財産（相続税の対象）等。

用語の意味

扶養義務者
生計を同じくしている配偶者、直系血族、兄弟姉妹、3親等の親族。

贈与税の計算のもとになる金額

Ⓓ 課税価格

→贈与税の課税対象となる贈与財産の価額。

過去問チャレンジ

贈与税の非課税財産等に関する次の記述のうち、最も不適切なものはどれか。

1. 扶養義務者相互間において生活費または教育費に充てるためにした贈与により取得した財産のうち、通常必要と認められるものは、贈与税の課税対象とならない。

2. 個人から受ける社交上必要と認められる香典や見舞金等の金品で、贈与者と受贈者との関係等に照らして社会通念上相当と認められるものは、贈与税の課税対象とならない。

3. 離婚に伴う財産分与により取得した財産は、その価額が婚姻中の夫婦の協力によって得た財産の額等の事情を考慮して社会通念上相当な範囲内である場合、原則として、贈与税の課税対象とならない。

4. 父が所有する土地の名義を無償で子の名義に変更した場合、その名義変更により取得した土地は、原則として、贈与税の課税対象とならない。

[23年9月・学科]

4が不適切　贈与があったものとみなされ、贈与税の課税対象となります。

贈与税の基礎控除と税率

贈与税には年間**110万円**の**基礎控除**があります。課税価格から基礎控除を差し引いた金額と、速算表の税率を使って贈与税額を計算します。

講義図解

贈与税の計算方法

課税価格から基礎控除を差し引いた額に税率を乗じるところに注意しましょう。税率には一般税率と特例税率の２つがあります。

（Ⓓ 課税価格 － 贈与に係る基礎控除 1年間　110万円）× 税率 － 控除額 ＝ 贈与税額

（税率 － 控除額：速算表の数値を使用）

贈与税の税率

税率には一般贈与財産用（一般税率）と特例贈与財産用（特例税率）の２つがあり、特例税率は、原則、直系尊属（**祖父母や父母**など）から、その年の１月１日において18歳以上の人（子・孫など）への贈与税の計算に使用します。

贈与税の税率（速算表）

●一般贈与財産用（一般税率）

基礎控除後の課税価格		税率	控除額
	200万円以下	10％	－
200万円超	300万円以下	15％	10万円
300万円超	400万円以下	20％	25万円
400万円超	600万円以下	30％	65万円
600万円超	1,000万円以下	40％	125万円
1,000万円超	1,500万円以下	45％	175万円
1,500万円超	3,000万円以下	50％	250万円
3,000万円超		55％	400万円

●特例贈与財産用（特例税率）

基礎控除後の課税価格		税率	控除額
	200万円以下	10%	−
200万円超	400万円以下	15%	10万円
400万円超	600万円以下	20%	30万円
600万円超	1,000万円以下	30%	90万円
1,000万円超	1,500万円以下	40%	190万円
1,500万円超	3,000万円以下	45%	265万円
3,000万円超	4,500万円以下	50%	415万円
4,500万円超		55%	640万円

※教育資金の一括贈与、結婚・子育て資金の一括贈与の非課税制度の適用により取得する贈与資金のうち、非課税期間終了時に残額へ課税される一定の部分については一般税率が適用されます。

3 贈与税の特例

重要度 A

贈与税には特例があり、特定の受贈者への特定の目的の贈与に関しては各種控除や非課税の措置が行われています。特例には以下のようなものがあります。

①贈与税の配偶者控除

②相続時精算課税制度（特別控除）

③直系尊属から住宅取得等資金の贈与を受けた場合の非課税制度

④教育資金の一括贈与に係る贈与税の非課税制度

⑤結婚・子育て資金の一括贈与に係る贈与税の非課税制度

①贈与税の配偶者控除

婚姻期間が20年以上の夫婦間で、居住用不動産または居住用不動産を取得するための金銭の贈与が行われた場合、基礎控除110万円のほかに最高**2,000万円まで配偶者控除**ができる特例です。

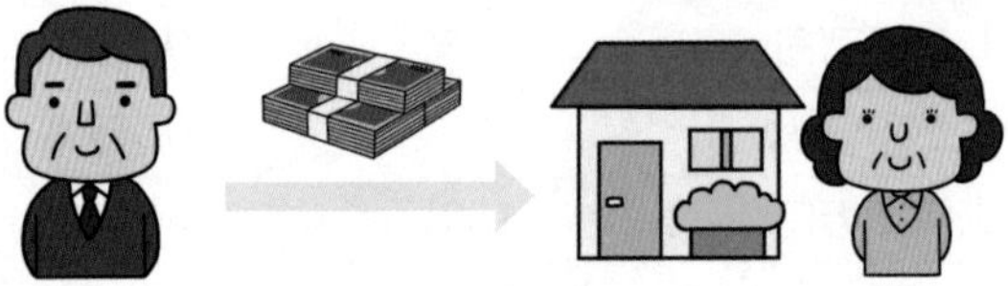

対象者	婚姻期間が20年以上の夫婦間
贈与の内容	居住用不動産または居住用不動産を取得するための金銭
控除額	最高2,000万円（**同じ配偶者の間では一生に1回のみ**）

<贈与税の配偶者控除の計算式>

（課税価格 － 2,000万円 － 110万円）× **税率－控除額** ＝ 贈与税額

（税率－控除額：速算表の数値を使用）

〈条件〉

- 贈与を受けた年の翌年**3月15日**までに受贈者が贈与によって取得した居住用不動産に住んでおり、その後も引き続き住む見込みであることなど
- 特例適用により贈与税額が0円になった場合も、贈与税の申告書の提出が必要です

②相続時精算課税制度

原則60歳以上の父母または祖父母から、18歳以上の子または孫に対して財産を贈与した場合に、累計で贈与者ごと**合計2,500万円まで贈与税がかかりません**。年齢は贈与年の1月1日時点で判定されます。この制度を利用した場合、贈与者が亡くなったときの相続税には、相続財産にこの制度を適用した贈与財産の価額（原則、贈与時の時価）を加算して計算します。

ワンポイント

事業承継制度の特例を受ける場合、満18歳以上の特例後継者が相続時精算課税制度を利用することもできます。

対象者	60歳以上の父母または祖父母から贈与を受ける18歳以上の子または孫
贈与の内容	贈与財産の種類、金額、贈与回数に制限はない
税率	一律20％

<相続時精算課税の計算式>　2023年まで

（課税価格 － 2,500万円）× 20％ ＝ 贈与税額

<相続時精算課税制度の計算式>　2024年以降

（課税価格 － 受贈者ごと年間110万円 － 2,500万円）× 20％ ＝ 贈与税額

〈条件〉

- 受贈者（子または孫）は、最初に贈与を受けた年の**翌年2月1日から3月15日まで**に、「相続時精算課税選択届出書」を提出すること
- 受贈者が贈与者（父母または祖父母）ごとに、相続時精算課税制度または暦年課税を選択できます
- 一旦、選択すると、暦年課税に変更することはできません

講義図解

暦年課税と相続時精算課税制度の違い（まとめ）

	暦年課税	相続時精算課税制度
控除対象	1年間（1月1日〜12月31日）の贈与額の合計	複数年にわたる贈与額の合計
控除額と贈与税の計算式	基礎控除110万円※ 超過分 × 税率 − 控除額	基礎控除110万円※ 特別控除2,500万円 超過分 × 税率20％

※各制度別で適用できます。

③直系尊属から住宅取得等資金の贈与を受けた場合の非課税制度

2026年12月31日までの間に18歳以上の人が居住用の住宅を取得するための資金を直系尊属（父母や祖父母等）から贈与された場合、その一定額が非課税となります。年齢は贈与年の1月1日時点になります。

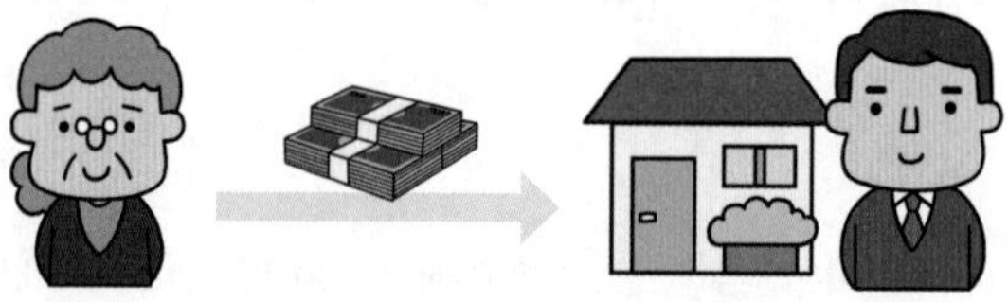

対象者	贈与時の1月1日に18歳以上の子・孫（合計所得金額が原則2,000万円以下）が、父母または祖父母から贈与を受けた場合
贈与の内容	居住用の住宅を新築、取得、増改築等するための金銭
非課税金額	省エネ等住宅は1,000万円、それ以外の住宅は500万円

〈条件〉

- 受贈者の合計所得金額と取得した住宅の床面積が以下のとおり

  床面積が
  40㎡以上50㎡未満 ➡ 受贈者の合計所得金額 **1,000万円以下**
  50㎡以上240㎡以下 ➡ 受贈者の合計所得金額 **2,000万円以下**

- 取得した住宅の床面積の1/2以上が居住用
- **暦年課税**または**相続時精算課税制度**との**併用が可能**です

過去問チャレンジ

贈与税に関する次の記述のうち、最も不適切なものはどれか。

1. 個人が同一年中に複数回にわたって贈与を受けた場合、同年分の当該個人の暦年課税に係る贈与税額の計算上、課税価格から控除する基礎控除額は、受贈者1人当たり最高で110万円である。

2. 贈与税の配偶者控除の適用を受けた場合、贈与税額の計算上、課税価格から基礎控除額のほかに配偶者控除として最高で3,000万円を控除することができる。

3. 本年に相続時精算課税制度の適用を受けた場合、贈与税額の計算上、課税価格から控除する特別控除額は、特定贈与者ごとに累計で2,500万円である。

4. 相続時精算課税制度の適用を受けた場合、贈与税額の計算上、適用される税率は、一律20%である。

[21年5月・学科]

2が不適切　配偶者控除は最高で2,000万円です。

④教育資金の一括贈与に係る贈与税の非課税制度

2026年3月31日までの間に、30歳未満の人が教育にあてる資金を直系尊属（父母や祖父母等）から贈与され、金融機関（受贈者名義の口座）に預け入れ等した場合、その一定額が非課税となります。教育資金の一括贈与後、贈与者が死亡した場合は、一定の場合、死亡時の残額が相続財産に加算されます。

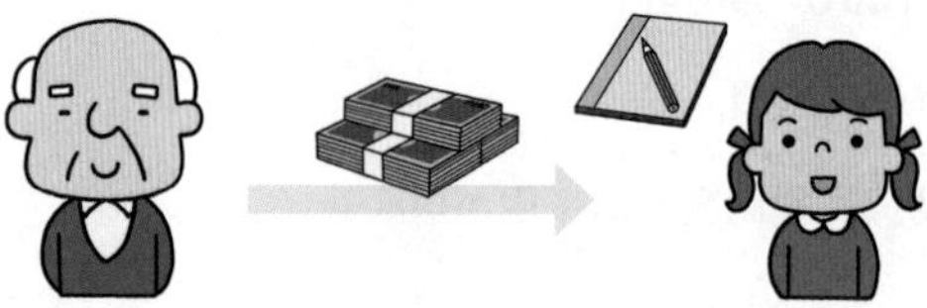

対象者	父母または祖父母から贈与を受けた**30歳未満の子または孫**で、贈与を受けた年の前年の受贈者の**合計所得金額が1,000万円以下**の人
贈与の内容	学校等の入学金や授業料、入園料、保育料、学用品の購入費、修学旅行費、給食費、塾や習い事の月謝、通学定期代、留学渡航費など
非課税金額	1人につき、**上限1,500万円** （うち、学校等以外への支払いは**500万円が限度**）

ワンポイント
死亡時の残額に課税される相続税は、子以外の場合に原則2割加算の対象となります。

⑤結婚・子育て資金の一括贈与に係る贈与税の非課税制度

2025年3月31日までの間に、18歳以上50歳未満の人が、結婚や子育てにあてる資金を直系尊属（父母や祖父母等）から贈与され、金融機関に預け入れ等した場合、その一定額が非課税となります。

結婚・子育て資金の一括贈与後、贈与者が死亡した場合は、一定の場合、死亡時の残高が相続財産に加算されます。

対象者	父母または祖父母から贈与を受けた**18歳以上50歳未満**の人で、贈与を受けた年の前年の受贈者の**合計所得金額が1,000万円以下**の人
贈与の内容	挙式費用、衣装代等の婚礼費用、家賃、敷金等の新居費用、転居費用、不妊治療・妊婦健診の費用、分娩費、産後ケアの費用、子どもの医療費、幼稚園・保育所等の保育料など
非課税金額	**上限1,000万円**（うち、結婚費用は**300万円**が限度）

ワンポイント
死亡時の残額に課税される相続税は、子以外の場合に原則2割加算の対象となります。

4 贈与税の申告と納付

重要度 B

贈与を受けた人は、贈与税を申告しなくてはいけません。ただし、1月1日から12月31日までの1年間に贈与された財産の合計額が**基礎控除（110万円）以下の場合は申告不要**です。

一方、以下の**特例**を受ける場合は、**納付税額が0円でも申告が必要**になります。

①贈与税の配偶者控除

②直系尊属から住宅取得等資金の贈与を受けた場合の非課税制度

贈与税の申告書は贈与を受けた年の**翌年2月1日から3月15日まで**に、受贈者の住所地の所轄税務署長に提出します。

贈与税の納付

贈与税の納付は申告書の提出期限までに、原則として**金銭**による**一括納付**で行います。ただし、以下のような一定の要件を満たした場合には、**5年以内の延納**も認められています。

延納の条件

- **贈与税の納付税額が10万円を超えている**
- 金銭一括納付が難しい
- **申告期限までに延納申請書を提出**する
- 原則、担保を提供する

レック先生のズバッと解説

相続税では金銭一括納付ができない場合、延納や物納が認められていますが、**贈与税の場合、物納は認められていません。**

ワンポイント

延納税額が100万円以下かつ延納期間が3年以下の場合、担保は不要です。

贈与税の申告納付は
2月1日から3月15日
までです
所得税の確定申告・納付の
2月16日～3月15日
と間違えないように！
締めの「3月15日」は
一緒だけどね
贈与税の方は
経験することが少ないので
その分、早めになっている
と考えるといいね！

財産は時価で評価する

4 財産の評価

相続税や贈与税を納税するためには、資産価値を金額で評価する必要があります。ただ、不動産、株式、投資信託などの場合、時期によってその価値は大きく変わります。財産をどのように評価するのか、それぞれの財産の評価方法をしっかりと把握しましょう。

1 相続税法における財産評価の原則　重要度 C

相続税法では、財産評価の原則として、相続、遺贈または贈与により取得した財産の価額は、財産取得時の時価によるとされています。なお、財産評価基本通達では、「時価」とは、課税時期において、それぞれの財産の現況に応じ、不特定多数の当事者間で自由な取引が行われる場合に通常成立すると認められる価額とされています。

ただし、地上権および永小作権、配偶者居住権等、定期金の権利、立木については評価方法を個別に規定しています。

2 宅地の評価　重要度 A

土地の評価は**地目**（ちもく）**（土地の用途）**によって異なり、宅地、田、畑、牧場、山林などに分かれています。宅地は建物の敷地として用いられる土地で、評価は**一画地**（いちかくち）**（利用単位）**ごとに行い、評価方法には**路線価方式**（ろせんか）と**倍率方式**があります。

講義図解

宅地の評価方法

宅地の評価には路線価方式と倍率方式があり、どの宅地をどちらの方式で評価するのかは、国税庁が定めています。

路線価方式

路線価が定められた**市街地にある宅地の**評価方法です。路線価とは、**路線（道路）に面する標準的な宅地の1㎡あたりの価額**のことです。**千円単位**で表示します。

倍率方式

路線価が定められていない、郊外地にある宅地の評価方法です。土地の価額は、その土地の**固定資産税評価額**に**一定の倍率**を乗じて計算します。

現金はもちろん、
不動産や株式など
「いくらになるか？」を
算出しなきゃいけないものね
相続税や贈与税など、
相続に関わる基本は
まず財産の評価から！

講義図解

路線価方式の具体的な計算方法

用語の意味

奥行価格補正率
宅地の奥行が極端に短かったり、長い場合は利用用途が限られるため、宅地の奥行距離に応じて**奥行価格補正率で調整**します。

● 一方が道路に面している場合

＜評価額＞
路線価 × 奥行価格補正率 × 地積(ちせき)（宅地面積）

（普通商業・併用住宅地区）

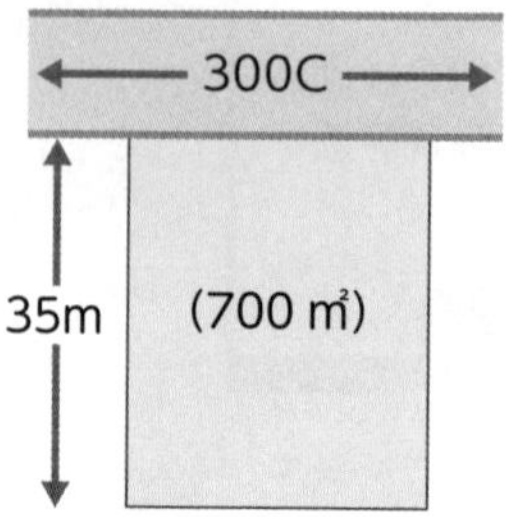

記号	借地権割合
A	90％
B	80％
C	**70％**
D	60％
E	50％
F	40％
G	30％

奥行価格補正率：0.97
路線価（300千円）の価額の横に、**借地権割合**（後述）を示す記号が表記されています。Cは借地権割合70％を表しています。

＜計算方法＞
（路線価）300千円×（奥行価格補正率）0.97×（地積）700㎡
=203,700千円

● 正面と側方が道路に面している場合

＜評価額＞
1. 正面路線価×奥行価格補正率
2. 側方路線価×奥行価格補正率×側方路線影響加算率
3. （1.の金額＋2.の金額）×地積

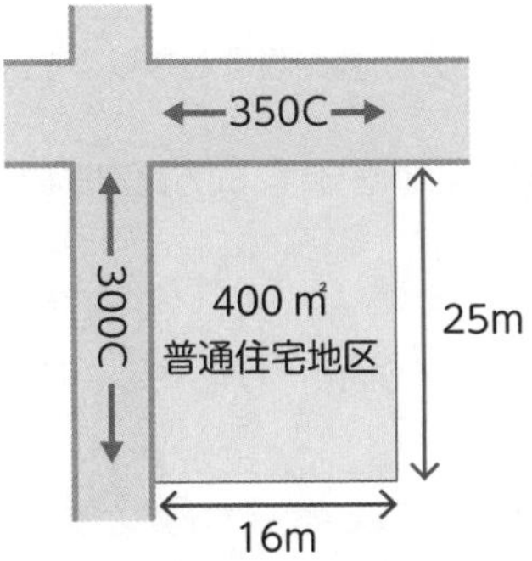

奥行25mの奥行価格補正率：0.97
奥行16mの奥行価格補正率：1.00
側方路線影響加算率：0.03

まず正面がどちらかを判定します。
路線価×奥行価格補正率で計算し、金額が高い方が正面路線価となります。この場合、350千円×0.97＝339.5千円と300千円×1.00＝300千円の比較となり、350Cの路線が正面になります。
300Cの路線に面している方が側方となります。側方分は、側方路線影響加算率を使用して加算します。

<計算方法>
（350千円×0.97＋300千円×1.00×0.03）×400㎡＝139,400千円

● 正面と裏面が道路に面している場合

<評価額>
1. 正面路線価×奥行価格補正率
2. 裏面路線価×奥行価格補正率×二方路線影響加算率
3. （1.の金額＋2.の金額）×地積

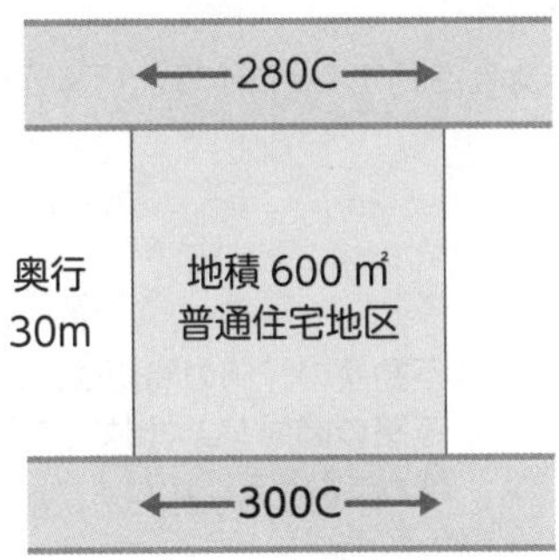

奥行価格補正率：0.95
二方路線影響加算率：0.02

まず正面がどちらかを判定します。
路線価×奥行価格補正率で計算し、金額が高い方が正面路線価となります。
この場合、300Cの路線が正面になります。
280Cの路線に面している方が裏面となります。裏面分は、二方路線影響加算率を使用して加算します。

＜計算方法＞
（300千円×0.95＋280千円×0.95×0.02）×600㎡＝174,192千円

地積規模の大きな宅地の評価

面積が広いものの、指定容積率が小さい場合に適用され、適用しない場合に比べて評価額が低くなります。
面積要件：三大都市圏：500㎡以上、その他：1,000㎡以上
指定容積率要件：400％（東京都特別区は300％）未満

宅地の分類と評価

宅地は主に以下の５つに分類して評価されます。

①自用地（じようち）	➡ 土地の所有者が自分のために利用している土地のこと
②借地権	➡ 建物の所有を目的に他人から土地を借りる権利
③貸宅地（かしたくち）	➡ 借地権が設定されている土地のこと
④貸家建付地（かしやたてつけち）	➡ 自分の土地にアパートなどを建てて他人に貸している場合の土地のこと
⑤貸家建付借地権（かしやたてつけしゃくちけん）	➡ 借地の借主がアパートなどを建てて他人に貸している場合の借地権のこと

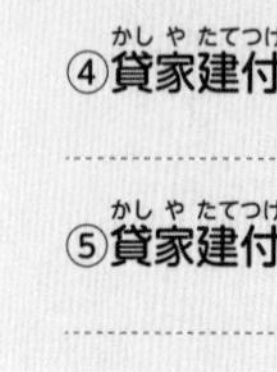

路線価、補正率、加算率等の条件は与えられるからその使い方をマスターしよう！

不動産の評価の問題は、土地と道路の図面がよく出てくるから慣れておきましょう！

講義図解

宅地の分類

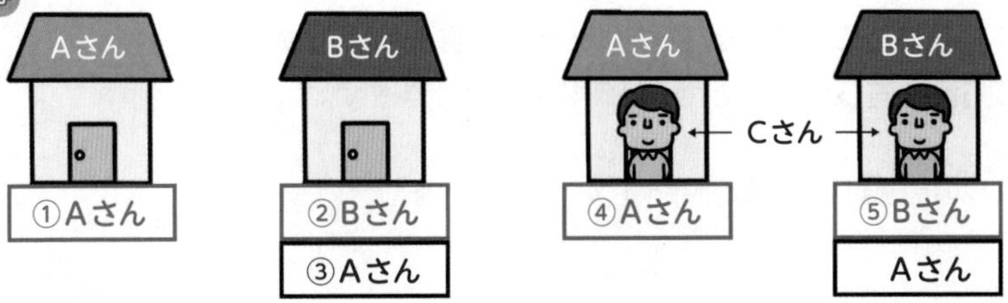

①自用地
Aさんの土地にAさんの建物がある場合のAさんの土地。

②借地権 ③貸宅地
Aさんの土地をBさんが借りて自宅を建てている場合、Aさん側が貸宅地。Bさん側が借地権。

④貸家建付地
Aさんの土地にAさんの建物があり、Cさんが借りている場合のAさんの土地。

⑤貸家建付借地権
Aさんから借りている土地にBさんの建物があり、Cさんに貸している場合のBさんの借地権。

①自用地の評価

面積は同じでも、縦長だったり、横長だったりと、宅地の形状は様々です。うなぎの寝床のような間口が狭く細長い宅地は利用しづらいので、それらを一様に、路線価×地積(宅地面積)=評価額と計算するのではなく、**各種補正率を乗じて評価額の補正**を行います。

> 用語の意味
> **自用地**
> 相続税において自宅の土地、青空駐車場、使用貸借で貸している土地を評価する場合等に用いられます。

自用地の評価額 = 路線価 × 各種補正率 × 地積

②普通借地権の評価

土地の権利には所有権と借地権があります。土地も家も所有している自用地の場合、所有権は100%となります。一方、他人の土地を借りて家を所有する場合は借地権となり、路線価図ではその割合を**90%のAから30%のGまで10%刻みの7段階**で示しています。

普通借地権の評価額 = 自用地評価額 × 借地権割合

③貸宅地の評価

借地権が借りている土地の権利の評価なのに対して、貸宅地は貸している土地の評価のことです。自分の土地から**借地権割合を差し引く**ことで、評価額を計算できます。

貸宅地の評価額 = 自用地評価額 ×（1 − 借地権割合）

④貸家建付地の評価

自分の土地に建物を所有して貸している場合の土地の評価です。借地権割合は土地を借りる権利の割合なのに対して、**借家権割合**とは、建物を借りる権利の割合のことで、全**国一律で30%**と決められています。賃貸割合とは、全体の住戸のうち実際に貸している床面積の割合のこと。満室の場合は賃貸割合が100%になります。

ナビゲーション
借家権の価額は、通常評価されません。

貸家建付地の評価額 =
自用地評価額 ×（1 − 借地権割合×借家権割合（30%）× 賃貸割合）

⑤貸家建付借地権の評価

貸家建付借地権とは、土地を借りている人がアパートなどの貸家を所有して貸している場合の、借りている土地の権利の評価です。

貸家建付借地権の評価額 =
自用地評価額 × 借地権割合 ×（1 −借家権割合（30%）× 賃貸割合）

家屋の評価

固定資産税評価額に基づいて、家屋の価額を求めることができます。自分の家の場合は固定資産税評価額＝自用家屋の評価額になります。建築中の家屋の場合は、その家屋の費用現価の**70％**に相当する金額によって評価します。一方、他者に貸している場合は**借家権割合**と**賃貸割合**を乗じた価額を差し引くことで、算出します。

自用家屋の評価額 ＝ 固定資産税評価額 ×1.0

貸家の評価額 ＝ 固定資産税評価額 ×1.0×（1－ 借家権割合（30％）× 賃貸割合）

過去問チャレンジ

Aさんの相続が開始した場合の相続税額の計算における土地の評価に関する次の記述のうち、最も不適切なものはどれか。

1. Aさんが、自己が所有する土地の上に自宅を建築して居住していた場合、この土地は自用地として評価する。

2. Aさんが、自己が所有する土地に建物の所有を目的とする賃借権を設定し、借地人がこの土地の上に自宅を建築して居住していた場合、この土地は貸宅地として評価する。

3. Aさんの子が、Aさんが所有する土地を使用貸借で借り受け、自宅を建築して居住していた場合、この土地は貸宅地として評価する。

4. Aさんが、自己が所有する土地の上に店舗用建物を建築し、当該建物を第三者に賃貸していた場合、この土地は貸家建付地として評価する。

［22年1月・学科］

3が不適切　使用貸借契約によって土地を無償で使用している場合は、使用貸借にかかる使用権の相続税評価額はゼロとなります。したがって、貸宅地とはならず、自用地として評価します。

小規模宅地等の評価減の特例

被相続人の住居や事業用の土地に高額な相続税がかかると、親族がそれらの財産を引き継ぐことができなくなってしまいます。そこで、一定要件を満たした宅地については、評価を減額してくれる**小規模宅地等の特例**があります。

小規模宅地等の評価減の特例

利用区分		限度面積	減額割合
居住用	特定居住用宅地等	330㎡	80%
事業用	特定事業用宅地等	400㎡	80%
	特定同族会社事業用宅地等		
貸付用	貸付事業用宅地等	200㎡	50%

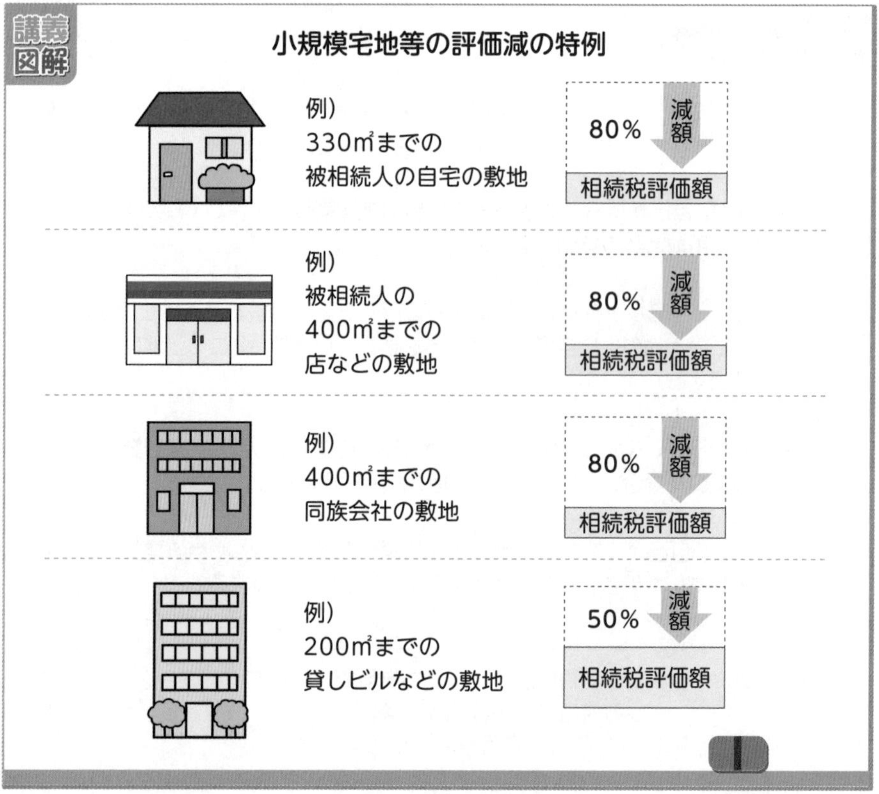

〈特定居住用宅地等の要件〉

被相続人または被相続人と生計を共にしていた親族の住居であるほか、以下のいずれかの要件に当てはまる宅地。

- 被相続人の配偶者が取得した宅地。
- 被相続人の同居親族が取得した宅地で、申告期限まで**所有し、住み続けていること。**
- 被相続人に配偶者も同居する相続人もいない場合、相続開始前の3年以内に自己、自己の配偶者等の所有する家屋に住んでいない者が所有し続けていること。
- 被相続人と生計を共にしていた親族の居住用宅地等をその親族が取得し、申告期限まで**所有し、住み続けていること。**

〈特定事業用宅地等、貸付事業用宅地等の要件〉

被相続人または被相続人と生計を共にしていた親族が事業をしていた宅地であるほか、以下のいずれかの要件にあてはまる宅地。

- 被相続人の事業用の宅地を、事業を引き継いだ親族が**取得し、申告期限まで所有し続け、その事業を継続し**ていること。
- 被相続人と生計を共にしていた親族がその事業用の宅地を**取得し、申告期限まで所有し続け、その事業を継続**していること。

〈3年ルール〉

特定事業用宅地等および貸付事業用宅地等において小規模宅地等の特例の対象から、原則、**相続開始前3年以内**に事業の用に供されたもの、貸付事業の用に供されたものは除かれます。

〈面積調整〉

- 特定居住用宅地等と特定事業用等宅地等（特定事業用宅地等と特定同族会社事業用宅地等）は完全併用可能。その場合、**330㎡＋400㎡で限度面積が合計730㎡**になる（面積調整不要）。
- 貸付事業用宅地等とそれ以外の宅地の併用の場合、一定の面積調整が必要。

住み続けている「特定居住用」は330㎡、事業を続けている「特定事業用」は400㎡ですね
そう！貸付用以外の事業用と居住用は減額割合が80％！

講義図解

小規模宅地等の特例を適用した後の相続税の計算方法

例1

地積：400㎡　相続税の評価額：4,000万円
特定居住用宅地等に該当する宅地の場合
※特定居住用宅地等は**限度面積330㎡、減額割合80％**

＜計算式＞
減額金額　4,000万円÷400㎡×330㎡×80％＝2,640万円
課税価格　4,000万円－2,640万円＝1,360万円

例2

地積：500㎡　相続税の評価額：1億円
特定事業用宅地等に該当する宅地の場合
※特定事業用宅地等は**限度面積400㎡、減額割合80％**

＜計算式＞
減額金額　1億円÷500㎡×400㎡×80％＝6,400万円
課税価格　1億円－6,400万円＝3,600万円

※特例の適用で**相続税額が0円になった場合も相続税の申告が必要。**

自分自身で
今一度計算してみよう。
計算方法が身につきますよ！

3 株式の評価

重要度 B

相続や贈与される財産には株式も含まれます。株式には**上場株式**と**取引相場のない株式**があり、評価額の算出方法が異なります。

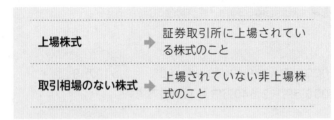

上場株式	証券取引所に上場されている株式のこと
取引相場のない株式	上場されていない非上場株式のこと

上場株式の評価

相続または遺贈の場合は被相続人の死亡の日、贈与の場合は贈与により財産を取得した日の、金融商品取引所が公表する最終価格を含めて、次の4つのうち**最も低い価額**により算出します。

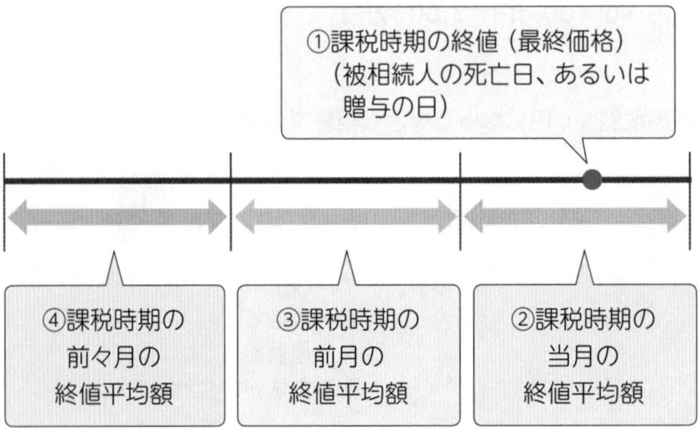

取引相場のない株式の評価

取引相場のない株式は、**原則的評価方式**または**特例的評価方式**の配当還元方式により評価します。

原則的評価方式：同族株主等が取得する場合、評価する株式を発行した会社の規模によって異なり、原則、**類似業種比準方式**、**純資産価額方式**、**併用方式**によって評価します。

特例的評価方式：同族株主等以外が取得する場合、その株式の発行会社の規模にかかわらず、原則、**配当還元方式**で評価します。

取引相場のない株式の評価方法

原則的評価方式	類似業種比準方式	類似業種の上場企業の株価をもとに、1株あたりの配当金額、利益金額、純資産価額の3要素を比較して評価する
	純資産価額方式	課税時期の相続税評価額による純資産価額をもとに、法人税額等相当額（含み益の37%）を差し引いた残りの金額で評価する
	併用方式	類似業種比準方式と純資産価額方式の併用で評価する
特例的評価方式	配当還元方式	配当実績をもとに評価する。**過去2年間の配当平均額を一定の利率（10%）で還元して評価する**

「株式の評価」は、
2級の実技問題で
よく出題されますよ！

講義図解

同族株主等が取得する取引相場のない株式（非上場会社の株式）の評価方法

<table>
<tr><th></th><th colspan="4">原則的評価方式</th><th colspan="4">他の選択肢</th></tr>
<tr><td>大会社</td><td colspan="4">類似業種比準価額</td><td colspan="4" rowspan="4">純資産価額</td></tr>
<tr><td>中会社の大</td><td rowspan="3">類似業種比準価額</td><td>90%</td><td rowspan="3">純資産価額</td><td>10%</td></tr>
<tr><td>中会社の中</td><td>75%</td><td>25%</td></tr>
<tr><td>中会社の小</td><td>60%</td><td>40%</td></tr>
<tr><td>小会社</td><td colspan="4">純資産価額</td><td>類似業種比準価額</td><td>50%</td><td>純資産価額</td><td>50%</td></tr>
</table>

講義図解

同族株主等が取得する取引相場のない株式（非上場会社の株式）の評価方法の計算式

①類似業種比準方式

$$1株あたりの評価額 = A \times \frac{\frac{E}{B}+\frac{F}{C}+\frac{G}{D}}{3} \times 斟酌率 \times \frac{1株あたりの資本金などの額}{50円}$$

A＝類似業種の株価

B＝類似業種の１株あたりの配当金額
C＝類似業種の１株あたりの利益金額
D＝類似業種の１株あたりの純資産

E＝評価会社の１株あたりの配当金額
F＝評価会社の１株あたりの利益金額
G＝評価会社の１株あたりの純資産

斟酌率（しんしゃくりつ）＝大会社0.7、中会社0.6、小会社0.5

②純資産価額方式

$$\text{1株あたりの評価額} = \frac{\text{相続税評価額による純資産額} - \left(\text{相続税評価額による純資産額} - \text{帳簿価額による純資産額}\right) \times 37\%}{\text{発行済株式数}}$$

※上記の各純資産額は、「総資産－負債額」で求めます。

③配当還元方式

$$\text{1株あたりの評価額} = \frac{\text{1株50円あたりの年配当金額（直前期末以前2年間の平均）}}{10\%} \times \frac{\text{1株あたりの資本金などの額}}{50\text{円}}$$

特定評価会社の株式の評価

取引相場のない株式のうち、類似業種比準方式での評価が適さない会社を、特定評価会社といいます。その評価は原則、**純資産価額方式**で行います。

取引相場のない株式の評価方法は、
同族株主等が取得するか、
それ以外等が取得するか
で分けると理解しやすいですよ
同族で3方式、
それ以外で1方式ね！

過去問チャレンジ

相続税における取引相場のない株式の評価に関する次の記述のうち、最も適切なものはどれか。

1. 会社規模が小会社である会社の株式の価額は、純資産価額方式によって評価し、類似業種比準方式と純資産価額方式の併用方式によって評価することはできない。

2. 会社規模が中会社である会社の株式の価額は、類似業種比準方式、または純資産価額方式のいずれかによって評価する。

3. 同族株主が取得した土地保有特定会社に該当する会社の株式は、原則として、類似業種比準方式によって評価する。

4. 同族株主のいる会社において、同族株主以外の株主が取得した株式は、その会社規模にかかわらず、原則として、配当還元方式によって評価する

［22年9月・学科］

4が適切

1. 小会社の原則的評価方式は純資産価額方式ですが、類似業種比準方式と純資産価額方式の併用も選択できます。
2. 中会社の原則的評価方式は類似業種比準方式と純資産価額方式の併用ですが、純資産価額方式も選択できます。
3. 特定の評価会社は会社の規模にかかわらず、同族株主等が取得する株式は、原則として純資産価額方式によって評価します。

4 その他財産の評価

重要度 C

預貯金等の評価

定期預金等の評価額

預入残高＋源泉所得税相当額控除後の経過利息

外貨預金等の価額の円貨換算

外貨から円貨への換算

原則、取引金融機関が公表する課税時期における、最終の対顧客電信買相場（TTB）またはこれに準ずる相場

公社債の評価

上場利付公社債の評価額

（課税時期の最終価格＋源泉所得税相当額控除後の経過利息）×券面額／100円

個人向け国債の評価額

額面金額＋既経過利子額－中途換金調整額

生命保険契約に関する権利の評価

まだ保険事故が発生していない生命保険契約に関する権利の価額：原則、相続開始時点の解約返戻金相当額

ゴルフ会員権の評価

取引相場のある会員権

原則、課税時期の取引価格×70％相当額

過去問チャレンジ

各種金融資産の相続税評価に関する次の記述のうち、最も不適切なものはどれか。

1. 外貨定期預金の価額の円貨換算については、原則として、取引金融機関が公表する課税時期における対顧客直物電信買相場（TTB）またはこれに準ずる相場による。

2. 既経過利子の額が少額である普通預金の価額は、課税時期現在の預入高により評価する。

3. 個人向け国債の価額は、額面金額により評価する。

4. 相続開始時において、保険事故がまだ発生していない生命保険契約に関する権利の価額は、原則として、相続開始時においてその契約を解約するとした場合に支払われることとなる解約返戻金の額により評価する。

［21年9月・学科］

3が不適切　個人向け国債は、「額面金額＋既経過利子額－中途換金調整額」で評価します。

不動産や株式の評価は
かなりややこしいけど
相続全体を把握するためには
かかせない論点です！

それぞれを覚えようとすると
大変だから、しくみと流れを
把握すると理解が早いよ！

スムーズな相続のためにやっておくべきこと

5 事業承継対策

中小企業などの経営者として、自分の死によって、
事業がたちゆかなくなることは避けねばなりません。
事業のスムーズな承継のための具体的な方法について
知識を身につけておきましょう。

1 事業承継対策

重要度 C

中小企業などの経営者が死亡すると、保有している株式を相続したときに高額な相続税が発生しかねません。事業を承継できないという事態を避けるため、事業承継対策として以下のような方法があります。

ワンポイント
配当、利益、純資産の３要素を引き下げることで、株価を下げることができます。

株価対策

株価を下げるために下記の対策により相続税の評価を下げることができます。

利益や純資産の引き下げ

生前に役員退職金を支給することで利益や純資産が引き下げられ、これにより株式の相続税評価額が下がります。

配当の引き下げ

特別配当や記念配当等を活用することで株価を引き下げることができます。

経営の安定対策

後継体制安定化

同族株主以外に**株式を移転しすぎないこと**で、経営支配権を確保できます。

2 非上場株式等の納税猶予及び免除制度

重要度 B

中小企業などの事業承継を円滑にするため、「**非上場株式等についての贈与税・相続税の納税猶予及び免除**」の制度が設けられています。後継者である受贈者や相続人等が、非上場株式等を贈与または相続等により取得した場合、その贈与税や相続税について、**一定の要件のもとで納税が猶予**され、さらにその**納税が猶予されている贈与税や相続税の納付が免除**されるという制度です。

講義図解

非上場株式等についての贈与税・相続税の納税猶予及び免除のしくみ

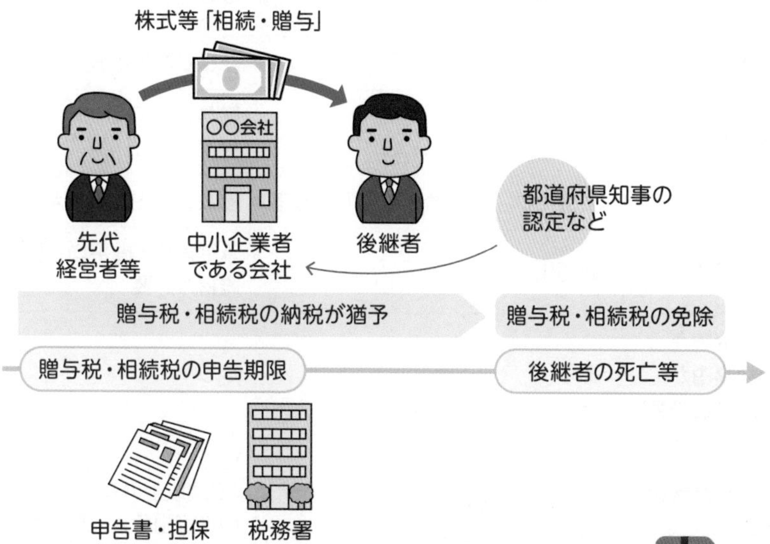

非上場株式等についての相続税・贈与税の納税猶予及び免除

非上場企業の株式を取得したときに、相続税および贈与税の納税が猶予および免除される制度で、**一般措置と特例措置の2つの制度**があります。特例措置には事前の計画策定等や適用期限が設けられていますが、納税猶予の対象となる非上場株式が2/3から全株式になったり、相続税の納税猶予割合が100%になるなどのメリットがあります。

非上場株式等についての相続税・贈与税の納税猶予および免除制度の特例措置と一般措置の違い

	特例措置	一般措置
事前の計画策定等	都道府県知事への**特例承継計画の提出** (2018年4月1日～2026年3月31日)	不要
適用期限	2018年1月1日～2027年12月31日	なし
対象株数	**全株式**	総株式数の最大**2/3**まで
納税猶予割合	**100%**	贈与：100% 相続：80%
承継パターン	複数の株主から**最大3人**の後継者	複数の株主から1人の後継者
雇用確保要件	弾力化	承継後5年間平均8割の雇用維持が必要
事業の継続が困難な事由が生じた場合の免除	あり	なし
相続時精算課税の適用	可能 60歳以上の者から **18歳以上の者**への贈与	可能 60歳以上の者から18歳以上の推定相続人(直系卑属)・孫への贈与

過去問チャレンジ

非上場企業の事業承継対策等に関する次の記述のうち、最も不適切なものはどれか。

1. 経営者への役員退職金の原資の準備として、契約者（＝保険料負担者）および死亡保険金受取人を法人、被保険者を経営者とする終身保険などの生命保険に加入することが考えられる。

2. 経営者が保有している自社株式を役員である後継者に取得させる場合、後継者にとってその取得資金の負担が大きいときには、あらかじめ後継者の役員報酬を増加させるなどの対策を講じることが考えられる。

3. 「非上場株式等についての贈与税の納税猶予及び免除の特例」の適用を受ける場合、相続時精算課税制度の適用を受けることはできない。

4. 「非上場株式等についての贈与税の納税猶予及び免除の特例」の適用を受けた場合、後継者が先代経営者から贈与を受けたすべての非上場株式が、その特例の対象となる。

［20年9月・学科］

3が不適切　「非上場株式等についての贈与税の納税猶予及び免除の特例」には一般措置と特例措置がありますが、そのどちらも相続時精算課税制度を適用できます。

3 個人版事業承継税制　重要度 C

2で紹介した中小企業の「非上場株式等についての相続税・贈与税の納税猶予及び免除」と同様の制度が、個人事業者向けにも用意されています。この「**個人の事業用資産についての贈与税・相続税の納税猶予及び免除**」（**個人版事業承継税制**）を活用することで、特定事業用資産に係る**贈与税・相続税の全額の納税が猶予**され、**後継者の死亡等により猶予されている贈与税・相続税の納税が免除**されます。

〈要件〉

- 青色申告（正規の簿記の原則によるもの）に係る事業承継を受ける後継者
- 2019年1月1日～2028年12月31日までの贈与または相続等

〈対象となる特定事業用資産〉

① 宅地等（400㎡まで）

② **建物（床面積800㎡まで）**

③ ②以外の**減価償却資産**で次のもの

- 固定資産税の課税対象のもの
- 自動車税・軽自動車税の営業用の標準税率が適用されるもの
- その他一定のもの（貨物運送用など一定の自動車、乳牛・果樹等の生物、特許権等の無形固定資産）

〈申請〉

- 2026年3月31日までに「個人事業承継計画」を都道府県に提出し、確認を受けた者

4 遺留分に関する民法の特例 重要度 C

意義	先代経営者から後継者に自社株式・事業用資産を集中して継承しやすくするための措置
概要	先代経営者の推定相続人全員の合意で、後継者に贈与等された自社株式・事業用資産の価額について以下の措置が可能 ①除外合意：遺留分算定対象の財産価額から除外できる ②固定合意：遺留分算定対象の財産価額を合意時の価額に固定できる（会社の自社株の場合のみ） ※両方組み合わせることも可
対象	3年以上継続して事業を行っている非上場企業、中小企業者の個人事業主
手続き	遺留分を有する推定相続人全員と後継者の合意、経済産業大臣の確認、家庭裁判所の許可

5 会社法 重要度 C

株式会社の概要

	取締役会を置かない	取締役会を置く
株主総会	常に設置が必要	
最低資本金	なし	
株主責任	有限（出資の範囲内）	
取締役の数	1人以上	3人以上
監査役	不要（任意）	必要

※株主でなくても取締役に就任できる

公開会社

発行する全部または一部の株式に譲渡制限がないと定めている株式会社（上場の要否は問わない）。

自己株式の有償取得

株式会社が特定の株主から自己株式を有償で取得する場合、株主総会の特別決議が必要。

FP２級からFP１級をめざす人のための

ステップアップ講座

相続では、相続人と法定相続分を問う設問は頻出です。
１級ではこれまで学んだ重要なポイントがすべて盛り込まれた設問です。基礎をしっかり復習して臨みましょう。

Q1

法定相続分　　（22年１月・日本FP協会実技）

次の親族関係図で、被相続人の配偶者、弟、甥Aのそれぞれの法定相続分は？

＜親族関係図＞

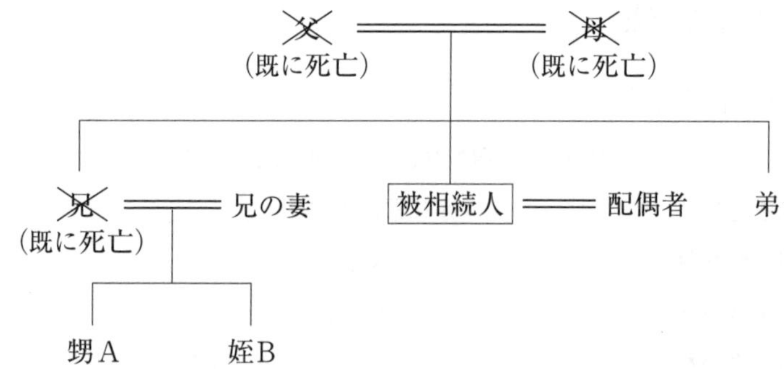

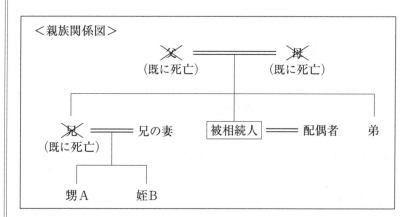

［各人の法定相続分］
・被相続人の配偶者の法定相続分は（ ア ）
・被相続人の弟の法定相続分は（ イ ）
・被相続人の甥Aの法定相続分は（ ウ ）

＜語群＞

なし	1／2	1／3	1／4	1／8
2／3	3／4	3／8	1／16	

正解：配偶者３／４（ア）、弟１／８（イ）、甥A1／16（ウ）

２級までの親族関係図を読み解く設問で問われるのは、主に法定相続分でした。２級の過去問でポイントを復習していきましょう。
本問では、被相続人の配偶者、被相続人の弟、被相続人の甥Ａの法定相続分を問われています。親族関係図を読み解くポイントとして、

1．相続人の確定
2．法定相続分の確定

という２ステップで導いていきます。

Step1

相続人には順位がありますから、それに従い確定していきます。

・常に相続人：配偶者（生存）
・第一順位　：被相続人の子（なし）
・第二順位　：被相続人の直系尊属（父母とも死亡）
・第三順位　：被相続人の兄弟姉妹（兄：死亡、弟：生存）

被相続人の兄は死亡していますが、兄の子がいるので代襲相続により、被相続人の甥Ａと姪Ｂが相続人となります。これで相続人が確定しました。

Step2

次に法定相続分ですが、今回は、「配偶者と第三順位」なので、

・配偶者　：３／４
・兄弟姉妹：１／４（兄と弟が等分するので各１／８ずつ）

兄の分を代襲相続人の甥Ａと姪Ｂはさらに等分するので、それぞれ１／16ずつとなります。
３級では「配偶者と子」、「配偶者と直系尊属」、「配偶者と兄弟姉妹」という基本パターンであるのに対し、２級になると代襲相続が含まれますが、問われることは相続人と原則の法定相続分です。相続人確定のステップを理解していれば解答できますね。

1級では こう出る・こう解く！

Q 親族関係図の読み解き

（22年1月・学科　基礎編）

下記は、20XX年XX月XX日（X）に死亡したAさんの親族関係図である。Aさんの相続に関する次の記述のうち、適切なものはいくつあるか。なお、長男Bさん、二女Dさん、孫Eさん、孫Fさん、弟Gさんは、Aさんから相続または遺贈により財産を取得し、相続税額が算出されるものとする。また、長女Cさんは、相続の放棄をしており、財産を取得していない。

＜親族関係図＞

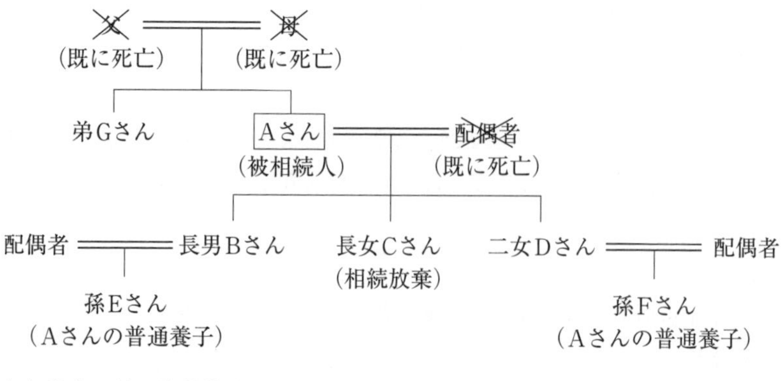

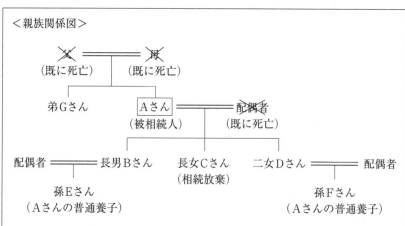

（a）遺産に係る基礎控除額は、4,800万円である。
（b）相続税額の２割加算の対象となる者は、孫Eさん、孫Fさんの２人である。
（c）弟Gさんの法定相続分は、４分の１である。

1）　1つ
2）　2つ
3）　3つ
4）　0（なし）

正解：4　1級ではこう解く！

1級になると、親族関係図も複雑になってきます。設問で注意すべきは長女Cが相続放棄をしていることと、孫E、孫Fが被相続人の普通養子となっていること、弟Gも財産を取得している点です。ここは必ず気づきましょう。

(a) 相続放棄者は、民法上は相続人の数には含まれませんが、相続税の基礎控除の計算（3,000万円＋600万円×法定相続人の数）において相続放棄はなかったもの（含まれるもの）とされます。また、普通養子は、民法上は全員含めますが、被相続人に実子がいる場合、相続税の基礎控除の計算において、法定相続人に含めることができるのは1人までです。なお、養子と実子の法定相続分に差はありません。

基礎控除：3,000万円＋600万円×4（B、C、D、普通養子1人）
＝5,400万円

(c) 次に法定相続分を見ていきます。民法上、相続人を数える場合、実子も養子も扱いは同じなので、実子がいてもE、Fとも相続人の数に数えられます。なお、前述のとおり、相続放棄者は含まれません。

常に相続人：配偶者（死亡）
第一順位：被相続人の子（B、D、E、F）

したがって民法上の法定相続分は、B、D、E、Fで1／4ずつとなります。

(b) 2割加算の対象は、配偶者および1親等の血族（代襲相続人となった孫（直系卑属）を含む）以外の人（兄弟姉妹等）で財産を取得した者です。孫E、Fは孫養子ですが代襲相続人ではないため2割加算の対象となります。加えて前述のとおり、弟Gも2割加算となります。

したがって、記述（a）（b）（c）はいずれも不適切です。

1級は総合問題ですので、これまでの知識を総動員しないと正解できないという意識で臨みましょう。
なお、長女Cに子がいたとしても、相続放棄した場合には代襲相続はできないので、Cの子は相続人ではないことも覚えておくとよいでしょう。

6 相続・事業承継
復習のまとめ

しっかり確認しましょう！
出題頻度の高い論点　総ざらい

・相続分、遺言、相続放棄などのルールは頻出問題です。しっかりマスターしましょう。

・相続税からは、非課税財産や２割加算、配偶者の税額軽減に加え、申告期限も問われることが多いです。また、延納や物納についても押さえましょう。

・贈与税では、基礎控除と配偶者控除に注目。また、相続時精算課税制度も押さえましょう。

・財産評価や事業承継では、宅地と上場株式の評価、相続税や贈与税の納税猶予・免除制度も大事なポイントです。

索引 KEYWORD

英字

ア行

カ行

サ行

タ行

ナ行

ハ行

マ行

ヤ行

ラ行

過去問題の掲載（引用）について
過去問題は、概ね実際に出題された試験の問題の通りに掲載していますが、年度表記や法改正などの必要な改訂を行っておりますので、試験実施団体から公開されている試験問題とは記述が異なる場合があります。
一般社団法人金融財政事情研究会　ファイナンシャル・プランニング技能検定
2級FP技能検定実技試験（個人資産相談業務、中小事業主資産相談業務、生保顧客資産相談業務、損保顧客資産相談業務）
1級FP技能検定学科試験、1級FP技能検定実技試験（資産相談業務）
平成29年9月許諾番号 1709K000001

FP2級・AFP 合格のトリセツ 速習テキスト 2024-25年版

2021年9月30日　第1版　第1刷発行
2024年5月30日　第4版　第1刷発行
編著者●株式会社　東京リーガルマインド
LEC FP試験対策研究会

発行所●株式会社　東京リーガルマインド
〒164-0001　東京都中野区中野4-11-10
アーバンネット中野ビル
LECコールセンター　0570-064-464
受付時間　平日9：30～20：00/土・祝10：00～19：00/日10：00～18：00
※このナビダイヤルは通話料お客様ご負担となります。
書店様専用受注センター　TEL 048-999-7581 / FAX 048-999-7591
受付時間　平日9：00～17：00/土・日・祝休み
www.lec-jp.com/

印刷・製本●情報印刷株式会社

ISBN978-4-8449-9784-9

LEC Webサイト ▷▷ www.lec-jp.com/

情報盛りだくさん！

資格を選ぶときも，
講座を選ぶときも，
最新情報でサポートします！

最新情報

各試験の試験日程や法改正情報，対策講座，模擬試験の最新情報を日々更新しています。

資料請求

講座案内など無料でお届けいたします。

受講・受験相談

メールでのご質問を随時受付けております。

よくある質問

LECのシステムから，資格試験についてまで，よくある質問をまとめました。疑問を今すぐ解決したいなら，まずチェック！

書籍・問題集（LEC書籍部）

LECが出版している書籍・問題集・レジュメをこちらで紹介しています。

充実の動画コンテンツ！

ガイダンスや講演会動画，
講義の無料試聴まで
Webで今すぐCheck！

動画視聴OK

パンフレットやWebサイトを見てもわかりづらいところを動画で説明。いつでもすぐに問題解決！

Web無料試聴

講座の第1回目を動画で無料試聴！気になる講義内容をすぐに確認できます。

LEC全国学校案内

＊講座のお問合せ，受講相談は最寄りのLEC各校へ

LEC本校

北海道・東北

札　幌本校　☎011(210)5002
〒060-0004 北海道札幌市中央区北4条西5-1　アスティ45ビル

仙　台本校　☎022(380)7001
〒980-0022 宮城県仙台市青葉区五橋1-1-10　第二河北ビル

関東

渋谷駅前本校　☎03(3464)5001
〒150-0043 東京都渋谷区道玄坂2-6-17　渋東シネタワー

池　袋本校　☎03(3984)5001
〒171-0022 東京都豊島区南池袋1-25-11　第15野萩ビル

水道橋本校　☎03(3265)5001
〒101-0061 東京都千代田区神田三崎町2-2-15　Daiwa三崎町ビル

新宿エルタワー本校　☎03(5325)6001
〒163-1518 東京都新宿区西新宿1-6-1　新宿エルタワー

早稲田本校　☎03(5155)5501
〒162-0045 東京都新宿区馬場下町62　三朝庵ビル

中　野本校　☎03(5913)6005
〒164-0001 東京都中野区中野4-11-10　アーバンネット中野ビル

立　川本校　☎042(524)5001
〒190-0012 東京都立川市曙町1-14-13　立川MKビル

町　田本校　☎042(709)0581
〒194-0013 東京都町田市原町田4-5-8　MIキューブ町田イースト

横　浜本校　☎045(311)5001
〒220-0004 神奈川県横浜市西区北幸2-4-3　北幸GM21ビル

千　葉本校　☎043(222)5009
〒260-0015 千葉県千葉市中央区富士見2-3-1　塚本大千葉ビル

大　宮本校　☎048(740)5501
〒330-0802 埼玉県さいたま市大宮区宮町1-24　大宮GSビル

東海

名古屋駅前本校　☎052(586)5001
〒450-0002 愛知県名古屋市中村区名駅4-6-23　第三堀内ビル

静　岡本校　☎054(255)5001
〒420-0857 静岡県静岡市葵区御幸町3-21　ペガサート

北陸

富　山本校　☎076(443)5810
〒930-0002 富山県富山市新富町2-4-25　カーニープレイス富山

関西

梅田駅前本校　☎06(6374)5001
〒530-0013 大阪府大阪市北区茶屋町1-27　ABC-MART梅田ビル

難波駅前本校　☎06(6646)6911
〒556－0017 大阪府大阪市浪速区湊町1-4-1
大阪シティエアターミナルビル

京都駅前本校　☎075(353)9531
〒600-8216 京都府京都市下京区東洞院通七条下ル2丁目
東塩小路町680-2　木村食品ビル

四条烏丸本校　☎075(353)2531
〒600-8413　京都府京都市下京区烏丸通仏光寺下ル
大政所町680-1　第八長谷ビル

神　戸本校　☎078(325)0511
〒650-0021 兵庫県神戸市中央区三宮町1-1-2　三宮セントラルビル

中国・四国

岡　山本校　☎086(227)5001
〒700-0901 岡山県岡山市北区本町10-22　本町ビル

広　島本校　☎082(511)7001
〒730-0011 広島県広島市中区基町11-13　合人社広島紙屋町アネクス

山　口本校　☎083(921)8911
〒753-0814 山口県山口市吉敷下東 3-4-7　リアライズⅢ

高　松本校　☎087(851)3411
〒760-0023 香川県高松市寿町2-4-20　高松センタービル

松　山本校　☎089(961)1333
〒790-0003 愛媛県松山市三番町7-13-13　ミツネビルディング

九州・沖縄

福　岡本校　☎092(715)5001
〒810-0001 福岡県福岡市中央区天神4-4-11　天神ショッパーズ
福岡

那　覇本校　☎098(867)5001
〒902-0067 沖縄県那覇市安里2-9-10　丸姫産業第2ビル

EYE関西

EYE 大阪本校　☎06(7222)3655
〒530-0013　大阪府大阪市北区茶屋町1-27　ABC-MART梅田ビル

EYE 京都本校　☎075(353)2531
〒600-8413　京都府京都市下京区烏丸通仏光寺下ル
大政所町680-1　第八長谷ビル

LEC提携校

＊提携校はLECとは別の経営母体が運営をしております。
＊提携校は実施講座およびサービスにおいてLECと異なる部分がございます。

北海道・東北

八戸中央校【提携校】 ☎0178(47)5011
〒031-0035　青森県八戸市寺横町13　第1朋友ビル　新教育センター内

弘前校【提携校】 ☎0172(55)8831
〒036-8093　青森県弘前市城東中央1-5-2
まなびの森　弘前城東予備校内

秋田校【提携校】 ☎018(863)9341
〒010-0964　秋田県秋田市八橋鯲沼町1-60
株式会社アキタシステムマネジメント内

関東

水戸校【提携校】 ☎029(297)6611
〒310-0912　茨城県水戸市見川2-3092-3

所沢校【提携校】 ☎050(6865)6996
〒359-0037　埼玉県所沢市くすのき台3-18-4　所沢K・Sビル
合同会社LPエデュケーション内

東京駅八重洲口校【提携校】 ☎03(3527)9304
〒103-0027　東京都中央区日本橋3-7-7　日本橋アーバンビル
グランデスク内

日本橋校【提携校】 ☎03(6661)1188
〒103-0025　東京都中央区日本橋茅場町2-5-6　日本橋大江戸ビル
株式会社大江戸コンサルタント内

東海

沼津校【提携校】 ☎055(928)4621
〒410-0048　静岡県沼津市新宿町3-15　萩原ビル
M-netパソコンスクール沼津校内

北陸

新潟校【提携校】 ☎025(240)7781
〒950-0901　新潟県新潟市中央区弁天3-2-20　弁天501ビル
株式会社大江戸コンサルタント内

金沢校【提携校】 ☎076(237)3925
〒920-8217　石川県金沢市近岡町845-1　株式会社アイ・アイ・ピー金沢内

福井南校【提携校】 ☎0776(35)8230
〒918-8114　福井県福井市羽水2-701　株式会社ヒューマン・デザイン内

関西

和歌山駅前校【提携校】 ☎073(402)2888
〒640-8342　和歌山県和歌山市友田町2-145
KEG教育センタービル　株式会社KEGキャリア・アカデミー内

中国・四国

松江殿町校【提携校】 ☎0852(31)1661
〒690-0887　島根県松江市殿町517　アルファステイツ殿町
山路イングリッシュスクール内

岩国駅前校【提携校】 ☎0827(23)7424
〒740-0018　山口県岩国市麻里布町1-3-3　岡村ビル　英光学院内

新居浜駅前校【提携校】 ☎0897(32)5356
〒792-0812　愛媛県新居浜市坂井町2-3-8　パルティフジ新居浜駅前店内

九州・沖縄

佐世保駅前校【提携校】 ☎0956(22)8623
〒857-0862　長崎県佐世保市白南風町5-15　智翔館内

日野校【提携校】 ☎0956(48)2239
〒858-0925　長崎県佐世保市椎木町336-1　智翔館日野校内

長崎駅前校【提携校】 ☎095(895)5917
〒850-0057 長崎県長崎市大黒町10-10　KoKoRoビル
minatoコワーキングスペース内

高原校【提携校】 ☎098(989)8009
〒904-2163　沖縄県沖縄市大里2-24-1
有限会社スキップヒューマンワーク内

※上記は2024年4月1日現在のものです。

書籍の訂正情報について

このたびは，弊社発行書籍をご購入いただき，誠にありがとうございます。
万が一誤りの箇所がございましたら，以下の方法にてご確認ください。

1 訂正情報の確認方法

書籍発行後に判明した訂正情報を順次掲載しております。
下記Webサイトよりご確認ください。

www.lec-jp.com/system/correct/

2 ご連絡方法

上記Webサイトに訂正情報の掲載がない場合は，下記Webサイトの
入力フォームよりご連絡ください。

lec.jp/system/soudan/web.html

フォームのご入力にあたりましては，「Web教材・サービスのご利用について」の
最下部の「ご質問内容」に下記事項をご記載ください。

・対象書籍名（○○年版，第○版の記載がある書籍は併せてご記載ください）
・ご指摘箇所（具体的にページ数と内容の記載をお願いいたします）

ご連絡期限は，次の改訂版の発行日までとさせていただきます。
また，改訂版を発行しない書籍は，販売終了日までとさせていただきます。

※上記「2ご連絡方法」のフォームをご利用になれない場合は，①書籍名，②発行年月日，③ご指摘箇所，を記載の上，郵送にて下記送付先にご送付ください。確認した上で，内容理解の妨げとなる誤りについては，訂正情報として掲載させていただきます。なお，郵送でご連絡いただいた場合は個別に返信しておりません。

送付先：〒164-0001 東京都中野区中野4-11-10 アーバンネット中野ビル
株式会社東京リーガルマインド 出版部 訂正情報係

・誤りの箇所のご連絡以外の書籍の内容に関する質問は受け付けておりません。
また，書籍の内容に関する解説，受験指導等は一切行っておりませんので，あらかじめご了承ください。
・お電話でのお問合せは受け付けておりません。